Lehr- und Handbücher zu Tourismus, Verkehr und Freizeit

Herausgegeben von Univ.-Prof. Dr. Walter Freyer

Bisher erschienene Titel:

Agricola: Freizeit
Althof: Incoming-Tourismus
Arlt, Freyer: Deutschland als Reiseziel chinesischer Touristen
Bastian, Born, Dreyer: Kundenorientierung im Touristikmanagement
Bieger: Management von Destinationen
Bochert: Tourismus in der Marktwirtschaft
Conrady, Fichert, Sterzenbach: Luftverkehr
Dreyer: Kulturtourismus
Dreyer, Dreyer, Obieglo: Krisenmanagement im Tourismus
Dreyer, Dehner: Kundenzufriedenheit im Tourismus
Finger-Benoit, Gayler: Animation im Urlaub
Freericks, Hartmann, Stecker: Freizeitwissenschaft
Freyer, Pompl: Reisebüro-Management
Freyer: Tourismus
Freyer: Tourismus-Marketing
Groß, Stengel: Mietfahrzeuge im Tourismus

Günter: Handbuch für Studienreiseleiter
Henselek: Hotelmanagement
Illing: Gesundheitstourismus
Kaspar: Management der Verkehrsunternehmungen
Krüger, Dreyer: Sportmanagement
Landgrebe: Internationaler Tourismus
Landgrebe, Schnell: Städtetourismus
Müller: Tourismus und Ökologie
Pompl, Lieb: Qualitätsmanagement im Tourismus
Schreiber: Kongresse, Tagungen und Events
Schulz, Baumann, Wiedenmann: Flughafen Management
Schulz, Weithöner, Goecke: Informationsmanagement im Tourismus
Schulz, Auer: Kreuzfahrten und Schiffsverkehr im Tourismus
Schulz: Verkehrsträger im Tourismus
Steinbach: Tourismus
Thimm, Freyer: Indien-Tourismus

Kongresse, Tagungen und Events

Potenziale, Strategien und Trends der Veranstaltungswirtschaft

herausgegeben von

Prof. Dr. Michael-Thaddäus Schreiber

Hochschule Harz

Oldenbourg Verlag München

Bibliografische Information der Deutschen Nationalbibliothek

Die Deutsche Nationalbibliothek verzeichnet diese Publikation in der Deutschen
Nationalbibliografie; detaillierte bibliografische Daten sind im Internet über
http://dnb.d-nb.de abrufbar.

© 2012 Oldenbourg Wissenschaftsverlag GmbH
Rosenheimer Straße 145, D-81671 München
Telefon: (089) 45051-0
www.oldenbourg-verlag.de

Lektorat: Anne Lennartz
Herstellung: Constanze Müller
Titelbild: thinkstockphotos.de
Einbandgestaltung: hauser lacour
Gesamtherstellung: Beltz Bad Langensalza GmbH, Bad Langensalza

Dieses Papier ist alterungsbeständig nach DIN/ISO 9706.

ISBN   978-3-486-70884-4
eISBN   978-3-486-71605-4

Vorwort

Das Grundlagenwerk zum Phänomen „Kongresse, Tagungen und Events" zeigt, dass die Veranstaltungswirtschaft eine herausragende Rolle innerhalb der modernen Kommunikations- und Informationsgesellschaft einnimmt. Allein in Deutschland finden jährlich rund 2,7 Mio. Meetings und Events statt, die von über 320 Mio. Menschen besucht werden. Deutschland ist weltweit Messeland Nr. 1 und Kongressland Nr. 2; im gesamten Geschäftstourismus werden jährlich rund 66 Mrd. Euro umgesetzt.

Das vorliegende Buch wird seinen Fokus auf den „MICE-Markt" richten: MICE steht für Meetings, Incentives, Conventions und Events, wobei die Incentives (die Motivations- und Belohnungsreisen für Mitarbeiter) nur peripher angesprochen werden. Neben den essentiellen Marktforschungsergebnissen (z. B. dem Meeting- & EventBarometer) werden derzeit eine Vielzahl **innovativer Themen** in Arbeitskreisen (inter-)nationaler Dachorganisationen sowie in Fachzeitschriften diskutiert; hierzu gehören: moderne Netzwerke und Lobbying für die Veranstaltungswirtschaft, Hochschulen/Universitäten und Freizeitparks als Special Locations, Social Media und Tagungsportale im MICE-Segment bis hin zu den komplexen Themen Green Meetings und Event-Controlling.

Im Rahmen des vorliegenden Grundlagenwerks werden diese Themenkomplexe aufgegriffen und in drei übergeordneten **Hauptkapiteln** zur Veranstaltungswirtschaft zusammengefasst: Phänomene und Potenziale, Destinationen und Strategien, Innovationen und Trends.

Insgesamt präsentieren 28 Autoren (Wissenschaftler, Kongressmanager, Entscheidungsträger) in 18 Artikeln Erkenntnisse und Erfahrungen aus ihren Arbeits- bzw. Forschungsgebieten mit dem **gemeinsamen Ziel**, die Situation der MICE-Branche mit ihren vielfältigen Erscheinungsformen und Entwicklungsprozessen zu analysieren und einer interessierten Leserschaft mit konkreten Lösungsvorschlägen transparent zu machen. Das Grundlagenwerk richtet sich sowohl an interessierte Profis aus dem Kongress- und Tagungsgeschäft als auch an Studierende der Tourismus- und Eventwirtschaft an Hochschulen und Universitäten.

Mein besonderer Dank gilt dem gesamten Autorenteam, meinen wissenschaftlichen Mitarbeiterinnen an der Hochschule Harz (Alexandra Jung und Romy Fischer) sowie der Lektorin des Oldenbourg Verlags Christiane Engel-Haas für die kooperative Zusammenarbeit.

Michael-Thaddäus Schreiber, Januar 2012
Europäisches Institut für TagungsWirtschaft an der Hochschule Harz, Wernigerode

Inhalt

I   Phänomene und Potenziale

Die Bausteine der Veranstaltungswirtschaft

Prof. Dr. Michael-Thaddäus Schreiber

1   Einleitung

Schon seit jeher herrscht bei den Business-Travel- und Tourismus-Forschern Uneinigkeit, wo sich die Veranstaltungswirtschaft positioniert. Ist sie als Teil der Tourismuswirtschaft anzuerkennen oder bildet sie ein komplett eigenständiges Segment? Auf diese Fragestellung wurde bis heute keine allgemeingültige Antwort gefunden.

Aus tourismuswissenschaftlicher Sicht befasst sich Freyer (2009, S. 2ff.) mit dieser Grundlagendiskussion und musste feststellen, dass Geschäftsreisen im Allgemeinen in vielen Statistiken und Untersuchungen zum Tourismus nicht enthalten sind bzw. nicht extra ausgewiesen werden. Sie sind also nicht immer dem Tourismus zugeordnet und gehören aus diesem Grund nur zum touristischen Randbereich.

Obwohl die Welttourismusorganisation (UNWTO) in ihrer Tourismusdefinition geschäftliche Motive mit einschließt, hat die Diskussion um die Einordnung von Geschäftsreisen und somit auch der Veranstaltungswirtschaft bis heute kein Ende gefunden. Diese lautet: „Tourismus umfasst die Aktivitäten von Personen, die an Orte außerhalb ihrer gewohnten Umgebung reisen und sich dort zu Freizeit, Geschäfts- oder bestimmten anderen Zwecken nicht länger als ein Jahr ohne Unterbrechung aufhalten." (Freyer, 2009, S. 2).

Auch Rück und Maugé, beides Vertreter eines pragmatischen Eventansatzes, sind sehr unterschiedlicher Ansichten. Rück sieht die Veranstaltungswirtschaft als elementaren Bestandteil der touristischen Wertschöpfungskette und gibt dafür mehrere Gründe an. So ist die Veranstaltungswirtschaft ein wichtiger Arbeitgeber für Absolventen eines touristischen Studiums und bildet zudem einen Teil des VorlesungsplaneS. Kongresse und Tagungen sind weiterhin Reiseziele und -anlässe, denn sie tragen zur Attraktivität touristischer Destinationen bei. Er zieht Parallelen zum Destinationsmanagement, da bei Veranstaltungen ebenso wie bei Destinationen das Inszenieren von Themen, Produkten und Marken sowie Netzwerke mit anderen Dienstleitern im Vordergrund stehen.

Maugé hingegen gesteht der Veranstaltungswirtschaft einen Platz nur ganz am Rand der Tourismuswirtschaft zu, da sie andere Ziele verfolgt als übliche Leistungsträger der touristischen Wertschöpfungskette. Kongresse und Tagungen haben nicht zum Ziel, Touristen für eine bestimmte Destination zu generieren und so besteht die Gefahr die Bedürfnisse der Kunden aus den Augen zu verlieren(Rück/Maugé, 2009, S. 32f.).

Ein weiterer wichtiger Punkt, der bisher noch nicht angesprochen wurde, aber nicht vernachlässigt werden darf, ist die Nutzung der touristischen Wertschöpfungskette durch Veranstaltungsteilnehmer. Diese nutzen sowohl Verkehrsunternehmen (z. B. Airlines, Bahn), um zur Veranstaltungsdestination zu gelangen sowie weitere touristische Dienstleister vor Ort (z. B. Hotels, Restaurants). Außerdem bilden häufig Rahmenprogramme einen Bestandteil von Veranstaltungen, die den Teilnehmern weitere touristische Dienstleistungen bieten (z. B. Stadtrundfahrten). Zuletzt besteht die Möglichkeit einen geschäftlichen Aufenthalt zu privaten Zwecken zu verlängern, hierzu zählen auch die Pre- und Postconvention-Tours.

2   Meetings und Events in der Veranstaltungswirtschaft

2.1   Die Veranstaltungswirtschaft als eigenständiges Segment

Der Kongress- und Tagungsreiseverkehr wird im Allgemeinen dem Geschäftsreiseverkehr zugeordnet oder häufig auch als Phänomen des Städtetourismus angesehen. Grundlagenarbeiten zum Kongress- und Tagungswesen machen jedoch deutlich, dass der Tagungs- und Kongressreiseverkehr in seiner Feinstruktur erhebliche Unterschiede zum klassischen Geschäftsreiseverkehr aufweist und somit als eigenständiges Nachfragesegment und als bedeutender Wirtschaftsfaktor zu analysieren ist (Schreiber, 2002a, S. 3).

Während der Geschäfts- und Dienstreiseverkehr im engeren Sinn primär individualreisende Geschäftsleute sowie Beamte und Angestellte auf Dienstreise umfasst, deren Reiseanlass in unmittelbarem Zusammenhang mit beruflichen Obliegenheiten steht, können beim Kongresstourismus, der in der Regel ebenfalls von beruflich motivierten Inhalten geprägt ist, auch nebenberufliche Beschäftigungen in den unterschiedlichsten Bereichen (Kultur, Politik, Sport, Wissenschaft etc.) zur Teilnahme an einer Tagungsveranstaltung führen.

Im Gegensatz zum Geschäftsreiseverkehr im engeren Sinn handelt es sich beim Kongress- und Tagungsreiseverkehr um eine Art Gruppentourismus. Obwohl die Teilnehmer einzeln an- und abreisen, liegt für Eberhard (1974, S. 7) in der Thematik der Tagung der für die Teilnehmer gemeinsame Anlass begründet. Das Ziel einer solchen Zusammenkunft ist es, den Teilnehmern neue Fachkenntnisse zu vermitteln und ihnen geschäftliche sowie gesellschaftliche Kontakte zu ermöglichen.

Für die Abhaltung von Kongressveranstaltungen müssen die einzelnen Destinationen aufgrund der großen Konkurrenzsituation auf dem Tagungsmarkt bestimmte Mindestkapazitäten vor allem im Tagungs- und Übernachtungsbereich aufweisen. Zusätzlich können die Attraktivität der Stadt bzw. des Ortes, das Vorhandensein überregionaler Firmenniederlassungen, die Existenz wissenschaftlicher Einrichtungen und die günstige Verkehrsanbindung für die Vergabe einer Veranstaltung von entscheidender Bedeutung sein (vgl. Punkt 2.1).

Generell handelt es sich bei Kongress- und Tagungsveranstaltungen um ein- bis mehrtägige Zusammenkünfte vorwiegend ortsfremder Personen zum beruflichen Informationsaustausch. Dementsprechend werden in der Untersuchung des Kongresstourismus primär Tagungsteilnehmer von externen Veranstaltungen Berücksichtigung finden. Die Besucher von stadt- bzw. ortsinternen Veranstaltungen (Bürgertreffen, Betriebsversammlungen etc.) werden ausgeklammert, da es sich bei den stadtinternen Veranstaltungen um Zusammenkünfte überwiegend ortsansässiger Personen handelt, wohingegen die externen Veranstaltungen weitestgehend von Kongress- und Tagungsreisenden besucht werden.

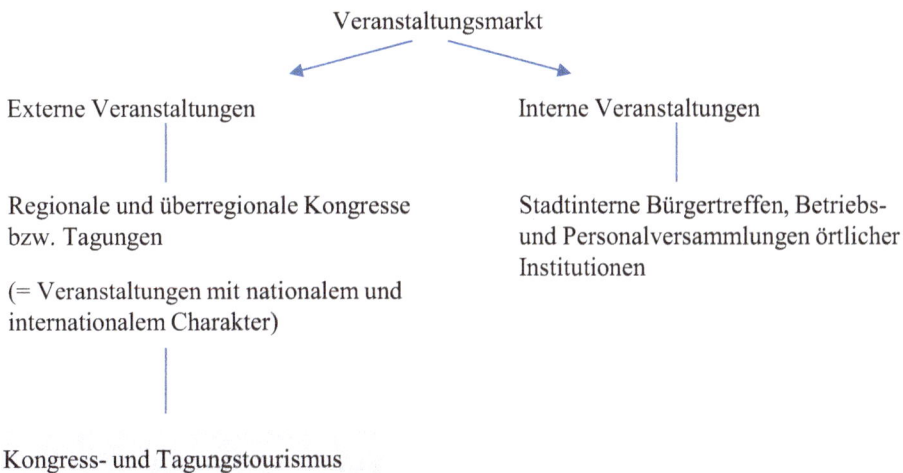

Veranstaltungsmarkt

Externe Veranstaltungen   Interne Veranstaltungen

Regionale und überregionale Kongresse   Stadtinterne Bürgertreffen, Betriebs-
bzw. Tagungen   und Personalversammlungen örtlicher
                                           Institutionen
(= Veranstaltungen mit nationalem und
internationalem Charakter)

Kongress- und Tagungstourismus

Abb. 1: Veranstaltungsarten des Kongress- und Tagungsmarktes (eigene Darstellung)

Aufgrund dieser Abgrenzungen und Zuordnungen lässt sich auf der terminologischen Basis von Kaspar (1995, S. 16) folgende Grundlagendefinition für den Kongress- und Tagungstourismus ableiten:

Die **Veranstaltungswirtschaft** umfasst die Gesamtheit der Beziehungen und Erscheinungen, die sich aus Reise und Aufenthalt von überwiegend beruflich motivierten Personen ergeben, die für weniger oder mehr als 24 Stunden in Destinationen reisen – (welche für sie weder Aufenthaltsorte im Sinne eines zentralörtlichen Bereichs noch hauptsächliche Arbeits- bzw. Wohnorte sind) – und an externen Veranstaltungen mit internationalem oder nationalem Charakter teilnehmen!

2.2   Unterteilung des Veranstaltungsmarktes

Auf dem Veranstaltungsmarkt existiert eine unendliche Kreativität, wenn es darum geht, den unterschiedlichsten Veranstaltungen terminologisch gerecht zu werden. Abgesehen von der sprachhistorisch exakten Ableitung (congressus = die Zusammenkunft) wird das Wort „Kongress" im deutschsprachigen Raum häufig als Sammelbegriff für Zusammenkünfte jeglicher Art eingesetzt. Im Angelsächsischen wird ein Kongress als „Convention" bezeichnet, so dass ein direkter Begriffstransfer auch hier nicht möglich ist.

Eine einheitliche Nomenklatur für die Vielzahl von Erscheinungsformen auf dem Veranstaltungsmarkt steht immer noch aus. Zu den am häufigsten eingesetzten Begriffen im Kongress- und Tagungsbereich zählen:

Arbeitsgruppe, Beratung, Besprechung, Diskussion, Expertenmarkt, Forum, Gesprächskreis, Hearing, Ideenbörse, Kolloquium, Kommission, Konferenz, Kongress, Kurs, Lehrgang, Lernstatt, Meeting, Poster Session, Round Table, Schulung, Seminar, Sitzung, Symposium, Synode, Tagung, Training, Treffen, Unterredung, Verhandlung, Versammlung, Weiterbildung, Workshop

Dieser Ausuferung der Begriffsflut versucht Gugg (1972, S. 33) bereits Anfang der siebziger Jahre entgegenzuwirken, indem er basierend auf dem Kriterium „Anzahl der Teilnehmer an Kongressen, Tagungen und anderen Veranstaltungen" folgende Hauptgruppen unterscheidet:

- Großveranstaltungen   über 1.000 Teilnehmer
- Kongresse   von 201 bis 1.000 Teilnehmer
- Tagungen   von 101 bis 200 Teilnehmer
- Symposien   von 31 bis 100 Teilnehmer
- Seminare und Kurse   bis 30 Teilnehmer

Ebenfalls nach der Größe unterscheidet Beckmann (2003, S. 38f.), der die Größenordnungen wie folgt untergliedert:

- bis maximal 50 Teilnehmer: Seminare und Workshops
- mehr als 50 bis 250 Teilnehmer: Tagungen
- mehr als 250 bis 1.000 Teilnehmer: Kongresse

Genau wie Gugg zählt auch Beckmann Städte-, Partei- und Kirchentage zu den Großveranstaltungen. Neben den Teilnehmerzahlen sind weitere Kriterien, wie die Veranstaltungsdauer, die Herkunft der Teilnehmer und die Vorbereitungszeit, entscheidend für die Unterteilung des Veranstaltungsmarktes.

Als Grundtypen des Meetingmarktes werden „Kongresse, Tagungen, Konferenzen und Seminare" herausgestellt und anhand ausgewählter Kriterien vergleichbar gemacht.

Tab. 1 Grundtypen des Kongress- und Tagungsmarktes (eigene Darstellung)

	Kongress	Tagung	Konferenz	Seminar
Größe (Teilnehmer)	ab 250	bis 250	bis 50	bis 30
Dauer (Tage)	> 1 Tag	ca. 1 Tag	max. 1 Tag	mehrtägig
Form (thematisch, räumlich)	verschiedene Veranstaltungsteile	wenige Veranstaltungsteile	einteilig, meist 1 Thema, 1 Raum	1 Thema, mehrere Räume
Entscheidungszeitraum	1–3 Jahre	bis zu 1 Jahr (mittelfristig)	kurzfristig	bis zu 1 Jahr
Organisation (Planung, Vorbereitung)	langfristig, komplex	kürzere Planungszeit/ Vorbereitungszeit	kurze Vorbereitung, geringer Organisationsaufwand	große inhaltliche Vorbereitung, kleiner technischer Aufwand

Als Sonderformen des Kongress- und Tagungsmarktes werden Versammlungen sowie „Kongress-Messen" angesehen.

Ebenso wie der Meetingmarkt lässt sich auch der Eventmarkt in verschiedene Grundtypen aufteilen. Die Palette der unterschiedlichen Veranstaltungen ist hier sehr vielfältig. Events sind grundsätzlich charakterisiert durch einmalige, besondere oder seltene Erlebnisse, Kurzfristigkeit und meist auch eine künstliche Entstehung. In den letzten Jahren wurden diese Veranstaltungen immer häufiger speziell geschaffen und für touristische Zwecke genutzt. Sie bieten vor allem für Orte mit wenig natürlichen Attraktionen eine Chance, sich zu inszenieren. Die Unterteilung von Events erfolgt vor allem hinsichtlich des Anlasses, der Entstehung (künstlich oder natürlich), der Dauer und Größe. Hierbei gibt es zum Teil Überschneidungen zwischen den verschiedenen Gruppen (Freyer, 1996, S. 212).

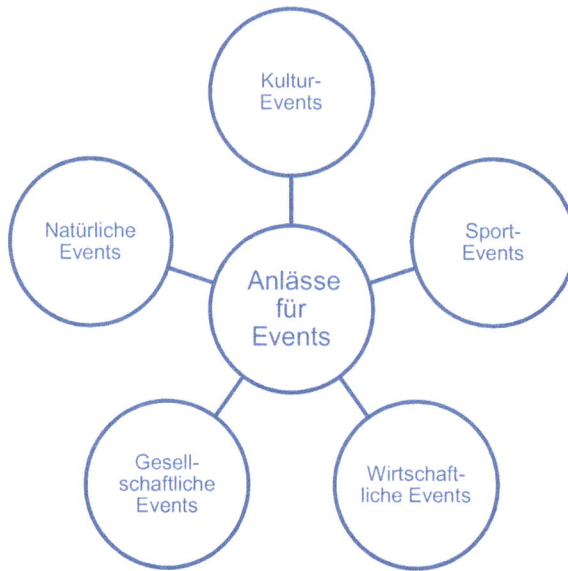

Abb. 2: Anlässe für Events (eigene Darstellung in Anlehnung an Freyer, 1996, S. 213)

Die verschiedenen Anlässe für die Veranstaltung von Events besitzen wiederum zahlreiche
Ausprägungen, die zur Vermarktung einer Destination beitragen können (in Anlehnung an
Freyer, 1996, S. 213):

- **Kultur-Events:**   Musik-Events, Theater-Events, religiöse Events, Kunst-Events, Traditionsevents, Brauchtum, technische Kunst, Medien-Events
- **Sport-Events:**   Olympiaden, Meisterschaften, Wettkämpfe, Turniere, Freizeitsport
- **Wirtschaftliche Events:** Expo, Messen, Kongresse, Verkaufsshows, Produktpräsentationen
- **Gesellschaftliche Events:** Politische Events, Besuch von Berühmtheiten, Eröffnungen, Naturschutzwochen, Gartenschau, Paraden, Umzüge, Karneval
- **Natürliche Events:** Naturereignisse, Naturkatastrophen

Des Weiteren können Events auch nach der Entstehung untergliedert werden. Hier wird
zwischen natürlichen und künstlichen Events unterschieden. Letztere haben meist keinen
thematischen Bezug zum Veranstaltungsort (z. B. „König der Löwen" in Hamburg). Gegliedert nach der Häufigkeit gibt es einmalige, regelmäßige oder auch permanente Veranstaltungen. Zu den einmaligen Events werden auch diejenigen gezählt, die für einen bestimmten Ort
einmalig sind (z. B. Olympische Spiele, die alle vier Jahre an einem anderen Ort stattfinden),
während regelmäßige Veranstaltungen jährlich oder in größeren Abständen in derselben
Destination stattfinden (z. B. Wagner-Festspiele in Bayreuth, Passionsspiele in Oberammer-

gau). Andere Events wie beispielsweise Theater oder Musical sind schwer einzuordnen, da sie einerseits über einen längeren Zeitraum veranstaltet werden, auf der anderen Seite jedoch öfters wechseln. Diese werden als permanent bezeichnet.

Die meisten Events haben nur eine kurze Dauer von wenigen Stunden bzw. Tagen, es gibt aber auch Veranstaltungen, die über mehrere Tage oder Wochen stattfinden. Dabei werden allerdings verschiedene Ereignisse und Programme an unterschiedlichen Tagen geboten. Ein weiteres wichtiges Unterscheidungskriterium ist die Größe, welche nach Besucherzahlen, wirtschaftlichen Effekten, Reichweite usw. bestimmt wird. Bei der ersten Gruppe wird von Groß- oder Mega-Events gesprochen, sie haben eine überregionale oder -nationale Bedeutung und führen aufgrund großer Besucherzahlen zu einer umfangreichen Berichterstattung. Diese Veranstaltungen benötigen eine mehrjährige Planungsphase und sind mit hohen Kosten und Umsätzen verbunden. Neben dieser Gruppe gibt es die mittelgroßen oder sogenannte Media- bzw. Medium Events. Diese haben regionale Bedeutung und Besucherzahlen. Die Vorbereitungszeit dauert max. zwei Jahre und führt zu Kosten, die aus kommunalen oder regionalen Budgets finanzierbar sind. Das Medieninteresse ist geringer als bei Mega-Events und reicht daher maximal national. Diese Veranstaltungen sind in verschiedenen Destinationen anzutreffen und werden in diesen häufig wiederholt. Die letzte Untergruppe in Bezug auf die Größe, sind die Mini-Events. Sie sind lediglich von regionaler Bedeutung und ziehen mehr oder weniger viele Besucher an. Hier handelt es sich sowohl um einmalige als auch wiederholt stattfindende Veranstaltungen. Die Besucher sind größtenteils Einheimische und Menschen aus der näheren Umgebung. Diese Events sind aus lokaler Sicht bedeutsam, da die lokalen Kapazitäten meist ausgelastet werden (Freyer, 1996, S. 218 ff.).

Events lassen sich häufig nicht fix einer Gruppe zuordnen und können sich über die Jahre zu neuen Formen und Ausmaßen weiterentwickeln.

3 Faktoren für die Wahl der Veranstaltungsdestination

Die strukturell bedingte Individualität der Kongress-, Tagungs- und Eventstandorte in unserem heutigen Wirtschaftsraum resultiert aus der naturräumlichen Lage, der kulturhistorischen und technisch-ökonomischen Entwicklung der einzelnen Orte. Daher sind die einzelnen Destinationen durch eine Vielzahl unterschiedlicher Eigenschaften geprägt, die auch bei der Analyse der veranstaltungsbezogenen Standortfaktoren eine zentrale Rolle spielen.

3.1   Verkehrsanbindung

Eine gute und schnelle Erreichbarkeit des Kongresszentrums ist eine der wesentlichen Voraussetzungen für einen erfolgreichen Veranstaltungsbetrieb. Dies bezieht sich sowohl auf
die Erreichbarkeit des Ortes, in der das Kongresszentrum angesiedelt ist, als auch auf die
Lage der Tagungsstätte innerhalb der Stadt.

Wenn eine Stadt oder eine Region von sich behauptet, eine ideale Verkehrsanbindung auf-
zuweisen, müssen heute folgende Kriterien erfüllt sein:

* **Flughafen mit internationalem Charakter**
  (in maximal einer Stunde Entfernung)
* **Bundesautobahnkreuz**
  (mit Anschluss an leistungsfähiges Regionalnetz)
* **Eisenbahnhauptlinie mit ICE-Anschluss**
  (mindestens EC- bzw. IC-Anfahrt)
* **See- oder Flusshafen** mit Personenschiffsverkehr

Eine ideale Verkehrsanbindung ist für einen Veranstalter von großer Bedeutung, da die Teilnehmer „externer Veranstaltungen" (vgl. Punkt 2.1) ortsfremde Personen sind und dadurch
bedingt zum Veranstaltungsort anreisen müssen. Dabei reist jeder fünfte aus einer Entfernung von 200 bis 300 km an. Der Pkw ist das wichtigste Verkehrsmittel für die Anreise.
Etwa 70 % der Teilnehmer kommen mit dem eigenen Wagen zum Tagungsort, 13 % benut-
zen die Bahn, und 10 % der Tagungsgäste reisen mit dem Flugzeug an. Für ausländische
Teilnehmer ist das Flugzeug das wichtigste Anreiseverkehrsmittel (70 % Fluganteil). Um
eine gute Erreichbarkeit innerhalb der Veranstaltungsdestination zu gewährleisten, ist ein gut
ausgebautes ÖVPN-Netz sowie Taxibetriebe unabdingbar (Behn-Künzel/von Schnurbein-
Ströbel, 2006, S. 95).

3.2   Hotellerie und Gastronomie

Ein adäquates Angebot an Hotel- und Gastronomiebetrieben ist unverzichtbare Voraussetzung für den Standort eines Kongresszentrums. Dabei ist nicht nur eine der Größe des Veranstaltungszentrums entsprechende Kapazität der Betriebe wichtig, sondern vor allem auch
ein breit gefächertes Angebot in Bezug auf Preis, Qualität und Leistung. (Behn-Künzel/von
Schnurbein-Ströbel, 2006, S. 96).

Gamma (1973, S. 78) forderte bereits Anfang der siebziger Jahre, dass die Größe eines Kongresszentrums mit dem Angebot der touristischen Suprastruktur, zu der auch die Beherbergungskapazität am Kongressort zählt, in einem marktgerechten Verhältnis stehen muss. Es
sollten mindestens dreimal so viele Hotelbetten wie Sitzplätze im Kongresszentrum angeboten werden, da nicht jedes Hotelbett uneingeschränkt und immer an Kongressgäste vermittelt
werden kann.

Ebenso sollten ausreichend große Hotels mit internationalem Standard vorhanden sein, um zu vermeiden, dass bei Großveranstaltungen die Teilnehmer auf unterschiedliche Hotels verteilt werden müssen. Dies würde die Kommunikation innerhalb der Gruppe in der veranstaltungsfreien Zeit erschweren und darüber hinaus einen erhöhten Organisationsaufwand für den Veranstalter bedeuten.

3.3   Veranstaltungswirksame Infrastruktur

Zur veranstaltungsbezogenen Infrastruktur gehören die Ansiedlung von Wirtschaftsunternehmen, Hochschulen, Verbänden, Behörden und sonstigen Organisationen in der betreffenden Stadt. Ebenso zählen Verkehrs- und Kongressbüros sowie Destination Management Companies zur Infrastruktur, denn diese sind häufig die erste Anlaufstelle der Veranstalter. Je mehr dieser Institutionen in einer Stadt vorhanden sind, desto höher steigt deren Attraktivität als Kongressdestination und desto häufiger wird sie als Standort für Tagungen ausgewählt (Behn-Künzel/von Schnurbein-Ströbel, 2006, S. 96).

Nach Schreiber (2002b, S. 85) zählen für die Veranstalter neben der Verkehrsanbindung und der Ausstattung der Kongresszentren vor allem die folgenden Kriterien bei der Standortauswahl:

- Wissenschaftliche und fachliche Kapazitäten haben dort ihren Sitz.
- Wichtige Träger der Kongresse halten sich dort auf.
- Wirkungsradius einer Institution hat dort seinen Mittelpunkt.
- Geschäftsstelle eines Verbandes oder Zentrale eines Unternehmens ist dort angesiedelt.

Besondere Bedeutung erlangen jene Unternehmen, die in Wachstumsbranchen tätig sind. In den kommenden zwanzig bis dreißig Jahren wird sich wirtschaftliches Wachstum vor allem in den High-Tech-Bereichen abspielen. Hierzu zählen im Einzelnen:

- Computer Integrated Manufactoring
- Expertensysteme
- Gentechnologie
- Laseranwendung
- Büro- und Telekommunikation
- optische Datenverarbeitung
- Umwelttechnik
- Molekularelektronik (Biochips)

Unternehmen dieser Branche haben einen extrem hohen Bedarf an Know-How-Transfer. Das Kongress- und Tagungswesen kann in diesem Zusammenhang als Brücke zwischen Wirtschaft, Wissenschaft und Öffentlichkeit fungieren.

3.4   Standortgröße

Die Größe einer Destination beeinflusst ihre Eignung als Standort für ein Kongresszentrum ganz erheblich. Die veranstaltungswirksame Infrastruktur, eine angemessene Beherbergungskapazität und gute Verkehrsanbindungen sind in größeren Städten ausreichend vorhanden. Dies ist vor allem für die Veranstaltung von internationalen Kongressen wichtig, denn generell kann davon ausgegangen werden, dass an internationalen Kongressen durchschnittlich mehr Personen teilnehmen als an nationalen Tagungen. Das bedeutet für den Kongressort auch eine extrem hohe Nachfrage nach verschiedenen Dienstleistungsgütern, der nur durch eine ständige potentielle Bereitschaft bzw. Fähigkeit zur Leistung in befriedigendem Maße entsprochen werden kann (Behn-Künzel/von Schnurbein-Ströbel, 2006, S. 97).

Man kann daher auch eine Wechselbeziehung zwischen der Standortgröße und dem Prozentsatz der durchgeführten Kongresse mit internationalem Charakter feststellen. Der Anteil der durchgeführten internationalen Kongresse an der Gesamtheit aller Veranstaltungen liegt bei Großstädten wesentlich höher als bei kleineren Städten (Schreiber, 2002b, S. 86).

3.5   Dienstleistungsangebot

Wie bereits erwähnt, ist zur Befriedigung der vielfältigen Bedürfnisse von Kongressreisenden ein umfangreiches Dienstleistungsangebot notwendig. Hierzu zählen nicht nur die Betriebe der Hotellerie und Gastronomie, sondern auch Geschäfte des Einzelhandels und Einrichtungen für die Freizeitgestaltung. Diese tragen als sekundäre Standortfaktoren zur Qualitätsverbesserung der Kongressorte bei.

Ferner gehören beispielsweise zum Dienstleistungsangebot Banken, Reinigungen, Hairstylisten, Fachärzte sowie eine umfassende Versorgung mit Nachrichten jeder Art von der muttersprachlichen Zeitung bis zum ausländischen Rundfunk- und Fernsehempfang.

3.6   Kultur und Naturangebot

Zu den sekundären Standortfaktoren gehören auch das kulturelle Angebot und die natürlichen Faktoren. Sie sind zwar für die direkte Durchführung eines Kongresses nicht essentiell wichtig, doch darf die positive Wirkung, die sie sowohl auf die Teilnehmer als auch auf die Veranstalter ausüben, nicht unterschätzt werden.

Für die Teilnehmer erhöhen sie den ideellen Wert eines Tagungsortes, indem sie ihnen vielfältige Möglichkeiten zur Freizeitgestaltung bieten. Der Veranstalter profitiert umgekehrt von dem hohen Freizeitwert einer Destination, indem er nicht nur seine Veranstaltung mit ihrem Image profilieren kann, sondern indem ihm auch die Möglichkeit gegeben ist, mit dem vorhandenen Natur- und Kulturpotenzial abwechslungsreiche und unterhaltsame Rahmenprogramme zu gestalten.

Während bei den kulturellen Angeboten das Vorhandensein von Theater, Oper, Museen sowie von religiösen und profanen Baudenkmälern eine zentrale Rolle spielt, steht bei den natürlichen Standortfaktoren die geographische Lage, die damit verbundene Naturlandschaft sowie das Klima im Vordergrund des Interesses (Behn-Künzel/von Schnurbein-Ströbel, 2006, S. 97).

3.7 Typisierung von Standorten

Das Veranstaltungssegment wird häufig als eine Form des Städtetourismus verstanden. Da sich Städte über die Zeit unterschiedlich entwickelt haben und somit alle ein unterschiedliches touristisches Profil aufweisen, unterscheidet eine Studie des Deutschen Tourismusverbandes e.V. insgesamt sechs Städtetypen. Diese werden unterteilt nach der Größe (Großstädte, mittelgroße Städte und kleinere Städte) sowie nach den unterschiedlichen Funktionen bzw. Angebotsaspekten (internationaler Flughafen, Universitätsstandort, Messestandort, Tagungs- und Kongressangebot sowie herausragende kulturtouristische Attraktionen). Weiter wichtig ist auch das Nachfragevolumen, folglich die Zahl gewerblicher Übernachtungen in der Stadt. Nach dieser Unterteilung sind insgesamt zwei Städtetypen für die Veranstaltung von Kongressen und Tagungen relevant (DTV, 2006, S. 11 ff.):

Tab. 2 Funktionale Städtetypen (DTV, 2006, S. 14)

Städtetyp	Beschreibung	Beispiele
Multifunktionale Großstädte mit internationaler Bedeutung „Top 12"	mind. 500.000 Einwohner, deutlich über 1 Mio. ÜN/Jahr, internationaler Flughafen, Universitätsstandort, Messestandort, umfangreiches Tagungs- und Kongressangebot, mind. überregional bedeutsames Kulturangebot	Berlin, Hamburg, München, Köln, Frankfurt/Main, Stuttgart, Düsseldorf, Bremen, Hannover, Leipzig, Nürnberg, Dresden
Große Tagungsstädte mit kultureller Bedeutung „Tagungsstädte"	100.000–500.000 Einwohner, mind. 250.000 ÜN/Jahr, Universitätsstandort, umfangreiches Tagungs- und Kongressangebot, überregional bedeutsames Kulturangebot bzw. hochrangige kulturtouristische Sehenswürdigkeiten und Attraktionen	Bonn, Karlsruhe, Wiesbaden, Augsburg, Aachen, Chemnitz, Braunschweig, Halle (Saale), Lübeck, Rostock, Mainz, Saarbrücken, Potsdam, Heidelberg, Würzburg, Jena etc.

Bei der Unterteilung der Städtetypen ist keine überschneidungsfreie Zuordnung möglich.

Zur Entwicklung einer weiteren Typisierung sollen die fünf nachfolgenden *Indikatoren* eingesetzt, die ganz gezielt die kongresstouristische Angebotssituation von Veranstaltungsdestinationen in den Vordergrund stellt:

- Internationaler/nationaler/regionaler Flughafen
  (Passagierzahlen pro Jahr)
- Großhotellerie mit Ketten- und Kooperationsbetrieben
  (Gesamtbettenkapazität in Hotelbetrieben mit 100 und mehr Betten)
- Kongress- und Veranstaltungszentren
  (Gesamtsitzplatzkapazität bei Reihenbestuhlung)
- Messe- und Ausstellungshallen
  (Ausstellungsfläche (m²) in Messehallen)
- Größe der Destination
  (absolute Einwohnerzahl)

Die zur Typisierung herangezogenen *Grenzwerte* der einzelnen Indikatoren sind der nachfolgenden Tabelle zu entnehmen. Die Werte beziehen sich auf den deutschen Kongress- und Veranstaltungsmarkt.

Tab. 3 Grenzwerte der Typisierung (eigene Darstellung)

Typ	Flughafen (Passagiere)	Großhotels (Bettenzahl)	Kongresshallen (Sitzplätze)	Messeflächen (m²)	Standortgröße (Einwohner)
A	> 10 Mill.	> 12.000	> 15.000	> 100.000	> 500.000
B	> 5 Mill.	> 5.000	> 10.000	> 50.000	> 200.000
C	> 1 Mill.	> 3.000	> 5.000	>20.000	> 100.000

Typ A:
Kongress- und Tagungsdestinationen **von internationaler Bedeutung** mit weltweiter Wichtigkeit auch im Messe- und Ausstellungsbereich
Beispiele: Berlin, Hamburg, Hannover, Frankfurt am Main, München

Typ B:
Kongress- und Tagungsdestinationen **von (inter-)nationaler Bedeutung** mit europaübergreifender Wertigkeit im Messebereich
Beispiele: Düsseldorf, Köln, Nürnberg, Stuttgart, Leipzig

Typ C:
Kongress- und Tagungsdestinationen **von nationaler Bedeutung** mit landesübergreifenden Aktionen vor allem im Ausstellungsbereich
Beispiele: Bremen, Dortmund, Mainz, Wiesbaden

In den Destinationen, deren Grenzwerte unter denen von Typ C liegen, handelt es sich um Mittel- und Kleinstädte, hier dominiert der privat motivierte Erholungstourismus, und das Veranstaltungswesen nimmt in der Regel *regionalen bzw. lokalen* Charakter an.

Die vorgenommene Typisierung der Standorte bzw. der Städte ist nicht mit einem statischen Endzustand zu verwechseln. Vielmehr können Veränderungen in der kongresstouristischen Angebotssituation die Neuzuordnung in einen anderen Kongress-Standorttyp erforderlich machen; d. h. das hier angewandte Typisierungsverfahren, das in gewissen Zeitabständen nach einer Aktualisierung verlangt, basiert auf einem dynamischen Ansatz (Schreiber, 2002b, S. 87 ff.).

4 Faktoren für die Wahl des Veranstaltungsbetriebes

4.1 Volumen und Struktur des Veranstaltungsstättenangebotes

Insgesamt umfasst das Angebot des deutschen Tagungsmarktes 6.420 Tagungsstätten, die Platz für mindestens 20 Personen im größten Raum bei Reihenbestuhlung bieten.

Die Mehrzahl des Veranstaltungsstättenangebotes entfällt auf Hotels. Insgesamt sind 3.173 Hotels als Tagungsraumanbieter aktiv. Ferner sind rund 1.557 Kongresshäuser, Sport- oder Mehrzweckhallen bzw. Kurhäuser auf dem Markt sowie 1.690 Eventlocations. Mit 160 Einrichtungen decken die Universitäten nur einen relativ geringen Anteil des gesamten Veranstaltungsstättenangebotes ab (EITW, 2011, S. 11).

4.2 Typen von Veranstaltungsbetrieben

4.2.1 Veranstaltungszentren

Kongresszentren sind multifunktionale Großeinrichtungen, die über eine Vielzahl von Räumen und technischen Einrichtungen verfügen.

Die Geschichte moderner Kongresszentren begann in Deutschland 1973 mit der Eröffnung des Congress Center Hamburg (CCH), gefolgt vom Internationalen Congress Centrum Berlin (ICC). Die bedeutendsten Kongresszentren in Deutschland befinden sich in Großstädten und die meisten werden von Messegesellschaften betrieben:

- Congress Centrum Köln Messe
- Congress Center Düsseldorf (CCD)
- Congress Center Messe Frankfurt
- Hannover Congress Center
- Kongresszentrum Karlsruhe (KKA)
- Congress Center Leipzig (CCL)
- Nürnberg Convention Center (NCC)
- Internationales Congress Center München (ICM)
- Internationales Congresscenter Stuttgart (ICS)

Kongresszentren können jedoch auch eigenständig existieren (z. B. Congress Center Hamburg, Congress Center Mannheim) oder an ein Hotel angegliedert sein (z. B. Maritim Internationales Kongresszentrum Dresden).

Kongresszentren sind primär zur Durchführung von Kongressen und Tagungen konzipiert. Selbstverständlich finden aber auch kulturelle und gesellschaftliche Veranstaltungen sowie vor allem kongressbegleitende Ausstellungen in den verschiedenen Räumlichkeiten statt.

Die **Stadt- und Mehrzweckhallen** sind multifunktionale Einrichtungen mit einer begrenzten Anzahl an Räumen.

Die sogenannten Stadthallen waren primär konzipiert als Kultur- und Veranstaltungsstätten in mittleren, kleineren Städten sowie Gemeinden. Dementsprechend breit ist auch das Veranstaltungsspektrum. Es reicht von politischen Versammlungen, wissenschaftlichen Kongressen über Tierzuchtschauen, Sportveranstaltungen bis zu Fastnachtssitzungen und Vereinsfesten.

Die geringe Anzahl der Räume und auch die Qualität der technischen Ausstattung haben die Durchführung von mehrtägigen Kongressen und Tagungen häufig sehr eingeschränkt. In den letzten zehn bis fünfzehn Jahren sind jedoch viele Stadt- und Mehrzweckhallen mit einem tagungs- und ausstellungsgerechten Raumprogramm neu konzipiert worden, so dass sie heute den Typ „Kleines Kongresszentrum" vertreten (Beckmann, 2003, S. 22).

4.2.2   Tagungshotels

Der Anteil der Hotels am Gesamttagungsvolumen ist außerordentlich hoch; knapp 65 % der Veranstaltungen auf dem deutschen Markt finden in Hotelbetrieben statt (EITW, 2011, S. 19). Damit kommt ihnen im Anbieterbereich die größte Bedeutung zu.

Das Hotel nimmt unter dem Aspekt des Tagungs- und Veranstaltungsmarktes zwei Hauptfunktionen wahr:

- Unterbringung von Kongress- und Tagungsgästen   (Zimmerangebot)
- Eignung für Tagungen, Konferenzen und Seminare   (Raumangebot)

Insbesondere in den reinen Tagungs- und Seminarhotels werden die beiden Funktionen auch in Kombination angeboten.

Viele Großhotels haben einen sehr funktionstüchtigen Tagungsbereich mit entsprechenden Räumen und Einrichtungen, ohne sich direkt Tagungs- oder Kongresshotel zu nennen. Hier wird das Tagungssegment zur Produkterweiterung eingesetzt. Im Rahmen der Kommunikationspolitik bieten die Hotels sogenannte „Tagungspackages" an, in denen häufig die Tagungstechnik und die Veranstaltungsgastronomie mit angeboten werden.

4.2.3   Special Event Locations

Die „Außergewöhnlichen" liegen voll im Trend; vor allem Hochschulen, Bildungs- und Freizeiteinrichtungen erobern den Markt.

Hochschulen und Universitäten gewinnen als Veranstaltungsstätten zunehmend an Bedeutung. Ihr Raumangebot entspricht den Bedürfnissen wissenschaftlicher Kongresse eher als das anderer Tagungseinrichtungen.

Bei der Planung einer Veranstaltung im Hochschulbereich gilt es jedoch die Vor- und Nachteile genau abzuwägen.

- Vorteile
  - Plenarsaal (Auditorium Maximum) mit ansteigender Bestuhlung für größere Eröffnungs- und Abschlussveranstaltungen
  - Viele mittelgroße und kleine Säle für Workshops mit Gruppen von 30 bis 200 Teilnehmern
  - Preiswerte Miete, in der Regel sogar kostenfrei
- Nachteile
  - Technische Einrichtung, gastronomische Versorgung und vor allem das Ambiente sind nicht für jede Veranstaltung geeignet.
  - Nicht jede Hochschule stellt Räume zu Verfügung; Ausnahme: Der Kongressveranstalter ist Dozent an dieser Hochschule.
  - Kongresse, Tagungen, Symposien können in der Regel nur in der vorlesungsfreien Zeit durchgeführt werden.

Bildungseinrichtungen und Akademien sind spezielle Einrichtungen für die berufliche, politische, allgemeingesellschaftliche Fort- und Weiterbildung.

Träger solcher Einrichtungen sind in erster Linie Parteien, Gewerkschaften, Kirchen sowie Firmen und Verbände. Diese Bildungs- bzw. Schulungseinrichtungen sind meist durch ein ausgezeichnetes Raumangebot und eine sehr gute technische Ausstattung insbesondere für den Seminarbetrieb gekennzeichnet.

Eine gastronomische Versorgung sowie Übernachtungsmöglichkeiten sind teilweise auch vorhanden, jedoch nicht mit der Servicequalität von speziellen Seminar- und Tagungshotels vergleichbar.

Sonstige Special Event Locations sind Einrichtungen, die durch ein besonderes Ambiente gekennzeichnet sind und den Veranstaltungsteilnehmern ein einmaliges Erlebnis bieten.

Der Trend zu Erlebnisveranstaltungen und Events lässt immer mehr Veranstalter nach räumlichen Besonderheiten mit verschiedenen Nutzungsmöglichkeiten Ausschau halten. Hierzu zählen:

- Ferienparks (Robinson, Club Med, Aldiana)
- Freizeitparks (Walt Disney, Europa-Park Rust)
- Fabrikhallen, Museen, Kinos
- Historische Gebäude: z. B. Rathäuser, Parlamentssäle
- Konferenzräume auf Schiffen, in Bahnen und Bussen
- Sportarenen für Konzerte und Businessveranstaltungen
- Zelte mit Kleinkunstprogramm

Vor allem in Großstädten werden die alternativen Veranstaltungsstätten bevorzugt eingesetzt. Bei der Auswahl ist vor allem das unverwechselbare Ambiente von Bedeutung. Nachteil vieler Special Event Locations ist, dass diese nur über eingeschränkte Tagungsvoraussetzungen verfügen und somit die Veranstalter vor logistische und organisatorische Herausforderungen stellen. Aus diesem Grund spielen sie im Kongressbereich eher für Rahmenprogramme eine Rolle (Beckmann, 2003, S. 23 f.).

4.3   Lage des Veranstaltungsbetriebes

4.3.1   Periphere Lage

An die Lage der Veranstaltungsstätte gibt es zwei konträre Anforderungskriterien. Das erste stellt die periphere Lage in der Destination dar. Bei diesem Standortkriterium sollte sich die Tagungseinrichtung in einer ruhigen und abgeschiedenen Lage befinden, so dass die Veranstaltungsteilnehmer nicht von ihrer Arbeit abgelenkt werden können. Solche Tagungsstätten existieren vor allem in Klein- und Mittelstädten oder in Randgebieten von Großstädten. In der Regel handelt es sich um klassische Hotelbetriebe, die als Diversifikationsmaßnahme Tagungseinrichtungen anbieten oder um spezielle Tagungs- und Seminarhotels.

4.3.2   Zentrale Lage

Die Tagungseinrichtung sollte zentral gelegen sein. Anforderungen an die Verkehrsinfrastruktur, Hotellerie und Gastronomie, das ökonomische Umfeld sowie an die anderen bereits genannten Standortfaktoren müssen optimal erfüllt sein. Diese Kongress-Stätten befinden sich hauptsächlich in größeren Destinationen und kommen für jede Art von Veranstaltung in Frage (Behn-Künzel/von Schnurbein-Ströbel, 2006, S. 98). Die zentrale Lage innerhalb einer Großstadt schließt jedoch noch andere Anforderungskriterien ein. Damit auch die An- und Abfahrtswege von den Hotels und anderen Beherbergungsbetrieben möglichst kurz und wenig zeitintensiv sind, ist eine entsprechende Zentralität des Kongresszentrums wünschenswert. Das „Prinzip der kurzen Wege" lässt sich folgendermaßen begründen (Schreiber, 2002b, S. 94):

- Die Entfernung vom Kongresszentrum zum Hotel, zu den Sehenswürdigkeiten und Einkaufsmöglichkeiten kann zu Fuß zurückgelegt werden.
- Die Taxikosten halten sich in Grenzen.
- Bei der Benutzung öffentlicher Verkehrsmittel ergeben sich kaum Probleme mit Tarifgebieten und Umsteigevorgängen, die insbesondere für ausländische Gäste unangenehm sein können.

4.4   Angebot des Veranstaltungsbetriebes

4.4.1   Räume und Einrichtungen

Jede Veranstaltung hat unterschiedliche Ansprüche an die Raumkapazitäten und deren Ausgestaltungsmöglichkeiten. Für Großveranstaltungen bieten Kongress- und Messezentren einzelne Räumlichkeiten mit einem Fassungsvermögen von bis zu 10.000 Personen an. In der Großhotellerie können heute über die Kombination verschiedener Räumlichkeiten ebenfalls Sitzplatzkapazitäten für 1.000 und mehr Gäste im „Großen Saal" geschaffen werden. Ergänzt wird dieses Raumangebot durch separate Konferenzräume, in denen die Teilnehmer einer Großveranstaltung ihre Arbeits- und Diskussionsgruppen, die sogenannten „Split-Sessions", abhalten.

Die erfolgreiche Durchführung einer Veranstaltung stellt noch weitere wichtige Anforderungen an das Raum- und Serviceangebot einer Veranstaltungsstätte (Behn-Künzel/von Schnurbein-Ströbel, 2006, S. 98; BTME, 2011, S.1 ff.):

- Die Räume müssen größtenteils Tageslicht bieten, um eine angenehme Arbeitsatmosphäre zu schaffen. Dennoch sollten diese ebenso über Verdunklungsmöglichkeiten verfügen.
- Für die Kongress- und Tagungsteilnehmer sollten ausreichend Ruhe- und Entspannungszonen eingerichtet sein, damit diese sich in den Pausen regenerieren können.
- Handelt es sich bei dem Veranstaltungsbetrieb um ein Tagungshotel, so muss ein direkter Zugang zum Tagungsbereich sichergestellt werden.

- Auf Wunsch des Tagungsveranstalters, sollte diesem ein abschließbarer Raum als Lager-fläche zur Verfügung gestellt werden.
- Für Vorträge, Gruppenarbeiten oder Diskussionen sind jeweils unterschiedliche Bestuh-lungen erforderlich, so dass multivariables Mobiliar nicht unerheblich zur Erhöhung der Diversifikation einer Kongress-Stätte beiträgt.
- Das Raumangebot sollte genügend Ausstellungsflächen bereitstellen, da Kongresse häu-fig von Fachausstellungen begleitet werden.
- Bewachte Garderobe und Gepäckaufbewahrung sollten zentral oder auch für Tagungs-räume separat vorhanden sein.
- Großzügiges Foyer mit Informations- und Registrierungscounter sollten mit geschultem Personal besetzt sein.
- Ein Pressezentrum, ausgestattet mit allen modernen und neuen Medien, sorgt für interne und externe Kommunikation.
- Die gastronomische Versorgung ist über eine eigene Kongressgastronomie oder über externe Cateringunternehmen sicherzustellen. In den Pausen sollte die Möglichkeit gege-ben sein, Kaffee, einen Imbiss oder auch reichhaltige Mahlzeiten einzunehmen.
- Nicht vergessen werden darf eine ausreichende Anzahl an Parkplätzen, die gut ausge-schildert sind.

Voraussetzung für ein konzentriertes Arbeiten ist auch eine gute Schallisolierung der Räume. Hierbei ist vor allem die Lärmbelästigung von außen zu beachten.

4.4.2   Technik

Für einen effizienten Veranstaltungsablauf ist heute eine Ausstattung der Veranstaltungsstät-ten mit verschiedenen elektronischen und anderen Hilfsmitteln unumgänglich. Das German Convention Bureau legt im Prüfungskriterienkatalog für die Certified Conference Hotels folgende Standardausstattungen für die technische Ausstattung festgelegt (BTME, 2011, S. 2):

- Flipchart, Papier und Faserstifte
- Pinnwand mit formatgerechtem Papier, Stiften und Nadeln
- transportable oder fest eingebaute Leinwand
- Moderationskoffer
- Zeigestab/Laser-Pointer
- Papierkorb
- Telefon

Dies kann jedoch nur als Basisausstattung für den Tagungs- und Seminarbereich angesehen werden und wird heute als selbstverständlich vorausgesetzt. Steigende Ansprüche an „fachli-che Kompetenz" und „komfortablere Rahmenbedingungen" verlangen nach der Bereitstel-lung von modernstem Kommunikationsgerät und anderen technischen Mitteln, die vor allem in Kongresszentren anzutreffen sind (Behn-Künzel/von Schnurbein-Ströbel, 2006, S. 98; BTME, 2011, S.3).

- Rednerpult
- drahtlose Mikrofonanlage
- Beschallungsanlage (Mischpult, Lautsprecher)
- Musikanlage/CD-Player/MP3-Player
- Datenprojektor/Beamer
- Farbkopierer
- DVD/CD-Geräte
- Videokamera
- Rechner mit aktuell gängigen Programmen
- Licht- und Bühnentechnik
- Dolmetscheranlagen
- Abstimmungs- und Interaktionsanlagen

Die vorliegende Zusammenstellung hat lediglich die Funktion eines Grundlagenüberblicks. Unverzichtbar ist heute das Internet, welches sich in allen Tagungsräumen sowie Foyerflächen herstellen lassen muss. Idealerweise wäre dies per WLAN möglich, das auch im öffentlichen Bereich des Hotels nutzbar sein muss. Hier ist außerdem ein Internet-Terminal von Bedeutung, wo die Kongress- und Tagungsteilnehmer die Möglichkeit des Ausdruckens haben.

4.4.3   Personal

Der Betrieb einer Veranstaltungsstätte erfordert einen qualifizierten Mitarbeiterstab nicht nur für die klassischen Unternehmensbereiche (Administration, Management, Marketing, Akquisition, Verkauf), sondern vor allem auch spezielles Personal für den reibungslosen Tagungsablauf.

Insbesondere in den Monaten März bis Mai und September bis November besteht ein erhöhter Bedarf an Tagungspersonal. Aufgrund der saisonalen Auslastung wird im Veranstaltungsgeschäft ein Großteil des Personalbedarfs durch zeitlich befristete Projektmitarbeiter abgedeckt. Da im besonderen Maße die Aushilfskräfte in Bereichen eingesetzt werden, in denen sie Kundenkontakt haben, werden an sie die folgenden Anforderungen gestellt:

- Einsatzwille,
- Freundlichkeit,
- Flexibilität und Zuverlässigkeit,
- Teamgeist,
- Kenntnisse der städtischen Infrastruktur,
- Allgemeinbildung und Sprachkenntnisse.

Vor allem die folgenden Personalstellen werden projektbezogen besetzt:

- Hostessen

Sie versorgen die Kongress- und Tagungsgäste mit Informationen rund um die Veranstaltung; d. h. sie sollten daher im Grundsatz über das Thema der Tagung Bescheid wissen sowie über Standortkenntnisse verfügen.

- Transporteure
Sie helfen bei der Bestuhlung der Tagungsräume, beim Auf- und Abbau von kongressbegleitenden Ausstellungen und erledigen Kurier- und Transportdienste.

- Servicepersonal
Hilft im Gastronomiebereich je nach Anforderung.

- Dolmetscher
Sie müssen qualifiziert und verlässlich auch Fachkonversationen simultan oder konsekutiv
übersetzen können.

Einer der wichtigsten Angebotsfaktoren eines Veranstaltungsbetriebs, der seitens der Veranstalter immer wieder gefordert wird, ist ein zentraler Ansprechpartner für die Betreuung. Die
fundierte Aus- und Weiterbildung des Personals ist die Grundvoraussetzung für ein professionelles Veranstaltungsmanagement (EITW, 2011, S. 15).

Kernaspekte

- Selbst bei den Experten der Veranstaltungswirtschaft herrscht Uneinigkeit, ob Kongresse, Tagungen und Events sich dem Tourismus zuordnen lassen oder nicht. Fakt ist jedoch, dass die Veranstaltungswirtschaft innerhalb des Geschäftsreiseverkehrs ein eigenständiges Segment bildet.

- Auf dem Veranstaltungsmarkt existiert eine unendliche Vielfalt von Begrifflichkeiten.
Eine einheitliche Nomenklatur besteht bis heute nicht. Im Allgemeinen kann man den
Meetingmarkt jedoch in die Grundtypen: Kongresse, Tagungen, Konferenzen und Seminare unterteilen. Der Eventmarkt lässt sich in wirtschaftliche, gesellschaftliche, natürliche sowie Kultur- und Sport-Events gliedern.

- Für die Wahl der Veranstaltungsdestination ist eine Vielzahl von Faktoren ausschlaggebend u. a. Standortgröße, Verkehrsanbindung sowie Hotellerie und Gastronomie. Diese
Faktoren ermöglichen eine Typisierung der Veranstaltungsorte.

- Vor allem sind Großstädte mit internationaler Bedeutung und kultureller Vielfalt für den
Kongress- und Tagungstourismus geeignet, da sie die Anforderungen nach einer optimalen Verkehrsanbindung, Hotellerie und Gastronomie etc. am Besten erfüllen.

- Neben den klassischen Veranstaltungsbetrieben, wie Veranstaltungszentren und Tagungshotels, gewinnen auch die Special Event Locations zunehmend an Bedeutung. Vor
allem Hochschulen, Bildungs- und Freizeiteinrichtungen liegen voll im Trend. Wichtig
für die Wahl einer Veranstaltungsstätte sind die Lage dieser sowie das Angebot an
Räumen, Technik und Personal.

5   Literatur

Beckmann, K. et. al. (2003): Das professionelle 1x1, Seminar-, Tagungs- und Kongressma-nagement, Berlin.

Behn-Künzel, I. / von Schnurbein-Ströbel, F. (2006): Wie wird man zu einer Kongress- und Tagungsregion?, Chancen und Risiken im Rahmen des Standortmanagements, in: Pechlaner H. / Fischer E. / Hammann E. (Hrsg.): Standortwettbewerb und Tourismus, Regionale Er-folgsstrategien, S. 91–108, Berlin.

BTME Certified GmbH (2011): Prüfungskriterien Certified Conference Hotel, online ver-fügbar auf: http://www.btme.de/assets/media/CCH_Pruefkriterien.pdf, Download vom 01.11.2011.

Deutscher Tourismusverband e.V. – DTV (Hrsg.) (2006): Städte- und Kulturtourismus in Deutschland, Langfassung, Bonn.

Eberhard, R. (1974): Der Städtefremdenverkehr, Öffentlicher Vortrag anlässlich der Ver-bandsversammlung des Landesverbandes Westfalen am 15.05.1974 in Bochum.

Europäisches Institut für TagungsWirtschaft GmbH – EITW (Hrsg.) (2011): Tagungs- und Veranstaltungsmarkt Deutschland, Das Meeting- & EventBarometer 2010/2011, online ver-fügbar auf:http://www.eitw.de/sites/default/files/Dateien/ManagementInfo_MEBa_2011.pdf, Download vom 01.11.2011.

Freyer W. (1996): Event-Management im Tourismus – Kulturveranstaltungen, in: Dreyer, A. (Hrsg.): Kulturtourismus, S. 211–242, München.

Freyer, W. (2009): Tourismus, Einführung in die Fremdenverkehrsökonomie, 9. Aufl., Mün-chen.

Gamma, G. / Accola, M. (1973): Das Wesen des Kongresstourismus, Sonderreihe Fremden-verkehr des Instituts für Fremdenverkehr und Verkehrswirtschaft, Nr. 2, St. Gallen.

Gugg, E. (1972): Der Kongressreiseverkehr, Schriftreihe des Deutschen Wirtschaftswissen-schaftlichen Instituts für Fremdenverkehr, H. 27, München.

Kaspar, C. (1995): Die Tourismuslehre im Grundriß, St. Gallener Beiträge zum Tourismus und zur Verkehrswirtschaft, Reihe Tourismus, Bd. 1, Bern/Stuttgart/Wien.

Maugé, M. / Rück, H. (2009): Pro & Contra, Tourismus oder nicht?, in: Events 5/2009, S.32–33.

Schreiber, M.-T. (2002a): Kongress- und Tagungswesen als touristische Erscheinungsform, in: Schreiber, M.-T. (Hrsg.): Kongress- und Tagungsmanagement, S. 3–9, München.

Schreiber, M.-T. (2002b): Standortfaktoren: Faktoren des Ortes und der Kongress-Stätte, in: Schreiber, M.-T. (Hrsg.): Kongress- und Tagungsmanagement, S. 83–98, München.

Marktforschung im Veranstaltungssegment

Ralf Kunze und Christian Woronka

1   Einleitung

Der folgende Artikel gibt auf der Seite der Forschung die Erfahrungen des Europäischen Instituts für TagungsWirtschaft sowie auf Destinationsseite die Erfahrungen des Cologne Convention Bureau wieder.

Den beiden Autoren ist klar, dass es besonders bei Definitionen und Begrifflichkeiten unterschiedliche Meinungen und Einstufungen auf dem Markt gibt. Der Artikel soll jedoch keine Definitions-Diskussion im herkömmlichen Sinne sein, sondern die Meinung der Autoren respektive der dahinterstehenden Organisationen wiedergeben.

Dabei wird im Interesse der komplexen und umfassenden Betrachtung jeder Aspekt der Marktforschung beleuchtet. Ein ganzheitliches Bild, auch für den Leser ohne Vorwissen, ist dabei das Ziel der Ausführungen.

Gleichzeitig soll mit dem Artikel aufgezeigt werden, welche Handlungsnotwendigkeiten bestehen, um den gesamten Veranstaltungsmarkt zukünftig noch optimaler zu erfassen.

2   (Kurz-)Übersicht über die MICE-
         Marktforschung

2.1   Warum werden Studien durchgeführt?

Die Gründe, warum Marktforschung im MICE-Segment durchgeführt wird, variieren stark
und werden am stärksten durch den Auftraggeber bestimmt. Ein Grund für alle Auftraggeber
ist natürlich die Marktübersicht. Es soll Transparenz in einem Segment geschaffen werden,
das eventuell noch nicht, oder noch nicht in dieser Tiefe, untersucht wurde. Aus dieser
Transparenz entstehen Informationen und Argumente, die sich zur politischen Argumentation, z. B. gegenüber der Stadtplanung oder dem Wirtschaftsreferat, eignen.

Neben diesen Hauptaspekten besteht noch eine Vielzahl von Nebengründen. Während für
Destinationen und Veranstaltungsstätten (vgl. 2.2) Studien eine Grundlage für die zukünftige
Ausrichtung des Marketings darstellen, ist für Verbände oft ein Service für die Mitglieder
verbunden. Es werden den Mitgliedern detaillierte Marktinformationen zur Verfügung gestellt, die diese dann für ihre tägliche Arbeit nutzen.

Kontrolle und Überwachung der Entwicklung ist ein weiterer Grund zur Durchführung von
Forschungsarbeiten: Wie stark wächst der Markt in meiner Destination? Entwickelt er sich in
die richtige Richtung?

2.2   Wer beauftragt die Marktforschung?

Organisationen jeder Art und Größe auf dem Tagungsmarkt geben Studien in Auftrag. Es
beginnt bei einzelnen Veranstaltungsstätten. Gruppen von Veranstaltungsstätten (z. B. mehrere Kongresszentren und Special Locations unter einer gemeinsamen Verwaltung oder Kooperationen) haben oft das Interesse, Daten für ihre spezielle Gruppe zu erheben. Aber nicht
nur von der Anbieterseite aus werden Untersuchungen durchgeführt, auch große Veranstalter
geben Studien zu spezifischen Forschungsthemen oder zu einzelnen Kongressen, die sehr
detailliert untersucht werden sollen, in Auftrag.

Fortgesetzt wird die Liste durch Destinationen jeder Größe: beginnend mit kleinen Städten,
die gerne einen Tagungsmarkt aufbauen möchten bis hin zu internationalen Metropolen wie
Berlin, Frankfurt a. M. oder München, in denen der Tagungsmarkt schon einen wichtigen
Teil des Tourismus darstellt. Zu den Städten kommen in Deutschland noch die 12 Metropol-
regionen hinzu, die teilweise schon gemeinsame Studien in Auftrag geben.

Praxis-Exkurs: Implementierung einer kontinuierlichen Marktforschung am Beispiel der Kongressdestination Köln

Am 01.08.2008 hat das Cologne Convention Bureau (CCB) im Auftrag der Stadt Köln als neue eigenständige Einheit der KölnTourismus GmbH seine Tätigkeit aufgenommen, um als Dachorganisation für die Veranstaltungsbranche der Domstadt zu agieren. Ein Maßnahmenkatalog, der vom Rat der Stadt Köln zur Neuausrichtung der Kongresswirtschaft verfasst wurde, bildete die Grundlage der strategischen Aktivitäten des CCB. Trotz kommunal schwieriger Haushaltslage hatte sich die Stadt aus Wettbewerbsgründen entschieden, das CCB, welches aus rein städtischen Mitteln finanziert wird, zu installieren. Der Startschuss für die erste statistische Erhebung war Anfang des Jahres 2009. Diese Erhebung galt als Grundpfeiler des städtischen Maßnahmenkatalogs.

Bis zu diesem Zeitpunkt fehlte es in Köln an einer einheitlichen Datenbank über die stattfindenden Kongresse. Bis heute besteht keine Verpflichtung seitens der Locationanbieter, Kongresse zu melden. Daher war auch nicht bekannt, wie viele Konferenzen in welcher Größenordnung und mit welchem Umsatzvolumen tatsächlich jährlich in Köln durchgeführt wurden. Lediglich die KölnKongress GmbH als Betreiber des Congress-Centrums und weiterer neun Locations leitete ihre Daten regelmäßig an das Amt für Statistik und an die KölnTourismus GmbH weiter. Ein Informationsfluss von den übrigen Veranstaltungsstätten an KölnTourismus erfolgte nicht. Um Entwicklungen im Kongress- und Tagungsmarkt Köln und im Vergleich zu anderen Destinationen erkennen zu können, ist jedoch eine kontinuierliche Marktbeobachtung erforderlich. Für das CCB dient die Statistik also als solides Instrument, um der Politik die Bedeutung der Branche aufzuzeigen und somit die Mittel zur Vermarktung der Kongressdestination zu sichern.

Aus einer solchen Erhebung können unter anderem Stärken und Schwächen des Angebotsidentifiziert werden, um daraus Maßnahmen zur Stärkung beziehungsweise zum Entgegenwirken abzuleiten. Seit dem 1. Oktober 2010 wird in Köln, wie auch in einzelnen anderen Städten Deutschlands, eine Kulturförderabgabe, ebenfalls unter dem Namen „Bettensteuer" bekannt, erhoben. Inwiefern sich diese Abgabe auf die lokale Veranstaltungsbranche auswirken könnte, ist ein Beispiel dafür, wie wichtig eine kontinuierliche Beobachtung des Marktes ist. Von Vorteil ist hier, dass die Kölner Statistik die Buchungssituation nach Locationart aufschlüsselt und so die Tagungshotellerie speziell ausgewiesen werden kann.

Neben den politischen Interessen dient eine solche Analyse auch als Basis für die Vermarktung der Kongressdestination Köln. Aus diesem Grund wird jährlich zusätzlich eine Befragung der Nachfrageseite durchgeführt, die dem CCB einen Überblick darüber verschafft, wie Köln von Kongresskunden wahrgenommen wird. In der großen Menge der Veranstalter die potentiellen Veranstalter für Köln zu identifizieren, spart Geld und Aufwand. Zusätzlich können diese noch individueller angesprochen werden.

Leitfragen aus diesem Bereich sind demnach: Wie kann das Segment noch besser beworben werden? Wer muss dazu in welcher Form angesprochen werden? Im Rahmen der Öffentlichkeitsarbeit werden die Studienergebnisse zielgerichtet eingesetzt und von Fachmedien dankbar aufgenommen.

2.3   Wer führt die Studien durch? (Befragende)

Marktforschung im MICE-Segment wird bisher nur von einem kleinen Kreis an Spezialisten durchgeführt. Die erste und größte Gruppe sind Hochschul- und Universitätsprofessoren, die auf dem Tagungsmarkt Forschungsaufgaben unternehmen.

Eine weitere kleine Gruppe an kommerziellen Anbietern stellen die spezialisierten Beratungsunternehmen dar. Auch hier gibt es nur eine geringe Anzahl, die im Interesse der Marktaufteilung oft noch unterschiedliche Spezialisierungen innerhalb des Veranstaltungsmarktes aufweisen und deshalb immer wieder für diese speziellen Fragestellungen (z. B. im Messebereich) herangezogen werden.

Das EITW (Europäisches Institut für TagungsWirtschaft GmbH) nimmt hier eine Sonderstellung ein, da es von Prof. Dr. Schreiber mit vielen Jahren wissenschaftlicher Erfahrung auf dem Fachgebiet geleitet wird und gleichzeitig ein wirtschaftliches Unternehmen mit mehreren festen und freien Mitarbeitern darstellt.

Die letzte Gruppe von Organisationen, die auch MICE-Studien durchführen, sind Beratungsunternehmen aus dem allgemeinen Tourismus. Durch ihre oftmals thematisch breite Aufstellung berühren sie in allgemeinen Studien oftmals den Tagungsmarkt. Reine Tagungsmarktstudien sind von diesen Unternehmen jedoch aufgrund des sehr spezifischen Markt-Know-Hows sehr selten zu finden.

In der Durchführung der verschiedensten Studien liegt auch begründet, warum es keine für Deutschland allgemein gültige Berechnung bzw. vergleichbare Daten von verschiedenen Destinationen gibt. Da die Anbieter von Studien so unterschiedlich sind, wird auch mit sehr unterschiedlichen Definitionen gearbeitet, die Ergebnisse mit unterschiedlichen Aussagen und Bezugsdaten bewirken. Es gibt keine einheitliche Datenerfassung, wie sie vom allgemeinen Tourismus bekannt ist: Die staatliche Verpflichtung sowie die allgemein gültige Festlegung von Definitionen schafft im Tourismus eine Vergleichbarkeit von regionalen Zahlen in ganz Deutschland. Diese Vergleichbarkeit lässt der Tagungsmarkt in Deutschland derzeit noch vermissen.

Praxis-Exkurs: Zusammenarbeit zwischen dem EITW und dem Cologne Convention Bureau

Um eine Marktforschung neutral und kompetent umzusetzen, wurden seitens des Cologne Convention Bureaus (CCB) entschieden, ein externes Institut mit der Durchführung der Statistik zu beauftragen. Zielsetzung war, sämtliche für den Kölner Tagungs- und Kongressbereich relevanten Veranstaltungsbetriebe – vom großen Kongresszentrum bis hin zum kleineren Tagungshotel – von der übergeordneten Bedeutung einer kontinuierlichen Erfassung aller für den Tagungs- und Kongressmarkt relevanten statistischen Daten zu überzeugen. Möglich ist dies z. B. durch eine Internetplattform, auf der sich alle Tagungseinrichtungen registrieren. Die Veranstaltungsanbieter können mit Hilfe einer Online-Eingabemaske die Daten für die durchgeführten Veranstaltungen monatlich kumuliert eingeben. Auf dieser Basis können sowohl für die teilnehmenden Anbieter eigene Auswertungen durchgeführt, als auch die jährliche Gesamtentwicklung und das Volumen Kölns analysiert werden. Die Anbieter schöpfen für sich also einen direkten Benefit bei der Eingabe der Daten.

Ein solches Konzept wurde unter anderem von der ghh consult GmbH aus Wiesbaden entwickelt, die für die Destination Berlin tätig ist. Das EITW hat ein vergleichbares Datensystem mit dem Namen „TagungsBarometer" aufgebaut. Genauso wie ghh consult führt das EITW ergänzend zu den Statistikdaten der Interneterhebung jährlich Experteninterviews und Teilnehmerbefragungen am Standort durch, die aussagekräftige Ergebnisse bezüglich der wirtschaftlichen Bedeutung der Kongressnachfrage ermöglichen.

Ein Benchmark des CCB zum Festlegungszeitraum im Jahr 2008 hatte ergeben, dass außer Berlin keine andere Stadt der Magic Cities[1] eine kontinuierliche Marktforschung im Spezialsegment Kongresswesen betrieben hat.

Eine Momentaufnahme mittels einer Erhebung durch eine wissenschaftliche Einrichtung, wie es vereinzelt in anderen Städten praktiziert wird, hätte nicht den nachhaltigen strategischen Zielen des CCB entsprochen. Unter Berücksichtigung verschiedenster Aspekte hat sich das CCB nach Einholung von mehreren Angeboten letztendlich für eine Zusammenarbeit mit dem EITW entschieden. Der Hauptgrund lag vor allem darin, dass das EITW bereits parallel die Deutschlandstudie für die DZT (Deutsche Zentrale für Tourismus), das GCB (German Convention Bureau) und den EVVC (Europäischer Verband der Veranstaltungszentren) durchführte. So können in die Kölner Studie Vergleichswerte aus der Deutschlandstudie einfließen und damit eine optimale Einordnung der Kölner Ergebnisse in den deutschen Markt erfolgen.

---

[1] Die „Magic Cities Germany" sind eine seit 1955 bestehende Werbegemeinschaft der neun größten deutschen Städte. Berlin, Köln, Dresden, Düsseldorf, Frankfurt, Hamburg, Hannover, München und Stuttgart. Unterstützt wird sie u.a. durch die DZT, Lufthansa und Der Deutschen Bahn (MC, 2011).

2.4   Welche Studien gibt es?

Um einen kurzen Überblick über die Studien zu geben, sollen an dieser Stelle kurz die regelmäßigen Studien genannt und erläutert werden. Einmalige Studien finden dabei keine Beachtung.

Wie schon in der Hinführung erläutert, werden vor allem von den großen Verbänden jährliche Studien in Auftrag gegeben.

Auf internationaler Ebene führen die ICCA (International Congress- & Convention Association) und die UIA (Union of International Associations) jährliche Studien großer internationaler Verbandstagungen durch, von denen besonders das Städte- und Länderranking jedes Jahr mit Spannung erwartet werden. Die Pendants dazu auf der Veranstalterseite kommen von MPI (Meeting Professionals International; Befragungen aller 2 Monate) und der IAPCO (International Association of Professional Congress Organizers). Für eine internationale Übersicht über Incentives ist die Jahresstudie von SITE (Society of Incentive and Travel Executives) zu empfehlen.

Für Deutschland hat sich das Meeting- & EventBarometer, das von der DZT, dem GCB und dem EVVC in Auftrag gegeben und vom EITW durchgeführt wird, in den letzten Jahren zum Standardwerk der Branche entwickelt. Dadurch, dass die Studie sehr breit angelegt ist, den Tagungs- und den Eventmarkt gleichartig abbildet, durch die beauftragenden Partner sehr breit gestreut wird und frei verfügbar ist, sind die wenigen anderen Studien, die ganz Deutschland abdecken, stark in den Hintergrund getreten.

Auf Destinationsebene stehen derzeit jährlich wiederkehrende Daten von Köln, Bonn, Brandenburg, Heidelberg und Dresden durch einer Erfassung des EITW (TagungsBarometer) zur Verfügung, aber auch beispielsweise Berlin, Frankfurt a. M. und München erheben schon seit vielen Jahren Tagungsmarkt-Daten und veröffentlichen diese jährlich.

3   Durchführung einer Marktforschungsstudie

3.1   Befragte

Am Anfang der Durchführung einer Studie steht die Frage, bei *wem* die erforderlichen Daten erhoben werden können.

1. Anbieter
Die gebräuchlichsten und häufigsten Studien sind Anbieteruntersuchungen. Dabei werden die Anbieterbetriebe einer Region genau untersucht, evtl. geclustert und befragt. Die ge-

bräuchlichste Unterteilung der Anbieter erfolgt in Veranstaltungszentren, Tagungshotels und Special Locations (vgl. dazu auch Kapitel Schreiber).

Veranstaltungszentren sind Veranstaltungsstätten, die nur für die Durchführung von Veranstaltungen errichtet wurden und keine Übernachtungsmöglichkeiten anbieten. Diese Gruppe erstreckt sich damit von kleineren Mehrzweckhallen und Bürgerhäusern über Kongress- und Veranstaltungszentren bis hin zu den großen Arenen und Stadien.

Tagungshotels sind Hotels mit Tagungsfaszilitäten (Räume, Services, Packages etc.). Auch diese Gruppe ist in Bezug auf die Größe sehr heterogen, sie reicht von kleinen Hotels mit nur einem kleinen Tagungsraum bis hin zur Großhotellerie, die sowohl vielfältige Tagungsfaszilitäten als auch eine Vielzahl von Zimmern anbietet.

Special Locations (auch genannt Special Event Locations, Eventlocations o.ä.) sind Locations, die für einen anderen Zweck gebaut wurden, jetzt aber auch für Tagungen und Veranstaltungen nutzbar sind und sich hierfür auch vermarkten. Da diese Gruppe äußerst heterogen ist, kann die folgende Aufzählung von möglichen Veranstaltungsstätten nur eine kleine Auswahl sein: Bergwerke/Industrieanlagen, Burgen/Schlösser, Klöster, Museen, Fabrikhallen/Lokschuppen, Studios, Freizeitparks, Zoos, Flughäfen, Theater, Weingüter, Galerien, Schiffe, Kirchen, aber auch Säle von Unternehmen, die der Öffentlichkeit geöffnet werden, christliche Versammlungsstätten sowie Säle in öffentlichen Einrichtungen (z. B. Rathäuser). Zu dieser Gruppe gehören auch Bildungseinrichtungen, Universitäten und Hochschulen. Aufgrund des hohen (bisher kaum erfassten) Veranstaltungsaufkommens dieser speziellen Art wird hier die Bildung einer eigenen („Campus-") Gruppe teilweise schon praktiziert.

2. Veranstalter

Zur Gruppe der Veranstalter gehören alle Unternehmen und Organisationen, die Veranstaltungen durchführen. Das sind als erste und größte Gruppe die Unternehmen. Firmen aus verschiedensten Branchen führen Tagungen und Veranstaltungen durch. Eine weitere Gruppe stellen die Agenturen dar, bei denen eine weitere Differenzierung nach PCOs (Professional Congress Organizer), Eventagenturen, Incentive- und Seminaranbieter sowie Werbeagenturen möglich ist. All diese Organisationen sind der Wirtschaft zuzuordnen.

Dem gegenüber steht die breit gefächerte Gruppe der Nonprofit-Veranstalter. Hierzu gehören

- Vereine und Verbände,
- öffentliche und staatliche Organisationen (Parteien, Behörden),
- private Akteure,
- kirchliche oder kulturelle Organisationen und
- wissenschaftliche Veranstalter wie Hochschulen, Institute und Professoren.

3. Teilnehmer

Teilnehmerbefragungen stellen die aufwändigste Form der Befragung dar; hier muss über einen Querschnitt verschiedenster Besucher unterschiedlichster Veranstaltungen eine repräsentative Aussage getroffen werden. Dies bedarf einer aufwendigen Koordination und der Durchführung eines Pre-tests. Diese Art der Erhebung findet nur sehr selten in großen Untersuchungen Berücksichtigung und wird in den Ausführungen dieses Artikels vernachlässigt.

4. Experten

Eine wichtige Rolle im Rahmen von Studien nehmen Expertenbefragungen ein, da diese Erhebungen Meinungen und Aussagen von Menschen wiedergeben, die sich „wirklich damit auskennen" und damit vom Leser als besonders glaubwürdig und aussagekräftig wahrgenommen werden. Experten können ganz unterschiedlicher Herkunft sein:

- Wissenschaft: Professoren und Lehrkräfte des Fachgebietes
- Medien: Journalisten der Fachpresse oder von Online-Anbietern
- Unternehmen: Top-Führungskräfte
- (Fach-)Verbände: Geschäftsführer, Präsidenten, Funktionäre, etc.

Die Herausforderung hier ergibt sich bei der Abgrenzung: Wie grenze ich die Experten von den Veranstaltern bzw. von den Führungskräften auf der Anbieterseite ab? Eine sensible Frage, deren Beantwortung häufig mit einer subjektiven Einschätzung verbunden ist.

Zwei weitere wichtige Aspekte sollen am Ende dieses Kapitels erläutert werden: Nachakquise und Adressqualität.

Nachakquise nimmt bei einer zunehmenden „Umfragemüdigkeit" einen immer stärker werdenden Stellenwert ein. Die zu einer Befragung eingeladenen Teilnehmer sollten bei Nicht-Teilnahme in gebührlicher Weise daran erinnert, möglichst aber nicht „genervt" werden. Diese Gratwanderung ist teilweise sehr schwierig und kann von Studie zu Studie variieren.

Während bei einfachen Anbieter-Befragungen maximal zwei E-Mail-Erinnerungen ausreichen, hat sich bei dem Meeting- & EventBarometer eine Kombination von E-Mail-Remindern und einer telefonischen Nachakquise bewährt. Bei Monitoring-Aktivitäten mit kontinuierlichen Dateneingaben (z. B. bei der Monatsmaske des TagungsBarometers) ist ein sogenannter „Kümmerer" ein Muss: Da das Tagungsmarkt-Monitoring sehr schnell im operativen Geschäft in Vergessenheit gerät, bedarf es einer Person, die telefonisch daran erinnert, dass die Eingaben noch ausstehen. Dieser Kümmerer-Service zeigt neben einer automatisch generierten E-Mail-Erinnerung (die alleine jedoch nicht ausreicht) gute Erfolge bei der Nachakquise im TagungsBarometer des EITW.

Adressqualität ist der zweite Punkt, der bei der Vorbereitung einer Befragungsaktion eine zentrale Rolle spielt. Die Frage kann nicht nur lauten: „Woher kommen die Adressen für die Befragung oder wie viele Adressen kommen zum Einsatz?" – sondern auch: „Wie gut sind die Adressen?". Denn die Rückläufer einer Befragung können immer nur so gut sein wie die Qualität der genutzten Adressen. Aufgrund der hohen Fluktuation in der Branche müssen Adressen gepflegt und up to date sein; hier erhöht eine Nachbearbeitung bzw. Nachrecherche der Adressen den Erfolg der Befragung exponentiell.

Als äußerst wichtig hat sich auch die Nachbearbeitung der Befragung erwiesen. So sollten Bounces (bei E-Mails: Adressat nicht bekannt und deshalb vom Server abgewiesen) in der Datenbank markiert werden um eine nochmalige Aussendung zu verhindern, rückgemeldete Namens- oder Ansprechpartner-Veränderungen in die Datenbank eingetragen werden und eventuelle Teilnahme-Verweigerer auch als solche markiert werden – um damit einen nochmaligen Kontakt zu verhindern.

3.2   Befragungsarten

Für Befragungen von kommerziellen Akteuren auf dem Tagungsmarkt (Anbieter, Veranstalter und Experten – Teilnehmerbefragungen sollen hier vernachlässigt werden) stehen die folgenden Möglichkeiten zur Verfügung:

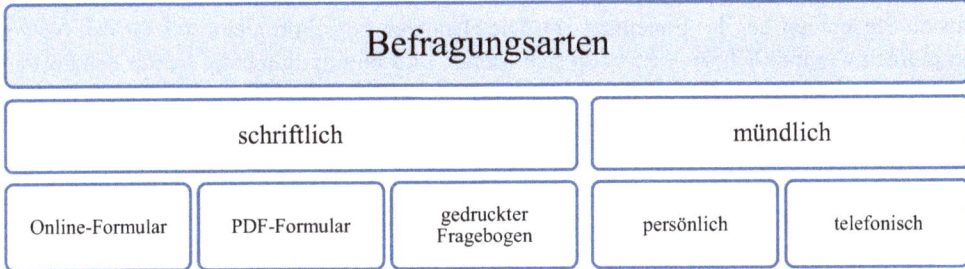

Abb. 3: *Arten der Befragung (eigene Darstellung)*

Die gebräuchlichsten Arten der heutigen Tagungs-Markt-Forschung sind die schriftlichen Befragungen, da hier große Mengen befragt und auch die Rückläufer unkompliziert gesammelt werden können.

3.2.1   Online-Formulare

Die wichtigste und vom EITW am stärksten genutzte Art stellen die Online-Formulare dar. Die erste Frage, die sich bei der Erstellung eines solchen Fragebogens stellt, ist: Make or buy? Um eine Umfrage selbst zu starten, ist entsprechendes technisches Know-How (HTML, PHP, Javascript, Datenbanken) und die notwendige Hardware (Webserver) notwendig – dann stehen aber in Hinsicht auf Anpassung an eigene Gestaltungsbedürfnisse und in Hinblick auf die Sicherheit der Daten keine Hindernisse mehr im Wege.

Lässt man Befragungen erstellen oder erstellt diese per Webservice bei Anbietern selbst, so braucht man dazu meistens kein spezifisches Technik-Know-How mehr, ist aber dann in puncto Realisierung eingeschränkt, muss mit zusätzlichen Kosten rechnen und speichert die sensiblen Befragungsergebnisse auf einem fremden Server im Internet.

Ablauf Online-Formular:
Die Einladung zur Befragung erfolgt in einer E-Mail, die einen Link zur Befragung und ein Passwort enthält. Mit diesen Zugangsdaten loggt sich der Teilnehmer in das Formular ein, gibt seine Daten ein und sendet diese durch eine Schaltfläche im Formular ab. Die Daten werden automatisch in einer Datenbank gespeichert.

Mit dieser Art ist eine Befragung großer Mengen von Teilnehmern (mehrere Hundert bis mehrere Tausend) unkompliziert möglich. Durch eine direkte Anbindung des Webformulars an eine Datenbank werden die Daten beim Absenden des Formulars direkt geprüft, kodiert (in speicherbare Werte umgewandelt) und gespeichert. Im Interesse des Eingebenden sollte die Prüfung jedoch nicht erst beim Absenden (nach Fertigstellung des gesamten Fragebogens) sondern schon bei der Eingabe des einzelnen Feldes erfolgen. Mit Technologien wie Javascript und Ajax ist dies heute problemlos möglich.

Überhaupt nimmt die „Usability" (einfache und intuitive Bedienbarkeit) des Formulars einen hohen Stellenwert bei der Erstellung ein. Die Benutzung des Formulars soll für den Nutzer so einfach wie möglich sein. Er muss sich schnell und intuitiv durch die Felder des Formulars bewegen können – dies wird mit dem sogenannten Tab-Index im HTML-Code der Seite sichergestellt. Weitere Erleichterungen können z. B. durch Summenberechnungen geschaffen werden: So können durch Berechnungsfunktionen Felder automatisch ausgefüllt oder Kontrollrechnungen eingeblendet werden; z. B.: Entspricht die Summe der Anteile 100 %? Besonders wichtig in Hinblick auf Usability und Verständlichkeit des Fragebogens ist die Hinterlegung von Definitionen oder näheren Erläuterungen. Diese blenden sich bei der Bearbeitung der Frage (z. B. in Form von Infoboxen) selbst ein.

Um Missbrauch zu vermeiden, muss der Zugang zur Befragung geschützt werden (Username und Passwort bzw. nur Passwort). Eine andere Möglichkeit des Zugangsschutzes ist die Herausgabe eines personalisierten Links, der nur einmal zur Teilnahme an der Befragung berechtigt. Damit werden gefährliche Skripte, die automatisch mehrere bzw. sehr viele Datensätze in die Datenbank eintragen wollen, verhindert.

Die Fragebogen sind bei der Online-Befragung (fast) vollständig auf das Corporate Design des Auftraggebers bzw. des Ausführenden anpassbar. Die Form variiert dabei zwischen einseitigen Formularen (sodass sich der Eingebende zu Beginn einen Überblick über den gesamten Fragebogen machen kann) und in mehrere Seiten unterteilte Befragungen. Hier sollte jedoch sichergestellt werden, dass der Eingebende über den Fortschritt der Befragung informiert wird und erkennen kann, wie viele Fragen bzw. Seiten noch zu beantworten sind.

3.2.2   PDF-Formulare

Die zweite, aber schon durch Einschränkungen begrenzte Befragungsart ist das PDF-Formular. Im Gegensatz zu den Online-Formularen ist das PDF relativ aufwändig in der Erstellung: hier muss zuerst ein Fragebogen in einem Textbearbeitungs- oder Satzprogramm erstellt werden, dem dann der interaktive Formular-Layer hinzugefügt wird. Für die Erstellung dieses Layers sind professionelle Programme wie z. B. Adobe Acrobat notwendig.

Die Befragung wird dann aber oft als „angenehmer" von den Befragten wahrgenommen, da sie die Befragung auf Ihrem eigenen Computer (in ihrer vertrauten Umgebung) haben und dort bearbeiten können.

Hinweis: Da es sich bei den PDF-Formularen um eine Technologie handelt, die von Adobe entwickelt wurde, legt das Unternehmen in den Nutzungsbedingungen fest, dass der Nutzer dieser Befragungsart nur bis zu einer Befragungsgröße von 500 Teilnehmern berechtigt ist.

Ablauf PDF-Formular:
Der Versand des PDF-Formulars erfolgt als E-Mail-Anhang, das PDF wird auf dem Computer des Befragten meist in dem frei verfügbaren Acrobat Reader bearbeitet und ausgefüllt. Das Speichern sollte möglich sein, danach kann das Formular (bzw. die Daten) durch eine Schaltfläche im PDF-Formular an den Befragenden zurückgesendet werden – oder der Befragte hängt das gespeicherte Formular an eine Mail an und sendet die Mail an den Befragenden zurück. Dieser sammelt alle Rückläufer-Formulare in Programmen wie (z. B. Adobe Acrobat) und kann die Informationen später als Tabellenkalkulationsblatt ausgeben.

Weitere voll automatisierte Verfahren werden von kommerziellen Anbietern angeboten, bei denen Versand und Sammlung der zurückgelaufenen Daten auf Fremdservern erfolgt. Hier ist jedoch immer auf die Sicherheit und Sauberkeit der Daten (eingepflegte Adressdaten für den Versand *und* Rückläuferdaten) zu achten.

Auch bei den PDF-Formularen ist auf die Usability zu achten, diese ist aber durch einen beschränkten Funktionsumfang weniger anpassbar als im Webformular.

3.2.3 Gedruckte Fragebögen

Die letzte Gruppe der schriftlichen Befragungsarten sind die gedruckten Fragebögen, auch „Pen & Paper" genannt.

Ablauf Druck-Fragebogen:
Der Fragebogen wird mit einem Textbearbeitungsprogramm erstellt und gedruckt. Der Versand erfolgt per Post. Der Befragte füllt das Formular mit dem Stift aus und sendet es per Rücksendebrief oder Fax an den Befragenden zurück. Hier werden die Rückläufer gesammelt – und später die einzelnen Antworten kodiert in einer Datentabelle erfasst bzw. bei großen Mengen automatisch eingelesen.

Der Ablauf bei dieser Befragung stellt einen mehrfachen Medienbruch dar. Während bei der Online-Befragung jeder Schritt online erfolgt, stellt bei der schriftlichen Befragung jeder Übergang von Technik zu Papier (und zurück) eine potentielle Fehlerquelle dar, die nur durch sehr genaues Arbeiten ohne Fehler überwunden werden kann.

Trotzdem ist die Befragungsart noch immer wichtig, da sie meist die einzige Möglichkeit darstellt, nicht technikaffine Befragtengruppen zu erreichen. Sie ist relativ aufwändig (Versand, Sammlung der Rückläufer, nachträgliche Kodierung der Ergebnisse), teuer (Druck, Versand und evtl. Rücksendeumschlag) und benötigt mehr Zeit als die technischen Methoden. Eine Kontrolle der Eingaben wie z. B. beim Webformular ist nicht möglich, hier zeigen eigene Erfahrungen, dass einige Daten unbrauchbar werden, weil sie mit Kommentaren versehen oder ungültige Werte eingetragen werden.

3.2.4   Mündliche Befragungen

Die letzte auf dem Tagungsmarkt gebräuchliche Art sind die mündlichen Befragungen. Hier sollen die persönlichen und telefonischen Interviews zusammengefasst werden, da für beide ähnliche Bedingungen gelten.

Ablauf der mündlichen Befragung:
Die Fragen werden speziell für diese Art entwickelt und ein erster Kontakt zum Befragten erfolgt per Brief, E-Mail oder Telefon zur Terminkoordination des Interviews. Zum vereinbarten Termin findet ein Treffen statt, bei dem die Fragen persönlich oder telefonisch gestellt und beantwortet werden. Das Interview wird aufgenommen und später nachträglich transkribiert, kodiert und in einer Datentabelle erfasst.

Diese Art der Befragung ist in seiner Durchführung besonders aufwändig und kann hohe Kosten verursachen. Der hohe Aufwand ergibt sich sowohl bei der Terminabsprache als auch in der späteren Transkription des Interviews. Hier muss das vollständige Interview zuerst komplett niedergeschrieben werden, bevor eine Kodierung und technische Erfassung der Antworten erfolgen kann. Hohe Kosten ergeben sich durch den hohen Zeitaufwand (Terminvorbereitung, Durchführung und Transkription) sowie durch eventuelle Reisekosten zum Interviewtermin. Deswegen nutzt das EITW diese Art von Befragung nur für sehr kurze Befragung von hochrangigen Spezialisten.

Praxis-Exkurs: Herausforderungen bei der Datenerfassung in einer Destination am Beispiel Köln

1. Anbieterseite
Das Cologne Convention Bureau konnte zu Beginn seiner Tätigkeit auf eine umfassende Bestandsanalyse zurückgreifen, die im Rahmen der Magisterarbeit von Woronka durchgeführt wurde. Es wurde aufgezeigt, welche Tagungshotels, Eventlocations und Veranstaltungszentren in Köln ansässig sind.

Alle erfassten Unternehmen wurden zu einer Einführungsveranstaltung Anfang 2009 eingeladen. Um den neutralen Charakter der Marktforschung von Anfang an zu symbolisieren, hatte man als Veranstaltungsort die Räumlichkeiten der IHK Köln gewählt. Gemeinsam mit dem beauftragten Institut EITW hat das CCB für die Teilnahme an diesem Projekt geworben. Besondere Herausforderung zu diesem Zeitpunkt war, dass das CCB erst sechs Monate zuvor gegründet worden war und es kaum einen Erfahrungsaustausch zwischen Anbietern und der neuen Dachorganisation gab. So war die Auftaktveranstaltung ein wichtiger Schritt, jedoch ist es bis heute notwendig, in persönlichen Gesprächen das Vertrauen der Locationbetreiber zur Teilnahme an der Statistik zu gewinnen. Die größte Unsicherheit der Anbieter liegt vor allem in der Frage, was mit ihren Daten passiert. Das die Daten jedoch ausschließlich vom EITW eingesehen werden können und das CCB keinen Zugriff auf die angegebenen Werte hat, begünstigt die neutrale Position des Convention Bureaus. Förderlich ist ebenso, dass das CCB an die Kölner Tourismusorganisation angesiedelt wurde und so keine Interessenskonflikte bestehen. Es werden keine eigenen Locations betrieben, was zu Misstrauen der anderen Akteure führen könnte.

Dennoch beeinflussen bis heute zwei Faktoren die Teilnahme der Anbieter an dem Projekt. Zum einen unterliegen einige der Tagungshotels den internationalen Richtlinien ihrer Dachgesellschaften, die eine Weitergabe von Daten in der Regel untersagen. Durch das Commitment der lokalen Hoteldirektoren kann jedoch eine Lösung herbeigeführt werden. Dies setzt allerdings das absolute Vertrauen in die beteiligten Auftraggeber der Marktforschung, in diesem Fall das CCB, voraus.

Zum anderen musste festgestellt werden, dass längst nicht alle Betreiber alle notwendigen Daten aus ihren Buchungssystemen automatisch gewinnen können. Im Vorfeld der Einführung wurden die Erhebungsparameter mit einer Querschnittsauswahl von Anbietern erörtert und in Anlehnung an die Deutschlandbefragung des EITW für Köln adaptiert. Für einige Anbieter war die Konfrontation mit der neuen Köln-Abfrage aber durchaus eine Anregung, ihre eigene Datenerfassung zu überdenken und so konnten zahlreiche Partner für das Statistikprojekt gewonnen werden.

Das CCB weiß das Engagement der beteiligten Unternehmen zu schätzen, ohne die das Projekt nicht umsetzbar wäre und versucht, im stetigen Austausch Optimierungsprozesse zu verfolgen. Die meist hohe Fluktuation bei den Mitarbeitern, gerade in den Hotelbetrieben, erfordert eine fortlaufende Erklärung der Abwicklung. Als Anreiz zur Beteiligung erhalten nur die Unternehmen, die das Projekt unterstützen, jeweils die komplette Jahresstudie mit aktuellen Handlungsempfehlungen. Darüber hinaus gewährt das CCB diesen Unternehmen einen Rabatt auf das Partnermodell, das die Darstellung in den Köln-Medien beinhaltet.

Zusammenfassend bleibt festzuhalten, dass es ein stetiger Prozess ist, Verständnis für eine Marktforschungsbeteiligung zu erzielen, von dem am Ende alle Akteure der Destination profitieren. Denn nur im Schulterschluss lässt sich die Stärke einer Region herausstellen.

2. Nachfrageseite

Für eine Destination ist es besonders wertvoll, ein Meinungsbild zur Wahrnehmung des Angebots von Kundenseite zu erhalten. So wird jährlich durch das EITW eine Befragung von Veranstaltungsplanern aus Agenturen, Firmen und Verbänden durchgeführt. Ein Gros der Veranstaltungen in Köln wird durch die zwölf ansässigen Hochschulen initiiert. Aus diesem Grund hat sich das CCB zum Ziel gesetzt, die Vernetzung zwischen Wissenschaft und Tagungsbranche zu fokussieren. Als Teil eines Maßnahmenplans fand im Jahr 2010 zum ersten Mal zusätzlich eine Befragung an der Universität zu Köln (die größte öffentliche Hochschule Deutschlands) statt.

Anhand dieses Beispiels lassen sich aus der Praxis zwei wesentliche Punkte bei Befragungen veranschaulichen. Für Wissenschaftler ist die Durchführung von externen Veranstaltungen nur ein Zusatzprojekt. Es gehört also nicht zu ihrem Alltagsgeschäft, wie es beispielsweise bei Eventplanern aus Agenturen der Fall ist. Darum ist es wichtig, eine Befragung zu diesem Themenfeld so kurz wie nur möglich zu halten und so interessant wie nur möglich anzuteasern. Die Heimatverbundenheit zum Standort Köln wurde bewusst als Aufhänger gewählt, um einen ansprechenden Einstieg zu verschaffen. Die Fragestellungen wurden so gewählt, dass die Wissenschaftler einen Mehrwert für ihre Interessen innerhalb Kölns erhalten. Je besser das CCB die Bedürfnisse der jeweiligen Akteure kennt, umso besser können Maßnahmen zur Förderung von Kongressen eingeleitet werden.

Der zweite Aspekt, der zu beachten ist, richtet sich an den Absender einer Befragung. Bei der Wissenschaftsstudie hat es sich als Vorteil erwiesen, dass die Erhebung durch ein Institut durchgeführt wurde und so seitens der Befragten ein kommerzieller Gedanke ausgeschlossen werden konnte. Grundsätzlich hat die Erfahrung gezeigt, dass ein personengebundener Absender mehr Akzeptanz erzeugt als die Befragung durch eine allgemeine „info@"-Adresse. Eine direkte Rückfragemöglichkeit mit entsprechenden Kontaktdaten sollte stets gegeben sein.

3.3   Befragungsfrequenz

Als weitere Einteilung der Tagungs-Marktforschung ist die Klassifizierung nach Frequenz der Studien bzw. Befragungen möglich. Demnach unterscheidet man zwischen einmaligen, täglichen, monatlichen und jährlichen Untersuchungen.

Einmalige Untersuchungen, sogenannte „snapshots" (= Momentaufnahmen), stellen wahrscheinlich den größten Teil der durchgeführten Studien dar. Unternehmen und Destinationen entscheiden sich hier dazu, einmalig ihren Markt untersuchen zu lassen. Oftmals stellen diese Studien die Grundlagen für eine weitere Entwicklung oder weitere Studien dar. *Beispiel*: Angebots- und Nachfrageanalyse in einer spezifischen Destination.

Tägliche Eingabe bzw. die Eingabe pro Veranstaltung stellt die aufwändigste Erhebungsfrequenz dar. Hierzu ist eine hohe Loyalität (bzw. starke Verpflichtung) der Teilnehmer notwendig. Das Ergebnis sind höchstdetaillierte Auswertungen und Aussagen. *Beispiel*: Die Anbieterbetriebe einer Destination pflegen jede Veranstaltung in ihrem Haus in eine Datenbank ein.

Monatliche Befragungen von Akteuren ermöglichen die Darstellung eines unterjährigen Verlaufs. So können Entwicklungen nicht erst im Jahresvergleich, sondern auch in kleineren Zeiteinheiten verfolgt werden. Man spricht hier auch von Monitoring. *Beispiel*: Die Anbieterbetriebe in einer Destination werden monatlich zu dem Veranstaltungsaufkommen in ihrer Veranstaltungsstätte befragt und können somit auch die monatliche Entwicklung in Form von Reports verfolgen.

Jährliche Studien werden durchgeführt, um Entwicklungen und zeitliche Verläufe zu verfolgen, neueste Trends aufzuzeigen und nicht zuletzt, um Informationen für Veröffentlichungen zu erhalten. *Beispiel*: Studie zur Marktsituation bzw. Entwicklung, in Auftrag gegeben durch einen Verband oder eine Verbandskooperation.

Abschließend zur Frequenz der Befragungen ist festzustellen: Je häufiger die Untersuchungen durchgeführt werden, desto genauer und aussagekräftiger werden die gewonnenen Informationen.

3.4   Befragungsgegenstände

Neben Aspekten der Durchführung von Befragungen ist die Auswahl der Befragungsgegen-stände eine essentielle Entscheidung für Studien und Erhebungen. Nur wer die zu erheben-den Daten sorgfältig auswählt, wird daraus später eine aussagekräftige und in sich schlüssige Studie erstellen können. Die wichtigsten Daten zur Beschreibung des Tagungsmarktes sollen im Folgenden erörtert werden.

Grundsätzlich lassen sich die Befragungsgegenstände in Aspekte

- des Befragten,
- der Veranstaltungen,
- der Teilnehmer und
- andere Aspekte

klassifizieren.

Aspekte des Befragten sind vergleichbar mit den „demographischen Daten" bei personenbe-zogenen Befragungen. Auf dem Tagungsmarkt werden statt Personen jedoch hauptsächlich Unternehmen und Organisationen befragt und deshalb werden anstatt Alter, Geschlecht und Einkommen hier Art, Größe und Standort erfasst. Da diese Daten sich je nach Art des Be-fragten stark unterscheiden können, zeigt die folgende Tabelle eine Übersicht mit Beispielen.

Tab. 4 Aspekte des Befragten – in Bezug auf verschiedene Befragten-Gruppen (eigene Darstellung)

Aspekt	bei Anbietern	bei Veranstaltern
Art der Organisation	Veranstaltungsstätten-Art z. B. Tagungshotel	Veranstalter-Art z. B. Agentur
Größe	Mitarbeiter oder Kapazitäten (gesamt, größter Raum)	Mitarbeiter
Auslastung	Belegtage	-
Branche	-	Industriebranche z. B. Banken/Versicherungen
Entscheider	-	Wer entscheidet in der Organisation? z. B. Management

Weitere für alle Gruppen abzufragende Daten sind der Standort (z. B. Postleitzahl oder Bun-desland) oder spezifische Daten wie die Anzahl der Auszubildenden. All diese Aspekte des Befragten sind vor allem wichtig, um die anderen Aspekte bzw. Befragungsdaten in Klassen einteilen zu können und eine nach Klassen differenzierte Auswertung (z. B. Veranstaltungs-aufkommen differenziert nach Veranstalter-Art) zu ermöglichen.

Veranstaltungsaspekte beschreiben die durchgeführten Veranstaltungen näher: Wie viele Veranstaltungen wurden durchgeführt? Welche Arten? Wie viele Teilnehmer hatten diese Veranstaltungen und wie lange haben sie gedauert? Auch zeitliche Aspekte sind interessant: Was sind die wichtigsten Wochentage bzw. Monate in Bezug auf Tagungen?

In Anbieterbefragungen werden weiterhin Daten über die Veranstalter von Tagungen abgefragt. Mögliche Fragen sind hier die Aufteilung der Veranstalter auf Unternehmen und Nonprofit-Organisationen, Verteilung der Veranstalter auf Branchen und regionale Herkunft der Veranstalter. Die häufigsten abgefragten Aspekte bezüglich der Teilnehmer sind Gesamtteilnehmerzahl, Teilnehmer aus dem Ausland und Aufteilung der Teilnehmer auf verschiedenen Veranstaltungsarten. Interessant wären hier noch Informationen z. B. zu Alter oder Geschlecht der Teilnehmer, diese Informationen können aber durch die befragten Veranstaltungsstätten oder veranstaltenden Institutionen nur in den seltensten Fällen gegeben werden.

Ein „Block von Informationen" der zu den anderen Aspekten der Befragungsgegenstände gehört und der zunehmend an Interesse gewinnt, ist die Gesamtheit der monetären Aspekte. Hierunter fallen Umsätze der Organisationen mit Tagungen sowie die Einnahmen- und Ausgabenaufteilung der Betriebe. Bezogen auf die Teilnehmer sind die Ausgaben pro Teilnehmer pro Tag unerlässlich für eventuelle spätere Wirtschaftlichkeitsberechnungen. Bei den monetären Daten gehen jedoch die Interessen beteiligten Akteure am weitesten auseinander: Das Interesse aller Marktakteure an diesen Zahlen ist sehr hoch. Die Bereitschaft jedoch, diese Daten herauszugeben, ist vor dem Hintergrund des Datenschutzes sehr gering. Umsatzzahlen gehören oft zu den sensibelsten Daten eines Unternehmens und so werden diese Daten nur demjenigen zur Verfügung gestellt, der absolutes Vertrauen genießt.

Einen weiteren Block bei den anderen Aspekten stellen qualitative Daten dar. Hier sind besonders Meinungen zu verschiedenen Themen und Entwicklungserwartungen (z. B. für Veranstaltungsformen) beliebt. Diese Informationen sind keine „hard facts" wie die Anzahl der Veranstaltungen, geben aber dafür umso mehr „das Ticken" des Marktes wieder.

Bei allen abgefragten Aspekten ist es notwendig, genaue Definitionen der abgefragten Informationen zu entwickeln und diese im Fragebogen zu hinterlegen! Jeder Befragte muss genau wissen, was abgefragt wird. Bei der Entwicklung des Meeting- & EventBarometers im Jahr 2006 benötigte die Entwicklung der Definitionen alleine ein halbes Jahr!

Dabei wird die Definitionsentwicklung von speziellen Interessen bestimmt – das ist absolut legitim und dient der Ausrichtung der Studie: So bewirkte im Meeting- & EventBarometer das Interesse, nur professionelle Unternehmen zu befragen, eine Eingrenzung der Veranstaltungsstätten auf über 100 Sitzplätze bei Reihenbestuhlung im größten Saal.

Last but not least bilden die Definitionen die Grundlage, um eine Vergleichbarkeit von verschiedenen Studien zu erreichen. Die nachfolgende Tabelle zeigt eine Übersicht über verschiedenste Definitionen zum Begriff „Veranstaltung".

Tab. 5 *Vergleich der Definitionen von „Veranstaltung" (eigene Darstellung)*

Definition von	Teilnehmer	Dauer/Wdh.	Internationalität	andere
Finland Convention Bureau	>10			
EITW	>20			Anbieter >100 Sitzplätze
Österreich	Firmen >15 Verbände >50			
Wien	>10		50 % + 1 TN	
ICCA	>50	regelmäßig		rotiert in mind. 3 Ländern
UIA	>300	>3 Tage	>5 Länder	>40 % Ausländer
UNWTO	>10	>0,5 Tage	>2 Länder	>20 % Ausländer

Hier ist erkennbar, dass bei der Unterschiedlichkeit dieser Definitionen eine Vergleichbarkeit der Studien nicht gegeben ist.

Zum Abschluss des Kapitels zu den Befragungsgegenständen noch eine Erkenntnis, die das EITW in sehr vielen durchgeführten Studien immer wieder gewonnen hat:

Weniger ist mehr: So viel wie nötig, so wenig wie möglich!

Für den Befragenden ist es immer interessant *mehr* zur fragen, tiefer in die Informationen hineinzugehen und Daten so detailliert wie möglich abzufragen. Bei den Befragten wird jedoch die Bereitschaft zur Teilnahme mit zunehmender Länge des Fragebogens immer geringer. Deshalb sollte sich der Befragende unbedingt auf die absolut wichtigsten Informationen beschränken, um den Befragten nicht zu überfordern und damit zu riskieren, zu wenige Rückläufer zu erhalten bzw. einen hohen Aufwand für die Nachakquise betreiben zu müssen.

4   Ausgewählte Ergebnisse

Um dem Leser eine detaillierte und umfassende Marktübersicht zu ermöglichen, werden in diesem Abschnitt Zahlen und Erkenntnisse aus verschiedensten Untersuchungen in komprimierter Form wiedergegeben. Allgemeine Deutschland-Ergebnisse (EITW, 2011) sollen dabei die einzigen absoluten Zahlen darstellen. Erfahrungswerte und Mittelwerte werden angegeben, um mehrere Studien (Erfahrungen, die das EITW in über 50 Studien seit dem Jahr 2006 gesammelt hat) zusammenzufassen und um die Aussagekraft der Daten über einen langen Zeitraum zu gewährleisten. Ziel ist es typische Merkmale des deutschen Veranstaltungsmarktes transparent zu machen, um so dieses Marktsegment besser „verstehen" zu können.

4.1   Veranstaltungsstätten

Die Veranstaltungsstätten in Deutschland teilen sich in drei Arten auf: Veranstaltungszentren machen ca. ein Viertel des Marktes, die Tagungshotels ca. die Hälfte und die Eventlocations das restliche Viertel der gesamten Veranstaltungsstätten aus. In verschiedenen Destinationen, besonders in den (Groß-) Städten, stellte das EITW einen teilweise sehr viel stärker ausge-prägten Anteil der Eventlocations fest. Teilweise gibt es hier genauso viele Eventlocations wie Tagungshotels, teilweise sogar mehr! In den ländlichen Regionen wird dieses Verhältnis dann umgekehrt.

Traditionell steht jede Art von Veranstaltungsstätte für eine bestimmte Veranstaltungsart bzw. einen bestimmten Veranstaltungs-Mix: Tagungshotels stehen für kleinere und mittel-große Meetings, Veranstaltungszentren vor allem für größere Kongresse, während Eventlo-cations häufig für das Rahmenprogramm oder Kick-Off-Veranstaltungen genutzt werden. Jedoch suchen immer mehr Veranstalter auch für ihre kleineren Business-Veranstaltungen „das Besondere" in Special Locations – deshalb steigt das Angebot der Eventlocations im Vergleich zu anderen Arten von Veranstaltungsstätten am stärksten.

Die deutsche Veranstaltungsstätte ist durchschnittlich an 184 Tagen im Jahr ausgelastet (= Belegtage). Dabei beträgt das Verhältnis von Veranstaltungstagen zu Sperrtagen 144:40 und damit der Belegtagefaktor ca. 1,3. Das bedeutet, dass auf einen Veranstaltungstag 0,3 Sperrtage kommen. Dieses Verhältnis bestätigt sich auch in den einzelnen Destinationen mit einer Maximal-Schwankung zwischen 1,2 und 1,4.

Dieser Wert variiert jedoch stark zwischen den Arten von Veranstaltungsstätten: Da die kleineren Veranstaltungen in den Tagungshotels kaum einer Vor- oder Nachbereitungszeit bedürfen, ist hier der Belegtagefaktor wesentlich geringer als bei den beiden anderen Arten von Veranstaltungsstätten.

4.2   Veranstaltungen

In Deutschland fanden 2010 insgesamt 2,7 Mio. Veranstaltungen statt, womit nach einem starken Einbruch während der Finanzkrise 2009 der Wert von 2008 wieder erreicht wurde. Insgesamt zeigt der deutsche Veranstaltungsmarkt in den letzten fünf Jahren eine positive Entwicklung.

Von der Gesamtheit an Veranstaltungen machen die internationalen Veranstaltungen (mind. 10 % internationale Gäste) einen Anteil von derzeit 5,7 % aus – diesem Segment wird jedoch eine positive Zukunft und damit eine Steigerung vorausgesagt.

Die Veranstaltungen in Deutschland teilen sich aktuell in 74 % Meetings (beruflich motivier-te Veranstaltungen) und 26 % Events (vorwiegend privat motivierte bzw. Freizeit-Veranstaltungen) auf. Für den Städtetourismus gibt es nicht „*den*" Vergleichswert, da er von sehr vielen Faktoren abhängig ist; es ist bisher nur möglich einen Bereich einzugrenzen, der sich zwischen 60 % und 80 % Anteil in den Meetings bewegt.

Wesentlich eindeutiger ist die Meeting-Event-Verteilung bezogen auf die verschiedenen Arten von Veranstaltungsstätten: in den Tagungshotels werden bis zu 80 % Meetings durchgeführt, in den Eventlocations nur 25 %. Veranstaltungszentren zeigen sich hier am ausgewogensten mit einer fast gleichartigen Verteilung auf Meetings und Events.

Die Veranstaltungsdauer bewegt sich im Durchschnitt zwischen 1,6 und 1,7 Tagen – diese Zahl hat sich auch in allen untersuchten Destinationen bestätigt.

Die Größenklassen von Tagungen und Kongressen zeigen für Deutschland schon über Jahre hinweg eine relativ konstante Verteilung. Rund die Hälfte der Veranstaltungen bewegt sich im Bereich von 20 bis 50 Teilnehmer, 20 % im Bereich 51 bis 100, 12 % bei 101 bis250 Teilnehmern. Die Königsklassen mit über 1000 Teilnehmern (Mega-Kongresse und Großveranstaltungen) machen insgesamt noch 6 % aus.

Wird zu diesen Größenklassen (z. B. in kleineren Destinationen) die Klasse mit 10 bis 20 Teilnehmern hinzugenommen, dann kann der Anteil dieser Gruppe teilweise über 50 % der Gesamtveranstaltungen ausmachen, die nachfolgenden Gruppen verkleinern sich entsprechend.

Typische zeitliche Verläufe von Tagungen und Kongressen sind am einfachsten in Diagrammen darzustellen:

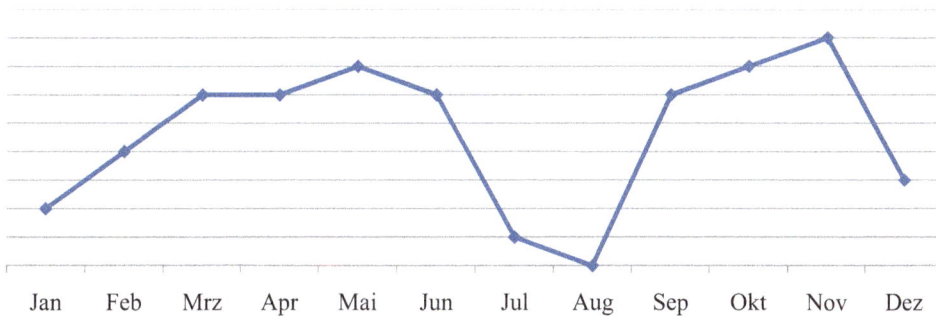

Abb. 4: *Zeitliche Verteilung der Veranstaltung (Jahresverlauf) – Mittelwerte(eigene Darstellung)*

Wichtigste Aussagen des Verlaufs: Es zeigt sich ein Doppel-Peak mit Spitzen im Frühjahr/Frühsommer und im Herbst sowie eine sehr starke Einsattelung in den Sommermonaten. Außerdem ist eine starke Abnahme zu Weihnachten bzw. zum Jahreswechsel erkennbar sowie eine kleine Einsattelung im April (häufig bedingt durch Ostern), die sich in den meisten Destinationen zeigt.

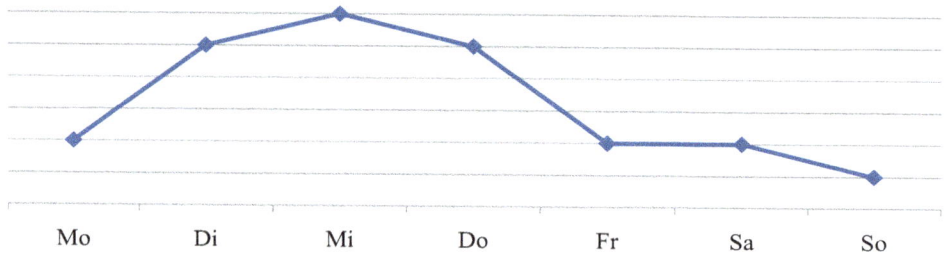

Abb. 5: *Zeitliche Verteilung der Veranstaltung (Wochenverlauf) –Mittelwerte(eigene Darstellung)*

Bei der Wochenverteilung ist die symmetrische Verteilung über die Arbeitswochen-Tage der herausstechende Fakt, mit einem Peak in der Wochenmitte („Di-Mi-Do-Effekt"). Auch freitags und samstags findet noch eine geringe Anzahl von Veranstaltungen statt, während der Sonntag kaum Veranstaltungsaufkommen zeigt.

4.3   Veranstalter

Tagungen und Veranstaltungen in Deutschland werden am häufigsten durch Wirtschaftsunternehmen durchgeführt. Diese Veranstalter machen über 60 % aus, Veranstalter aus der Gesellschaft (z. B. Vereine und Verbände) folgen in weitem Abstand mit ca. 15 % und Veranstalter aus der Politik mit 13 %.

Differenziert man die Veranstalter aus der Wirtschaft weiter nach Branchen, so machen Banken/Versicherungen mit einem Viertel den größten Teil aus vor Handel/Dienstleistungen (14 %) und Chemie/Pharma sowie IT/Elektronik/Computer (beide 11 %). Auf weiteren Plätzen folgen Automobil (9 %) und Kommunikation/Medien (8 %). Diese Zahlen beziehen sich auf ganz Deutschland – in den Destinationen variiert die Branchenverteilung teilweise sehr stark. Die Aussage „all/most business is local" (vgl. Teilnehmerherkunft) hat hier besonders starke Auswirkungen, da die Branchenansiedelung je nach Region sehr unterschiedlich ist.

Die Unternehmen und Organisationen geben bei der Durchführung von Tagungen und Veranstaltungen Mio. aus. Knapp ein Viertel der Veranstalter (23 %) haben ein Jahresbudget zwischen 25.000 und 100.000 €; insgesamt 65 % bleiben unter einer halben Million Jahresbudget, während 22 % über eine Million für Tagungen und Veranstaltungen ausgeben!

Was ist den Veranstaltern am wichtigsten? Die Präferenzen liegen seit Jahren eindeutig bei einem guten Preis-Leistungs-Verhältnis und einer optimalen Verkehrsanbindung. Das bezeugen einhellig alle Studien, die das EITW durchgeführt hat.

Deutschland ist nicht nur für deutsche Veranstalter das wichtigste Land für Tagungen, sondern zufolge des Meeting- & EventBarometers auch für europäische und außereuropäische Veranstalter. Gefolgt wird Deutschland in diesem Länder-Ranking von Spanien, Österreich und Frankreich. Innerhalb von Deutschland sind vor allem die Ballungszentren beliebt: hier führt Berlin vor Frankfurt und München. Bezogen auf die Flächendestinationen sind Bayern, Nordrhein-Westfalen, Hessen und Baden-Württemberg in der Veranstaltergunst ganz vorne.

4.4   Teilnehmer

2010 nahmen insgesamt 323 Mio. Teilnehmer an Tagungen und Veranstaltungen in Deutschland teil. Das bedeutet einen Zuwachs von knapp 7 % gegenüber dem Krisenjahr 2009. Der höchste Anteil der Teilnehmer wird dabei von den Veranstaltungszentren abgedeckt (bezogen auf die Veranstaltungen haben die Tagungshotels den größten Anteil). Ähnlich wie der Anteil der internationalen Veranstaltungen macht auch der Ausländeranteil bei den Teilnehmern 5,8 % aus. Dieser Wert ist in Großstädten wesentlich höher und geht hier bis in den zweistelligen Bereich hinein und ist im Gegensatz dazu in der Fläche entsprechend geringer.

Zwei Drittel bis drei Viertel der Veranstaltungsgäste kommen aus der Region; d. h. sie reisen aus einem Umkreis von maximal 150 bis 200km an. Aus dieser Erkenntnis entstand die Aussage „*all business is local*" bzw. „*most business is local*". Auch wenn der Großteil der Teilnehmer keine langen Anreisewege in Kauf nimmt, so gehören doch die Tagungs- und Kongressbesucher zu den Touristen mit den höchsten Ausgaben. Die Ausgaben der Teilnehmer an Veranstaltungen beinhalten Eintrittskosten (z. B. Tagungsgebühr), Reisekosten, Ausgaben für Übernachtung, Gastronomie (Verpflegung) und Rahmenprogramm (Ausflüge und Besichtigungen im Rahmen der Veranstaltung). Kleinere Ausgaben werden noch im Nahverkehr vor Ort, in der Freizeit für Shopping oder Kultur getätigt. Für die Summe der Ausgaben eines Kongressbesuchers gibt es bisher noch keinen verlässlichen Durchschnittswert auf Deutschlandebene. In den vom EITW untersuchten Destinationen bewegen sich die Ausgaben bei Tagesgästen zwischen 150 und 200 € und bei Übernachtungsgästen zwischen 270 und 370 € pro Tag.

Praxis-Exkurs: TagungsBarometer Köln 2010 – Ergebnisse der jährlichen Studie zum Tagungsmarkt Köln

Im Jahr 2010 fanden in der Stadt Köln rund 42.750 Veranstaltungen statt, die von 3,3 Mio. Teilnehmern besucht wurden. Dabei fällt ein starkes Gewicht auf die Eventlocations, die in Bezug auf die Teilnehmerverteilung mit über einem Drittel die führende Gruppe unter den Veranstaltungsstätten-Arten darstellen.

Sowohl bei der Veranstaltungs- als auch bei der Teilnehmerzahl sind Zuwächse im Vergleich zu 2009 zu verzeichnen. Diese Zuwächse sind im zweiten Halbjahr 2010 in der deutlich gesteigerten Zahl der durchgeführten Veranstaltungen erkennbar und bestätigen damit die Erholung des Kölner Tagungsmarktes von der Wirtschaftskrise. Die Veranstaltungsstätten können sich insgesamt über einen Auslastungs-Zuwachs von 5 % freuen. Die Zahl der durch den Tagungsmarkt verursachten Room Nights in den Hotels steigerte sich um durchschnittlich 50 Room Nights auf 971 Room Nights pro Hotel und Monat. Geht man von einem Gesamtübernachtungsaufkommen in der Kölner Hotellerie 2010 von 4,57 Mio. aus, so machen diese Übernachtungen des Tagungsmarktes hochgerechnet 27,6 % des Kölner Übernachtungstourismus aus und bewirken ein Umsatzvolumen von circa 160 Mio. Euro.

Wie auch im Vorjahr kommen rund zwei Drittel (65 %) der Kongress- und Tagungsveranstalter in Köln aus der Wirtschaft. An erster Stelle stehen unverändert die Banken, gefolgt von der Medizin – die EDV-Branche gehörte 2010 zu den Aufsteigern. Im Nonprofit-Bereich (35 %) dominieren private Veranstalter, gefolgt von verschiedensten Verbänden und gesellschaftlichen Institutionen. Die Kultur hat etwas an Bedeutung verloren.

Außer den „herkömmlichen" Veranstaltern aus dem Corporate- und Nonprofit- Bereich zeigen vor allem die Wissenschaftler in Köln durch 12 Universitäten/Hochschulen und andere wissenschaftliche Institutionen ein hohes Veranstalter-Potenzial, dessen man sich in der Stadt bewusst ist. Um hier mehr Anknüpfungspunkte zu finden, wurden erstmalig im Rahmen des TagungsBarometers auch separat Professoren der Universität Köln befragt.

Die Professoren tagen bisher zu einem Großteil (75 %) in eigenen Institutionen, nutzen aber auch bereits zu einem Viertel andere Veranstaltungsstätten. Das kann unter anderem daran liegen, dass die Angebote für Großkongresse nicht ausreichen. Das wurde auch in der oben genannten Veranstalterbefragung festgestellt, in der 59 % der Veranstalter das Angebot an Veranstaltungsstätten für Kongresse (mit mehr als 2.000 Teilnehmern) in Köln als „nicht ausreichend" bezeichnen würden.

Insgesamt werden von jedem Uni-Professor durchschnittlich 3,1 Veranstaltungen pro Jahr durchgeführt, von denen sich knapp ein Fünftel in einer Größe von über 250 Teilnehmern bewegt. Dies stellt bei einer Anzahl von ca. 700 Professoren allein in den sechs Fakultäten an der Uni Köln ein sehr beachtliches Veranstaltungspotenzial dar, das zu knapp 90 % in Köln stattfindet. Die Kölner Professoren sind „Köln treu".

5   Herausforderungen zur Entwicklung der Branche

Solange es keine gesetzliche Verpflichtung der Locationbetreiber zur Meldung ihres Veranstaltungsvolumens gibt, wird es schwer sein, die Stellung des Tagungsmarktes valide darzustellen: sowohl auf Destinations- als auch auf Bundesebene. Generell würde aber ein Bottom-Up-Prinzip die Gesamtsituation erleichtern, d. h. eine einheitliche, kontinuierliche Erhebung in den einzelnen Destinationen würde zu genaueren Kennzahlen für Gesamtdeutschland führen. Eine zentrale Betreuung dieses Projekts durch eine neutrale Koordinierungsstelle auf Bundesebene wäre dazu jedoch erforderlich.

Um eine grundsätzliche Unterscheidung bei der Reisemotivation von Gästen einer Destination zu erheben, wäre es darüber hinaus ein wichtiger Schritt, bei der Meldeerfassung in den Hotels eine Unterscheidung des Besuchsgrundes einzuführen. Bisher gibt es bei der Unterkunftsstatistik keine Differenzierung zwischen Freizeit- und Businessgästen – speziell für die Kongressstatistik wäre hier eine weitere Aufteilung der Businessgäste in Geschäftsreisende und Tagungsteilnehmer zielführend. Würde jedoch eine solche Abfrageaufsplittung im Rahmen der Meldeerfassung in den Hotels eingeführt, dann wäre damit zu rechnen, dass weitere Interessensgruppen auch ihre Themenfelder in ein solches Verfahren einbringen möchten. Es ist deshalb nicht davon auszugehen, dass eine einfache Lösung in naher Zukunft erreicht werden kann, ohne alle am Tourismus beteiligten Akteure einzubinden.

Das größte Einzelsegment im Deutschlandtourismus, das mit dem Meldeverfahren in Beherbergungsbetrieben nicht messbar ist, sind die Tagesgäste. Eine Hochrechnung anhand von einer Bundesbürgerbefragung im Auftrag der Wirtschaftsministerien und -senate des Bundes und der Länder liegt vor (dwif), allerdings umfasst diese ausschließlich die deutschen Reisenden. Valide Aussagen zu internationalen und deutschen Tagesgästen in einer Destination sind derzeit nicht möglich. Dies wäre nur mit einem sehr hohen Aufwand einer Gästebefragung an den verschiedensten Punkten einer Destination möglich. Hierbei würde man jedoch immer noch nicht die Personen erreichen, die zum Beispiel direkt per PKW zu ihrem Tagesziel reisen. Eine Erfassung dieses Sachverhaltes steht damit derzeit noch aus.

Generell dienlich wäre auch eine anonyme Kurzbefragung von Tagungsteilnehmern direkt vor Ort, ähnlich der Meldebefragung der Beherbergungsbetriebe. Anhand dieser wäre z. B. nachvollziehbar, woher die Teilnehmer von Tagungen und Events anreisen. Locationbetreiber wissen, woher ihre Kunden, respektive die Veranstaltungsplaner, kommen – die Herkunft der Teilnehmer bleibt jedoch bisher meist verborgen.

Allem voran bleibt es wichtig, bei allen Leistungsträgern ein höheres Bewusstsein für die Notwendigkeit von Marktforschungen zu erzielen. Je mehr Daten in den einzelnen Veranstaltungsorten erhoben werden, umso besser können Maßnahmen zur Förderung der Veranstaltungsbranche eingeleitet werden.

Zusammenfassend lässt sich festhalten, dass das Potenzial zur Entwicklung von Marktforschungsaktivitäten im Kongresswesen hoch ist. Messbare Analysen und fundierte Ergebnisse würden die Wahrnehmung dieses Sektors entsprechend seiner wirtschaftlichen Bedeutung wesentlich fördern.

Kernaspekte

- Es gibt vielfältige Gründe für eine MICE-Marktforschung, aber nur wenig professionelle Anbieter auf dem Markt.

- Bei den Befragungsaktionen kommt es nicht nur auf die Art der Befragung sowie deren Inhaltlichkeit, sondern vor allem auch auf die Motivation der Befragten an.

- Optimale Marktforschung gibt dem Auftraggeber vielfältige Informationen für zukünftige Ausrichtung und politische Argumentation.

6   Literatur

EITW – Europäisches Institut für TagungsWirtschaft GmbH (Hrsg.) (2007): Tagungs- und Veranstaltungsmarkt Deutschland, Das Meeting- & EventBarometer 2007, online verfügbar auf: http://www.eitw.de/node/19., Download am 17.01.2012.

EITW – Europäisches Institut für TagungsWirtschaft GmbH (Hrsg.) (2008): Tagungs- und Veranstaltungsmarkt Deutschland, Das Meeting- & EventBarometer 2008, online verfügbar auf: http://www.eitw.de/node/19., Download am 17.01.2012.

EITW – Europäisches Institut für TagungsWirtschaft GmbH (Hrsg.) (2009): Tagungs- und Veranstaltungsmarkt Deutschland, Das Meeting- & EventBarometer 2009, online verfügbar auf: http://www.eitw.de/node/19., Download am 17.01.2012.

EITW – Europäisches Institut für TagungsWirtschaft GmbH (Hrsg.) (2010): Tagungs- und Veranstaltungsmarkt Deutschland, Das Meeting- & EventBarometer 2009/2010, online verfügbar auf: http://www.eitw.de/node/19., Download am 17.01.2012.

EITW – Europäisches Institut für TagungsWirtschaft GmbH (Hrsg.) (2011): Tagungs- und Veranstaltungsmarkt Deutschland – Das Meeting- & EventBarometer, online verfügbar auf: http://www.eitw.de/node/19, Download am 17.01.2012.

dwif – Deutsches Wirtschaftswissenschaftliches Institut für Fremdenverkehr e.V. (2005–2007): Tagesreisen der Deutschen Teil I bis III, München.

MC – Magic Cities Germany (2012): Come and discover the stars, in: http://www.magic-cities.com/, Zugriff am 03.01.2012.

Internationale Bedeutung des Geschäftstourismus für das Reiseland Deutschland

Norbert Tödter

1 Einleitung

Schon der Begriff *Geschäftstourismus* spaltet die Branche. Auf der einen Seite stehen die Verantwortlichen der Unternehmen, die im Rahmen ihres Travelmanagement versuchen, die täglichen Kosten für den Fuhrpark, die Flüge, Hotelleistungen etc. zu reduzieren, da sie Geschäftsreisen im Sinne von Vorleistungen als potenzielles Einsparpotenzial betrachten. Auf der anderen Seite steht eine Branche mit der gesamten Leistungskette des Tourismus, die insgesamt rund 66 Mrd. Euro Umsatz jedes Jahr erzeugt. Unzweifelhaft sind Geschäftsreisen allerdings – entsprechend der UNWTO Definition – Teil des internationalen Tourismus. Zudem ist Deutschland weltweites Messeland Nr. 1und gleichzeitig entsprechend ICCA Tagungs- und Kongressland Nr. 2. In einer zunehmend globalisierten Welt, die in der Vergangenheit ihre wirtschaftlichen Zentren in Europa und den USA hatte, entwickelten sich starke Unternehmen des Messe- und Kongresstourismus, die heute selbst Exportunternehmen nach Asien sind. Wann es also zu zunehmenden Verlagerungen von z. B. Leitmessen aus Europa nach Asien kommt, bleibt abzuwarten. Unzweifelhaft ist auch der Incoming-Geschäftsreiseverkehr Teil der erfolgreichen deutschen Exportwirtschaft und hat sich auch in Krisenzeiten als stabiler Teil der Wirtschaft etabliert. Die Bedeutung des Tourismus insgesamt wird daher volkswirtschaftlich zunehmend über Tourismus Satellitenkonten erfasst, die es im Rahmen der volkswirtschaftlichen Gesamtrechnung erlauben, auch die Bedeutung des Geschäftstourismus additiv abzubilden.

2   Das Image

2.1   Image von Deutschland: Die Nachfrage

Die Kenntnis über andere Länder und damit auch über das Image eines gesamten Landes wird heute vor allem durch die modernen Medien geprägt. Darüber hinaus bilden sowohl Geschäfts- als auch Privatreisen die zentrale Größe für die Einschätzung von Ländern. Mit dem Modell des Hexagons von Simon Anhalt existiert seit rund sechs Jahren ein einfacher und gleichzeitig plausibler Ansatz für das Standortmarketing (GFK, 2011). Hierbei geht man davon aus, dass Standorte heute im Wesentlichen durch sechs Faktoren geprägt werden:

1. Exportwirtschaft
2. Regierung
3. Investitionsklima/-bedingungen und Einwanderung
4. Menschen
5. Kultur und Brauchtum
6. Tourismus

Anders als Ansätze in der Vergangenheit geht dieser Ansatz davon aus, dass es für Standorte nicht ausreicht, z. B. eine gute Wirtschaftspolitik und starke Unternehmen vor Ort oder im Land zu haben. Vielmehr wird ein Standort insgesamt nur positiv wahrgenommen, wenn er möglichst in allen sechs Bereichen eine positive Bewertung erhält. Mittels einer Online-Konsumentenbefragung kann man dann das Image von 50 Nationen erfragen und ein Ranking abbilden.

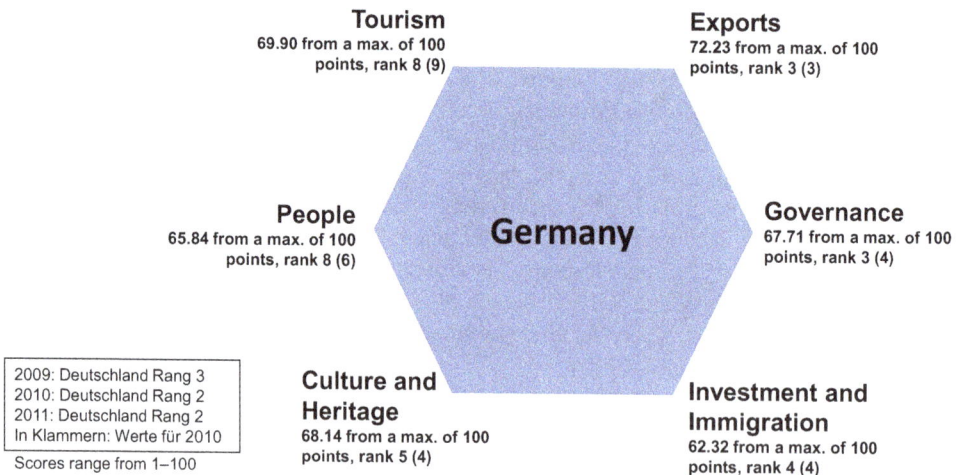

Tourism
69.90 from a max. of 100
points, rank 8 (9)

Exports
72.23 from a max. of 100
points, rank 3 (3)

People
65.84 from a max. of 100
points, rank 8 (6)

Germany

Governance
67.71 from a max. of 100
points, rank 3 (4)

2009: Deutschland Rang 3
2010: Deutschland Rang 2
2011: Deutschland Rang 2
In Klammern: Werte für 2010
Scores range from 1–100

Culture and Heritage
68.14 from a max. of 100
points, rank 5 (4)

Investment and Immigration
62.32 from a max. of 100
points, rank 4 (4)

Abb. 6: Die sechs Standortfaktoren für das Image von Nationen mit den Werten für Deutschland (GfK, 2011)

Deutschland kann sich seit einigen Jahren in allen sechs Feldern unter den TOP 10 weltweit positionieren. Der Durchbruch im Bereich Tourismus gelang dabei erst mit der FIFA WM 2006 und der nachhaltigen Verbindung zwischen Sportgroßevent und Tourismusstandort (GfK, 2011). Insgesamt könnte dies auch ein Grund dafür sein, warum das Reiseland Deutschland besser durch die globalen Krisen nach 2006 gekommen ist und somit eindeutig als krisenunempfindlicher gilt, als viele andere Nationen. Die Aufmerksamkeit „Wie agiert oder reagiert Deutschland?" ist seit dem insgesamt gewachsen.

Die enge Verzahnung zwischen den Standortfaktoren wird auch deutlich, wenn man sich die Wortassoziationen weltweit zum Thema Tourismus und Kultur für Deutschland anschaut (GfK, 2011). Hier zeigt sich deutlich, dass Deutschland nicht nur im eigenen Land, sondern auch im Ausland ein positives Image hat. Auffallend sind auch die Verknüpfungen Deutschlands mit „Wissenschaftsstandort" und dem Begriff „lehrreich" oder die hohe Bedeutung der Themen „Sport", „Museen" und „modernes Design".

Diese Begriffe stellen nicht nur Gründe für eine potentielle Deutschlandreise dar, sondern stehen gleichzeitig für die Bereiche, in denen man Deutschland international als führend betrachtet. Dagegen sind klassische Begriffe wie „romantisch" und „erholsam" international für Deutschlands Image nur untergeordnet.

Abb. 7: Touristische und kulturelle Wortassoziationen für Deutschland (GfK, 2011)

2.2   Image von Deutschland: Das Angebot

Das positive Image Deutschlands untermauert auch eine zweite Untersuchung. Im Rahmen des jährlichen Weltwirtschaftsforums in Davos wird eine angebotsseitige Untersuchung zu 139 Standorten der Welt im Bereich Tourismus veröffentlicht – „The Travel & Tourism Competitiveness Report". Es geht dabei um die Bewertung sämtlicher Hard- und Software Faktoren von Standorten im Bereich Reisen und Tourismus. Auch diese Untersuchung kann als Indikator dafür gesehen werden, dass sich verschiedene Bereiche zunehmend bedingen.

Hierbei wird ein Zusammenhang zwischen den Bereichen „Wachstumsmarkt" bzw. „positives Image" als Erfolgsfaktor genannt.

Tab. 6 Deutschlands Bewertung: "The Travel & Tourism Competitiveness Report" (World Economic Forum, 2011)

Bewertungskategorie (Weltweiter Vergleich von 139 Nationen)	Bewertung 2011 Skala: 1 = niedrig, 7 = hoch
Gesundheit und Hygiene	6,8
Infrastruktur Bodenverkehr (Straße, Schiene)	6,5
Tourismus-Infrastruktur	6,3
Kulturelle Ressourcen	6,3
Sicherheit/Stabilität	6,2
Ausbildung/Training	6,0
Umwelt/Nachhaltigkeit	5,8
Infrastruktur Informations-/Kommunikationstechnologie	5,7
Infrastruktur Luftverkehr	5,5
GESAMT-Index für Deutschland 2011	**5,5**

Auch hier ist Deutschland international seit Jahren unter den TOP 3 der 139 Standorte, vor allem weil es insgesamt ein breites Spektrum an positiven Bewertungen erhält. Führend ist Deutschland vor allem in der „Infrastruktur am Boden (Straße und Schiene)" sowie durchschnittlich im Bereich „Luftverkehr". Mit überdurchschnittlichen Bewertungen in der Kategorie „Kulturelle Ressourcen" und der „Tourismus-Infrastruktur" wird auch hier anerkannt, dass dessen Pflege und Erhalt eine wesentliche Säule der Wirtschaft ist. Auch der weiche Faktor „Ausbildung/Training" im Tourismus, welcher im Inland durchaus häufiger kritisch bewertet wird, ist aus Sicht der Experten eine der Stärken Deutschlands.

2.3   Image von Deutschland aus Sicht der Experten

Auch im Rahmen des Meeting- & EventBarometers (MEBa), das jährlich vom EITW im Auftrag von EVVC, GCB und DZT durchgeführt wird, zeigt sich, dass Anbieter und auch internationale Experten das Image mit jeweils rund 90 % Zustimmung als immer besser werdend empfinden. Deutschland liegt als MICE-Standort auf Platz eins: sowohl bezogen auf alle Veranstalter als auch nur auf Veranstalter aus der EU oder weltweit. Größte Konkurrenten aus deutscher Sicht sind laut MEBa Österreich, Spanien, die Schweiz, die USA und UK. In der EU sind dagegen die fünf größten Konkurrenten für Deutschland Spanien, Frankreich, Italien, Belgien und UK, während im Wettbewerb der weltweiten Veranstalter direkt hinter Deutschland Frankreich, Italien, Indien, USA und China liegen (EITW, 2011, S. 31).

Insgesamt zeigt sich, dass das Image von Deutschland als Reiseland und Businessdestination laut einer Vielzahl internationaler angebots- und nachfrageseitigen Studien und Expertenbefragungen in der absoluten Weltspitze rangiert. Insofern ist es nicht verwunderlich, dass auch die Zahlen der Reisevolumen in diesem Segment führend sind.

Anbieter   Veranstalter

Nein
10%

Ja 90%

Nein
8%

Ja 92%

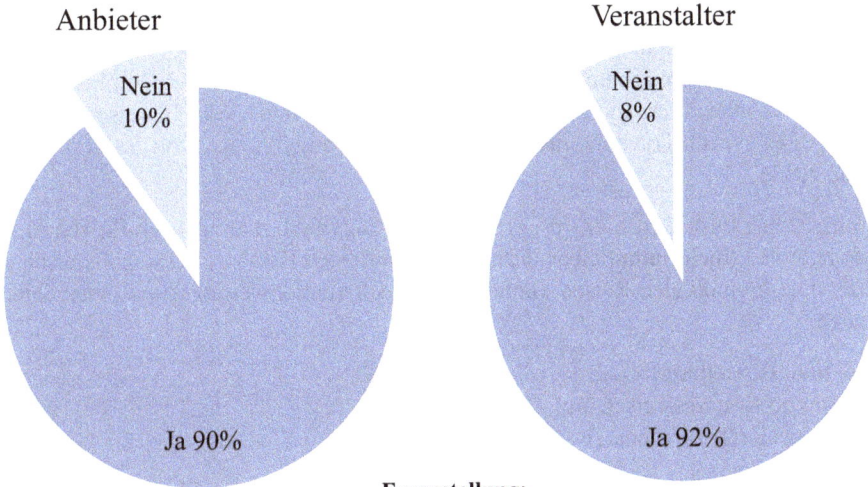

Fragestellung:
Deutschlands Image als Tagungs- und
Veranstaltungsdestination wird immer besser

Abb. 8: Zustimmung zum verbesserten Deutschlandimage 2010 (EITW, 2011, S. 31)

3   Volumen der weltweiten Auslandsgeschäftsreisen

3.1   Weltweite Auslandsgeschäftsreisen

Europa ist international sowohl als Quell- als auch als Zielmarkt mit rund 50 % Marktanteil-
aller Ankünfte gemäß UNWTO größter Markt der Welt.

Tab. 7 Entwicklung der internationale Ankünfte (UNWTO, 2011)

	2008 Ankünfte (Mio.)	2009 Ankünfte (Mio.)	2010 Ankünfte (Mio.)	2020 Ankünfte (Mio.)	2030 Ankünfte (Mio.)	durchschn. Wachstum pro Jahr 2010–2030 (%)
Welt	**916,0**	**881,0**	**940,3**	**1.360,0**	**1.809,0**	**+3,3**
Europa	**484,4**	**460,9**	**475,5**	**620,0**	**744,0**	**+2,3**
Asien/Pazifik	184,1	181,0	204,0	355,0	535,0	+4,9
Amerika	148,0	140,7	149,8	199,0	248,0	+2,6
Afrika	44,4	46,0	50,1	85,0	134,0	+5,0
Mittlerer Osten	55,2	52,9	60,9	101,0	149,0	+4,6

Dabei sieht man jedoch deutlich, dass insgesamt der Marktanteil Europas bis 2030 auf knapp 41 % sinken und der Marktanteil Asiens auf rund 30 % steigen wird. Dies ist auf die Dynamik sowohl im Freizeitreisebereich als auch im Geschäftsreisebereich zurückzuführen. Allein rund 14 % aller internationalen Reisen der Europäer sind Geschäftsreisen und hatte gemäß DZT/IPK World Travelmonitor in 2010 ein Gesamtvolumen von 58 Mio. Reisen (DZT /IPK, 2011).

Der Geschäftstourismus lässt sich in „promotable" (durch Marketing beeinflussbare) und „nicht promotable" (nicht unmittelbar durch Marketing beeinflussbare) Geschäftsreisen differenzieren. Die promotablen Reisen können dann noch einmal weitergehend unterschieden werden nach:

- Messe- und Ausstellungsreisen,
- Tagungs- und Kongressreisen und
- Incentivereisen (Belohnungsreisen).

Hierbei sind rund 4/7 traditionelle Geschäftsreisen zwischen Firmen und rund 3/7 promotable Geschäftsreisen zu Messen oder Tagungen und Kongressen. Wichtigste europäische Quellmärkte sind Deutschland mit 9,3 Mio. Auslandsgeschäftsreisen, UK mit 8,2 Mio. Auslandsgeschäftsreisen und mit großem Abstand Spanien (3,5 Mio.), Italien (3,1 Mio.), Polen (2,9 Mio.) sowie Frankreich und Russland (je 2,6 Mio.). Hinzu kommen rund 5,2 Mio. Geschäftsreisende aus den USA nach Europa. Zum Vergleich: Insgesamt unternehmen Einwohner aus Kanada 6,0 Mio., Japan 4 Mio., China 3,2 Mio., Korea 2,8 Mio., Indien und Taiwan je 2,2 Mio. und Brasilien 1,3 Mio. Auslandsgeschäftsreisen.

Hierbei hat die USA z. B. mit rund 623 internationalen Kongressen laut ICCA Statistik (vgl. die Weltmarktführerschaft vor Deutschland mit 542 und Spanien 451 internationalen Kongressen in 2010. Platz vier nimmt UK und Platz acht heute bereits China als bedeutender Wachstumsmarkt ein, die damit große Konkurrenten für Deutschland darstellen.

Tab. 8 ICCA-Ranking: internationale Kongresse 2010 (ICCA, 2011, S. 17)

Rang	TOP 10 Europa	Anzahl Kongresse	TOP 10 weltweit	Anzahl Kongresse
1	Deutschland	542	USA	623
2	Spanien	451	Deutschland	542
3	Großbritannien	399	Spanien	451
4	Frankreich	371	Großbritannien	399
5	Italien	341	Frankreich	371
6	Schweiz	244	Italien	341
7	Niederlande	219	Japan	305
8	Österreich	212	China	282
9	Portugal	194	Brasilien	275
10	Schweden	192	Schweiz	244

3.2   Beispiel: MICE Markt USA

Gemäß einer von TNS Infratest (im Auftrag von GCB und DZT) 2011 durchgeführten Untersuchung fanden 2009 in den USA etwa 1,8 Mio. Handelsmessen, Kongresse, Tagungen und Incentive-Events mit knapp 205 Mio. Besuchern statt. Die Ausgaben für diese Events betrugen 198 Mrd. Euro und es konnten 250 Mio. Übernachtungen verbucht werden. Davon waren 117 Mio. Besucher aus dem Inland mit einer Anreise von mehr als 50 Meilen oder einer Übernachtung; 83 Mio. waren Inländer, die weniger als 50 Meilen Anreiseweg hatten oder nicht übernachteten; 5 Mio. waren internationale Reisende.

Die Ausgaben in Höhe von 198 Mrd. Euro ergeben sich aus 113 Mrd. Euro (57 %) für die Planung und Vorbereitung der Meetings; 85 Mrd. Euro waren reisebezogene Ausgaben (43 %) inkl. An- und Abreise, Unterkünfte etc.

Von den US-amerikanischen MICE-Veranstaltungen finden 87 % im eigenen Land statt. Danach folgen Europa mit 6 % und Asien mit 3 %. Auf Kanada und Zentral- und Südamerika entfallen jeweils 2 %.Umgekehrt finden 10 % aller europäischen und 11 % aller kanadischen MICE-Events in den USA statt. 2010 nahmen 383 Tsd. Geschäftsreisende aus Deutschland an MICE-Events in den USA teil (366 Tsd. in 2009). 48 % aller US-amerikanischen Unternehmen investieren jährlich mehr als 755 Tsd. Euro in MICE-Events. Preis, Ausstattung und unkomplizierte Kündigungsklauseln sind bei der Wahl des Veranstaltungsorts wichtig.

Die Auswirkungen der Finanzkrise sind noch immer deutlich ablesbar. 2009 fanden noch 727 Tsd. Meetings statt. Unter den weltweit Top 160 Städten für Meetings werden 9 in den USA gelistet, z. B. Boston oder Washington. Für internationale Veranstaltungen sind insbesondere die Großstädte, allen voran New York City, von Interesse.

3.3   Beispiel: MICE Markt China

Mit Rang acht ist China eine der wichtigsten internationalen Tagungsdestinationen. Laut einer Untersuchung von TNS Infratest (GCB / TNS, 2011) reisten 2010 rund 6,2 Mio. Meeting- und Geschäftsreisende aus dem Ausland nach China. Das waren rund 18 % mehr als im Vorjahr. Während 2009 noch rund 190 Tsd. Meeting- und Geschäftsreisende aus Deutschland kamen, waren es 2010 schon mehr als 236 Tsd. – eine Steigerung von 24 %. Peking ist der führende Meeting-Standort in China, gefolgt von Shanghai und Hongkong. Aktuell finden in Peking jährlich 2.000 Meetings statt. 2009 eröffnete das China National Convention Center, in dem in den ersten 6 Monaten nach Eröffnung 500 Meetings & Events und 56 Messen stattfanden. Im ersten Halbjahr 2010 waren mehr als 280 Tsd. MICE-Besucher in Hongkong (+ 30 % gegenüber dem Vorjahreszeitraum).

Die Zahl der internationalen Meetings hat sich von 84 (2001) auf 282 (2010) deutlich erhöht. Die Zahl der Teilnehmer wuchs im gleichen Zeitraum von 70 Tsd. auf 186 Tsd. Unter den weltweit 160 Top Städten für Meetings werden fünf chinesische gelistet (und neun deutsche).

Der chinesische MICE-Markt mit Destination Ausland wächst. Nach einer Befragung der größten chinesischen MICE-Event-Agenturen durch das MICE China Magazin, (2009) lagen bei 36 % der befragten Agenturen die Umsätze mit Auslands-MICE-Reisen 2008 und 2009 bei über 11,2 Mio. Euro. Bei den MICE-Events, die chinesische Unternehmen im Ausland durchführen, dominieren die Incentivereisen. Bevorzugtes Ziel ist Europa vor USA und Kanada. Hauptkunden für diese Reisen sind Joint Ventures und Unternehmen in ausländischem Besitz. Betrachtet man die Branchen, aus denen die Kunden hauptsächlich kommen, dominieren die Finanzdienstleister, gefolgt von Medizin/Pharma sowie Kommunikation und Elektronik sowie Automobil.

Wie die China National Tourism Administration (CNTA) ermittelt hat, sind 39,9 % aller Reisen nach China Geschäftsreisen, was sich unmittelbar auf die MICE-Branche auswirkt. Im Jahr 2010 betreuten chinesische Meeting-Planer Budgets von durchschnittlich 256 Tsd. Euro, was einem Anstieg von 34 % im Vergleich zum Vorjahr entspricht. Internationale Unternehmen, die außerhalb von China agieren, planten 2010 1,3 Mio. Euro für Events in China ein, eine Budgetverringerung um 25 % im Vergleich zu 2009.Branchenexperten gehen davon aus, dass die Top 3 der professionellen MICE-Planungsagenturen im Jahr 2010 jeweils mehr als 78 Mio. Euro Umsatz gemacht haben. Die Umsätze der Top 10 der Planer werden auf 334 Mio. bis 500 Mio. Euro geschätzt.

3.4   Beispiel: MICE Markt UK

Der Wert des britischen MICE-Marktes reicht – je nach Quelle und Abgrenzung – von 21,9 Mrd. Euro bis 42,1 Mrd. Euro (GCB / TNS, 2011). Der Verband Eventia geht von 21,9 Mrd. Euro für Unternehmens-Meetings und -Veranstaltungsorte aus (Eventia, 2011). Eine Studie von der Business Visits & Events Partnership (BVEP) aus dem Jahr 2010 setzt mit 42,1 Mrd. Euro deutlich höher an, betrachtet dabei aber Meetings, Events und Ausstellungen und inkludiert Branchendienstleistungen wie beispielsweise Transportdienste oder Catering.

Konferenzen und Meetings haben mit 52 % den größten Anteil am Markt, gefolgt von Ausstellungen und Messen mit 26 %. Bei der Wahl des Veranstaltungsortes legen die Briten besonders viel Wert auf den Ort (d. h. die Region des Landes), das Preis-Leistungs-Verhältnis sowie die Verkehrsanbindung. Mit Rang vier ist Großbritannien eine der wichtigsten internationalen Tagungsdestinationen (Deutschland: Rang zwei). 2010 fanden 399 Meetings mit mehr als 185 Tsd. Teilnehmern statt. Unter den weltweit 160 Top Städten für Meetings werden neun britische gelistet (ebenso neun deutsche). International genießt London ein hohes Ansehen als Tagungsdestination. Laut BVEP bietet Großbritannien über 25.000 Veranstaltungsorte. Die lokale MICE-Branche bietet 530.000 Vollzeitstellen für Veranstaltungsfachleute, Lieferanten, Marketingfachleute, etc. – Meetings und Veranstaltungen von Unternehmen machen 25 % aller internationalen Besuche nach Großbritannien aus und bedingen 28 % aller Tourismuseinnahmen. Geschäftsreisende geben in Großbritannien durchschnittlich 153 Euro pro Tag aus, das sind 72 % mehr, als ein ausländischer Tourist während seines Aufenthalts im Land ausgibt. Geschäftsreisen (z. B. wenn Handelsvertreter einen Kunden treffen) haben einen geschätzten jährlichen Wert von 8,1 Mrd. Euro. Die Ausgaben für Messen und Ausstellungen werden auf 10,5 Mrd. Euro geschätzt. Das bei diesen britischen Veranstaltungen generierte Folgegeschäft wird auf mehr als 116,6 Mrd. Euro beziffert.

Internationale Kongress- und Veranstaltungsplätze werden sich vor allem in Wachstumsmärkten und an Standorten mit ausgezeichnetem Image wirtschaftlich rentieren und etablieren. Dieses hat zur unmittelbaren Folge, dass es zunehmend zu einer Etablierung von Konkurrenzstandorten in Asien kommen wird und Deutschland seine führende Wettbewerbsposition nur dann nachhaltig absichern kann, wenn es ein positives Image als Reiseziel hat.

4   Geschäftsreisestandort Deutschland

4.1   Wirtschaftliche Bedeutung

Hochrechnungen der Deutschen Zentrale für Tourismus (DZT) zufolge wurden 2010 rund 66 Mrd. Euro Umsatz durch geschäftlich motivierte Reisen generiert. Der Löwenanteil geht auf Geschäftsreisen mit mindestens einer Übernachtung zurück: Bei den 72,5 Mio. Inlandsreisen wurden 39 Mrd. Euro umgesetzt. Die 10,7 Mio. Geschäftsreisen aus Europa generierten einen Umsatz von 7,5 Mrd. Euro, und die 1,4 Mio. Reisen aus Übersee trugen mit einem Umsatz von 5 Mrd. Euro zum Gesamtergebnis bei. Die rund 540 Mio. innerdeutschen Tagesgeschäftsreisen schlugen mit einem Umsatz in Höhe von 14 Mrd. Euro zu Buche.

Tab. 9 *Geschäfts- und Tagesgeschäftsreisen in Deutschland nach Anzahl und Umsatz, 2010 (DZT, 2011, S. 2)*

Geschäftsreisen in Deutschland (mit Übernachtung)		Tagesgeschäftsreisen (TGR) in Deutschland	
aus dem Inland	Reisen: 72,5 Mio.	klassische TGR	Anzahl Reisende: 315,4 Mio.
	Umsatz: **39,0 Mrd. €**	Seminare/Schulungen	Anzahl Teilnehmer: 122,6 Mio.
aus Europa	Reisen: 10,7 Mio.	Tagungen/Kongresse	Anzahl Teilnehmer: 59,4 Mio.
	Umsatz: **7,5 Mrd. €**	Messen/Ausstellungen	Anzahl Teilnehmer: 42,7 Mio.
aus Übersee	Reisen: 1,4 Mio.*	Gesamt (Inland)	Anzahl: 540,1 Mio.
	Umsatz: **5,0 Mrd. €***		Umsatz: **14,0 Mrd. €**
	Gesamtumsatz: 66 Mrd. €		

*geschätzt

Die Bedeutung der einzelnen Segmente kann am Beispiel der Verteilung europäischer Reisen nach Deutschland sowie in Verbindung zu dem Reisezweck der Europäer insgesamt bzw. nach Deutschland dargestellt werden. Bei einem Volumen von 10,7 Mio. Geschäftsreisen aus Europa nach Deutschland im Jahr 2010 waren laut Europäischem Reisemonitor 53 % nicht promotable oder traditionelle Geschäftsreisen, 22 % Reisen zu Messen und Ausstellungen, 24 % Reisen zu Tagungen und Kongressen und 1 % Incentivereisen (DZT / IPK, 2011).

Die Bedeutung des Geschäftstourismus für den Standort Deutschland wird vor allem daran deutlich, dass 27 % aller Reisen von Europäern nach Deutschland im Jahr 2010 Geschäfts-reisen waren. 54 % entfielen auf Urlaubsreisen und 19 % auf Reisen zu Freunden und Ver-wandten sowie sonstige Reisen. Bezogen auf Europa insgesamt liegt der Anteil der Ge-schäftsreisen dagegen nur bei 15 %, bei einem Gesamtvolumen von 58 Mio. Reisen im Jahr 2010 (DZT / IPK, 2011).

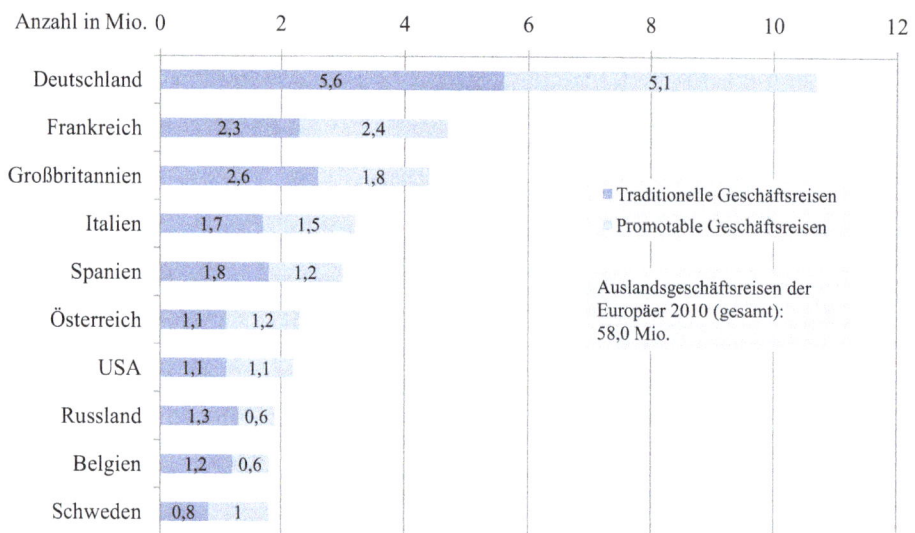

Abb. 9: *Anteil an traditionellen und promotablen Geschäftsreisen im Jahr 2010 (DZT / IPK, 2011)*

Nach den Rückgängen 2009 haben die Geschäftsreisen 2010 wieder stark zugenommen und in etwa das Niveau vor der Wirtschaftskrise erreicht: Im Vergleich zum Vorjahr sind sie um 12 % gestiegen. Zu dem Wachstum trugen sowohl die traditionellen als auch die promota-blen Geschäftsreisen bei. Unter traditionellen Geschäftsreisen werden Kundenbesuche oder Besuche einer Niederlassung verstanden. Die traditionellen Geschäftsreisen aus Europa nach Deutschland legten 2010 um 12,5 % auf insgesamt 5,6 Mio. zu. Die promotablen Geschäfts-reisen, die besonders stark von der wirtschaftlichen Lage abhängig sind und aus diesem Grund von der Wirtschaftskrise stärker betroffen waren als die traditionellen Reisen, stiegen 2010 um 10,7 % auf 5,1 Mio.

4.2 Angebot im Messewesen und Ausstellerstruktur

Im Jahr 2011 fanden nach Angaben des AUMA (2011) 135 überregionale Messen in Deutschland statt, auf denen rund 159.000 Aussteller vertreten waren. Davon sind rund 71.500 inländische Aussteller und 87.500 Aussteller kommen aus dem Ausland. Die vermietete Fläche beträgt 6,1 Mio. m² und insgesamt besuchten 9,5 Mio. Besucher die Messen.

Tab. 10 Die sechs größten Ausstellungsgelände (2011) in Deutschland (AUMA, 2011)

Ort	Halle (brutto in m²)	Freifläche (brutto in m²)	Rang innerhalb Europas (Ausstellungsfläche)
Hannover	495 265	58 070	1
Frankfurt/Main	345 697	95 721	4
Köln	284 000	100 000	5
Düsseldorf	262 704	43 000	6
München (neue Messe)	180 000	360 000	18
Berlin	160 000	100 000	20

Die Bedeutung allein dieser sechs Standorte wird dadurch deutlich, dass vier auch unter den ersten sechs innerhalb Europas positioniert sind. Allerdings ist München seit 2003 um fünf Plätze und Berlin um 7 Plätze nach hinten gerutscht, was noch einmal deutlich macht, wie dynamisch sich auch dieser Markt entwickelt.

Die ausländischen Besucher kamen entsprechend der AUMA (2011) 2010 aus folgenden Herkunftsregionen:

- Europäische Union 68,8 %
- Übriges Europa 14,6 %
- Asien/Arab. G. 9,5 %
- Amerika 4,7 %
- Afrika 1,7 %
- Australien/Ozeanien 0,7 %

4.3 Das Tagungs- und Kongressangebot

Die Studie zum Veranstaltungsmarkt in Deutschland wird vom Europäischen Institut für TagungsWirtschaft (EITW) im Auftrag des Europäischen Verbands der Veranstaltungs-Centren e.V. (EVVC), des GCB German ConventionBureau e.V. und der Deutschen Zentrale für Tourismus e.V. (DZT) jährlich durchgeführt. Laut dieser Studie fanden 2010 insgesamt rund 2,69 Mio. Veranstaltungen statt (+ 9,4 % im Vergleich zu 2009), die mit 323 Mio. Teilnehmern besucht waren (+ 6,9 %) – das ist ein Rekord (bisheriger Höchststand: 2008 mit 318 Mio. Teilnehmern). Der Anteil der ausländischen Teilnehmer blieb mit 5,8 % stabil (+ 0,3 %). Relativ konstant blieb die Angebotsseite: 6.420 Tagungs- und Veranstaltungsstätten hat Deutschland derzeit zu bieten (+/- 0 %). Im Detail: Veranstaltern stehen heute 1.557

Kongress- und Veranstaltungszentren (+ 0,2%), 3.173 Tagungshotels (- 0,5 %) sowie 1.690 Eventlocations (+ 1,3 %) zur Verfügung.

ANGEBOTSSITUATION		
Tagungs- und Veranstaltungsstätten Insgesamt[1]	6.420	(+/– 0)
Kongress- und VeranstaltungsCentren (VC)	1.557	(+0,2%)
TagungsHotels (TH)	3.173	(-0,5%)
EventLocations (EL)[2]	1.690	(+1,3%)

NACHFRAGESITUATION		
Veranstaltungen	2,69 Mio.	(+9,4%)
Durchschnittsdauer	1,6 Tage	(+/– 0)
Teilnehmer insgesamt	323 Mio.	(+6,9%)
davon aus dem Ausland	5,8 %	(+0,3%)

Abb. 10: Angebots- und Nachfragesituation in Deutschland (EITW, 2011, S. 11)

5   Themenjahr „Geschäftsreisen nach Deutschland" der DZT

Deutschland verfügt international neben den unter Punkt 2 genannten Imagevorteilen über eine Reihe von Standortvorteilen, die eine günstige Positionierung im weltweiten Standort- wettbewerb ermöglichen(vgl. Kapitel „Meetings made in Germany" von Pruust/Stegmann):

- Lage mitten in Europa
- Euro als stabiles Zahlungsmittel
- vielfältige Naturlandschaft vom Meer, Mittelgebirgen, Wäldern bis zu den Alpen
- Vielfalt an kulturellen Sehenswürdigkeiten und historischen Städten, Schlössern, Burgen und Museen
- exzellenter Gesundheits- und Wellness-Standort mit über 320 Kurorten und Heilbädern
- breitgefächerte Beherbergungsstruktur von individuell mittelständischer Prägung bis zur internationalen Kettenhotellerie
- ausgezeichnete Shoppingmöglichkeiten zum Erwerb internationaler Marken und regiona- ler Spezialitäten mit hohem Markenschutz
- regionale und internationale Gastronomie auf hohem Standard
- internationale Spitzenpositionen im Bereich Kunst, Musik und Tanz
- Perfektion und Marktführerschaft in Dienstleistungen
- hoher Standard der Infrastruktur und große Mobilität mit allen Verkehrsmitteln

Um die Promotion der Geschäftsreisedestination Deutschland zu stärken, wird die DZT Deutschland als Geschäftsreiseziel auf allen großen Messen präsentieren. Gemeinsam mit dem GCB ist bis 2012 geplant, eine komplett neue internationale Website zum Thema Meeting-, Kongress- und Incentivereisen aufzubauen. Darüber hinaus wird die Deutsche Zentrale für Tourismus das Thema „Geschäftsreiseziel Deutschland – Messen und Kongresse" weltweit vermarkten. Die DZT will die weltweit führende Rolle als Tagungsstandort weiter ausbauen und das Thema Green Meetings und Barrierefreiheit als Standortvorteil stärker nutzen.

Als wichtiges Element ihrer MICE-Strategie bewirbt die DZT 2012 daher den Themenbereich „Green Meetings". So wird auch der Germany Travel Mart 2012 in Leipzig unter dem Motto „Nachhaltigkeit im Bereich Geschäftsreisen und MICE" stehen und Deutschland als führend in diesem Sektor präsentieren. Schließlich ist eine ressourcen- und klimaschonende Ausrichtung in vielen wichtigen Märkten ein bedeutender Faktor für die Wahl eines Tagungslandes. Eine Reihe der deutschen Tagungshotels, Kongresszentren und Eventlocations haben sich bereits einer Nachhaltigkeitsprüfung unterzogen – etwa im Rahmen der Green GlobeCertification (GGC), Ökoprofit oder ISO 14001(vgl. Kapitel „Green Meetings & Events" von Große Ophoff).

Für Deutschland als attraktives Geschäftsreiseziel kann die DZT viele herausragende Merkmale vorbringen. Wichtige Erfolgsfaktoren sind eine ausgezeichnete Infrastruktur mit mehr als 6.400 Tagungs- und Veranstaltungsstätten, die exzellente Professionalität und Servicequalität in allen Bereichen des MICE-Geschäfts bei einem sehr guten Preis-Leistungs-Verhältnis. Seit der Grenzöffnung sind in den Neuen Bundesländern zudem eine Vielzahl sehenswerter Tagungs- und Kongressorte mit zum Teil ungewöhnlichen Eventlocations hinzugekommen. Auch die hervorragende Verkehrsinfrastruktur und die große landschaftliche sowie kulturelle Vielfalt Deutschlands sprechen für Deutschland als MICE-Destination.

Auch bei dem weltweiten Ranking der Städte hat Deutschland die Nase weit vorne: Mit 138 internationalen Verbandskongressen liegt Berlin vor Singapur und Madrid erneut auf Rang vier, knapp hinter Paris (147 Kongresse), Barcelona (148 Kongresse) und Wien (154 Kongresse). Auch München und Hamburg konnten ihre Platzierungen im Städte-Vergleich ausbauen und mit Dresden sowie Leipzig sind damit insgesamt fünf deutsche Städte unter den Top 100 des weltweiten ICCA-Rankings zu finden (ICCA, 2011, S. 20).

Nicht zuletzt ist der Wissenschaftsstandort Deutschland mit seiner langjährigen Geschichte von Forschung und Entwicklung ein entscheidender Baustein für das positive Image Deutschlands.

Kernaspekte

- Für den Erfolg eines Standortes ist dessen Image essentiell, denn anders als in der Vergangenheit angenommen, reicht es nicht aus eine gute Wirtschaftspolitik und starke Unternehmen zu bieten.

- Eine Destination wird von sechs Faktoren geprägt: Exportwirtschaft, Regierung, Investitionsklima/-bedingungen und Einwanderung, Menschen, Kultur und Brauchtum sowie Tourismus.

- Deutschland positioniert sich unter den führenden Destinationen weltweit und gilt zurzeit als krisenunempfindlicher als der Großteil anderer Nationen.

- Die Konkurrenz durch Kongress- und Veranstaltungsorte in Asien wächst zusehends, was Deutschland vor die Herausforderung stellt, sein positives Image als Reiseland zu sichern, um auch langfristig im Wettbewerb der MICE-Destinationen mithalten zu können.

6   Literatur

AUMA Ausstellungs- und Messe Ausschuss e.V. (2011): Compact 17/2011, Berlin.

BVEP – Business Visits & Events Partnership. Leading the way for Britain's Events (2010): Research, in: www.businesstourismpartnership.com/research.html, Zugriff am 17.01.2012.

China MICE Magazine (2009): China Outbound, MICE Market Survey Report.

DZT – Deutsche Zentrale für Tourismus e.V. / IPK International (2011): World Travel Monitor 2010, Ergebnisberichte für die DZT, online verfügbar auf: http://www.germany.travel/de/parallel-navigation/ueber-uns/marktforschung/marktforschung.html, Download am 17.01.2012.

DZT – Deutsche Zentrale für Tourismus e.V. (2011): Geschäftsreisemarkt Deutschland 2010/2011, online verfügbar auf: http://www.germany.travel/de/parallel-navigation/ueber-uns/marktforschung/marktforschung.html, Download am 17.01.2012.

EITW – Europäisches Institut für TagungsWirtschaft GmbH (2011): Tagungs- und Veranstaltungsmarkt Deutschland, Das Meeting- & EventBarometer 2010/2011, online verfügbar auf: http://www.eitw.de/sites/default/files/Dateien/ManagementInfo_MEBa_2011.pdf., Download am 17.01.2012.

Eventia (2011): UK Events Market Trends Survey (UKEMTS) Research 2011, in: http://eventia.org.uk//html/article/uk-events-market-trends-survey-ukemts-research-2011, Zugriff am 15.01.2012.

GCB German Convention Bureau e.V. / TNS Infratest Business Intelligence (2011): Marktanalysen China, Management Summary, München.

GCB German Convention Bureau e.V. / TNS Infratest Business Intelligence (2011): Marktanalysen UK, Management Summary, München.

GCB German Convention Bureau e.V. / TNS Infratest Business Intelligence (2011): Marktanalysen USA, Management Summary, München.

GfK (2011): Anholt-GFK Roper Nation Brands Index[SM] Study-Reports, Ergebnisberichte für die DZT/Auswärtiges Amt 2005 bis 2011.

ICCA – International Congress and Convention Association (2011): Country and City rankings Report 2010, Amsterdam, online verfügbar auf: http://www.iccaworld.com/dcps/doc.cfm?docid=1264, Download am 15.01.2012.

UNWTO (2011): Prognosen 2030, in: http://media.unwto.org/en/press-release/2011-10-11/international-tourists-hit-18-billion-2030, Zugriff am 15.01.2012

World Economic Forum (2011): The Travel & Tourism Competitiveness Report 2011, in: http://www.weforum.org/issues/travel-and-tourism-competitiveness, Zugriff am 29.12.2011.

Netzwerk- und Marketing-Partner für den Veranstaltungs-Markt: Der EVVC

Joachim König

1 Der EVVC – „Ein starker Verband für starke Auftritte"

Die Veranstaltungs- und Event-Industrie lebt von einer breit gefächerten Vielfalt – repräsentiert vom Europäischen Verband der Veranstaltungs-Centren e.V. (EVVC). Über 700 Veranstaltungszentren, Kongresshäuser, Arenen und Special Event Locations in Deutschland, Österreich, der Schweiz, Italien und weiteren angrenzenden europäischen Ländern vertritt diese einzige Interessensvertretung ihrer Art derzeit. Kleine traditionelle Stadthallen mit rund 100 Sitzplätzen gehören ebenso dazu, wie Multifunktionsarenen als Veranstaltungstempel der Moderne für bis zu 75.000 Besucher.

Veranstaltungsplaner aus den Bereichen Kongressdienstleistung, Konzert- und Sportveranstaltungsmanagement, d. h. also die Kunden der rund 330 Mitgliedsfirmen, von denen viele mehr als nur eine Location betreiben, finden als außerordentliche Mitglieder auf Empfehlung eines Mitgliedshauses ihren Platz im Verband. Rund 70 professionelle Event-Zulieferbetriebe, z. B. aus den Bereichen Mobility, EDV, Personaldienstleistungen, Fachpresse, Technik und Versicherungen, unterstützen als Partner des EVVC den Verband und seine Mitglieder und ergänzen so das breit gefächerte Kommunikationsnetzwerk.

1.1   Große Vielfalt erfordert klare Strukturen

Aufgrund der Heterogenität und der damit verbundenen, oftmals ganz unterschiedlichen, Interessen der Mitgliedsbetriebe sind diese in verschiedene Arbeitsgruppen (AGs) gegliedert – insbesondere, um aktuelle Themen zu erörtern. Ausschlaggebend für die AG-Zugehörigkeit ist die maximale Kapazität in Reihenbestuhlung im größten vermietbaren Raum:

- AG I (bis maximal 1.200 Sitzplätze)
- AG II (bis maximal 4.000 Sitzplätze)
- AG III (über 4.000 Sitzplätze)

Die AG IV-Technik vereint darüber hinaus alle Veranstaltungstechniker der Mitglieder und befasst sich ausschließlich mit technikrelevanten Themen. Hierbei spielt die Größenordnung der einzelnen Häuser, die von den Technikern vertreten werden, keine Rolle.

Aktuelle Themen und Fragestellungen werden in offenen Fachbereichen und Arbeitsgruppen erörtert und diskutiert. Diese werden je nach Bedarf gegründet, aber durchaus auch wieder aufgelöst, wenn das Thema erschöpft ist. Aktuelle Themenfelder im EVVC sind zum Beispiel Aus- und Weiterbildung, Buchhaltung und Rechnungswesen, Gastronomie, GEMA/KSK/Rechteverwertungen, Marketing/Presse/Öffentlichkeitsarbeit, Neuordnung der Funkfrequenzen, Kultur-Tourismus in Deutschland und das Swiss Chapter des Verbandes.

Der Vorstand des EVVC arbeitet ehrenamtlich und wird auf drei Jahre von der Mitgliederversammlung gewählt. Neben Präsident und Vizepräsident gehören die Beisitzer für die Bereiche Finanzen, CSR, Marketing und Internationales sowie die vier Leiter der Arbeitsgruppen dem Präsidium an. Hauptansprechpartner und organisatorisches Zentrum des Verbandes ist die Geschäftsstelle in Bad Homburg mit insgesamt vier Mitarbeitern.

1.2   Am Puls der Zeit – der EVVC als Dienstleister

Seine Mitglieder zu informieren, zu beraten und zu fördern in einem professionellen Netzwerk, das zugleich eine ideale Kommunikationsplattform bietet, ist die Hauptaufgabe des EVVC. Neben ganz pragmatischer Unterstützung in den Bereichen Marketing, Rechtsprechung, Technik und der Entwicklung von branchenaktuellen Kennzahlen liegt ein großes Augenmerk des Verbandes auf der Aus- und Weiterbildung innerhalb der Branche. Dies gilt zum einen im Hinblick auf das umfangreiche verbandsinterne Seminarangebot. Zum anderen arbeitet der EVVC intensiv mit Trägern der unterschiedlichsten Ausbildungsangebote zusammen, um nachhaltig an den verschiedenen Berufsbildern mitzuarbeiten und somit aktiv den Nachwuchs zu fördern.

Services des EVVC für Mitglieder und Partner sind (EVVC, 2011):

Arbeitserleichterung durch
- Rechtsberatung im Veranstaltungs- und Versammlungsstättenrecht sowie im branchen-spezifischen Steuer-, Marken- und Wettbewerbsrecht (u. a.) zu ermäßigten Konditionen,
- aktuelle Branchenkennzahlen als Argumentationshilfen,
- Erfahrungsaustausch mit Kollegen und Partnern – persönlich und direkt,
- das EVVC Job.Center,
- einen qualifizierten Partnerpool von Firmen der Veranstaltungsindustrie,
- den EVVC-Leitfaden zur Nachhaltigkeit und durch
- ständige Informationen über neue Entwicklungen und Trends durch den EVVC-Newsletter.

Marketingmaßnahmen und Benchmarking durch
- das EVVC Location.Portal,
- den EVVC Location.Business.Guide,
- Messebeteiligungen an EVVC-Gemeinschaftsständen und durch
- die Ergebnisse des Meeting- & EventBarometers (erstellt durch das Europäische Institut für TagungsWirtschaft (EITW) an der Hochschule Harz im Auftrag von EVVC, DZT – Deutsche Zentrale für Tourismus e.V. und GCB – German Convention Bureau e.V.).

Kostenersparnis durch
- Vorzugskonditionen bei verschiedenen EVVC-Partnern,
- kostenlose Abonnements diverser Fachzeitschriften,
- kostengünstiges, vielfältiges und sehr praxisorientiertes Seminarprogramm der EVVC.Akademie – von der Branche für die Branche und durch
- Sonderkonditionen bei verschiedenen Aus- und Weiterbildungseinrichtungen der Veran-staltungsbranche.

1.3   Vernetzung und Know-How für die Branche

„Wissen vermehrt sich, wenn man es teilt" – unter diesem Motto agiert der EVVC nicht nur nach innen, wenn es darum geht, Plattformen für seine Mitglieder zu bieten. Vielmehr sieht der Verband auch die dringende Notwendigkeit des Erfahrungs- und Gedankenaustausches über EVVC-Grenzen hinweg, um Wissen zu vermehren, aber auch, um die Schlagkraft der gesamten Branche zu stärken.

Die Realisierung des Meeting- & EventBarometers als fundierte Branchenkennzahlen wäre beispielsweise für einen Verband alleine weder finanziell noch ideell zu stemmen gewesen. Nur durch die intensive Kooperation des GCB German Convention Bureau und der Deut-schen Zentrale für Tourismus (DZT) mit dem EVVC konnte dieses Projekt nach entspre-chender Vorarbeit gemeinsam mit dem EITW an der Hochschule Harz realisiert werden.

Auch die Durchführung der Veranstaltung „greenmeetings und events Konferenz" geht auf die Kooperation der beiden Branchenverbände EVVC und GCB zurück, ebenso wie die Initiative für den gemeinsamen Berliner Kongress der Veranstaltungswirtschaft. Ein Verband alleine hätte nicht die notwendige Manpower, finanzielle Mittel, Kontakte durch Mitglieder-strukturen und die erforderliche Public Relation, um richtungsweisende Events für die Branche zu planen und umzusetzen.

Ein ganz anderes Beispiel erfolgreicher Kooperation ist die Gründung der DPVT (Deutsche Prüfstelle für Veranstaltungstechnik) im Bereich Technik. Hier haben sich neben dem EVVC die DTHG (Deutsche Theatertechnische Gesellschaft) und der VPLT (Verband für Profes-sionelle Licht- und Tontechnik e.V.) zusammengeschlossen, um unabhängige Zertifizierun-gen und Sicherheitsprüfungen für Veranstaltungstechnik vorzunehmen sowie entsprechend zu unterstützen und zu promoten.

Kooperation beginnt allerdings im Kopf und setzt voraus, dass sich alle Protagonisten von alteingesessenem Kirchturmdenken und ausschließlichem Vertretungsanspruch endgültig verabschieden. Ein Machtspiel der Verbände und Institutionen macht keinesfalls Sinn, son-dern schadet nur den Beteiligten und der Sache selbst. Zum Glück sind wir im 21. Jahrhun-dert nun bei einem anderen Denken angekommen und Kooperation wird mehr und mehr zur Selbstverständlichkeit. Der EVVC öffnet sich ganz ausdrücklich gegenüber allen Institutio-nen der Branche und sucht ständig den Kontakt sowie weitere Möglichkeiten zur Zusam-menarbeit zum Wohle der Branche.

1.4   Ein Blick in die Zukunft

Die äußerst positive Entwicklung des EVVC seit dem Jahr 2003 mit einem Zuwachs bei den Mitgliedern um 17 % und bei den Partnerbetrieben um 69 % ist Grund für einen durchweg positiven Blick in die Zukunft. In der Zwischenzeit ist der Verband mit einer hochprofessio-nellen Geschäftsstelle und einem gut aufgestellten Vorstand sehr gut organisiert und hat sein Portfolio an Dienstleistungen für die Mitglieder und die Branche erheblich erweitert. Diesen Weg wird der Verband auch zukünftig weiterentwickeln und seine Angebote insbesondere hinsichtlich Beratung sowie Fort- und Weiterbildung in allen branchenrelevanten Bereichen noch weiter ausbauen und vervollständigen.

Auch die Unterstützung und die Förderung von Konzepten für aussagekräftige Branchen-kennzahlen sind essentielle Aufgaben des EVVC. Die bereits bestehende Grundlage des Meeting- & EventBarometers gilt es nun, um europäische und globale Aspekte zu erweitern, um hier, im Rahmen machbarer Parameter, weltweite Vergleichbarkeit herzustellen. Nur detailliertes Wissen um die globale Entwicklung der Branche wird dem EVVC helfen, auch in Zukunft wettbewerbsfähig zu bleiben – in einer Welt, die „immer kleiner" wird und enger zusammenrückt. Aber auch für die politische Argumentation in den Kommunen werden internationale Kennzahlen an Bedeutung gewinnen. Erst wenn man erkennt und auch plausi-bel darstellen kann, wie die Gelder zur Finanzierung von Veranstaltungshäusern in den ein-zelnen Ländern fließen, kann man echte Vergleiche ziehen und so unter Umständen auch von den Besten lernen und falsche Rückschlüsse aufgrund fehlerhafter Informationsquellen vermeiden.

Eine weitere wichtige Aufgabe für den EVVC ist es, auch in Zukunft die Mitgliederstruktur weiter auszubauen, um Kommunikation und Austauschmöglichkeiten weiterzuentwickeln und so vom reinen Kollegen- zu einem breit aufgestellten Branchenaustausch zu gelangen. Denkbar ist hier zum Beispiel die Erweiterung um PCOs und Destinationen. Aber auch die weitere Europäisierung spielt eine Rolle. Der Verband will diese in Form von Chaptern weiterentwickeln; insbesondere in Bereichen Europas in denen es bislang keine geeignete Plattform für die Veranstaltungsbranche gibt.

Die Förderung des Erfahrungs- und Gedankenaustausches seiner Mitglieder und Partner wird für den EVVC hierbei jedoch immer im Mittelpunkt seiner Arbeit stehen.

2 Die politische Wahrnehmung der Branche – lokal, bundes- und europaweit

Kaum eine Branche ist so vielseitig und steht so im Fokus der Öffentlichkeit, wie die Veranstaltungsindustrie. Sport und Unterhaltung, Wissenstransfer und Weiterbildung, aber auch Galas und Feste sind ohne Stadthallen, Kongresszentren, Arenen oder Special Event Locations undenkbar. Politik, Wirtschaft und Gesellschaft finden hier den passenden Rahmen für ihre Veranstaltungen. Jeder kennt sie, jeder besucht sie, jeder braucht sie: vom politischen Spitzenkandidaten bis zur örtlichen Volkstanzgruppe.

Da jedoch alle Veranstaltungshäuser, insbesondere durch ihren kulturellen und kommunalen Auftrag, aber auch durch die Entstehungsgeschichte der Investitionen und Entscheidungen für den Bau von Veranstaltungsstätten, auf öffentliche Subventionen angewiesen sind, ist es unabdingbar, hier die richtigen Zusammenhänge aufzuzeigen.

2.1   Das engere Umfeld

Veranstaltungszentren und damit die gesamte Branche sind Bühne und Spiegel zugleich für die reale, wirtschaftliche und gesellschaftliche Entwicklung. Jedem einzelnen Haus kommt in seiner Stadt, in seiner Kommune oder in seinem Dorf eine besondere kulturelle und gesellschaftliche, aber auch wirtschaftliche Bedeutung zu.

Nur ein Bruchteil der Umsätze, die bei einer Veranstaltung erzielt werden, erreicht das Veranstaltungshaus selber. Vielmehr profitieren Zulieferbetriebe und Dienstleister vor Ort, wie Hotels, Cateringunternehmen, Technikfirmen aber auch Taxiunternehmen und Souvenirläden und viele mehr, von Kongressen, Tagungen und Events. Hinzu kommen politisch gewünschte Sonderkonditionen für ortsansässige Vereine und Institutionen, die kostendeckende Kalkulationen vielfach kaum darstellbar machen. Dadurch werden Veranstaltungshäuser zu Wirtschaftsförderern vor Ort, ohne jedoch selber unmittelbares, ergebnisorientiertes Wachstum erreichen zu können. Und dennoch ist die Diskussion um kommunale Zuschüsse für die Häuser in nahezu jeder Stadt regelmäßig auf der Tagesordnung.

Hier kann der EVVC als Branchenverband jedoch durchaus professionelle Hilfestellung leisten und Betreibern vor Ort Argumente und Vergleichszahlen, wie z. B. anhand der im Meeting- & EventBarometer ermittelten Kennwerte, für Diskussionen um Wirtschaftlichkeit und Daseinsberechtigung an die Hand geben. Erfahrungsberichte aus erster Hand von anderen, vergleichbaren Veranstaltungshäusern sind argumentativ oft wirkungsvoller als Studien von Unternehmensberatern. Viele Mitglieder des Verbandes nutzen gerade in lokalpolitischen Situationen das EVVC-Netzwerk.

Mit seinem gerade neu entwickelten Konzept des Regionaltages will der EVVC auch in Zukunft Veranstaltungen durchführen, zu denen Politik, Wirtschaft und Veranstaltungshäuser einer bestimmten Region eingeladen werden, um über Aspekte der Finanzierung, Sicherheit und Betrieb von Veranstaltungshäusern zu diskutieren – nicht ganz ohne den Hintergrund, bei dieser Gelegenheit auch das Interesse bei potenziellen neuen Verbandsmitglieder zu wecken.

Darüber hinaus bietet der EVVC auch Seminare zum Thema „Lobbying vor Ort" an, in denen Wege und Möglichkeiten erörtert werden, die Lokalpolitik von den Interessen des örtlichen Veranstaltungshauses zu überzeugen.

2.2   Der Schritt nach Berlin

Bereits seit dem Jahr 2007 ist der EVVC mit einem eigenen Hauptstadtrepräsentanten in Berlin vertreten, um auf dem bundespolitischen Parkett die Wahrnehmung der Veranstaltungs- und Kongresswirtschaft als eine Dienstleistungsindustrie zu stärken, deren Gesamtbedeutung durchaus auf Augenhöhe mit anderen wichtigen Dienstleistungs- und Industriebranchen in Deutschland und Europa zu sehen ist. Wir sprechen von einer Branche mit optimalen Zukunftsperspektiven, da die Dienstleistung von der Garderobiere bis zum Manager für alle

Bevölkerungsschichten und Generationen Arbeitsplätze schafft, die – im Vergleich zur produzierenden Industrie – auch nicht in Billiglohnländer exportiert werden können.

Deutschland als Land ohne natürliche Bodenschätze ist darauf angewiesen, das Potenzial in seinen Köpfen zu fördern und durch lebenslanges Lernen weiter zu entwickeln – Veranstaltungszentren sind hierfür landauf, landab die Bühne. Und dennoch kämpfen viele Häuser täglich mit dem, aus klammen kommunalen Kassen resultierenden, Sanierungsstau ihrer Immobilien. Dieser könnte Deutschland – in der Gesamtheit betrachtet – durchaus seine europäische und weltweite Spitzenposition kosten. Zugegeben, dies ist ein düsteres Szenario. Aber es gilt, die Zusammenhänge aufzuzeigen und auch in den Köpfen der Politik zu verankern.

Hierfür ist sicherlich der Tourismusbereich als erster Anknüpfungspunkt geeignet, da die Veranstaltungsbranche mit dem Geschäftsreisetourismus als Teil dieses Bereiches angesehen werden kann. Gemeinsame Präsentationen des EVVC mit dem GCB vor dem Tourismusausschuss des Bundestages zu Fragen der Zukunft der Veranstaltungsindustrie sind also durchaus bemerkenswerte erste Erfolge, ebenso wie die feste Verankerung des Veranstaltungsthemas beim Tourismusgipfel des Bundesverbandes der Deutschen Tourismuswirtschaft. In diesem Bereich ist die Veranstaltungswirtschaft bereits angekommen, dank der kontinuierlichen Arbeit zur politischen Kommunikation vor Ort in Berlin.

2.3   Der Weg ist das Ziel – wohin die Reise geht

Auch in Zukunft wird sich der EVVC intensiv mit dem Thema Lobbying befassen und sieht es als eine seiner Hauptaufgaben als Branchenverband. Zum einen werden sicherlich die Beratungs- und Unterstützungsangebote für das so genannte „Lobbying vor Ort" noch weiter optimiert und ausgebaut werden, z. B. durch ein erweitertes Seminarangebot, durch Regionaltage und durch permanente Kommunikation mit den Mitgliedern, bei denen diese aufgefordert werden, das Netzwerk und das Know-How des Verbandes für diese Themen zu nutzen.

Zum anderen ist auch auf der bundespolitischen Ebene noch ein weiter Weg für die Interessen der Veranstaltungs-und Kongresswirtschaft zu beschreiten. Ihre Bandbreite geht weit über das Themenfeld des Tourismus hinaus und tangiert so Bereiche wie Arbeitsrecht, Wirtschaft, Kultur und Finanzen. Erst wenn alle Themenfelder in ihrer gesamten Vielfalt auch von der Bundespolitik erkannt und als solche bearbeitet werden, hat die Branche ihr Ziel in Sachen Lobbying erreicht. Die Verinnerlichung dessen ist sowohl Zukunftsaufgabe als auch erkennbare Entwicklungsnotwendigkeit.

3 Heute wirkt morgen – für Nachhaltigkeit in der Veranstaltungsindustrie

Hoher Verbrauch an Ressourcen jeder Art sowie entsprechende Müllberge sind natürliche Konsequenzen von Veranstaltungen. Mit Blick in die Zukunft nimmt der EVVC seine Verantwortung wahr und misst dem Thema Nachhaltigkeit bzw. Corporate Social Responsibility (CSR) mit seinen drei Dimensionen Ökologie, Ökonomie und Sozialem in der Veranstaltungsindustrie große Bedeutung bei. Bereits im Jahr 2009 wurde der Vorstand des Verbandes um die Position des Beisitzers zum Thema CSR erweitert, der seitdem konsequent alle Belange hierzu verfolgt. Ziel ist es, konkrete Handlungsempfehlungen für die EVVC-Mitglieder zu erarbeiten, ökologisch sinnvoll und nachhaltig zu handeln und gleichzeitig ökonomischen Aspekten gerecht zu werden.

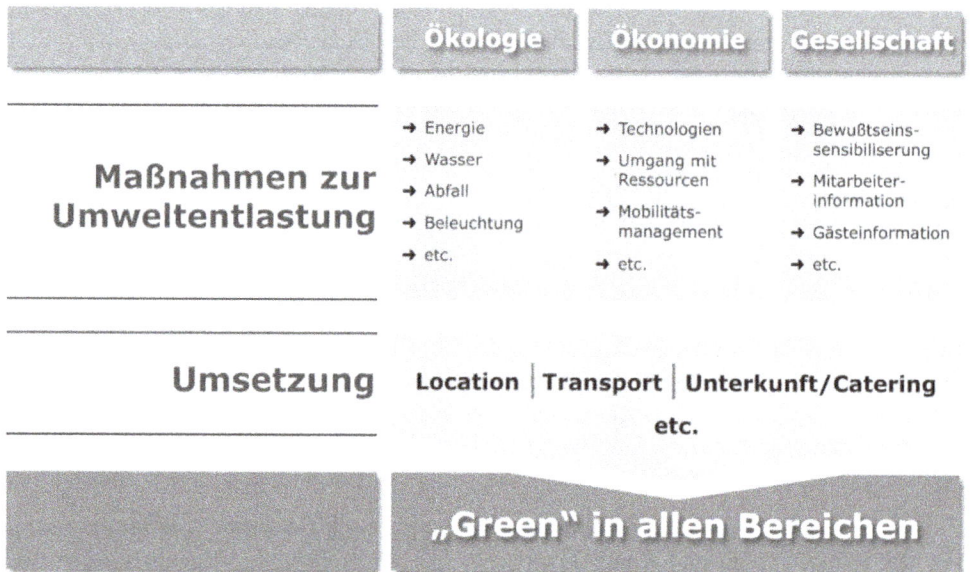

	Ökologie	Ökonomie	Gesellschaft
Maßnahmen zur Umweltentlastung	→ Energie → Wasser → Abfall → Beleuchtung → etc.	→ Technologien → Umgang mit Ressourcen → Mobilitäts-management → etc.	→ Bewußtseins-sensibilisierung → Mitarbeiter-information → Gästeinformation → etc.
Umsetzung	Location | Transport | Unterkunft/Catering etc.		
	„Green" in allen Bereichen		

Abb. 11: Nachhaltiges Veranstaltungsmanagement (EVVC / GCB, 2011)

Aber auch der Bereich Soziales gewinnt mehr und mehr an Bedeutung. Bereits jetzt hat der vielzitierte demographische Wandel begonnen und es ist höchste Zeit, sich mit den sich ändernden Bedürfnissen einer Gesellschaft, die „weniger, älter, bunter, weiblicher" wird, zu beschäftigen. Eine Mehrheit älterer Besucher erfordert in den Häusern des EVVC ganz deutliche bauliche Veränderungen wie klare Beschilderungen, weniger Treppen und mehr Sitzgelegenheiten. Aber auch die Veranstaltungsformate und Inszenierungen werden sich ändern und auf das neue Publikum einstellen müssen, ebenso wie Arbeitgeber in Zukunft mit einer Mehrzahl älterer Mitarbeiter werden umgehen müssen.

Gemeinsam mit vielen Partnern und Institutionen nimmt sich der EVVC sehr deutlich diesen Herausforderungen der Zukunft an und entwickelt zum Beispiel Empfehlungen für den „Besucherkomfort der Zukunft". Auch Maßnahmen zur Qualitätssteigerung im Bereich Aus- und Weiterbildung zielen in diese Richtung: Gut ausgebildete, motivierte und engagierte Fachkräfte werden in Zukunft noch wichtiger sein, als bisher und Arbeitgeber werden sich anstrengen müssen, gute Mitarbeiter und Mitarbeiterinnen an ihr Unternehmen zu binden – denn die Arbeitnehmer werden die Wahl haben.

Bereits seit 2010 ist auch der EVVC als erster Verband Green Globe zertifiziert, führt seine Veranstaltungen möglichst nachhaltig durch und hat auch einen Leitfaden zur Nachhaltigkeit entwickelt, der zum einen nach innen als Mission Statement dient, jedoch nach außen durchaus zur Nachahmung anregen möchte. Gemeinsam mit anderen Verbänden und Institutionen versteht sich der EVVC hierbei als Takt- und Impulsgeber für das Thema in seinem eigenen, unmittelbaren Umfeld, jedoch auch durchaus in benachbarten Bereichen wie dem Tourismus oder dem Live-Marketing.

Eine besondere Hilfestellung für die Mitglieder ist das gemeinsam mit Green GlobeCertification entwickelte Zertifizierungsverfahren für Veranstaltungshäuser. Viele Häuser unterzogen sich in den letzten zwei Jahren bereits dem Verfahren, bei dem viele Kriterien und Indikatoren zu den Bereichen Energie, Wasser, Abfall und Sozialem abgefragt und überprüft werden. Bislang nicht erfüllte Kriterien können innerhalb der folgenden zwei Jahre nachgebessert werden, wenn die Auditierung erneut stattfindet. Auf diese Weise erhalten die teilnehmenden Häuser durch das System nicht nur ein Zertifikat sondern steigen vielmehr in einen Optimierungs- und Verbesserungsprozess zum Thema Nachhaltigkeit ein. In speziellen Foren des EVVC können bereits zertifizierte Häuser ihre Erfahrungen zu Green Globe austauschen und gegenseitig vom Wissen anderer profitieren.[1]

In Zusammenarbeit mit dem GCB German Convention Bureau organisierte der EVVC im März 2011 erstmals die greenmeetings und events Konferenz im Congress Centrum Mainz. Der große Erfolg der Veranstaltung zeigte deutlich, dass das Thema in der Mitte der Branche angekommen ist und ein Dialog zwischen Locationbetreibern, Veranstaltern und Zulieferern zu den Aspekten der Nachhaltigkeit dringend erforderlich, ja sogar gewünscht ist. Voneinander lernen heißt die Devise und so ist z. B. die Erkenntnis, dass mehr und mehr Veranstalter CSR bei der Auswahl ihrer Location berücksichtigen – unabhängig davon, ob dies auch bei der Veranstaltungsanfrage artikuliert wird, oder nicht – erhellend und essentiell zugleich.

---

[1] Green Globe zertifizierte Mitglieder siehe www.evvc.org.

Kernaspekte

- Der EVVC hat die Notwendigkeit des Erfahrungs- und Wissensaustausches für die Stärkung der gesamten Branche erkannt. Aus diesem Grund sind Kooperationen mit anderen Verbänden notwendig, denn ein Verband allein kann nicht die nötigen Mittel aufbringen, um richtungsweisende Events zu planen und durchzuführen.

- Nicht nur Veranstaltungshäuser profitieren von Veranstaltungen. Vielmehr sind es Zulieferbetriebe und Dienstleister vor Ort, die ebenfalls einen Nutzen daraus ziehen. So werden die Veranstaltungsbetriebe zu lokalen Wirtschaftsförderern ohne selbst ein unmittelbares Wachstum zu erreichen.

- In Zukunft wird das Thema Lobbying weiter in den Mittelpunkt rücken. Die Bandbreite geht hier über den Tourismus hinaus und umfasst u. a. Arbeitsrecht, Wirtschaft, Kultur und Finanzen. Nur wenn die Vielfalt von der Bundespolitik erkannt und bearbeitet wird, hat die Branche ihr Ziel in Sachen Lobbying erreicht.

4   Literatur

EVVC – Europäischer Verband der Veranstaltungs-Centren e.V. (2011): Unsere Leistungen – Ihr Vorteil: Partner des EVVC, in: http://www.evvc.org/de/der-verband/partner-werden/. Zugriff vom 06.01.2012.

EVVC– Europäischer Verband der Veranstaltungs-Centren e.V./ GCB – German Convention Bureau e.V. (2011): Präsentationen zum Thema Nachhaltigkeit beim EVVC und GCB.

Strategische Neuausrichtung des GCB German Convention Bureau e.V.

Matthias Schultze

1 Einleitung

Nichts ist beständiger als der Wandel, so lautet eine Binsenweisheit. Aber selten – könnte man hinzufügen – war der Wandel so beständig wie in den vergangenen 15 Jahren. Nach Dekaden relativ langsamer, überschaubarer und in Teilen vorhersehbarer Veränderungsprozesse befindet sich die Welt seit Mitte der neunziger Jahre regelrecht im Umbruch und das gleich in mehrfacher Hinsicht. Weltpolitische Turbulenzen, der Aufstieg einstiger Schwellenländer zu Wirtschaftsmächten, ungeahnte Bewegungen an den Finanzmärkten und eine besorgniserregende Erderwärmung, aber auch Entwicklungen wie der Siegeszug des Internets und der rasante Fortschritt im Bereich der modernen Kommunikationstechnologien stellen die Menschheit vor gewaltige Herausforderungen. Kurz: Globalisierung, Digitalisierung und der Klimawandel bedeuten so viel Veränderung auf so vielen Ebenen, dass es größerer Anstrengungen bedarf, mit ihnen Schritt zu halten und sich entsprechend einzustellen.

Das gilt nicht nur für den einzelnen Menschen, sondern auch für Unternehmen und Wirtschaftsorganisationen. Natürlich leben Märkte zu jeder Zeit von Innovation und Veränderungsprozessen. Doch waren solche Prozesse, etwa in den letzten Jahrzehnten des vorigen Jahrtausends, weniger vielschichtig und liefen deutlich langsamer ab. Damals kam es, einfach gesagt, vor allem darauf an, ein Unternehmen oder eine Organisation strategisch zu positionieren, die eigenen Stärken auszubauen und sie effektiv zu promoten. Gleichzeitig galt es, einen einigermaßen klar umrissenen Markt aufmerksam zu beobachten, schnell genug auf Impulse von Mitbewerbern zu reagieren und immer wieder eigene Akzente zu setzen. Man agierte in einem halbwegs stabilen Umfeld, aus dem heraus sich zukünftige Entwicklungen einigermaßen verlässlich vorhersehen ließen – und in dem die eigene Positionierung lediglich kontinuierlich anzupassen war.

2   Von der kontinuierlichen Anpassung zur konsequenten Strategieänderung

Inzwischen aber haben es Unternehmen und Wirtschaftsorganisationen weltweit mit instabilen Umfeldern und weniger verlässlich prognostizierbaren Entwicklungen zu tun. Vor allem die Globalisierung und die Digitalisierung haben ganze Branchen nicht nur verändert, sondern auch in ihren Grenzen aufgeweicht. Man denke an die Krise der Printmedien und der Musikindustrie, an die Umwälzungen auf dem Computermarkt, die Smartphone-Revolution und den rasanten Wandel im Versandhandelgeschäft, aber auch an Suchmaschinenkonzerne, die in den Buchhandel einsteigen, oder an Friseure, die sich heute zusätzlich als Cafés und Boutiquen positionieren. Gewohnte Mechanismen greifen nicht mehr und Konkurrenz droht von unerwarteter Seite. Diese Prozesse und die internationale Finanzkrise haben in einigen Wirtschaftszweigen zu dramatischen Umsatzeinbußen geführt.

Hinzu kommen veränderte Erwartungen auf Kundenseite. Ob in der Computer-, der Versicherungs- oder der Reisebranche, Kunden von heute sind nicht nur anspruchsvoller als früher, sondern auch selbstbewusster und besser informiert. Und: Sie erwarten, dass man auf aktuelle Entwicklungen reagiert. So hat beispielsweise der Klimawandel dazu geführt, dass immer mehr Kunden nach umweltschonenden Produkten und Dienstleistungen verlangen. Da können Unternehmen und Organisationen, die sich nachhaltig aufstellen, nachhaltig punkten. Vor dem Hintergrund eines immer rasanteren Wandels und eines immer härteren Wettbewerbs ist es umso wichtiger, strategische Positionierungen, die jahrzehntelang gültig waren, gründlich zu überdenken und sich auf veränderte Rahmenbedingungen einzustellen. Denn die Fähigkeit, sich zu verändern, das haben gerade die äußerst turbulenten letzten Jahre gezeigt, ist in der Wirtschaft ein wichtiger Erfolgsfaktor.

2.1   Veränderungsbedarf – auch bei Organisationen wie dem GCB

Die skizzierten Entwicklungen gehen auch an einer Organisation wie dem GCB nicht spurlos vorüber. Das GCB German Convention Bureau e.V. mit Sitz in Frankfurt a.M. vermarktet seit seiner Gründung im Jahr 1973 die Bundesrepublik international und national als Standort für Kongresse, Tagungen, Events und Incentives. Damit ist es der zentrale Ansprechpartner für alle Kunden, die in Deutschland Veranstaltungen planen. Zu den über 200 Mitgliedern zählen führende Hotels, Kongresszentren, Städte, Veranstaltungsagenturen und Dienstleister aus der deutschen Kongress- und Eventbranche. Daneben wird das GCB von den drei strategischen Partnern Deutsche Zentrale für Tourismus e.V., Deutsche Lufthansa AG und Deutsche Bahn AG unterstützt.

Schon an der eben angesprochenen Thematik des Klimawandels lässt sich verdeutlichen, wie sehr auch das GCB gehalten ist, sich auf veränderte Rahmenbedingungen einzustellen. So hatte spätestens der 4. UN-Klimabericht des Intergovernmental Panel on Climate Change

(IPCC) aus dem Jahr 2007 die letzten Zweifel an der dramatischen Erderwärmung beseitigt und den Menschen als deren Hauptverursacher entlarvt (IPCC, 2007). Die Problematik des Klimawandels war damit im Bewusstsein einer breiten Weltöffentlichkeit verankert – und folglich auch in den Köpfen von Kunden der MICE-Branche. Das GCB reagierte schnell und platzierte Themen wie CO_2-Reduktion, Energieeffizienz und Nachhaltigkeit bei seinen Mitgliedern. Auch dank der internationalen Vorreiterrolle der Bundesrepublik in Sachen Umweltschutz, Umwelttechnologie und Energiesparziele waren hiesige Tagungs- und Kongressanbieter zeitnah in der Lage, sich auf die neuen Kundenbedürfnisse einzustellen und ihre Leistungen entsprechend zu modifizieren. So zählt Deutschland heute zu den führenden internationalen Destinationen für Green Meetings und wird vom GCB auch entsprechend vermarktet.

Ein weiteres Beispiel: der Einstieg in die Themen Web 2.0 und Social Media. Noch vor wenigen Jahren galten E-Mails, Websites und der Versand von Informationsmaterial auf Speichermedien wie CD-ROM und USB-Stick als die fortgeschrittenste Art der Kommunikation. Doch so schick und effizient diese Kommunikationsformen waren, sie blieben den herkömmlichen Strukturen einer „one to many"-Kommunikation (Einweg-Kommunikation) verhaftet. Längst haben Videoportale wie YouTube, Kurznachrichtendienste wie Twitter, Blogs und soziale Netzwerke wie Facebook und Xing nicht nur die private, sondern auch die geschäftliche Kommunikation radikal verändert. Das hat zur Folge, dass heute eine multimediale, interaktive „many to many"-Kommunikation dominiert, in deren Rahmen jeder User praktisch überall Inhalte generieren, kommentieren und verbreiten kann. So lassen sich Menschen nicht nur persönlicher ansprechen, sondern auch aktiv einbinden. Alle Beteiligten sind potenzielle Multiplikatoren. Klar, dass dabei der Austausch via Print und E-Mail an Bedeutung verliert. Unternehmen und Organisationen, die hier den Anschluss verpassen, berauben sich selbst wichtiger Marketing- und Distributionskanäle. Und so ist auch das GCB längst in den wichtigsten Web-2.0-Diensten und sozialen Netzwerken aktiv.

2.2   Position der Stärke

Die Engagements in den Bereichen Green Meetings, Web 2.0 und Social Media markieren nur kleine Bereiche im Rahmen der strategischen Neuausrichtung, die das GCB im Herbst 2009 angestoßen, im Jahr 2010 entwickelt und im Jahr 2011 implementiert hat. Dabei festzuhalten ist, dass diese strategische Neuausrichtung schon frühzeitig, aus einer Position der Stärke heraus, in Angriff genommen wurde. Ziel war vor allem, die Wettbewerbsfähigkeit des GCB als Verband der deutschen Tagungs- und Kongressbranche langfristig zu sichern und seine Position als eines der weltweit führenden Convention Bureaus zu festigen und weiter auszubauen.

Dazu ein paar Fakten und Zahlen: Auch durch die Arbeit des GCB konnte sich Deutschland zu einer der führenden Tagungs- und Kongressdestinationen der Welt entwickeln. Seit Jahren ist die Bundesrepublik Europas Nummer eins bei den Tagungsdestinationen, weltweit rangiert sie hinter den USA auf Platz zwei (ICCA, 2011). 2010, im Jahr der Ausarbeitung der strategischen Neuausrichtung, fanden laut Meeting & EventBarometer allein in Deutschland insgesamt 2,69 Mio. Veranstaltungen in 6.420 Tagungs- und Veranstaltungsstätten statt, ein Plus von 9,4 % im Vergleich zum Vorjahr. Auch bei den Teilnehmerzahlen wurde mit 323 Mio. ein Plus von 6,9 % erzielt, knapp 6 % der Teilnehmer stammten aus dem Ausland (EITW, 2011, S. 12). Mit einem Umsatz von rund 66 Mrd. Euro pro Jahr (DZT, 2011, S. 2) stellt der Geschäftsreisemarkt einen wichtigen Wirtschaftsfaktor in Deutschland dar. Zum Vergleich: Der Verband Forschender Arzneimittelhersteller meldet für die Pharmaindustrie einen Jahresumsatz von 37.800 Mio. Euro, die deutsche Bauindustrie einen Umsatz von 91.500 Mio. Euro pro Jahr. Der Verband der Automobilindustrie wiederum gibt einen Branchenjahresumsatz von 263.140 Mio. Euro an.

2.3   Das GCB im Aufbruch: Gründe für Veränderung

Trotz dieser Erfolge hatte der GCB-Verwaltungsrat bereits im Mai 2009 eine Strategiediskussion angestoßen. Vorausgegangen war die Erkenntnis, dass das Umfeld immer schnelllebiger wird und dass das bisher Erreichte nur gesichert und ausgebaut werden kann, wenn man sich den Veränderungen der Zeit stellt. Hierzu ein paar weitere Hintergrundinformationen:

- Mehr als 30 Jahre lang hatte das GCB die Bundesrepublik mit ihren Tagungs- und Kongressanbietern vor allem über Aspekte wie Attraktivität und Leistung vermarktet – herausgestellt wurden insbesondere die Lage im Herzen Europas, die hervorragende Verkehrsinfrastruktur, beeindruckende Kapazitäten, modernste technische Ausstattung, der Top-Service, ein attraktives Preis-Leistungs-Verhältnis und das spannende Freizeit- und Kulturangebot. Das Marketing konzentrierte sich eher auf Messepräsenzen und Aktionen im Ausland, weniger auf das Setzen von eigenen Themen. Längst aber hatten andere Destinationen aufgeholt und im Zuge der weltpolitischen und -wirtschaftlichen Umwälzungen waren neue attraktive Tagungs- und Kongressdestinationen hinzugekommen. Vor diesem Hintergrund galt es, weitere starke Alleinstellungsmerkmale der Destination Deutschland und ihrer Anbieter herauszuarbeiten und dazu, wenn nötig, auch Marktforschung zu betreiben.
- Lange Zeit hatte das GCB als erster und alleiniger Ansprechpartner für Kunden fungiert, die in Deutschland tagen wollen. Mit dem Siegeszug des Internets jedoch erhielten potenzielle Kunden zusätzliche Möglichkeiten, sich ein Bild von der Tagungs- und Kongressdestination Deutschland zu verschaffen. Auch die eigenständige Planung einer Veranstaltung ohne Unterstützung durch das GCB wurde zumindest erleichtert – eine Entwicklung, zu der auch neue Anbieter wie Hotelreservierungsportale beitrugen. Angesichts dieser Entwicklung musste darauf hingearbeitet werden, dass das GCB wieder stärker als Dachverband der deutschen Tagungswirtschaft wahrgenommen wird. In diesem Zusammenhang war auch die immer wieder aufgekommene Forderung nach einem oder mehreren weiteren Auslandsbüros zu überdenken.
- Krieg gegen den Terror, weltweite Finanz- und Wirtschaftskrise – diese und andere Entwicklungen hatten über Jahre hinweg bei vielen Unternehmen und Organisationen zu einem Rückgang der Einnahmen geführt. Auch das GCB blieb davon nicht verschont. Im

Zuge einer möglichen Neuausrichtung war für eine langfristige Planungssicherheit zu sorgen.

- Gleichzeitig hatte es Austritte einzelner GCB-Mitglieder gegeben, mit der Begründung, der Return on Investment sei zu gering. Auch in puncto Commitment der Mitglieder waren gewisse Ermüdungserscheinungen zu beobachten. Hier galt es, die Vorteile einer Mitgliedschaft im GCB überzeugender zu kommunizieren und die Mitglieder wieder stärker an den Dachverband zu binden.

- Seit rund zehn Jahren war die mit verschiedenen Kategorien und Unterkategorien ohnehin schon recht komplexe Struktur der GCB-Mitgliedsbeiträge nicht mehr reflektiert worden. Im selben Zeitraum hatten sich jedoch die Rahmenbedingungen für etliche Mitglieder geändert, die Beitragskategorien bildeten nur noch bedingt die realen Verhältnisse ab. Folglich waren die Mitgliedsbeiträge in ihrer Struktur zu vereinfachen und an die neue Situation anzupassen.

- Gleichzeitig gab es Überlegungen, das GCB in seiner Struktur zu öffnen und auch andere Arten von Organisationen als Mitglieder aufzunehmen. Vor diesem Hintergrund musste darauf hingearbeitet werden, eventuelle Interessenkonflikte zwischen alten und neuen Mitgliedern auszugleichen. Ein Beispiel: Während etwa Tagungshotels naturgemäß eher kurzfristig denken und an einer schnellen, hohen Auslastung interessiert sind, geht es Städten vor allem um nachhaltigen Imagegewinn und längerfristige strategische Planungen – wissenschaftliche Gesellschaften wiederum erwarten ein fachorientiertes Marketing. Ein weiteres Beispiel: Bei den Informationen oder Leistungen, die man neuen Mitgliedern aus anderen Organisationssparten möglicherweise anbot, konnte es durchaus zu Kollisionen mit den Interessen bisheriger Mitglieder kommen. Hier galt es, zukünftig allen Mitgliedern noch besser gerecht zu werden.

3 Vom Denkanstoß zum strukturierten Change Management

Die im Mai 2009 angestoßene Strategiediskussion führte schnell zu dem Entschluss, das GCB einer grundsätzlichen strategischen Neuausrichtung zu unterziehen. Das Unterfangen sollte, auch hierin war sich der Verwaltungsrat rasch einig, im Rahmen eines klassischen Change-Management-Prozesses realisiert werden.

Der Begriff „Change Management" setzt sich aus den beiden Begriffen „Change" (Veränderung, Wandel) und „Management" (Gestaltung, Organisation) zusammen. Was die allgemeine Beschreibung von Veränderungsprozessen betrifft, wird auch heute noch gern das rund 60 Jahre alte Drei-Phasen-Modell des Soziologen Kurt Lewin herangezogen. Laut Lewin gibt es in jeder Organisation Kräfte, die den Wandel vorantreiben („driving forces"), und Kräfte, die den Wandel verhindern („restraining forces"). In der Regel sind diese Kräfte gleich groß. Deshalb müssen – will man eine Veränderung herbeiführen – die „restraining forces" abgeschwächt und die „driving forces" verstärkt werden. Ein erfolgreicher Wandel verläuft dann, so Lewin, in den folgenden drei Phasen (Behr / Tyll, 2003, S. 2):

1. Auftauen („unfreezing" – Erzeugung einer Bereitschaft zum Wandel),
2. Verändern („changing"/„moving" – Herbeiführung des Wandels) und
3. Wiedereinfrieren („refreezing" – Stabilisierung des neuen IST-Zustands).

Im Wirtschaftskontext kann der angestrebte Wandel auf die Änderung des Leitbilds eines Unternehmens oder einer Organisation, auf eine neue Geschäftsstrategie, auf operationale und strukturelle Veränderungen, auf eine Modernisierung der technischen Infrastruktur, aber auch auf Verhaltensänderungen zielen. „Change Management" ist nun, vereinfacht gesagt, die aktive Gestaltung dieses Wandels. Der Wirtschaftsexperte Jeff Hiatt hat verschiedene Definitionen zu einer Begriffsklärung zusammengefasst. Demnach versteht man unter Change Management „the process, tools and techniques to manage the people-side of business change to achieve the required business outcome, and to realize that business change effectively within the social infrastructure of the workplace"; zu Deutsch: „den Prozess, die Instrumente und die Techniken, die man aktiviert, um ein angestrebtes Geschäftsziel zu erreichen und die Veränderung innerhalb der sozialen Infrastruktur des Arbeitsumfelds herbeizuführen. Im Mittelpunkt steht dabei immer der Mensch." (Hiatt, o.J.)

Der Mensch ist der zentrale Faktor der Veränderung – das klang auch schon bei den „driving" und „restraining forces" im Modell von Lewin an. Vor diesem Hintergrund definieren Experten verschiedene, aber lediglich im Detail variierende Schritte, in denen aktives, strukturiertes Change Management erfolgt. Häufig herausgestellt wird dabei das 1999 von Wimmer vorgestellte Implementierungsmodell bei Change-Prozessen. Es ordnet dem Drei-Phasen-Modell von Lewin jeweils mehrere Schlüsselschritte zu (Wimmer, 1999):

Auftauen
- Prepare (Vorbereiten)
- Push (Diagnose; Dringlichkeit erzeugen; Führungskoalition aufbauen)

Bewegen/Verändern
- Pull (Vision entwickeln; Ziele ableiten; gemeinsam mit ersten Strategien kommunizieren)
- Plan (Konzeption von Maßnahmen und Implementierungsschritten; Verantwortungsbereiche partizipativ ausgliedern)
- Play (Qualifizierung; Implementierungsschritte steuern)

Wiedereinfrieren
- Peg (Reflexion über Prozess und Ergebnis; Erfolge feiern; Transfer von Lernthemen in kontinuierliche Aktionen)

Tab. 11 *Implementierungsmodell bei Change-Prozessen (Wimmer, 1999)*

Change Phase	Implementierungs-schritt	Kernaufgaben
Unfreeze	Prepare	• Vorbereiten
	Push	• Diagnose
		• Dringlichkeit erzeugen
		• Führungskoalition aufbauen
Move	Pull	• Vision entwickeln
		• Ziele ableiten
		• Vision, Ziele und erste Strategie kommunizieren
	Plan	• Konzeption von Maßnahmen und Implementierungsschritten
		• Verantwortungsbereiche partizipativ ausgliedern
	Play	• Qualifizierung
		• Implementierungsschritte steuern (Controllingsystem, Testläufe)
Freeze	Peg (to peg down = verankern)	• Reflexion über Prozesse und Ergebnis
		• Erfolge feiern
		• Transfer von Lernthemen on kontinuierliche Aktionen

Vor allem bei der Implementierung und Verankerung ist eines wichtig: Da in jedem Veränderungsprozess mit Widerständen unterschiedlicher Art zu rechnen ist, empfiehlt es sich für die jeweils Verantwortlichen, bestimmte Punkte zu beachten, um den Erfolg des Veränderungsprozesses nicht zu gefährden. Dazu gehört,

- die Betroffenen von Beginn an offen über Gründe und Ziele des Veränderungsprozesses zu informieren,
- sie auf vielfältige Weise zu motivieren,
- sie aktiv am Wandel zu beteiligen,
- sie, falls nötig, fachlich und persönlich zu qualifizieren und
- sie zu schützen und zu unterstützen.

Eine gründliche Problemanalyse, ein nachvollziehbarer Gesamtansatz statt unbefriedigender Teillösungen, klare Ziele, das Einbeziehen der Mitarbeiter, konsequente Erfolgssicherung und eine effektive interne wie externe Kommunikation gelten als wichtigste Erfolgsfaktoren eines Change-Management-Prozesses. Unter diesen Prämissen und in grober Anlehnung an das Implementierungsmodell von Wimmer wurde auch die strategische Neuausrichtung des GCB in Angriff genommen.

3.1   Die Auftauphase: Prepare & Push, Initialisierung

Mit dem bereits erwähnten Anstoß einer Strategiediskussion im Mai 2009 hatte der GCB-Verwaltungsrat für die Vorbereitung des Change-Management-Prozesses gesorgt. Der letztendliche Startschuss dieses Prozess – GCB-intern die „Initialisierung", der „Request for Change" – erfolgte im Rahmen eines Strategiemeetings des Verwaltungsrates vom 7. bis 8.

Oktober 2009 in Seeheim. Dort wurden die oben skizzierten Problemstellungen erörtert und drei grundsätzliche Zielsetzungen vereinbart:

1. Die Funktion des GCB als Dachverband der deutschen Tagungswirtschaft muss weiter ausgebaut werden.
2. Es bedarf eines Ausbaus und einer effizienteren Nutzung der Netzwerkpotenziale.
3. Um die Position des GCB als Dachverband zu stärken, gilt es, eine breitere Basis zu schaffen.

Aus dieser Zielsetzung ergaben sich wiederum verschiedene Aufgabenstellungen. So sollten nicht nur neue strategische Schwerpunkte entwickelt, sondern auch Themenkreise mit dem für das GCB größten Potenzial identifiziert werden. Um das neu erschlossene Potenzial anschließend auch ausschöpfen zu können, sollten die bestehenden Strukturen angepasst werden. Die frühzeitige Einbindung der Mitglieder, Partner, Mitarbeiterinnen und Mitarbeiter des GCB wurde dabei als besonders wichtig angesehen, um eine hohe Akzeptanz der Ziele und die erfolgreiche Implementierung des entwickelten Lösungskonzepts zu garantieren.

3.2   Die Bewegungsphase: Pull, Plan, Play, Visionen, Ziele, Strategien

In den folgenden Monaten wurden die ersten groben Zielvorstellungen zu einer konkreten Vision weiterentwickelt. Präsentiert wurde sie im Rahmen eines Impulsvortrags, den der neue Geschäftsführer am 22. Juni 2010 auf der Mitgliederversammlung des GCB in Potsdam hielt. Darin wurde mit Blick auf das Jahr 2020 das Bild eines Verbands entworfen, der sein Profil geschärft und seine Position als starke Dachorganisation gefestigt hat, der Planungssicherheit bietet, als Kompetenzzentrum agiert und zielgerichtet ebenso Lobbying betreibt wie Zukunftsmärkte und neue Finanzierungsquellen erschließt.

Nun ging es in die konkrete Planungsphase, in die zunächst vor allem die GCB-Mitarbeiterinnen und -Mitarbeiter eingebunden wurden. Diese analysierten bei den GCB-Strategietagen am 20. und 21. August 2010 im Lufthansa Training & Conference Center Seeheim noch einmal die IST-Situation und entwickelten auf Basis der Strategiediskussionen des Verwaltungsrats einen ersten Entwurf zu einer strategischen Neuausrichtung. Wie bei Change-Prozessen üblich und allgemein empfohlen, wurden die Strategietage von einem externen Moderator begleitet.

Im Rahmen des Workshops wurde entschieden, die folgenden Themenfelder einer Neuausrichtung zu unterziehen:

- die Positionierung des GCB als Marketing-Plattform und Think Tank,
- die Marktanalyse,
- das GCB-Portfolio – Produkte und Leistungen,
- die Kommunikation,
- die Mitgliederstruktur

und als Querschnittsthemen:

- die Anpassung der Finanzstrukturen und
- die Anpassung der Organisationsstrukturen des GCB.

In den darauffolgenden Monaten arbeitete das GCB die zukünftigen Themenkreise zu einem konkreten Strategieentwurf aus und fasste das Ergebnis in einer Management Summary zusammen. Im Bewusstsein, dass ein Veränderungsprozess nur dann erfolgreich sein kann, wenn er von allen Beteiligten mitgetragen wird, ging es im nächsten Schritt darum, die GCB-Mitglieder einzubinden. Sie sollten nicht nur über den Stand der Dinge informiert werden, sondern sich auch aktiv einbringen und mitgestalten können. Am Ende des Dialogs sollte ein ausgearbeitetes Strategiekonzept stehen.

3.3   Die neue strategische Ausrichtung des GCB: 3 Schwerpunkte, 4 Handlungsfelder

Um dieses Ziel zu erreichen, wurden wenige Monate später die sogenannten Spartenstrategietage veranstaltet. Sie fanden am 12. November 2010 in Mannheim, am 15. November 2010 in Frankfurt am Main und am 19. November 2010 in Nürnberg statt und wurden von insgesamt über 100 Mitgliedern besucht. Während dieser Spartenstrategietage präsentierte das GCB den Mitgliedern seinen Strategieentwurf, um anschließend in einer interaktiven Diskussion Anregungen und Vorschläge einzuholen. Der Input der Mitglieder floss dann in die verbindliche Ausformulierung des Strategiekonzepts ein.

Demnach sollte sich die strategische Neuausrichtung des GCB auf drei Schwerpunkte konzentrieren:

1. Aufbauend auf den originären Aufgaben eines Verbands, insbesondere der politischen Interessenvertretung und der Öffentlichkeitsarbeit, wird das GCB als Dachorganisation der Tagungs- und Kongressbranche künftig verstärkt als Impulsgeber der Branche agieren und die Position eines Kompetenzzentrums für branchenspezifische Innovationsthemen ausfüllen.
2. Weiterhin wird das GCB seinen Mitgliedern qualitativ hochwertige Marktforschungsdaten für Marketingentscheidungen zur Verfügung stellen.
3. Ein dritter Schwerpunkt wird auf der Entwicklung einer Kompetenzfelderstrategie liegen, mit dem Ziel, in für Deutschland wichtigen Branchen Netzwerke zu etablieren und Plattformen zu schaffen, um das Interesse an und in Deutschland zu erhöhen und Veranstaltungen zu generieren. Dazu fördern das GCB und seine Mitglieder zukünftig verstärkt die Schlüsselkompetenzen der jeweiligen Stadt oder Region, führen die wichtigsten Player (Unternehmen, Verbände, Universitäten, Forschungseinrichtungen u. a.) zusammen und akquirieren passend dazu Tagungen und Kongresse.

Abb. 12: *Themenkreise der strategischen Neuausrichtung (GCB, 2010)*

Die strategische Ausrichtung mit der Mission, zentraler Ansprechpartner und der Impulsge-ber in der Tagungs- und Kongressbranche zu sein, wurde zum Richtungsweiser für vier zu-künftige Handlungsfelder: 1. Produkte und Leistungen 2. Lobbying und Kommunikation, 3. Organisationsstruktur und 4. Finanzstruktur (siehe Abb. 12). Diese Handlungsfelder seien im Folgenden stichpunktartig skizziert:

1. Handlungsfelder „Produkte und Leistungen für die Mitglieder":
   Angestrebt werden die Anpassung und der Ausbau von Basisleistungen und Zusatzleis-tungen.
   – Basisleistungen umfassen die politische Interessenvertretung, die Gewährung von Preisvorteilen (z. B. Rabatt auf die Jahresgebühren für das Zertifikat „Certified Con-ference Hotel" und Vorzugskonditionen bei Seminaren), Marktinformationen und Weiterbildung durch das GCB, zielgerichtetes Networking bei Mitgliederversamm-lungen, Regionalmeetings und Spartentreffen, die Steigerung des Bekanntheitsgrades durch GCB-Auslandsbüros, die Präsenz auf vom Mitglied nicht besuchten Messen, Pressearbeit u. a.
   – Zusatzleistungen umfassen die Einbindung in ein Leitmessenkonzept, Educational Trips und Kundenevents für die Mitglieder, Anzeigenschaltungen, die Einbindung in die Social-Media-Strategie des GCB sowie Unterstützung bei der Akquise von Ver-anstaltungen bzw. im Bidding-Prozess.

2. Handlungsfelder „Lobbying und Kommunikation":
   Angestrebt werden parlamentarische Lobbyarbeit und die Organisation entsprechender Veranstaltungen, Kooperationen mit Partnerverbänden in Hauptstadtfragen, die Mei-nungsführerschaft bei Zukunftsthemen wie Green Meetings und Social Media, Koopera-tionen mit Zukunftsinstituten und Universitäten, eine proaktive branchenrelevante Pres-searbeit zu aktuellen gesellschafts- und wirtschaftspolitischen Themen, der Aufbau einer neuen internationalen Kommunikationsstrategie (mit den Zielen der Imageförderung, der

Ansprache neuer Zielgruppen, der Steigerung des Geschäftsreisevolumens und des Ausbaus der Marktanteile im weltweiten MICE-Markt), der zielgruppenspezifische Ausbau der Onlineplattform, die Einführung eines passwortgeschützten Intranetbereichs für Mitglieder, die Entwicklung einer GCB-App, der Ausbau der Social-Media-Strategie u. a.

3. Handlungsfeld „Organisationsstruktur":
   Angestrebt wird die Überarbeitung der Mitgliederstruktur, und zwar durch die Ausweitung auf strategische Allianzen mit Branchen- und Kundenverbänden, mit wissenschaftlichen Gesellschaften und mit Universitäten, durch die Akquisition von branchenaffinen Sponsoren (Partnerprogramme), durch den Ausbau der Zusammenarbeit mit Hotelketten und Marketingorganisationen sowie durch eine Revision der Mitgliederbeitragsstruktur. Ebenso angestrebt wird eine Überarbeitung der Verbandsstruktur, und zwar durch Anpassung der Verbandsstruktur, durch Überarbeitung der personellen Anforderungen und Aufgabenverteilungen. Ein weiteres Ziel im Handlungsfeld „Organisationsstruktur" ist die Anpassung der Satzung.

4. Handlungsfeld „Finanzstruktur":
   Angestrebt wird die Erhöhung der Einnahmen, und zwar durch die Ausweitung der Mitgliederstruktur, durch eine Zusammenarbeit mit Wirtschaftspartnern, durch die Generierung von Fördermitteln und durch das Angebot zusätzlicher Leistungen.

Als Fundament der künftigen Handlungsfelder wird die GCB-Marktforschung die Entscheidungsgrundlagen für die weitere Marktbearbeitung liefern. Die Untersuchung der Märkte soll nach geografischen, branchen- und zielgruppenbezogenen Gesichtspunkten erfolgen. Kernelement der Marktanalyse ist die Entwicklung eines GCB-Index in Kooperation mit einem renommierten Partner, um empirische Erhebungen für verschiedene Quellmärkte durchzuführen.

3.4 Das GCB in Bewegung: Die Implementierung der strategischen Neuausrichtung

Die endgültige Festlegung der Schwerpunkte und Handlungsfelder machte noch einmal das Ausmaß des angestrebten Veränderungsprozesses deutlich. Aus einem Verband, der jahrzehntelang in einem fest umrissenen Rahmen die Vorzüge der Tagungs- und Kongressdestination Deutschland mit ihren wichtigsten Anbietern promotet hatte, sollte nicht weniger als ein innovationstreibender Impulsgeber für die Branche werden – eine starke, mit vielfältigen Partnern vernetzte Dachorganisation, die aktiv Lobbyarbeit betreibt, Veranstaltungen generiert und neue Märkte erschließt, ihre Mitglieder bei der Bildung regionaler Kompetenznetzwerke unterstützt und sich bei allen ihren Aktivitäten der modernsten Kommunikationsmedien und Vertriebskanäle bedient.

Die neuen Arbeitsaufträge führten zur Umorganisation bisheriger Aufgaben sowie zur Verteilung neuer Aufgaben und Zuständigkeiten. Marktforschung, die Organisation von neuen

Branchen- und Lobbying-Events, die Akquise von weiteren strategischen Partnern oder die Entwicklung und Umsetzung der Kompetenzfelderstrategie – das alles hatte es zuvor in dieser Form nicht gegeben und musste neu organisiert werden. Damit einher gingen die Anpassung von Arbeitsplätzen, neue Jobtitel und Weiterbildungsmaßnahmen. In der nun anstehenden Implementierungsphase wurden die GCB-Mitarbeiter und -Mitglieder regelmäßig mit News zum Change-Prozess versorgt, es gab regelmäßige Mitgliederversammlungen und Mitarbeitergespräche, das GCB-Team wurde aktiv in die Umstrukturierungsmaßnahmen eingebunden.

Den Einstieg in die Implementierungsphase bildete eine GCB-Verwaltungsratsitzung am 20. Dezember 2010. Hierbei wurde der Fokus auf die Überarbeitung der Organisations- und Beitragsstruktur gelegt. Die Sitzung verlief auch deshalb erfolgreich, weil man im Vorfeld im Dialog mit den Mitgliedern zum Beispiel Best-, Worst- und Realistic-Case-Szenarien für eine Erhöhung der Mitgliedsbeiträge durchgespielt hatte. Außerdem wurde beschlossen, Gespräche mit führenden Hotelkettenvertretern zu führen, um eventuelle Mitgliedschaften auszuloten. Last but not least wurde aus dem Verwaltungsrat eine Arbeitsgruppe gegründet, die sich um die satzungsrelevanten und strukturellen Änderungen im Rahmen der strategischen Neuausrichtung kümmern sollte.

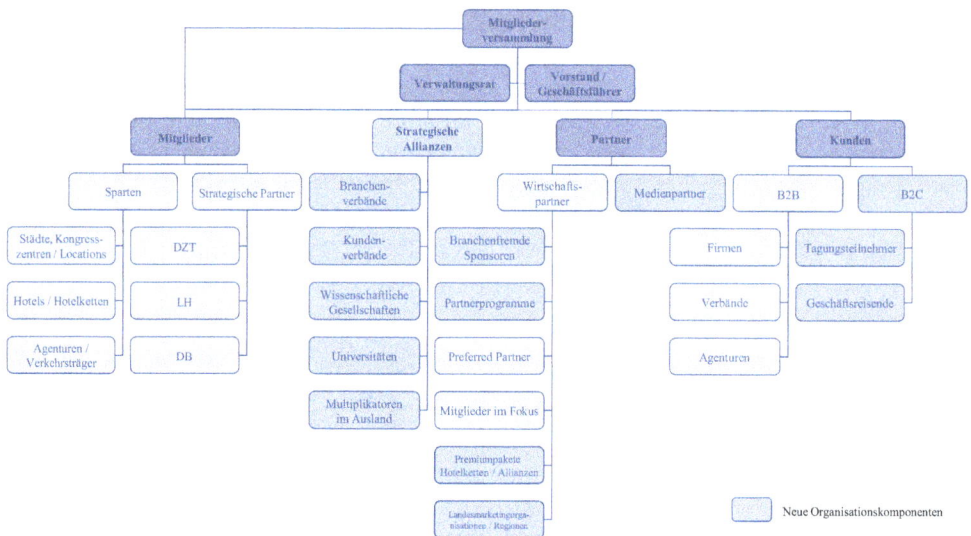

Abb. 13: Organisationsstruktur des GCB (GCB, 2011)

Die eigentliche Implementierung der neuen Strategie startete dann am 20. Januar 2011 mit einer Jahresauftaktveranstaltung des GCB-Teams. Neben einem Rückblick auf das vorangegangene Jahr wurden die Zielsetzungen für das Jahr 2011 festgelegt, Projekte definiert und Projektgruppen gebildet – mit der Vorgabe, diese Projekte bis zur Mitgliederversammlung im Juli 2011 umzusetzen.

Request for change (RfC)

01.01.2011: Date of Realisation

Initialisierung — Entwicklung einer Vision — Analyse der Ist-Situation — Erarbeitung des Strategiekonzepts — Analyse der Auswirkungen — Vorbereitung der Implementierung — Implementierung — Verankerung — Evaluation

| Strategie-diskussion VWR Seeheim 2009 | Mitglieder-versammlung Juni 2010 | GCB Strategietage Seeheim August 2010 | Sparten-Strategietage November 2010 | Verwaltungs-ratssitzung Dezember 2010 | Jahresauftakt-veranstaltung 20. Januar 2011 | Mitglieder-versammlung 13. Juli 2011 | 2011 | 2012 Hauptstadtkongress Juni 2012 |

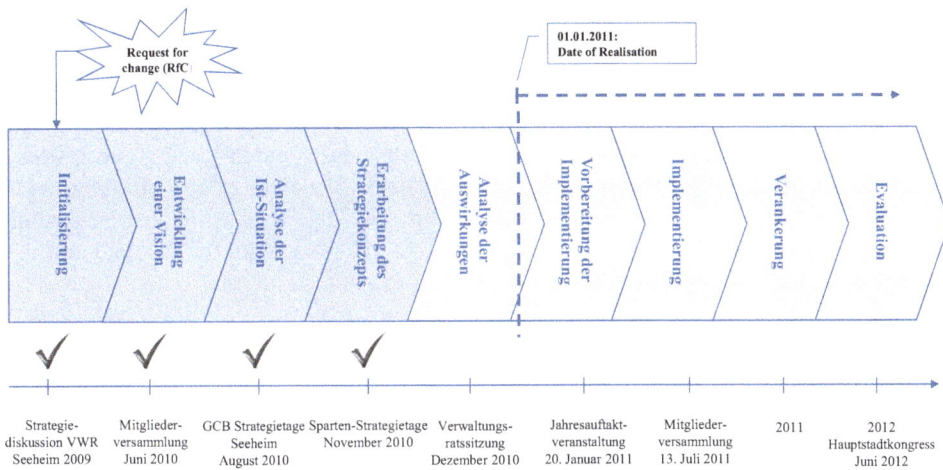

Abb. 14: *Change-Management-Prozess des GCB (GCB, 2010)*

3.5 Einstieg in die Wiedereinfrierungsphase: Implementierungserfolge und laufende Projekte

Die angestrebten Implementierungsschritte wurden erfolgreich umgesetzt. So fand die Entwicklung einer Nachhaltigkeitsoffensive ihren ersten Höhepunkt in der erfolgreichen Durchführung der „greenmeetings & events Konferenz" mit 400 Teilnehmern Anfang März 2011 im Congress Centrum Mainz (CCM). Auch erste Lobbying-Erfolge wurden erzielt: Zum Beispiel traten im April 2011 der Europäische Verband der Veranstaltungs-Centren (EVVC) und das GCB German Convention Bureau im Rahmen einer Anhörung vor dem Tourismusausschuss des Deutschen Bundestages in den Dialog mit den politischen Entscheidungsträgern. Nur kurze Zeit später wurde die betriebliche Optimierung angestoßen. Dazu gehört die freiwillige interne Revision durch einen Auditor, mit dem Ziel, die Risiken der kaufmännischen Prozesse zu analysieren und zu minimieren. Aber auch Maßnahmen zur Optimierung von Controlling, Reporting und Mahnwesen, der Aufbau eines Liquiditätsmanagements, die Optimierung der internen Kommunikation, und das Einholen von Rechtsberatung zu Themen wie „Entwicklung von Geschäftsbedingungen" und „Datenschutzrichtlinien" sind Bestandteile der betrieblichen Optimierung. Parallel zu diesen Prozessen wurden arbeitsrechtliche Maßnahmen und erste Maßnahmen zur Evaluierung und Qualifizierung der Daten eingeleitet.

Ein wichtiger Meilenstein war die Verabschiedung einer umfangreichen Satzungsänderung und einer neuen Beitragsstruktur. Unter anderem wurden die Beiträge in der Kategorie „Städte" angehoben, die drei Kategorien „Kongresszentren", „Eventlocations" und „Seminar- und Tagungszentren" zu einer Kategorie zusammengefasst und mit einem neuen Beitrag versehen. Hotels werden zukünftig nicht mehr nach Zimmerzahl unterschieden, auch die Beiträge für „PCOs, Incentive- und Eventagenturen" wurden angepasst.

Darüber hinaus gelang es, das große Potenzial einer verstärkten Zusammenarbeit mit wissen-schaftlichen Instituten und Organisationen für die deutsche Tagungsbranche zu verdeutlichen, etwa bei der Akquise von Veranstaltungen. Diese Zusammenarbeit und die Bildung regelrechter Branchennetzwerke sind auch zentrale Themen der neuen Kompetenzfelderstrategie, deren Realisierung in vollem Gang ist. Parallel dazu wurde die Mitgliederstruktur weiterentwickelt und die Personalstruktur reorganisiert. Neue Netzwerke sind entstanden, und eine Transparenzoffensive wurde implementiert. Im Zuge des Change-Prozesses konnte die Wahrnehmung des GCB durch die Medien um ca. 320 Prozent im Internet und um ca. 20 Prozent in Printmedien gesteigert.

4   Fazit und Ausblick

Ein großer Teil der strategischen Neuausrichtung konnte 2011 bereits abgeschlossen werden – 2012 soll die neue Struktur vollständig umgesetzt sein. Die nächsten Arbeitsschwerpunkte werden der Ausbau des Dialogs mit der Politik und die konkrete Vorbereitung des Hauptstadtkongresses 2012 sein. Hinzu kommen die Einführung eines Partnerprogramms und der Ausbau der Branchenkompetenzfelderstrategie. Last but not least wird es in einem Evaluationsprozess darum gehen, die Ergebnisse der strategischen Neuausrichtung des GCB zu analysieren und zu bewerten.

Doch schon jetzt, beim Eintritt in die Lewin'sche Wiedereinfrierungsphase, blickt das GCB zufrieden auf das Erreichte zurück. Das liegt zum einen an den konkreten, greifbaren Ergebnissen, zum anderen an der starken Unterstützung, die der Change-Management-Prozesses durch die gesamte Mitgliedschaft, die Verbandsgremien und nicht zuletzt das GCB-Team erfahren hat. „Der eine wartet, dass die Zeit sich wandelt. Der andere packt sie kräftig an – und handelt." Mit der entschlossenen Beherzigung dieses Spruchs von Deutschlands berühmtestem Dichter Johann Wolfgang Goethe scheint das GCB auf einem guten Weg.

Kernaspekte

- In Zeiten instabiler Umfelder und ständiger Änderungen ist es essentiell für Unternehmen wie das GCB sich auf veränderte Rahmenbedingungen einzustellen.

- Die Neuausrichtung des GCB wurde im Jahr 2009 angestoßen, um die Wettbewerbsfähigkeit des GCB langfristig zu sichern und seine Position als eines der weltweit führenden Convention Bureaus zu festigen und auszubauen.

- Die Strategieanpassung erfordert ein durchdachtes Change-Management.

- Das GCB wird in Zukunft verstärkt als Impulsgeber der Branche agieren, seinen Mitgliedern Marktforschungsdaten zur Verfügung stellen und eine Kompetenzfelderstrategie entwickeln.

5   Literatur

Behr, T. / Tyll, T. (2003): Geschäftsprozesse, Kapitel 3: Change Management, Online-Lehrbuch der Universität Erlangen, in: http://www.economics.phil.uni-erlangen.de/bwl/lehrbuch/kap3/change/change.pdf, Zugriff am 28.12.2011.

DZT – Deutsche Zentrale für Tourismus (Hrsg.) (2011): Geschäftsreisemarkt Deutschland 2010/2011, online verfügbar auf: http://www.germany.travel/de/parallel-navigation/ueber-uns/marktforschung/marktforschung.html, Download am 17.01.2012.

EITW – Europäisches Institut für TagungsWirtschaft GmbH (Hrsg.) (2011): Tagungs- und Veranstaltungsmarkt Deutschland, Das Meeting- & EventBarometer 2010/2011, online verfügbar auf:
http://www.eitw.de/sites/default/files/Dateien/ManagementInfo_MEBa_2011.pdf, Download am 20.01.2012.

Hiatt, J. (o.J.): The Definition and History of Change Management, Change Management Tutorial Series, in: http://www.change-management.com/tutorial-definition-history.htm, Zugriff am 28.12.2011.

ICCA –International Congress and Convention Association (2011): Country and city ranking measured by number of meetings organised in 2010, in:
http://www.iccaworld.com/newsarchives/archivedetails.cfm?id=2503, Zugriff am 20.01.2012.

IPCC – Intergovernmental Panel on Climate Change (2007): 4. UN-Klimabericht, in:
http://www.ipcc.ch/publications_and_data/publications_and_data_reports.shtml, Zugriff am 28.12.2011.

Scherle, N. (2005): Einführung in die Organisationspsychologie, Vorlesung Organisations-psychologie vom 12.07.2005, Lehrstuhl für Arbeits- und Organisationspsychologie der Universität Paderborn.

Wimmer, R. (1999): Wider den Veränderungsoptimismus. Zu den Möglichkeiten und Grenzen einer radikalen Transformation von Organisationen. In: Soziale Systeme 5. Heft 1. S. 159–180.

II   Destinationen und Strategien

Meetings made in Germany: Ein GCB-Leitfaden

Anke Pruust und Ute Stegmann

1 Einleitung

„Meetings made in Germany" – hinter diesem Titel verbergen sich drei interessante Fragen. Erstens: Was spricht für Deutschland als Veranstaltungsort von Tagungen und Kongressen? Zweitens: Warum sollte man überhaupt Meetings veranstalten? Und drittens: Wie geht man beim Planen von Tagungen am sinnvollsten vor?

Das GCB German Convention Bureau e.V. befasst sich als Dachorganisation der deutschen Tagungs- und Kongressbranche damit, überzeugende Antworten auf diese Fragen zu geben und Veranstaltungsplanern Hilfestellungen zu bieten.

Das GCB repräsentiert und vermarktet Deutschland international und national als Standort für Kongresse, Tagungen, Events sowie Incentives und ist der zentrale Ansprechpartner für alle Kunden, die in Deutschland Veranstaltungen planen. Gegenüber nationalen und internationalen Behörden, Organisationen und den Medien vertritt es die Interessen der deutschen Kongress-, Tagungs- und Event-Branche und schafft Plattformen für die Vermittlung von nationalem und internationalem Kongress- und Veranstaltungsgeschäft. Als Impulsgeber für Innovationsthemen in der Tagungs- und Kongressbranche beobachtet das GCB den nationalen und internationalen Markt und wertet wichtige Daten der Veranstaltungswirtschaft aus. Es bietet seinen Mitgliedern hochwertige Marktforschungsdaten für Marketingentscheidungen und zahlreiche Darstellungsmöglichkeiten und Plattformen.

Zu den über 200 Mitgliedern zählen führende Hotels, Kongresszentren, Städte, Autovermietungen, Veranstaltungsagenturen sowie Dienstleister aus der deutschen Tagungs- und Kongressbranche. Strategische Partner sind die Deutsche Zentrale für Tourismus e.V. (DZT), die Deutsche Lufthansa AG und die Deutsche Bahn AG.

2   Deutschland als Kongress-, Tagungs- und Eventdestination

2.1   Die Rolle Deutschlands im internationalen Vergleich

Bereits zum siebten Mal in Folge belegt Deutschland als Kongress- und Tagungsstandort den ersten Platz in Europa. Im weltweiten Vergleich der Länder steht Deutschland an zweiter Stelle – nur in den USA finden laut dem Ranking der International Congress & Convention Association (ICCA) mehr internationale Verbandskongresse statt.

Kongresse, Tagungen und Events sind ein wichtiger Wirtschaftsfaktor mit Zukunftsperspektive: Laut Meeting- & EventBarometer fanden 2010 in Deutschland 2,69 Mio. Veranstaltungen statt – ein Plus von 9,4 % im Vergleich zu 2009. Mit 323 Mio. Teilnehmern konnte ein Rekordergebnis erzielt und sogar der bisherige Höchststand von 2008 übertroffen werden.

2.2   10 Gründe für die Spitzenposition Deutschlands

Als Tagungs- und Kongressdestination nimmt Deutschland weltweit eine Spitzenposition ein. Ganz offenbar hat Deutschland eine Reihe von Vorzügen, die die Destination klar von Mitbewerbern abhebt. Die Gründe dafür sind vielfältig:

1. Das umfangreiche Tagungsangebot
Deutschland punktet insbesondere mit einer professionellen Infrastruktur; 6.420 Tagungs-Veranstaltungsstätten stehen Organisatoren in unserem Land zur Verfügung. Im Detail: Veranstalter haben die Qual der Wahl zwischen 1.557 Kongress- und Veranstaltungszentren, 3.173 Tagungshotels sowie 1.690 Eventlocations (EITW, 2011, S. 11).

2. Deutschland ist das am besten erreichbare Land Europas
Aufgrund ihrer zentralen Lage in Europa ist die Bundesrepublik Deutschland ein wichtiger Verkehrsknotenpunkt. Ihr Autobahnnetz ist eines der dichtesten und gleichzeitig das drittlängste der Welt. Daneben gibt es ein ebenso dichtes Schienennetz, das von etlichen Hochgeschwindigkeitszügen befahren wird, die auch Ziele in den Nachbarländern bedienen. Nach Angaben des von der Europäischen Union unterstützten European Spatial Planning Observation Network ESPON ist Deutschland das am besten erreichbare Land Europas. Mehr als 40 Airports, 12.700 Kilometer Autobahn und ein Schienennetz von fast 35.000 Kilometern sorgen für eine unkomplizierte An- und Abreise. Die Metropolregion um das Finanzzentrum Frankfurt ist laut ESPON die am besten erreichbare Region des europäischen Kontinents (ESPON, 2009).

3. Ein sehr gutes Preis-Leistungs-Verhältnis

Trotz seiner hohen Qualität zeichnet sich Deutschland auch durch ein günstiges Preis-Leistungs-Verhältnis aus. Das belegen verschiedene Preisvergleiche. Die durchschnittliche Tagungspauschale liegt in Berlin bei 69 Euro pro Person und Tag – und damit deutlich unter dem europäischen Durchschnitt (Grass Roots, 2010).

4. Die weltweit wegweisende Rolle als Wirtschafts-, Wissenschafts- und Hightech-Standort

Die deutsche Wirtschaft stellt die leistungsstärkste Volkswirtschaft in Europa und die viertgrößte der Welt dar (gemessen am Bruttoinlandsprodukt). Daneben ist das Land die zweitgrößte Exportnation und die drittgrößte Importnation der Welt. Die Schlüsselbranchen und Kompetenzfelder des Landes sind wichtige Argumente für die Entwicklung von Veranstaltungsformaten und den Zuschlag von Tagungen, Kongressen und Events. In Branchen wie Logistik und Mobilität, Energie und Umwelt, Medizin oder der Automobilbranche gilt die Bundesrepublik als treibende Kraft und internationales Kompetenzzentrum. Doch die Pfunde, mit denen die deutsche Wirtschaft wuchern kann, gehen weit darüber hinaus. Und wo die wichtigsten Unternehmen und relevanten Forschungsinstitute einer Branche ihren Sitz haben, da stehen auch internationale Kongresse und Veranstaltungen auf der Tagesordnung.

Ziel der vom GCB entwickelten Kompetenzfelderstrategie ist es, Kontakte zu führenden Unternehmen, den wichtigsten Verbänden und für diese Bereiche tätigen Organisationen zu knüpfen und Veranstaltungen zu initiieren. So lassen sich über die Schlüsselkompetenzen einer bestimmten Stadt oder Region gezielt dazu passende Tagungen und Kongresse akquirieren. Für Kunden ergeben sich viele Veranstaltungsperspektiven, indem sie dort tagen, wo die wichtigsten Unternehmen, Universitäten, Forschungsinstitute und Organisationen ihren Sitz haben und von wichtigen Kontakten und neuen Möglichkeiten der branchenbezogenen Programmgestaltung profitieren.

5. Das hohe Ansehen

Im März 2011 führte die britische BBC unter 28.600 Menschen in 27 Ländern eine Umfrage über den Einfluss von Ländern in der Welt durch. Das Ergebnis: Deutschland ist das mit großem Abstand beliebteste Land der Welt. Das Ansehen der Bundesrepublik stieg sogar um 3 % im Vergleich zum letzten Jahr. Besonders beliebt ist Deutschland in Italien mit 89 %. Aber auch in Frankreich ist Deutschland mit 84 % an der Spitze (BBC, 2011, S. 3).

Auch der renommierte Anholt-Gfk Roper Nation Brands Index (NBI) untersucht jedes Jahr das Image von 50 Nationen als Marke anhand von Befragungen von rund 20.000 Personen in 20 Ländern. Sechs wichtige Standortfaktoren spielen dabei eine Rolle. Im Jahr 2011 hat Deutschland seine Position weiter ausgebaut und steht in diesem Index auf einem hervorragenden zweiten Platz des Rankings von 50 Staaten (Gfk, 2011).

6. Hervorragende Bedingungen für die Verzahnung von Tagungen und Fachausstellungen

Deutschland ist der weltweit führende Messestandort; insgesamt bieten hier 22 Standorte mehr als 2,7 Mio. m² Ausstellungsfläche. Von den weltweiten Leitmessen in den einzelnen Branchen finden zwei Drittel in Deutschland statt – das sind mehr als 150 internationale Messen mit über 170.000 Ausstellern und 9 bis 10 Mio. Besuchern pro Jahr. Daher liegt es nahe, als erstes nach Deutschland zu schauen, wenn Veranstaltungen messebasiert sind. Als

Trend kristallisiert sich seit Jahren die engere Verzahnung von Tagungen und Fachausstellungen heraus. So ziehen in Deutschland Kongresse und Konferenzen, die Fachausstellungen begleiten, jährlich rund 400.000 Besucher an. Inzwischen sind die meisten Veranstaltungsorte so aufgestellt, dass sie die vollständige Integration beider Veranstaltungsformen gewährleisten (AUMA-Report: Deutsche Messewirtschaft. Wirtschaftliche Bedeutung).

7. Die hohe Lebensqualität
Ein im August 2011 vom Institut „Economist Intelligence Unit" veröffentlichtes weltweites Ranking der Städte mit der höchsten Lebensqualität nennt mit Hamburg, Frankfurt, München und Düsseldorf gleich vier deutsche Städte unter den Top 20 (EIU, 2011).

8. Die kulturelle Vielfalt
Deutschland hat eine lange Tradition als „Land der Dichter und Denker". In den 16 deutschen Bundesländern gibt es rund 145 öffentlich getragene Theater, rund 280 Privattheater, etwa 130 Opern-, Sinfonie- und Kammerorchester, etwa 10.000 öffentliche und rund 800 wissenschaftliche Bibliotheken. Hinzu kommen zahlreiche Museen von Weltrang. Besondere Erwähnung verdienen die 36 UNESCO-Welterbestätten in Deutschland. In kaum einem anderen Land der Erde befinden sich in räumlicher Nähe so viele einzigartige Natur- und Kulturstätten, die aufgrund ihres außergewöhnlichen Wertes für die gesamte Menschheit unter den Schutz der Staatengemeinschaft gestellt worden sind (Kazubko, 2011).

9. Die landschaftliche Attraktivität
Die Bundesrepublik glänzt nicht nur durch eine Reihe von Metropolen, sondern bietet mit Wäldern und Seen, Mittel- und Hochgebirgen, Stränden und Meer auch eine abwechslungsreiche Natur und vielfältige Sportmöglichkeiten. Zusammen mit den kulturellen Highlights ergibt sich ein ebenso abwechslungsreiches wie hochkarätiges Freizeitangebot.

10. Die führende Rolle im Bereich Green Meetings und Nachhaltigkeit
Deutschland hat in fast allen Bereichen der Umwelttechnologie den größten Markt weltweit und ist einer der wichtigsten Standorte für die Branche. Ganz vorne steht das Land zum Beispiel im Bereich erneuerbare Energien. Hier wurde in den letzten Jahren mit der Verbindung von Umweltschutz und wirtschaftlichem Wachstum eine Erfolgsgeschichte geschrieben: Laut Germany Trade & Invest (Germany Trade & Invest, o.J.) ist die deutsche Windenergie-Industrie die größte der Welt und setzt Maßstäbe bei Forschung und Entwicklung. Auch im Bereich der Solarthermie ist Deutschland eines der führenden Länder weltweit und hat den mit Abstand größten europäischen Markt. Darüber hinaus hat es sich zum Top-Standort auf dem Gebiet der Energiespeicherungs- und Brennstoffzellentechnologie entwickelt.

Daher ist es kaum verwunderlich, dass Kompetenz in Sachen Nachhaltigkeit auch in der deutschen Tagungs- und Kongresswirtschaft einer der herausragenden Wettbewerbsvorteile ist. Die Verantwortlichen haben früh erkannt, dass nachhaltiges Handeln nicht nur dem Umwelt- und Klimaschutz dient, sondern auch das Image verbessert und handfeste wirtschaftliche Vorteile bringt. Nachhaltige Veranstaltungen dienen hier gleichzeitig als wichtiges Aushängeschild und zur Wissensvermittlung.[1]

3 Veranstaltungen im Marketing-Mix von Unternehmen und Verbänden

3.1 Die Bedeutung von Veranstaltungen

Kongresse, Tagungen und Events sind Plattformen für den Austausch von Erfahrungen und Ideen. Sie fördern Innovation und Wissenstransfer sowie die Aus-, Fort- und Weiterbildung. Sie dienen der internationalen Völkerverständigung. Sie sind Spiegel der internationalen und nationalen Gesellschaft sowie Impulsgeber für politische, wirtschaftliche, wissenschaftliche und soziale Prozesse. Das gilt vor allem in Zeiten der Globalisierung und eines immer rasanteren wissenschaftlichen und technologischen Fortschritts.

Tagungen und Events sind im Marketing-Mix von Unternehmen und Verbänden unverzichtbar, denn Live-Kommunikation ist ein wichtiges Instrument zur Kunden- und Mitarbeiterbindung, Steigerung der Reputation und Markenbildung aber vor allem ermöglichen Veranstaltungen einen nachhaltigen Informations- und Wissenstransfer. Im Folgenden werden sieben gute Gründe genannt, warum Meetings und Events im Marketing-Mix von Organisationen und Unternehmen nicht fehlen dürfen.

3.2 7 Gründe für das Veranstalten von Meetings und Events

1. Persönliche Begegnungen sind das effektivste Instrument zum Aufbau, zur Vertiefung und zur Pflege von Beziehungen

Kommunikationsexperten sind sich einig: Die Kraft der persönlichen Begegnung ist durch nichts zu ersetzen. Je mehr sich Kommunikation ins Internet verlagert, desto stärker wird das

---

[1]   Praktische Unterstützung für die Durchführung von Green Meetings bietet das GCB auf seiner Webseite www.gcb.de. Hier finden Interessierte zum Beispiel einen Überblick bestehender Zertifikate, Leitfäden und Checklisten sowie Best Practice Beispiele von Hotels und Kongresszentren.

Bedürfnis nach Begegnungen „face-to-face". Live-Veranstaltungen sprechen alle Sinne an: Die Teilnehmer können Produkte sehen und anfassen, mit Kollegen, Kunden oder eingeladenen Experten diskutieren und dabei Gestik, Mimik und Körpersprache ihres Gegenübers direkt erleben. „Ohne persönliche Interaktion erkalten Beziehungen", das ist eine der häufigsten Feststellungen von Menschen, die regelmäßig Events veranstalten oder an Veranstaltungen teilnehmen.

2. Meetings und Events sind Instrumente zur Mitarbeiterbindung

Zwischen Reisen und Mitarbeiterbindung, Mitarbeiter-Performance und Mitarbeitermotivation besteht eine starke Verbindung. Der Besuch von externen Meetings und Events bedeutet für Mitarbeiter nicht nur Abwechslung und Inspiration, sondern auch Einbindung und Teilhabe – sie fühlen sich ernst genommen. „Um wirklich kreativ zu sein, kann man nicht einfach 12 Stunden am Tag auf den Computerbildschirm starren", weiß der Business-Psychologe Steven Rogelberg von der Universität North Carolina. „Wo Networking- und Teambuilding-Möglichkeiten weggenommen werden, auf die Mitarbeiter sich freuen, sinkt die Motivation." (Holcombe, 2010.) Dabei spielen Reise-Incentives eine besondere Rolle. Warum? „Weil Reisen Erinnerungen schafft", so Scott Jeffrey vom Fachbereich Management Sciences an der Universität von Waterloo, Ontario/Kanada: „Diese Erinnerungen sind dann mit der jeweiligen Firma oder Organisation verbunden." (Jeffrey, 2003.)

3. Veranstaltungen sind effektive Instrumente zur Kundenbindung und eröffnen Geschäftschancen

Kunden spricht man am besten persönlich an. Indem man sie gezielt zu Meetings einlädt oder Events in ihrem Umfeld organisiert, vermeidet man Streuung und stellt unmittelbar Kontakt her. Das wirkt sich auch auf die Ergebnisse aus. So gehen die im Rahmen einer Oxford-Economics-Studie befragten Geschäftsführer von 25 bis 28 % Umsatzeinbußen aus, wenn man Kunden nicht regelmäßig persönlich trifft. Als im Jahr 2009 Forbes/Insights 760 Manager zum Thema befragte, bezeichneten 75 % die persönliche Begegnung als besonders starkes Instrument der Kundenbindung. Und von den 2.300 Abonnenten, die die „Harvard Business Review" (2009) um ihre Meinung bat, gaben 79 % der Befragten an, dass persönliche Meetings der effektivste Weg seien, neue Kunden zu treffen und ihnen etwas zu verkaufen. Sogar 89 % stimmten zu, dass „face-to-face"-Meetings essenziell seien für das Erreichen eines Vertragsabschlusses. Nicht unwichtig dabei, auch das bestätigen die obengenannten Studien, ist der informelle Austausch in den Pausen und bei Abendveranstaltungen.

4. Meetings und Events steigern die Reputation und unterstützen die Markenbildung

Gerade in wirtschaftlich schwierigen Zeiten nutzen Organisationen und Unternehmen Meetings und Events, um sich positiv von ihren Mitbewerbern abzuheben. So gibt es zahlreiche Beispiele für marktführende Unternehmen und Traditionsunternehmen, die trotz sensibler Marktlage Meetings und Messeauftritte als wichtige Marketingaktivitäten beibehalten. Mit großem Erfolg: Denn eine solche Strategie stärkt Reputation und Marke gleichermaßen.

5. Kongresse und Tagungen ermöglichen einen nachhaltigen Informations- und Wissens-transfer

Wirtschaftstagungen, Wissenschafts-Meetings oder Medizinkongresse sind hervorragende Plattformen für die Präsentation von neuen Ergebnissen aus Forschung und Lehre. Hinzu kommt der Austausch von Erfahrungen und Ideen. So fördern Veranstaltungen Innovation und Wissenstransfer und bilden die Basis für wirtschaftlichen Erfolg.

6. Tagungen und Kongresse lassen sich gut mit anderen Medien und Strategien kombinieren

Ein Kongress, zu dem man sich im Internet anmeldet; eine Tagung oder Roadshow, die im World Wide Web übertragen wird; Meeting-News, die via Podcast, Twitter oder Facebook verbreitet werden; dazu Contests, Gewinnspiele, multimediale Präsentationen: Das alles ist längst Praxis und unterstreicht, dass „face-to-face"-Kommunikation und virtuelle Kommuni-kation keine unvereinbaren Gegensätze sind. Denn beide nutzen dem Ziel der regionalen, nationalen oder auch globalen Verbreitung ihrer Botschaft. Web-2.0-Plattformen wie Twitter oder YouTube, Blogs und „Social Media", also Facebook, Xing & Co, sind längst auch in Kombination bei vielen Veranstaltungen üblich.

7. Meetings und Events haben einen messbaren Return on Investment (ROI)

Im Dialog mit skeptischen Budgetverantwortlichen, die auf eine positive Kosten-/Ertrags-Bilanz pochen, ist dies vielleicht der wichtigste Grund. Entgegen der nach wie vor weit ver-breiteten Meinung, dass Meetings und Events höchstens einen gefühlten Nutzen haben, ist ihr ROI tatsächlich zu bestimmen. Und: In den letzten Jahren sind die „Measurement"-Methoden ständig verfeinert worden; die Ergebnisse werden immer zuverlässiger. (vgl. Ka-pitel „Wiegen, messen und für gut befunden?" von Schwägermann/Cornelius)

Aus der Oxford-Economics-Studie zu Geschäftsreisen in den USA etwa ergab sich, dass Firmen mit jedem Dollar, den sie im Bereich Geschäftsreisen ausgeben, 11,50 Dollar Brutto-Umsatz und 3,80 Dollar Nettogewinn machen. Umgekehrt wurde deutlich, dass Kürzungen des Geschäftsreisebudgets Profite senken können. Demnach verzeichneten amerikanische Durchschnittsunternehmen im ersten Jahr nach dem Aussetzen von Geschäftsreisen Umsatz-einbußen von rund 17 %. Anschließend benötigten sie mehr als drei Jahre, um diesen Verlust wieder wettzumachen.

4 Tipps für die Planung von Tagungen und Meetings

Die Komplexität der Organisation von Veranstaltungen wird oftmals unterschätzt. So sind über einen längeren Zeitraum personelle Ressourcen notwendig, Planungsinstrumente zur Budgetierung sowie Aufgabenplanung werden benötigt und infrastrukturelle Voraussetzun-gen zur Abwicklung müssen gegeben sein. Um eine Veranstaltung zum Erfolg werden zu lassen, ist eine professionelle Organisation notwendig. Hierbei helfen insbesondere die Nutzung von Checklisten und die Etablierung von Veranstaltungsrichtlinien im Unternehmen. Ziel ist dabei ein transparentes und effizientes Veranstaltungsmanagement.

Für neue Impulse im Veranstaltungsmanagement sorgt eine aufstrebende Disziplin namens „Meeting Architecture", also: Kongress-, Tagungs- und Eventarchitektur. Ein Vorreiter dabei ist Vanneste, der Planern dabei helfen will, ihre Veranstaltungen noch erfolgreicher zu gestalten. In seinem 2008 veröffentlichten „Manifest" schreibt Vanneste:

> *„Meeting-Architektur ist die Kunst, Inhalt und Format eines Meetings so zu gestalten, dass das gewünschte Teilnehmerverhalten erreicht wird. Der Meeting-Architekt kann erst dann mit seiner Arbeit beginnen, wenn die verhaltensbezogenen Zielsetzungen klar abgesteckt sind. Deshalb dürfte eine seiner wichtigsten Leistungen sein, dem Meeting-Kunden bei der Formulierung konkreter Ziele für seine Veranstaltung zu helfen. Dann nutzt er ein breites Spektrum an Fertigkeiten und Instrumenten vor, während und nach dem Meeting, um die Teilnehmer mit Informationen zu versorgen [...] Darüber hinaus muss der Meeting-Architekt ein Experte in der Ergebnismessung sein, [...] denn es ist das spätere Teilnehmerverhalten, das Stakeholder benötigen, um den größtmöglichen Wert aus dem Meeting zu schöpfen."*

Für Meeting-Veranstalter ist es wichtig, die drei Phasen eines jeden Meetings – das Vorher, das Währenddessen, das Danach – zu berücksichtigen und zu überlegen, was in jedem dieser Abschnitte erledigt werden muss. Das Spektrum der benötigten Wissensfelder ist vielfältig. Meeting-Architektur möchte die Herangehensweise der Personen, die in die Organisation eines Events involviert sind, verschieben: weg von einer lediglich logistischen Funktion, von kurzfristig orientierter Planungsroutine, hin zu einem ganzheitlichen Ansatz mit konsequenter Ergebnisorientierung.

Grundsätzliches

Meetings, Tagungen und Events sollten nicht um ihrer selbst willen veranstaltet werden. Vielmehr muss man sie als äußerst effektive Instrumente zum Erreichen vorher definierter Geschäfts- und Unternehmensziele begreifen. Haben Tagungsplaner ihre Ziele festgelegt, verfügen sie über ein genaues Veranstaltungs- und ein klar umrissenes Teilnehmerprofil. Danach können sie ihr Veranstaltungsbudget planen und letztlich einen dezidierten Aktionsplan entwickeln. Im Detail geht es um:

- die Planung des entsprechenden Veranstaltungsformats
- die Auswahl von Inhalten und Referenten
- die Programmkonzeption
- die Evaluation und
- die Logistik (Organisation, Auswahl des Veranstaltungsortes, Anmeldung, An- und Abreise, Marketing, Unterbringung, Medienbetreuung u.v.m.)

Große internationale Verbände beginnen in der Regel schon ein ganzes Jahrzehnt im Voraus mit der Organisation ihrer wichtigsten Veranstaltungen. Schließlich gibt es ca. 10.000 Ver-

bände in Deutschland. Da herrscht ein reger Wettbewerb um die beliebtesten Tagungsorte –
und um die besten Termine.

Organisation und Teilnehmermanagement – auf die richtige Software kommt es an

Für die Planung von Großveranstaltungen gibt es eine Reihe maßgeschneiderter Software-
systeme, die kontinuierlich weiterentwickelt werden. Dasselbe gilt für Bereiche, wie Reisen
und Unterbringung, also das Teilnehmermanagement. Hier existiert eine Reihe webbasierter
Softwareprogramme, die den gesamten Prozess komplett automatisieren und sich mit anderen Softwarepaketen, etwa Flugbuchungssystemen, verlinken lassen. Die besten Systeme
sind jene, die ideal zu den eigenen Anforderungen passen. Grundsätzlich sollten Veranstaltungsplaner über Systeme verfügen, auf die alle an der Planung Beteiligten zugreifen können. Dabei ist natürlich darauf zu achten, wer welche Zugangsberechtigungen erhält.

Wahl des Tagungsortes

Bei der Suche nach einem geeigneten Veranstaltungsort steht Veranstaltungsplanern buch-
stäblich die ganze Welt offen. Um hier die richtige Wahl zu treffen, sollten sie Antworten auf
die folgenden Fragen haben:

- Was ist das Ziel der Veranstaltung – geht es um Weiterbildung, um Strategiediskussionen
  oder um die Präsentation von Forschungsergebnissen?
- Auf welcher Managementebene befinden sich die Teilnehmer?
- Erfordert die Veranstaltung einen Wechsel zwischen verschiedenen Locations?
- Wie hoch oder niedrig ist das Teilnehmerbudget?
- Sind inhaltliche Aspekte zu berücksichtigen – also ein Veranstaltungsort, der zum Thema
  des Kongresses passt?
- Wo sind eventuell regionale Zuschüsse zu erwarten?
- Wie soll das Rahmenprogramm aussehen?
- Ist ausreichend technische Ausstattung vorhanden? Gibt es Anbieter vor Ort, die helfen
  können?
- Sind Sicherheitsfragen relevant?

Unverzichtbar: das Anforderungsprofil

Zu den wichtigsten Instrumenten gehört das Anforderungsprofil, das sogenannte Request for
Proposal, kurz: RfP. Es hilft, der Einkaufs- oder Beschaffungsentscheidung eine Struktur zu
geben, bereits im Vorfeld Vorteile, aber auch Risiken klar zu identifizieren und letztlich die
besten Zulieferer und Dienstleister zum vernünftigsten Preis zu bekommen. Zentrales Element ist die Anfrage an potenzielle Partner, ein Angebot für ein bestimmtes Produkt oder
eine bestimmte Dienstleistung abzugeben, z. B. für die An- und Abreise, Hotelzimmer, A/V-
Systeme, Gesamttechnik und Anmeldung.

Immer ein heikles Thema: die Finanzen

Die wichtigsten Regeln für die Budgetplanung sind präzise Prognosen und eine strikte Kontrolle. Jeder Aspekt der Veranstaltung muss regelmäßig genauestens geprüft werden, weshalb man die Planungs- und Implementierungsschritte am besten professionellen Organisatoren überlässt.

Mindestens ebenso wichtig ist es, alle Ausgaben zu berücksichtigen, die getätigt werden – auch die weniger offensichtlichen. In einigen Bereichen der Eventorganisation treten manchmal zusätzliche knifflige Finanzfragen auf. So können sich im Lauf einer zweijährigen Planungsphase die Wechselkurse dramatisch ändern. Deshalb sollte man stets über ein Reservebudget verfügen oder darüber nachdenken, die Wechselkurse für einen bestimmten Zeitraum festzulegen („Currency Hedging"). Die in verschiedenen Ländern unterschiedlich gehandhabte Mehrwertsteuer kann ebenso ein Thema sein wie Fragestellungen, die sich ergeben, wenn man Künstler engagiert. Stichpunkte hier sind die Spesen/Nebenkosten und Abgaben an die Künstlersozialkasse (KSK) oder die Gesellschaft für musikalische Aufführungs- und mechanische Vervielfältigungsrechte (GEMA).

Natürlich gibt es auch Möglichkeiten, das Budget zu entlasten. Die Akquise von Fördermitteln gehört dazu oder das Einbinden von Sponsoren. Für Letztere empfiehlt es sich, unterschiedliche Leistungspakete zu entwickeln, um möglichst vielen Anforderungen potenzieller Sponsoren gerecht werden zu können.

Ein weniger offensichtlicher, aber nicht minder wichtiger Tipp: Rücksprache mit den Abteilungen Einkauf und Travel Management der Organisation oder Firma halten. Die Erfahrung zeigt, dass vorhandene Firmenverträge und damit verbundene Sonderkonditionen häufig nicht genutzt werden, weil keine Kommunikation mit den betreffenden Abteilungen stattfindet. Im Idealfall verfügen Verbände und Unternehmen über eine Eventrichtlinie, die nicht nur Ziele und Verantwortlichkeiten festlegt, sondern auch die effizientesten Prozesse und mögliche Synergieeffekte aufzeigt. Praxisbeispiele belegen, dass die Befolgung einer klaren Eventrichtlinie die Veranstaltungskosten um bis zu 25 % senken kann.

Mehr als Special Effects: Eventtechnik
So wie man Meetings nicht um ihrer selbst willen veranstalten sollte, so sollte auch Eventtechnik nicht um ihrer selbst willen inszeniert werden. Die Verlockung ist natürlich groß, weil die heutigen Möglichkeiten jede Menge spektakulärer Effekte bieten. Am effektivsten aber ist Eventtechnik, wenn sie dem Ablauf einer Veranstaltung und der Botschaft dient, die während dieser Veranstaltung vermittelt werden soll – wenn sie die „face-to-face"-Kommunikation der Teilnehmer sinnvoll unterstützt. Dasselbe gilt für den Einsatz von Web-2.0-Tools und „Social Media", die sich, wie bereits anklang, hervorragend in Live-Events integrieren lassen. In jeder Phase einer Veranstaltung hat man mehrere technische Optionen:

Vor der Veranstaltung
- Online-Anmeldung
- elektronische Newsletter
- Podcasts (Audio/Video)
- automatisierte Anforderungen zum Einreichen von Vorträgen/Unterlagen (Call for Papers)
- Internet-Communities, z. B. Facebook, LinkedIn, XING
- Diskussionsforen
- Branchenforen
- SMS-Updates

Während der Veranstaltung

- SMS-Updates
- Nachrichten per Bluetooth
- Netzwerktechnik (SpotMe, RFiD, NTag, Badge to Match, Poken)
- interaktive Abstimmungssysteme
- Teilnehmerfeedback-Systeme
- Streaming von Präsentationen im Internet
- Twitterwalls
- HD-/3D-Präsentationssysteme
- virtuelle Moderatoren
- Satellitenanbindung

Nach der Veranstaltung

- Streaming von Inhalten im Internet
- Podcasts
- Online-Support
- SMS-Updates
- IPTV-Übertragungen

Darüber hinaus hat die Einführung der Smartphones zur Entwicklung einer Vielzahl von „Apps" (Applikationen) geführt, von denen viele einen enormen Mehrwert für Tagungen, Kongresse und Events bergen – sowohl auf Veranstalter- als auch auf Teilnehmerseite.

Grüner tagen: Meetings und Nachhaltigkeit

Bei der Organisation von nachhaltigen Veranstaltungen stehen folgende Aspekte im Fokus:

- Senkung des Energiebedarfs,
- Catering mit regionalen Produkten, um Emissionen durch lange Transportwege zu vermeiden,
- Abfallreduzierung und Recycling,
- CO_2-Kompensationsprogramme und Nutzung klimaschonender Verkehrsoptionen,
- Nutzung von „grünem" Strom und
- Einsatz von Hybridfahrzeugen.

Veranstaltungsplaner können ihren Beitrag leisten, indem sie sich über den „Environmental Performance Index" (http://epi.yale.edu) oder einen Fragebogen wie den von Blue Green Meetings (www.blue-greenmeetings.org) informieren, wie gewissenhaft eine Destination ihren umweltpolitischen Pflichten nachkommt. Des Weiteren sollte man eine Location wählen, die für alle Teilnehmer leicht zu erreichen ist und gute infrastrukturelle Voraussetzungen bietet, die Veranstaltungszeiten so legen, dass die Teilnehmer problemlos öffentlichen Verkehrsmitteln nutzen können, und „grüne" Locations und Zulieferer wählen, die über entsprechende Zertifizierungen verfügen, etwa Umweltmanagementsystem nach ISO 14001, Green Globe, EMAS und Blauer Engel.

Zu guter Letzt

Nach der Veranstaltung ist vor der Veranstaltung. Um den Erfolg eines Meetings oder Events und Faktoren wie die Relation Kosten/Nutzen bestimmen zu können, aber auch um die Planungen für die nächste Veranstaltung zu optimieren, sollte man sämtliche Veranstaltungs-Phasen gründlich evaluieren. All diese Phasen ausführlich zu beleuchten, würde an dieser Stelle zu weit führen. Deshalb weisen wir lediglich darauf hin, dass das GCB bei allen Fragen der Planung von Meetings und Events als professioneller Ansprechpartner zur Verfügung steht.[2]

Kernaspekte

- Das GCB German Convention Bureau repräsentiert und vermarktet Deutschland international und national als Standort für Kongresse, Tagungen, Events und Incentives.

- Deutschland nimmt als Kongress- und Tagungsdestination weltweit eine Spitzenposition ein, was u. a. durch die gute Infrastruktur, die zentrale Lage innerhalb Europas sowie ein sehr gutes Preis-Leistungs-Verhältnis begründet wird.

- Ein transparentes und effizientes Veranstaltungsmanagement ist Voraussetzung, um der Komplexität der Organisation von Veranstaltungen gerecht werden zu können.

- Kongresse, Tagungen und Events sind effektive Instrumente zum Erreichen von Geschäfts- und Unternehmenszielen. Diese sind nötig, um ein genaues Veranstaltungs- und Teilnehmerprofil erstellen zu können.

5   Literatur

AUMA-Report: Deutsche Messewirtschaft. Wirtschaftliche Bedeutung, http://www.auma.de/_pages/d/19_DeutscheMessewirtschaft/1901_WirtschaftlicheBedeutung /190101_WirtschaftlicheBedeutung.aspx, Zugriff am 20.01.2012.

BBC (2011): BBC World Service Country Rating Poll 2011, März/2011, online verfügbar auf: http://www.bbc.co.uk/pressoffice/pressreleases/stories/2011/03_march/07/poll.pdf, Download am 20.01.2012.

---

[2]   Weiterführende Broschüren und Checklisten für die Planung von Veranstaltungen, Informationen zu Green Meetings sowie zahlreiche Branchen-Links finden Veranstaltungsplaner auf der Website www.gcb.de.

Deutsche UNESCO-Kommission e.V. (2011): Welterbestätten in Deutschland, in: http://www.unesco.de/welterbe-deutschland.html, Zugriff am 20.01.2012.

EIU – Economist Intelligence Unit (2011): Global Liveability Report 2011, online verfügbar auf: http://www.eiu.com/site_info.asp?info_name=The_Global_Liveability_Report, Download am 20.01.2012.

EITW – Europäisches Institut für TagungsWirtschaft GmbH (Hrsg.) (2011): Tagungs- und Veranstaltungsmarkt Deutschland, Das Meeting- & EventBarometer 2010/2011, online verfügbar auf: www.eitw.de/sites/default/files/Dateien/ManagementInfo_MEBa_2011.pdf, Download am 20.01.2012.

ESPON – European Spatial Planning Observation Network (2009): ESPON Territorial Observations, No. 2: Trends in Accessibility, Map 7: Multimodal potential accessibility, published November 2009, in: http://www.espon.eu/main/Menu_Publications/Menu_TerritorialObservations/trendsinaccessibility.html, Zugriff am 20.01.2012.

Germany Trade & Invest (o.J.): Branchenübersicht Windindustrie, in: http://www.gtai.de/GTAI/Navigation/DE/Invest/Industrien/Energie-umwelt-technologien/wind-industrie.html, Zugriff am 20.01.2012.

Gfk – Anholt-Gfk Roper Nation Brands Index (2011): Pressemitteilung, Oktober 2011, in: http://www.gfk.com/imperia/md/content/presse/pressemeldungen_2011/nbi_2011_press_rele ase_oct_2011final.pdf, Download am 20.01.2012.

Grass Roots (2010): Grass Roots Meeting Industry Report 2010: online verfügbar auf: http://www.grassroots-events.co.uk/web/guest/meetings-industry-report, Download am 20.01.2012.

Holcombe, H. (2010): The Burden of Proof. Maintaining meetings' relevance in the global marketplace, one+, January 2010, in: http://www.mpiweb.org/Magazine/Archive/US/January 2010/TheBurdenOfProof, Zugriff am 20.01.2012.

Jeffrey, S. (2003): The Benefits of Tangible Non-Monetary Incentives, Executive White Paper published by The SITE Foundation, online verfügbar auf: http://theirf.org/direct/user/file/pdf/Benefits-of-Tangible-Non-Monetary-Incentives-Whitepaper.pdf, Download am 20.01.2012.

Kazubko, K. (2011): Typische Merkmale des deutschen Theatersystems, Materialien zur Lehrveranstaltung an der Ludwig-Maximilians-Universität München, online verfügbar auf: http://www.theaterwissenschaft.uni-muenchen.de/studium/lehrveranstaltungen/materialien/vorles_kaz/vorles_kazubko_11-12/merkmale_des_dt_theatersystems.pdf, Download am 20.01.2012.

Oxford Economics USA(2009): The Return on Investment of U.S. Business Travel, sponsored by U.S. Travel Association und Destination & Travel Foundation „Event View 2009", co-sponsored by MPI Foundation, Event Marketing Institute und P. JohnsonForbes Insights (2009): Business Meetings: The Case for Face-to-Face Harvard Business School Publishing

(2009): Managing Across Distance in Today's Economic Climate: The Value of Face-to-Face Communication.

Vanneste, M. (2008): Meeting Architecture, a Manifesto, Meeting Support Institute.

Tagen in Brandenburg: Netzwerk Tagung / MICE auf Landesebene

Dieter Hütte und Stefan Thaufelder

1 Einleitung

Der Tourismus hat sich im Land Brandenburg zu einem wichtigen Wirtschafts- und Image-faktor entwickelt. In der Landestourismuskonzeption 2011–2015 heißt es hierzu: „Die dyna-mische Entwicklung des Tourismus im Land Brandenburg hat sich auch in den vergangenen Jahren fortgesetzt. Mit mehr als 144 Mio. touristischen Aufenthaltstagen pro Jahr und einem Bruttoumsatz von rund 4,2 Mrd. Euro konnte der Tourismus seine Bedeutung als wichtiger Wirtschaftsfaktor weiter ausbauen." (MWE, 2011, S. 9). Besonders profitieren die klein- und mittelständischen Betriebe von dieser Wachstumsbranche, die u. a. Arbeitsplätze in den peripheren Räumen Brandenburgs schafft. Gleichzeitig ist der Tourismus ein hart umkämpf-ter Markt, dessen Strategie und Ausrichtung regelmäßig überprüft werden müssen. Aus die-sem Grund passt das Land Brandenburg regelmäßig seine Tourismuskonzeptionen an die veränderten Wettbewerbs- und Rahmenbedingungen an.

In der Landestourismuskonzeption 2006–2010 wurde auch die Bildung eines Netzwerks für den Bereich Tagung/Meeting, Incentive, Convention und Events (MICE) empfohlen (MWE, 2006a, S. 40/50). Um insgesamt eine Professionalisierung der Themen und Produktentwick-lung voranzutreiben, wurde in der Tourismuskonzeption ebenfalls die Bildung weiterer Netzwerke für andere touristische Bereiche wie „Aktivtourismus" und „Gesundheitstouris-mus" vorgestellt. Das Förderinstrument GA-Clustermanagement und Kooperationsnetzwerke spielt bei der Skizzierung konkreter Maßnahmen eine wichtige Rolle. (MWE, 2006b, S. 40). Diese Netzwerke sollen mittel- und langfristig dazu beitragen, diese wichtigen Angebots-segmente des Tourismus in Brandenburg zu verstärken.

2   Gründung des Netzwerkes Tagung / MICE

Die Gründung des Netzwerkes Tagung / MICE erfolgte mit Unterstützung von zehn Kern-
partnern, die mit Unterstützung der touristischen Landesmarketingorganisation Tourismus-
Marketing Brandenburg GmbH (TMB) die Chancen des Marktes erkannt und sich ab 1999 in
einer Interessensgemeinschaft zusammengeschlossen hatten. Die Antragsphase und die damit
einhergehende Phase der Akquisition weiterer Unternehmen bedeuteten einen erheblichen
Aufwand. Des Weiteren mussten zunächst Basisstrukturen und Gremien geschaffen werden,
damit eine solche Konstruktion arbeits- und vor allem beschlussfähig ist. Alles in allem hat
der Aufbau beim Netzwerk Tagung / MICE rund zwei Jahre gedauert, sodass Mitte 2008
dann das Netzwerk offiziell als zentrale Koordinierungsstelle zur abgestimmten Entwicklung
von touristischen Produkten und Vermarktungsaktivitäten und zur Nutzung bestehender
Wachstumschancen im Markt ins Leben gerufen wurde.

Der Projektträger für das Netzwerk Tagung / MICE ist die Vereinigung der Brandenburgischen Tourismuswirtschaft e.V. (VBT). Vereinszweck des VBT ist die Förderung des Brandenburgischen Tourismus. Das Netzwerkist eine unselbstständige Vereinsuntergliederung
der VBT und arbeitet auf der Grundlage von Kooperationsverträgen, die zwischen den Partnern und dem Verein geschlossen werden. Organe des Netzwerkes sind die Netzwerkversammlung und der Netzwerkvorstand. Ein Beirat steht beratend zur Seite.

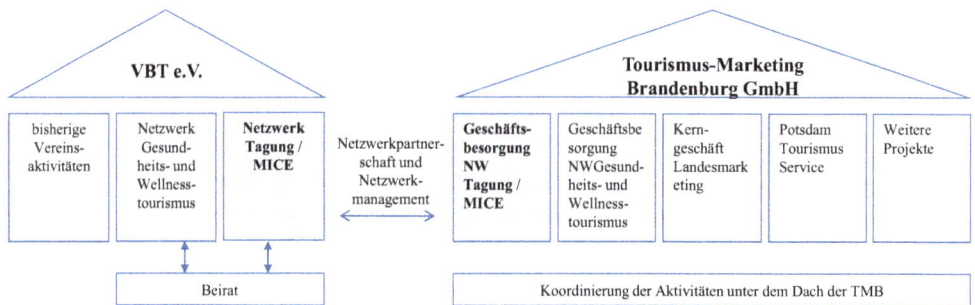

Abb. 15: *Zusammenarbeit von VBT und TMB (eigene Darstellung)*

3 Ziele und Aufgabenschwerpunkte des Netzwerkes

Das Netzwerk Tagung / MICE hat im Wesentlichen folgende Ziele und Aufgabenschwerpunkte:

Etablierung von Brandenburg als Tagungs- und MICE-Destination

Durch die bis dato eher zurückhaltende Präsenz des Tagungslandes Brandenburg auf Messen, in Print- und Online Medien und mit nur wenigen Eigenveranstaltungen wie FAM Trips und Roadshows ist Brandenburg als MICE-Destination eher wenig bekannt. In der alljährlichen Studie „Meeting- & EventBarometer", die jeweils zur IMEX in Frankfurt a. M. erscheint, belegt Brandenburg in 2009 den neunten Platz bei der Frage nach den bevorzugten Veranstaltungs-Bundesländern Deutschlands (EITW, 2010, S. 33). Kontinuierliche Steigerung der Nachfrage im MICE-Tourismus in Brandenburg.

Eine Steigerung der Nachfrage kann einerseits über ein qualitativ hochwertiges Produkt und herausragende Serviceleistungen generiert werden, andererseits werden die Vorzüge des Landes in Medien und anderen Kampagnen und Aktionen dem Zielpublikum vorgestellt.

Unterstützung und Intensivierung des Landesmarketing

Bereits in der Antragsphase stellte sich die Frage, wie die Netzwerkpartner am Markt präsentiert werden sollen; immerhin handelt es sich um den Zusammenschluss von Leistungsträgern unterschiedlicher Ausrichtung (Hotellerie, Special Locations, Rahmenprogrammanbieter), unterschiedlicher Größe und die dazu noch regional sehr verteilt sind. Eine isolierte Betrachtung und Vermarktung hätte keinen Sinn gemacht. Insofern wurde bereits sehr früh als Ziel und Aufgabenschwerpunkt des Netzwerkes die Unterstützung und Intensivierung des Landesmarketings definiert. Es gilt, die entstehende Wertschöpfungskette der Netzwerkpartner im Landesmarketing priorisiert zu verankern.

Initiierung von Aktivitäten mit branchenfremden, starken Partnern im In- und Ausland

Für das Netzwerk sind auch Partnerschaften wichtig, die zunächst nicht zum Kernthema des Verbundes gehören. Hierzu zählen z. B. Kooperationen mit (Fach-) Hochschulen, wenn es um den Bereich Fachkräftesicherung geht.

Schärfung des brandenburgspezifischen Profils im MICE-Segment mit Bezugnahme auf die naturräumlichen Ressourcen

Durch gemeinsam erarbeitete Aussagen unterstützen die Netzwerkpartner die Kernaussagen des Landes, wenn es um das Profil der Tagungsregion Brandenburg geht: Die Nähe zur Hauptstadt Berlin wird von allen Partnern in der Kommunikation deutlich hervorgehoben. Außerdem gibt es Serviceversprechen der Partner unter der Überschrift: „Darauf können Sie sich verlassen".

Ermittlung spezifischer Wünsche der Gäste und des Marktvolumens für Brandenburg

Die Einrichtung einer Marktforschungsstudie für Brandenburg, getragen durch die Daten-
pflege der Netzwerkpartner gehörte zu einer der ersten Maßnahmen, die das Netzwerkma-
nagement initiiert hat. Das Ziel: Schließung einer großen Informationslücke, denn bis dato
gibt es keine verlässlichen Daten über den Tagungsmarkt in Brandenburg. Die Fragen nach
der Herkunft der Gäste, nach Art und Anzahl sowie Größenordnung der Veranstaltungen im
Land konnte bisher nicht oder nur teilweise beantwortet werden. Mit der Implementierung
des Marktforschungstools soll eine langfristige Planung und Optimierung der Positionierung
erzielt werden.

Schaffung eines gemeinsamen Identifikationsankers und gemeinsamer MICE-Produkte

Durch stringente und an den Ergebnissen der Marktforschung orientierte Entwicklung von
innovativen und marktfähigen Angeboten und Produkten, Programmen und Bausteinen für
den MICE-Markt kann die Wahrnehmbarkeit und der Erfolg im Markt erhöht werden.

Erhöhung der Soft-Skills im Personal- und Servicebereich

Der Fördermittelgeber hat dem Netzwerk Tagung / MICE den Einsatz von Mitteln einerseits
für die reinen Marketingaufgaben gestattet, andererseits aber auch Auflagen zur Umsetzung
von anderen Zielen und Aufgaben erteilt. So heißt es im Förderbescheid u. a., dass in das
Arbeitspaket Qualifizierung und Qualität das Thema Fachkräftesicherung aufzunehmen sei.

Im Netzwerk Tagung / MICE wurde daraufhin mit der Implementierung „ServiceQualität
Deutschland"[1] und der damit verbundenen Ausbildung von Service Coaches ein wichtiger
Schritt in Richtung Erhöhung der Servicequalität gemacht. Dieses Qualitätsmanagementsys-
tem ist hervorragend geeignet, gemeinschaftliche Aussagen in Unternehmen verschiedenster
Größe und in unterschiedlichen MICE-Bereichen zu etablieren, da es ausschließlich Service-
und Dienstleistungsabläufe innerhalb des Unternehmens betrachtet.

Erhöhung der Wertschöpfung

Die bestmögliche Betreuung des Kunden bei der Planung, aber auch beim Aufenthalt in
Brandenburg, ist durch die Bildung einer starken Wertschöpfungskette gegeben. Das Ziel des
Netzwerkes ist es, die Kette durch eine Vielzahl starker Partner zu bilden.

---

[1] Vorrangiges Ziel der Initiative ServiceQualität Deutschland ist die nachhaltige und kontinuierliche Verbesse-
     rung der Servicequalität von Dienstleistern (ServiceQualität Deutschland, 2011).

4   Ein Verbund entsteht: Die Gründungs- und Findungsphase

Der „harte Kerne" der Leistungsträger hatte sich – wie eingangs erwähnt – bereits in einer Interessensgemeinschaft zusammengefunden bevor es das Netzwerk überhaupt gab. Hierbei handelte es sich vorwiegend um Unternehmen und Dienstleister aus Potsdam und der näheren Umgebung. Beim Aufbau des Netzwerkes galt es nun, mit einer Vielzahl von Anbietern das Portfolio der Brandenburger (und nicht nur der Potsdamer) MICE-Branche abzubilden und somit dem Kunden mit einer geschlossenen Wertschöpfungskette einen Mehrwert zu bieten. Wenn schon nicht alle Leistungen, dann doch viele Leistungen aus einer Hand!

Alleine im Bereich der Hotels sollte das Netzwerk mit einem breiten Angebot im ganzen Land vertreten sein: Große Tagungs- und Kongresshotels, Ketten- und Stadthotels, Resorts, kleine und privat geführte Hotels, aber auch Herrenhäuser und Schlösser. Darüber hinaus war das Ziel, auch Rahmenaktivanbieter, Special Locations und andere Dienstleister wie etwa Transportunternehmen, Technikfirmen und Caterer ins Netzwerk zu holen.

Beim Aufbau des Verbundes war aus mehreren Gründen eine gewisse Überzeugungs- und Akquisitionsarbeit notwendig:

- **Netzwerk Tagung / MICE – ein Novum**
  Ein derartiges unternehmensbezogenes touristisches Netzwerk hatte es bis dato noch nicht gegeben. Die Aufgaben und Ziele der Netzwerkarbeit sind erklärungsbedürftig und beinhalteten auch Maßnahmen, die zunächst keinen unmittelbaren wirtschaftlichen Erfolg für das einzelne Unternehmen sichtbar machen, z. B. der Ausbau der Soft-Skills im Personal- und Servicebereich. Eine Maßnahme, die sich eher als Investition in die Zukunft versteht.

- **Aufbau von Organisationsstrukturen und vertrauensvoller Zusammenarbeit**
  Die Mitgliedschaft im Netzwerk Tagung / MICE gibt den Unternehmen eine Möglichkeit, das Projekt aktiv mit zu steuern. Dies ist sogar gewünscht und gewollt, kann jedoch nur auf der Basis einer vertrauensvollen Zusammenarbeit aller Beteiligten funktionieren. Insofern war die Zielstellung, das Netzwerk in das Landesmarketing zu integrieren, eine gute Basis, da dies den Unternehmen einen Rahmen und eine Richtung vorgibt, in der sich die Maßnahmen und Kommunikation bewegen. Somit konnten die Unternehmen schon auf bewährte Strukturen und Erfahrungen vertrauen.

- **Investition und Engagement erforderlich**
  Der Etat des Netzwerkes wird zu 70 % (500 Tsd. Euro) aus GRW-Mitteln (Gemeinschaftsaufgabe der regionalen Wirtschaftsförderung) von Bund/Land gefördert; die restlichen 30 % tragen die Partner des Netzwerkes (215 Tsd. Euro). Für die Unternehmen bedeutete dies einen Beitrag in Höhe von rund 6 Tsd. Euro für drei Jahre. Für viele, insbesondere kleinere und privat geführte Hotels und MICE-Anbieter, erscheint diese Summe sehr hoch, zumal das Unternehmen den Mehrwert zu Beginn überhaupt nicht einschätzen konnte. Bewusst wurde festgelegt, dass alle Mitglieder, unabhängig von ihrer (wirtschaft-

lichen) Größe zunächst den gleichen Betrag einzahlen. Dies garantiert eine Gleichwertigkeit in der Kommunikation und bei den Maßnahmen sowie ein gleiches Mitspracherecht bei allen Entscheidungen.

- **Mitmachen / Mitdenken erforderlich**
  Neben dem monetären Einsatz gehört zur Netzwerkarbeit auch das persönliche Engagement. Die Teilnahme an Sitzungen und AGs, die Bereitschaft, sich mit den Maßnahmenplänen, Strategien und auch den anderen Netzwerkpartnern auseinanderzusetzen, braucht Zeit und Ressourcen. Für viele Unternehmen sicherlich keine neue Erkenntnis, jedoch für so manchen ein ungewohntes Terrain. Von den anderen Partner werden Stellungnahmen und Meinungen zu den diversen Themen in den AGs und Sitzungen kommentiert und auch hinterfragt. Ist der Unternehmer hier bereit, in offener und ehrlicher Weise zu antworten und gegebenenfalls. Details aus seiner Arbeitsweise, Einstellung oder Vorgehensweise im Markt Preis zu geben?

Das Netzwerk formierte sich auf einer breiten Basis: Mehr als 30 Partner aus den unterschiedlichen – eingangs bereits beschriebenen Bereichen – traten dem Verbund bei, also keineswegs lediglich Hotels. Aus der gesamten Gruppe sind „nur" rund 1/3 aus der Landeshauptstadt Potsdam. Das zeigte: Besonders im Land selbst und zwar auch fernab des „Speckgürtels" von Potsdam war das Interesse groß, diese Chance auf eine Vermarktung zu nutzen und sich einzubringen.

5   Strategische Positionierung des Netzwerkes im Landesmarketing

Die Landesmarketingorganisation TMB ist seit 1998 für die touristische Vermarktung des Landes verantwortlich. Durch die TMB werden für die verschiedensten Themen die Kampagnen und Kommunikationsstrategien ausgearbeitet und am Markt platziert. Zu den Themenschwerpunkten, die Brandenburg als Tourismusdestination bekannter machen sollen, zählen: Naturorientierte Aktivitäten mit den Schwerpunkten Rad-, Wasser- und Wandertourismus, Kulturtourismus, Wellness- und Gesundheitstourismus, Tagesreisen, die wegen der besonderen Lage von Berlin in Brandenburg eine besondere Rolle spielen, und Tagungen sowie Kongresse.

5.1   Bisherige MICE-Vermarktung

Für das Schwerpunktthema „Tagungen, Kongresse und Incentives" produziert die TMB eine eigene Broschüre. Alle Anbieter aus dem MICE-Bereich haben die Möglichkeit, sich in dieser Broschüre zu präsentieren und ihre Leistungen darzustellen. Das Medium stellt die

Vielfalt des Landes im MICE-Business dar und ist demzufolge offen für alle Leistungsträger aus diesem Bereich. Neben dem Printprodukt wurde im Rahmen der Internetstrategie die Website www.tagen-in-brandenburg.de entwickelt.

Wie werden aber nun die Netzwerkpartner in das Landesmarketing eingebunden oder vermarkten sie sich selbst und unabhängig?

Schon bei der Erstellung der Grundkonzeption des Netzwerkes haben sich alle Partner darauf verständigt, dass eine selbstständige Vermarktung des Netzwerkes, möglicherweise unter einem eigenen Label und mit einem, vom Landesmarketing unabhängigen, Printprodukt wenig Sinn machen würde. Der (finanzielle) Aufwand für eine Neupositionierung am Markt stünde dem Nutzen nicht gegenüber und der Kunde würde keinen Mehrwert erhalten. Darum aber geht es: Kundenzufriedenheit. Den MICE-Planern aus Agenturen, Unternehmen, Institutionen und wissenschaftlichen Einrichtungen soll schnell, kompetent und zielgerichtet ein überzeugendes Angebot präsentiert werden.

Die Schlussfolgerung: Die Netzwerkpartner müssen auch in der landeseigenen Broschüre vertreten sein. Aufgrund der Tatsache, dass die teilnehmenden Unternehmen zu den TOP-Leistungsträgern im MICE-Business Brandenburgs zählen, die bereit sind, sich finanziell und mit persönlichem Engagement zu engagieren, wurden sie als Premium Partner des Brandenburg Convention Office in der landeseigenen Broschüre mit einem vergrößerten Eintrag und eben diesem Zusatz positioniert.

5.2 Das Brandenburg Convention Office

Neben der Vermarktung über Print und Internet unterstützt die TMB mit dem Brandenburg Convention Office (BCO) als eigenständiger Abteilung, die brandenburgische MICE-Wirtschaft. Das BCO steht dem Kunden als Ansprechpartner für alle Dienstleistungen zum Thema Tagung, Kongresse, Incentives und Events zur Verfügung. Es bietet einen Komplett-Service für die Veranstaltungsorganisation an und empfiehlt, berät und betreut alle Formen der Veranstaltungen.

Das Team des Brandenburg Convention Office kann nunmehr bei Kundenanfragen auf die Wertschöpfungskette des Netzwerkes und den starken Verbund in einer Atmosphäre der vertrauensvollen und guten Zusammenarbeit zurückgreifen. Dies nimmt der Kunde als perfekte Dienstleitung im Ganzen wahr und fühlt sich im Tagungsland gut aufgehoben.

6 Umsetzungsphase 2008 bis 2011

Nach den Richtlinien der GRW-Förderung wurde das Netzwerk Tagung / MICE zunächst für einen Zeitraum von drei Jahren genehmigt. Diese Zeit sollte zunächst ausreichen, um einerseits die Netzwerkstrukturen weiter auszubauen und zu verfestigen und andererseits die Maßnahmen zur Vermarktung durchzuführen und zu optimieren.

Der Maßnahmenkatalog erstreckt sich von Werbe- und Verkaufsmaßnahmen über Vertriebs- und Presseaktivitäten sowie die Organisation und Durchführung von Eigenveranstaltungen bis hin zu den Themen, die eher eine Investition in die Zukunft bedeuten, jedoch im Moment einen nicht unerheblichen Aufwand darstellen.

6.1   Ausgewählte Instrumente

Schon kurz nach dem Start des Netzwerkes und nachdem die ersten Marketingaktionen ins Leben gerufen wurden, wurde gleichzeitig die strategische Ausrichtung und zukünftige Positionierung im Markt diskutiert. Aufgrund fehlender Daten und zuverlässiger Aussagen über Kundenstruktur, Aufenthaltsdauer und Ausrichtung der Art der Veranstaltung wurde eine Ausschreibung unter Marktforschungsunternehmen durchgeführt. Ziel und Aufgabe war die Sammlung veranstaltungsrelevanter Daten durch die Netzwerkpartner zur späteren strategischen Ausrichtung der Aktivitäten des Netzwerkes.

Nachdem ein Unternehmen die Ausschreibung für sich entschieden hatte, wurde das Marktforschungstool bei allen Netzwerkpartnern installiert. Monat für Monat werden nun die Daten dort eingepflegt. Nur die Netzwerkpartner werden zukünftig in die Auswertung und Vergleiche der Daten einbezogen und erlangen so einen Wettbewerbsvorteil vor allen anderen MICE-Dienstleistern im Land Brandenburg.

Die Interessen und Belange der Netzwerkpartner werden in der Regel z. B. bei Messen und anderen Werbeveranstaltungen von Vertretern des Brandenburg Convention Office wahrgenommen. Um aber beteiligten Unternehmen den persönlichen Kontakt zu Kunden zu ermöglichen, wurden neben FAM Trips auch sogenannte Meetingbörsen ins Leben gerufen.

Im Sommer 2010 und im Winter 2011 wurden in Berlin zwei zentral gelegene, außergewöhnliche Locations zur Durchführung einer solchen Veranstaltung ausgesucht. Das Motto: Berliner Veranstaltungsplaner trifft auf Brandenburger MICE-Anbieter und das bequem und in seiner Nähe. Eingeladen wurden Veranstaltungsplaner aus (Event-) Agenturen, Unternehmen, Institutionen und wissenschaftlichen Einrichtungen sowie Vorstandssekretärinnen und Office Manager. Ziel der Veranstaltung war es, dass die Gäste sich über das Leistungsspektrum der Brandenburger MICE-Anbieter informierten. Zu beiden Veranstaltungen kamen je rund 160 Veranstaltungsplaner – ein großer Erfolg für Brandenburg und für die Netzwerkpartner, die sich alle sehr zufrieden zeigten.

6.2   Erfolgreiche Netzwerkarbeit trotz Krisenjahr 2009

Nur rund sechs Monate nach dem Start des Netzwerkes erlebte die MICE-Branche deutschlandweit einen starken Einbruch aufgrund der Wirtschaftskrise. „Die Wirtschaftskrise hat 2009 auch den Tagungsmarkt erreicht. Konnte das letztjährige (2008) Meeting- & EventBarometer noch stabile Zahlen verzeichnen, zeigen sich für 2009 besonders Einbrüche auf der Nachfrageseite. Hier sinken die Veranstaltungen um nahezu 11 % ab auf 2,46 Mio. mit 302 Mio. Teilnehmern (- 4,8 %). Der Anteil der Teilnehmer aus dem Ausland bleibt mit 5,5 % stabil. […] Im Gegensatz zur Nachfrage bleibt die Angebotssituation weitgehend konstant." (EITW, 2010, S. 10)

Die Situation des Tagungsmarktes in Brandenburg schätze der DEHOGA Brandenburg in einer Pressemitteilung vom 11.06.2010 wie folgt ein: „Das Brandenburger Gastgewerbe hat in der Wintersaison sowohl die Auswirkungen der weltweiten Wirtschafts- und Finanzkrise als auch die negativen Einflüsse von Schnee und Kälte zu spüren bekommen. […] Fast die Hälfte der Hoteliers beklagt Umsatzrückgange (49 %) und eine rückläufige Zimmerauslastung (49 %). Infolgedessen bewerten 42 % ihre Geschäftslage im Winterhalbjahr als schlecht. [...] Die Ertragssituation im Gastgewerbe ist nach wie vor kritisch: Über die Hälfte der Hoteliers (58 %) und Gastronomen (58 %) verzeichnete geringere Erträge als im Vorjahr." (DEHOGA, 2010)

Das schwierige Jahr 2009 mit seinen Auswirkungen, die bis weit ins Jahr 2010 reichen, machte auch den Netzwerkpartnern sehr zu schaffen. Trotzdem hat keiner der aus diesen wirtschaftlichen Gründen das Netzwerk verlassen. Im Gegenteil: 2010 konnten noch zwei wichtige Partner für das Netzwerk gewonnen werden (eine große Potsdamer Eventlocation und ein wichtiger Hotelpartner im Norden des Landes). Dies war ein erster Beweis für die Beständigkeit des Netzwerkes und eine Bestätigung, dass die Maßnahmen zielgerichtet und für die Partner erfolgversprechend platziert worden sind.

Das Tagungsland Brandenburg konnte seinen Bekanntheitsgrad innerhalb kurzer Zeit deutlich steigern: So kommt das Meeting- & EventBarometer 2010 zu folgendem positiven Ergebnis: In der Rubrik "Bevorzugte Flächen-Bundesländer in Deutschland" hat sich Brandenburg innerhalb eines Jahres um vier Plätze nach vorne gearbeitet und steht nunmehr auf dem fünften Platz (vgl. Tab. 12).

Tab. 12 Veranstalterbefragung (Veranstalter aus Europa incl. Deutschland): Bevorzugte Flächen-Bundesländer Deutschlands für Veranstaltungen (EITW, 2010, S. 30)

Bundesland	Platz 2009	Platz 2010	Veränderung
Bayern	1	1	0
NRW	2	2	0
Hessen	3	3	0
Baden-Württemberg	4	4	0
Brandenburg	9	5	+ 4
Rheinland-Pfalz	5	6	- 1
Sachsen	7	7	0
Niedersachsen	6	8	- 2
Mecklenburg-Vorpommern	11	9	+ 2
Thüringen	8	10	- 2
Saarland	12	11	+ 1
Schleswig-Holstein	10	12	- 2
Sachsen-Anhalt	13	13	0

Diese deutliche Verbesserung ist einerseits auf die zielgerichteten und marktorientierten Maßnahmen des Netzwerkes Tagung / MICE zurück zu führen. Auf der anderen Seite – und dies wird in der Landestourismuskonzeption 2015 herausgestellt – haben sich durch eine optimierte Zusammenarbeit zwischen dem Netzwerk und dem Brandenburg Convention Office der TMB hohe Synergieeffekte bei der Vermarktung eingestellt. Diese gilt es nun weiter auszubauen und neue Ansätze in den Zukunftsthemen zu bestimmen, z. B. die Entwicklung einer Produktmarke „Green Meetings", die Intensivierung der Zusammenarbeit mit Berlin (BTM, Messe und Leistungsträgerebene), die verstärkte Ausrichtung der Produktentwicklung und Vermarktung des Tagungsangebotes an marktorientierten Segmenten (Seminar, Konferenz, Kongress, Klausur, Meeting, Event) (MWE, 2011, S. 72/157 ff.)

6.3 Positive Evaluation beendet erste Phase der Netzwerkarbeit

Es ist üblich und sinnvoll, dass am Ende der ersten dreijährigen Laufzeit ein solches Projekt von einer unabhängigen Stelle im Auftrag des Fördermittelgebers untersucht wird. Die folgenden Prüffragen werden detailliert betrachtet und ausgewertet: Sind die Partner mit der Arbeit des Netzwerkmanagements zufrieden? Wurden sinnvolle Maßnahmen mit hohem Nutzen und Mehrwert durchgeführt? Sind die Gelder zielgerichtet eingesetzt worden? Ein umfangreicher Bericht der Wirtschaftsprüfungs- und Beratungsgesellschaft PricewaterhouseCoopers AG (PWC) bestätigte, dass der Zusammenschluss der Unternehmen auf einer gesunden wirtschaftlichen Basis einen Mehrwert erzielt hat und empfiehlt die Weiterführung der erfolgreichen Arbeit.

7   Die erfolgreiche Arbeit wird fortgesetzt

Auf der Grundlage der positiven Evaluation ist die Voraussetzung für eine Weiterführung des Netzwerks bis 2014 geschaffen worden. Mit der Fortführung sind die folgenden Zielstellungen verbunden:

- **Marktdurchdringung**
  Das Ziel ist, den Verbund so stark im Markt zu platzieren, dass die Partner aufgrund ihrer Vernetzung als eine starke Einheit vom Kunden wahrgenommen werden.

- **Qualitätssicherung**
  Durch hohe Qualität und Flexibilität bei der Erfüllung von Kundenwünschen wird es sicherlich gelingen, das Tagungsland Brandenburg in der Spitzengruppe der Tagungsdestinationen in Deutschland zu halten.

- **Gewinnung neuer Partner**
  Das Netzwerk wird auch in Zukunft bestrebt sein, neue Partner aufzunehmen und hat in der zweiten Phase nun auch kleineren und wirtschaftlich schwächeren Unternehmen die Möglichkeit gegeben, am Netzwerk teilzunehmen. Diese Unternehmen bekommen den Status „Friends" – sie zahlen nur rund ein Viertel des Jahresbeitrages und bekommen trotzdem ein umfangreiches Maßnahmenpaket. Das Netzwerk erreicht so auch die Partner, die als wichtige Bindeglieder im MICE Business die Wertschöpfungskette stabiler machen. Beispielhaft seien hier Technikfirmen und Künstler genannt.

- **Zukunftsplanung**
  Die Förderung wird Mitte 2014 auslaufen und das Ziel ist es, den Verbund bis dahin so stark und leistungsfähig zu machen, dass er auch ohne Förderung weiter am Markt agieren kann. Hierzu gibt es diverse strategische Ansätze. Wichtig wird es sein, die Einnahmesituation so stabil zu halten, dass auch zukünftig eine strategische Marktbearbeitung möglich ist.

8   Fazit

Die Installation des Netzwerkes Tagung / MICE 2008 war die richtige Entscheidung. Erstens haben viele der Netzwerkpartner im Rahmen von anonymisierten Befragungen positive Statements gegenüber PWC abgegeben und zweitens haben sich mehr als 80 % der Unternehmen der ersten Förderperiode auch wieder für eine Beteiligung in der zweiten Periode entschieden

Für die Destination Brandenburg bedeutet die erfolgreiche Integration des Netzwerkes in die Strukturen der Landesmarketingorganisation ebenfalls einen hohen Gewinn. Es zeigt sich, dass das wirtschaftliche und ideelle Engagement Früchte getragen hat und dass die Zeichen weiterhin auf Erfolg stehen. So hält der Evaluationsbericht des PWC fest: „Aufgrund des bisherigen überdurchschnittlichen Engagements von Mitgliedern und Management und des hohen Grades der Kooperation innerhalb des Netzwerks geht der Evaluator davon aus, dass es Tagung / MICE gelingen wird, die bisher gute Arbeit auch in Zukunft fortzusetzen und den nachhaltigen Bestand des Netzwerks zu sichern."

Kernaspekte

- Das Netzwerk Tagung / MICE ist eine unselbstständige Vereinsuntergliederung der VBT und arbeitet auf der Grundlage von Kooperationsverträgen, die zwischen den Partnern und dem Verein geschlossen werden. Organe sind die Netzwerkversammlung und der Netzwerkvorstand.

- Es hat sich gezeigt, dass nur durch den Willen der Partner zur gesunden Kooperation abseits vom Konkurrenzgedanken Projekte ins Leben gerufen werden können, die zunächst keinen sofortigen und schnellen materiellen Erfolg versprechen.

- Das Tagungsland Brandenburg konnte seine Bekanntheit in kurzer Zeit deutlich steigern. Innerhalb eines Jahres hat sich Brandenburg von Platz 9 auf Platz 5 der bevorzugten Flächen-Bundesländer gearbeitet.

9   Literatur

DEHOGA Brandenburg e.V. – Deutscher Hotel und Gaststättenverband Brandenburg e. V. (2010): Nach strengem Winter blicken Brandenburger Hoteliers und Gastronomen optimistisch in den Sommer. Ergebnisse der Konjunkturumfrage des DEHOGA Brandenburg, Pressemitteilung vom 11.06.2010, in: www.hoga-brandenburg.de/index.php?option=com_content&view=category&layout=blog&id=103&Itemid=232&limitstart=24, Zugriff am 02.01.2012.

EITW – Europäisches Institut für TagungsWirtschaft GmbH (Hrsg.) (2010): Tagungs- und Veranstaltungsmarkt Deutschland – Das Meeting- & EventBarometer 2009/10, online verfügbar auf: http://www.gcb.de/pdf/ManagementInfo_MEBa_2010.pdf., Download am 02.01.2012.

MWE – Ministerium für Wirtschaft und Europaangelegenheiten des Landes Brandenburg (Hrsg.) (2006a): Tourismuskonzeption des Landes Brandenburg 2006–2010, Potsdam, online verfügbar auf: www.zab-brandenburg.de/files/documents/Landestourismuskonzeption.pdf., Download am 02.01.2012.

MWE – Ministerium für Wirtschaft und Europaangelegenheiten des Landes Brandenburg (Hrsg.) (2006b): Fortschreibung der Landestourismuskonzeption Brandenburg 2006, online verfügbar auf: http://kulturportal.maerkischeallgemeine.de/cms/dokumente/10687226_4081371/1e68fa7e/Brandenburg%20Tourismuskonzeption%202006.pdf, Download am 02.01.2012.

MWE – Ministerium für Wirtschaft und Europaangelegenheiten des Landes Brandenburg (Hrsg.) (2011): Landestourismuskonzeption Brandenburg 2011–2015, Potsdam, online verfügbar auf: www.mwfk.brandenburg.de/sixcms/media.php/4055/Landestourismuskonzeption_BB2011bis2015.pdf, Download am 02.01.2012.

ServiceQualität Deutschland (2011): Q – Was steckt dahinter?, in: http://www.q-deutschland.de/q-inhalt.html, Zugriff am 02.01.2012.

Kongressorganisation auf kommunaler Ebene: Heidelberg Business Service

Irene Feilhauer

1 Vom Fremdenverkehrsamt zum umsatzorientierten Wirtschaftsbetrieb

1.1 Organisationsformen im Wandel

Die Tourismusbranche hat sich innerhalb der letzten 30 Jahre rasant verändert. Dies spiegelt sich im Destinationsmanagement u. a. in den verschiedenen Organisationsformen wieder, die die Tourismusverantwortlichen in den Städten und Gemeinden für ihre Arbeit wählen. Während noch in den neunziger Jahren auf kommunaler Ebene im Rathaus angesiedelte Fremdenverkehrsämter üblich waren, haben heute viele Städte und Gemeinden ihre Tourismusarbeit in dafür eigens gegründete Gesellschaften ausgegliedert. Vereinzelt trifft man auch noch auf Tourismusämter oder Verkehrsvereine, oftmals im ländlichen Raum, in dem wegen der Größe der Kommune und der Bedeutung des Tourismus die Rechtsform einer Tourismusgesellschaft nicht passend wäre. Auch der Name Fremdenverkehr wird heutzutage aus marketingpolitischen Gründen bei der Namensgebung kaum noch verwendet, insofern das Wort Fremdenverkehr aus Sicht des Gastes nicht unbedingt die gewünschte Gastfreundlichkeit assoziiert. Im englischsprachigen Raum ist die Bezeichnung CVB für Convention and Visitors Bureau üblich.

Neben den verschiedenen Rechtsformen und Bezeichnungen der Organisationen ist die Tourismusarbeit auch inhaltlich sehr unterschiedlich in kommunale Strukturen integriert. Häufig anzutreffen ist die Zuordnung des Themas Tourismus zu der Wirtschaftsförderung, entweder als eigenständiger Bereich innerhalb des hierfür zuständigen städtischen Amtes oder innerhalb einer städtischen Gesellschaft.[1] Ob, mit welcher Intensität und in welcher Organisa-

---

[1] Aktuelle Beispiele hierfür sind das Tourismusamt München (www.muenchen.de) und die Freiburg Wirtschaft und Touristik und Messe GmbH & Co. KG (www.fwtm.freiburg.de).

tionsform das Thema Tourismus in einer Kommune bearbeitet wird, ist eine politische Entscheidung, zumal die Tourismusförderung keine Pflichtaufgabe einer Kommune ist. Aus-
nahmen bilden Orte, die trotz geringer Einwohnerzahl von besonderer touristischer Bedeutung sind, wenn sie beispielsweise ein Kulturdenkmal beherbergen. Hier ist die Bearbeitung
des Tourismus in erster Linie auch eine moralische Verpflichtung für die nachfolgenden
Generationen, unabhängig von einer möglichen Einnahmequelle aus der Tourismusarbeit.
Die Pflege und Aufrechterhaltung bringt in diesen Fällen für die Kommune nicht nur Einnahmen, sondern auch Kosten mit sich, beispielsweise wenn es sich um ein UNESCO-
Weltkulturerbe handelt, dessen Erhalt besonderen Richtlinien unterliegt.

Durch die Weiterentwicklung von Lehre und Forschung innerhalb der Tourismusbranche
stehen heute ganz andere Möglichkeiten der Evaluierung der Tourismusarbeit als früher zur
Verfügung. Diese unterstützen die Kommune bei der Entscheidungsfindung, ob, in welchem
Maße und mit welcher Organisationsform sie in die Tourismusarbeit investieren sollte.

1.2   Ursachen für veränderte Organisationsformen

Die Ursachen für die bis heute weitreichenden Veränderungen der Organisationsformen von
lokalen Tourismusorganisationen sind vielfältig. Die Gäste sind reiseerfahrener und sehen
kommunale Tourismusorganisationen als Dienstleister, dessen Service weit über die Aufgaben und Tätigkeiten des früheren Fremdenverkehrsamtes hinausgeht. Insofern sind die
Kommunen mit einer veränderten Nachfrage konfrontiert, welche die Informationsleistung
übersteigt. Dies ist auch mit ein Grund für die verstärkte Ausgliederung aus der Verwaltung,
insbesondere in privatwirtschaftliche GmbHs, da diese Rechtsform mehr Handlungsfreiheit
und Flexibilität als ein städtisches Amt verspricht. Da die Tourismusarbeit nicht zu den
Pflichtaufgaben einer Kommune gehört, wird in den meisten Fällen auch nur ein begrenztes
Budget zur Verfügung gestellt. Viele Kommunen erwarten deshalb von den Tourismusverantwortlichen, dass diese durch ihre Arbeit zumindest einen Teil des Budgets selbst erwirtschaften. In diesen Fällen bietet sich die Rechtsform einer privatwirtschaftlichen GmbH an.
Einen sehr guten Überblick über die verschiedenen theoretischen Modelle und Rechtsformen
von Tourismusorganisationen mit ihren Vor- und Nachteilen gibt die Arbeit von Burmeister
(2009).

1.3   Abgrenzung der Tourismusarten

In den vorherigen zwei Abschnitten wurde der Tourismus als Oberbegriff für alle Tourismusarten verwendet. In der Literatur werden die Tourismusarten u. a. aufgrund der Nachfrage differenziert, so auch von Freyer, der bereits 1990 den Tourismusmarkt in vier Märkte
unterteilte:

- Geschäftsreisemarkt
- Urlaubsreisemarkt
- Sportreisemarkt
- Bildungsreisemarkt

Laut Geschäftsbericht der Deutschen Zentrale für Tourismus 2010 hatte jede dritte Reise in Deutschland aus aller Welt einen geschäftlichen Anlass, zu dem auch der Kongress- und Tagungstourismus zählt. (DZT, 2010, S. 16) Andere Begrifflichkeiten dafür sind die Tagungswirtschaft, die Veranstaltungswirtschaft oder im internationalen Gebrauch die MICE Branche. Laut Fachverbänden ist „MICE eine Abkürzung, mit der jener Teil des Geschäftstourismus bezeichnet wird, der die Organisation und Durchführung von Tagungen (**Me**etings), von Unternehmen veranstalteter Anreiz- und Belohnungsreisen (**I**ncentives), Kongressen (**C**onventions) und ähnlichen Veranstaltungen (**E**vents) umfasst".

In den folgenden Ausführungen wird das Wort MICE als Synonym für den Kongress- und Tagungstourismus verwendet.

1.4   MICE Organisation auf kommunaler Ebene

Die Abgrenzung der MICE Arbeit von der klassischen Tourismusarbeit ist bereits häufig in der Namensgebung der Organisationseinheit zu finden. International hat sich – so auch im deutschsprachigen Raum – für Kongressbüro die Bezeichnung Convention Bureau in Abgrenzung zum Convention and Visitors Bureau durchgesetzt. Das bedeutet nicht, dass das Convention Bureau unbedingt eine eigene Organisation ist. Vielmehr ist das Convention Bureau meistens in die Stadtmarketing- oder Tourismusmarketinggesellschaft als Abteilung integriert, je nachdem wie die Kommune ihr Stadtmarketing organisiert hat. Dies macht auch Sinn, da die Angebote des Convention Bureaus (z. B. Hotels) auch Bestandteil der Produktpalette der touristischen Abteilung sind. Beispiele hierfür sind insbesondere in größeren Städten wie beispielsweise Berlin, Hamburg, Düsseldorf und Köln zu finden. Aber auch in kleineren Städten, die sich als Kongress- und Tagungsdestination profilieren wollen, wird oftmals eine organisatorische Trennung des MICE-Geschäfts vorgenommen. Dazu liefert ebenso die Arbeit von Burmeister (2009) einen guten Überblick. Sinnvoll ist eine Trennung von klassischer Tourismus- und Kongressarbeit innerhalb einer Organisation dann, wenn die Bedeutung des Kongress- und Tagungsmarktes hervorgehoben werden soll. Ebenso haben die Veranstalter eine klar definierte Abteilung, in der sie den richtigen Ansprechpartner für ihre Veranstaltung finden.

1.5   Aufgaben eines Convention Bureaus

Laut Definition von Rogers sind Convention Bureaus Non-Profit Organisationen, die unter der Leitung eines Aufsichts- bzw. Verwaltungsrats für die Vermarktung einer Destination als Kongress- und Tagungsstandort zuständig sind (Storch, 2011, S.19). Schreiber versteht unter einem Kongressbüro den „Zusammenschluss aller Teilbereiche der Veranstaltungswirtschafder Stadt, wie Hotels, Restaurants, Kongress- und Tagungszentren ‚Professional Congress Organizers, Reiseveranstalter, Destination Management Companies und Incoming Büros, aber auch Einzelhändler, touristische Attraktionen und andere, die kommerziell an den erfolgreichen Akquisitionsbemühungen partizipieren und daher an einer verstärkten Akquisition von Kongressen und ihren Teilnehmern interessiert sind" (Schreiber, 2002,

S. 471). Diese Definition zeigt, dass die Aufgaben, Funktionen und Tätigkeiten eines Kongressbüros sehr komplex sind und sich nicht in der reinen Akquise erschöpfen. Burmeister stellt anhand der 18 untersuchten Städte sehr anschaulich dar, wie unterschiedlich die Funktionen und das Serviceangebot der jeweiligen Kongressbüros sind. Auch wenn alle dasselbe Ziel verfolgen, nämlich den Veranstalter dazu zu bewegen, sich genau für ihre Stadt als Austragungsort für seine nächste Veranstaltung zu entscheiden, so sind doch die Tätigkeiten der jeweiligen Kongressbüros sehr verschieden. Dies liegt vor allen Dingen daran, dass der Umfang und die Art der Tätigkeit sehr eng in Verbindung mit der finanziellen Leistungsbereitschaft der Kommune stehen. Kongressbüros, die wie bereits dargestellt in das Finanzgefüge der städtischen Vermarktungsorganisation integriert sind, unterliegen ebenso dem Maximalprinzip der Wirtschaftlichkeit: mit vorgegebenen Mitteln das Maximum zu erreichen. Der Refinanzierungsgrad der Kongressbüros erreicht in der Rechtsform der gemischtwirtschaftlichen GmbH (neben der Stadt gibt es noch andere privatwirtschaftliche Gesellschafter) das beste Ergebnis. Hier liegt die Refinanzierung zwischen 17 und 100 % (Burmeister, 2009, S. 70).

1.6   Zwischen Anspruch und Wirklichkeit

Burmeister nennt die Gründung von städtischen Tourismusgesellschaften „Privatisierungskosmetik der Fremdenverkehrsstädte durch das Kleid der GmbH" und verweist damit auf die Tatsache, dass dadurch die Vorteile der GmbH, wie beispielsweise freie und flexible Handlungsmöglichkeiten des Geschäftsführers oder die weitgehende Unabhängigkeit vom kommunalen Haushalt, nicht wirksam werden (Burmeister, 2009, S. 46). Zeiner, Harrer und Bengsch (2005) stellen fest, dass es alleine durch die Veränderung der Rechtsform keinen bürokratischen Abbau und keine unternehmerische Freiheit gibt. Bereits am 22. September 1994 hielt der Deutsche Fremdenverkehrsverband (DFV) seine jährliche Fachtagung unter dem Titel „Verraten und verkauft – der kommunale Fremdenverkehr zwischen der Wahrnehmung hoheitlicher Aufgaben, kommerziellen Eiertänzen und Privatisierungssucht" ab (Dokumentation DFV, 1994). Anlass war die damals teilweise desolate finanzielle Situation der deutschen Kommunen. Diskutiert wurde, wie zukünftig die Tourismusorganisationen aufgestellt sein müssen, um die im Titel der Fachtagung provokant dargestellten Erwartungen erfüllen zu können.

Das Thema ist immer noch aktuell und betrifft sowohl touristische Organisationen als auch die Kongressbüros. Diese befinden sich in einer permanenten Zerreißprobe zwischen dem einerseits volkswirtschaftlichen Ziel der Stadt, möglichst viele und qualitativ hochwertige Veranstaltungen gewinnen zu wollen und andererseits eine möglichst hohe Marge zur Deckung der Kosten des Kongressbüros erwirtschaften zu müssen. So ist oftmals das Ergebnis einer umfassenden Beratung und kostenlosen Site Inspection durch das Kongressbüro, dass die Veranstaltung zwar für die Stadt gewonnen werden kann, das Kongressbüro aber selbst betriebswirtschaftlich gesehen davon nicht profitiert. Im Gegenteil: es werden nur Kosten verursacht, weil der Veranstalter z. B. selbst als PCO oder Agentur tätig ist und das Geschäft mit den Partnern vor Ort direkt organisiert. Gerade deswegen ist diesbezüglich eine klare Struktur und Zielsetzung seitens der Gesellschafter wichtig.

1.7 Bedeutung von Netzwerken und Kooperationen

Aufgrund der unter Punkt 1.6 angesprochenen Erwartungshaltung seitens der Auftraggeber bzw. des Gesellschafters oder Gesellschafter sind im MICE Geschäft Netzwerke und Kooperationen existentiell wichtig. So funktioniert das MICE Geschäft auf lokaler Ebene nur, wenn alle MICE Partner gemeinsam eine Allianz bilden und an einem Strang ziehen. Das Kongressbüro fungiert insofern als Bindeglied, oftmals auch zwischen der Stadt und den Partnern sowie als Vermittlerin und Sprachrohr für alle an der Kongresswirtschaft beteiligten Partner vor Ort. Vom Veranstalter wird das Kongressbüro als erste Anlaufstelle gesehen. Hier lässt er sich umfassend beraten, um dann zu entscheiden, ob er weitere, eventuell auch kostenpflichtige Serviceleistungen, des Kongressbüros in Anspruch nimmt oder mit den jeweiligen Partnern vor Ort direkt in Kontakt tritt. Die meisten Kommunen sind auf nationaler Ebene durch ihre Mitgliedschaft im Deutschen Kongressbüro, dem German Convention Bureau (GCB) gut vernetzt. Oftmals gibt es weitere Convention Bureaus auf regionaler Ebene, z. B. wenn es sich um eine bedeutende Wirtschaftsregion handelt, die sich über das MICE Thema positionieren will. Wichtig ist es in diesem Fall, dass die Funktionen und Aufgaben des regionalen Convention Bureaus mit den Convention Bureaus auf lokaler Ebene vorher konkret abgestimmt werden. Sonst kann es passieren, dass die Strukturen des lokalen Kongressbüros mit denen des regionalen Convention Bureaus kollidieren. Etwa wenn die Vermittlung von Veranstaltungsstätten auf lokaler Ebene nur gegen Provisionszahlung durch die lokalen Partner erfolgt, das regionale Kongressbüro die Vermittlung aber unentgeltlich anbietet. Inwieweit einzelne Destinationen mit Partnern, sei es lokal, regional oder national kooperieren, sollte deshalb auch vorher in dem Stadtmarketingkonzept der jeweiligen Destination festgelegt werden.

1.8 Zusammenfassung Organisationsformen von Kongressbüros

Bei der Betrachtung der verschiedenen Organisationsformen von Tourismus- und Kongressbüros auf lokaler Ebene wird deutlich, dass es kein allgemeingültiges Modell gibt oder je geben wird. Jede Stadt hat ihre spezifischen Rahmenbedingungen die letztendlich ausschlaggebend für die Wahl der Organisationsform sind. Umso wichtiger ist es, dass die Stadt, die im Tourismus und/oder Kongressbereich tätig wird, ein Stadtmarketingkonzept mit strategischen Zielen und genauen Aufgaben entwickelt, bevor überhaupt über die Organisationsform entschieden wird. Ausschlaggebend für das zu wählende Organisationsmodell sind die in dem Stadtmarketingkonzept festgelegten Ziele und Aufgaben.

2   Der Heidelberg Business Service

2.1   Heidelberg

Wer an Heidelberg denkt, denkt zunächst an die romantische Stadt am Neckar, an die älteste Universität Deutschlands, an die Touristenströme die jedes Jahr die Heidelberger Altstadt und das Heidelberger Schloss besuchen, und an den Neckar, der Heidelberg ein besonderes Alleinstellungsmerkmal verleiht. Mit dem klassischen MICE Geschäft wird Heidelberg nicht sofort in Verbindung gebracht.

2.2   Tourismus- und Kongressstrukturen in Heidelberg

Bis Ende 2002 war in Heidelberg für das Kongress- und Tourismusgeschäft der Verkehrs-verein Heidelberg e.V. zuständig. Zu diesem Zeitpunkt gab es eine Marketingabteilung, die sowohl die touristischen Themen als auch das Kongress- und Tagungsthema bearbeitete. Die dadurch generierten Anfragen wurden in der Incomingabteilung abgewickelt. Dabei handelte es sich primär um Vermittlungsleistungen. Eine Differenzierung im Servicebereich nach Zielgruppen wurde nicht vorgenommen. Innerhalb der Marketingabteilung wurden auch Veranstaltungen wie der Weihnachtsmarkt, der „Heidelberger Herbst", die Schlossbeleuch-tungen und die Brauchtumsveranstaltungen organisiert. Außerdem betrieb der Verkehrsver-ein das Kongresshaus Stadthalle Heidelberg, das historische und größte Veranstaltungshaus in Heidelberg, direkt am Neckar gelegen. Es gab *eine* Marketingstrategie, die für alle The-men angewandt wurde: „Heidelbergs Image und tradierte Werte an die nachfolgenden Gene-rationen weitergeben" (Verkehrsverein Heidelberg e.V., 2002).

Zum 1.1.2003 wurde seitens der Stadt Heidelberg eine Neuorganisation der Tourismus- und Wirtschaftsförderung vorgenommen. Es wurde die Holding „Heidelberger Gesellschaft für Wirtschaftsentwicklung und Tourismus mbH" gegründet. Darunter wurden zwei weitere GmbHs angesiedelt: die Heidelberger Kongress- und Tourismus GmbH und die Heidelberger Wirtschaftsentwicklungsgesellschaft mbH. Das bisher durch den Verkehrsverein Heidelberg (Vereinigung zur Förderung von Wirtschaft und Fremdenverkehr e.V.) betriebene operative Geschäft der Tourismusförderung wurde damit ab 2003 von der Heidelberger Kongress- und Tourismus GmbH übernommen. „Die bisherigen Aufgaben des Verkehrsvereins in den Be-reichen Marketing, Incoming, Durchführung von Veranstaltungen, Tourist Information, Kongresshaus Stadthalle und Verwaltung werden ab 1.1.2003 von der für die gewerblichen Tätigkeiten gegründeten Heidelberger Kongress und Tourismus GmbH übernommen" (Ver-kehrsverein Heidelberg e.V. / Heidelberger Kongress und Tourismus GmbH, 2003)

Zum 1.7.2007 wurde die Holding wieder aufgelöst. Die Heidelberger Wirtschaftsentwick-lungsgesellschaft wurde als Amt für Wirtschaftsförderung in die Stadtverwaltung zurück geholt. Die Aufgaben der Heidelberger Kongress und Tourismus GmbH hat seit Ende 2007 die Heidelberg Marketing GmbH mit weiteren zusätzlichen Aufgaben übernommen: „Die Heidelberg Marketing GmbH ist eine Beteiligungsgesellschaft der Stadt Heidelberg und ist mit der Vermarktung Heidelbergs im In- und Ausland beauftragt. Dies umfasst insbesondere die Bereiche Tourismus, Kongresse, Wissenschaft, Kultur und Einzelhandel. Die Heidelberg Marketing GmbH betreibt außerdem das historische Kongresshaus Stadthalle Heidelberg sowie die Tourist Informationen am Hauptbahnhof und im Rathaus der Stadt Heidelberg" (Heidelberg Marketing GmbH, 2010).

2.3   Der Heidelberger Kongress- und Tagungsmarkt

Nach Gründung der Heidelberg Marketing GmbH wurde in 2007 eine Studie über den Kongress- und Tagungsmarkt in Heidelberg in Auftrag gegeben. Diese bestätigte, dass von den jährlich rund 1 Mio. Übernachtungsgästen 70 % aus beruflichen Gründen nach Heidelberg kommen, wozu auch die Kongress- und Tagungsgäste zählen. Von diesen 70 % sind ca. 30 % dem MICE Geschäft zuzuordnen. Die Studie bestätigte damit ein großes Potenzial im MICE Geschäft, das es zu nutzen gilt. Bekannt wurde durch die Studie auch, dass jede dritte Veranstaltung (von rund 10.000 im Jahr) einen wissenschaftlichen Bezug hat. Keine Überraschung, zumal Heidelberg die älteste Universität Deutschlands beherbergt und über eine riesige Forschungslandschaft mit renommierten Einrichtungen wie dem Deutschen Krebsforschungszentrum, vier Max-Planck-Instituten und dem European Molecular Biology Laboratory verfügt. Ebenso ist Heidelberg Standort internationaler namhafter Wirtschaftsunternehmen wie Heidelberg Cement AG, Heidelberger Druckmaschinen AG und Henkel KGaA.

2.4   Marketingstrategie im Kongress- und Tagungsbereich

Aufgrund der Ergebnisse der o.g. Studie, die auch intensiv die Infrastruktur im Kongress- und Tagungsbereich beleuchtete, entwickelte die Heidelberg Marketing GmbH für den Heidelberger MICE-Bereich die folgende Marketingstrategie:

- Heidelberg ist *der* Treffpunkt für Veranstaltungen aus Wissenschaft und Wirtschaft
- Im Vordergrund steht die inhaltliche Qualität der Veranstaltung und nicht die Quantität von Veranstaltern und der Besucher
- In Heidelberg treffen sich die innovativsten Köpfe der Welt

Diese Marketingstrategie spiegelt sich auch in einer internen Umorganisation der bis dahin bestehenden Struktur wieder. Wurden bisher die Anfragen aus dem MICE Bereich in der touristischen Reservierung bearbeitet, so werden seit 2009 die Kongress- und Tagungsanfragen direkt im Business Service abgewickelt. Die Aufgabenbereiche der Heidelberg Marketing GmbH wurden deswegen in den Tourismus und den Business Bereich geteilt, was in dem folgenden Schaubild verdeutlicht wird.

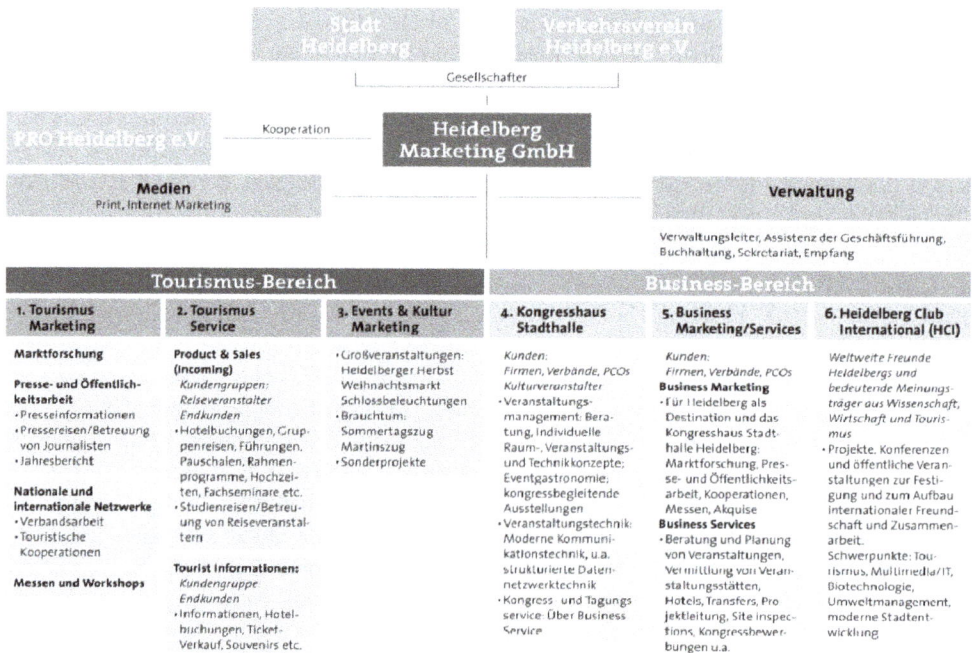

Abb. 16: Struktur der Heidelberg Marketing GmbH

2.5   Das Heidelberger Kongressbüro – Der Business Service

Bereits 2005 – also noch vor der Gründung der Heidelberg Marketing GmbH – wurde ein Kooperationsvertrag mit dem seit 2004 bestehenden Veranstaltungsmanagement der Universität Heidelberg abgeschlossen, um im Veranstaltungsbereich und Wissenschaftsmarketing enger zusammen zu arbeiten. Ein weiterführendes und auch in der Studie von 2007 empfohlenes gemeinsames Kongressbüro mit der Universität, das „Heidelberg Congress und Campus Bureau", wurde aus politischen Gründen nicht weiter verfolgt. Das Veranstaltungsmanagement der Universität Heidelberg hat mittlerweile seinen Service zu einem Full-PCO (Professional Congress Organiser) im universitären Bereich ausgebaut. Der 2009 etablierte Business Service der Heidelberg Marketing GmbH steht sowohl Kongress- als auch Tagungsveranstaltern aus dem Corporate Bereich (Firmenkunden) zur Verfügung und ist wie bei Kongressbüros üblich, erster Ansprechpartner in Heidelberg für Veranstalter. Der Business Service gewährleistet, dass die Anfragen, die durch das Business Marketing generiert werden, auch zielgruppengerecht bearbeitet werden. Gerade bei den Tagungsanfragen geht es oftmals um Veranstaltungen mit Incentive-Charakter, die einen anderen Service erfordern als der für touristische Individualgäste und Reiseveranstalter. Je nach Bedarf des Kunden tritt der Business Service als Vermittler oder Agentur auf. Entsprechende AGBs erhält der Veranstalter bei Beantwortung seiner Anfrage.

Die wesentlichen Aufgaben des Business Service sind:
Beratung und Planung von Veranstaltungen, Konzepterstellung inkl. detailliertem Ablaufplan und Budget, Site Inspections für Veranstalter, Hostess-Service, Handling und Kontrolle von Rechnungen der Leistungsträger, Projektleitung/Ablaufkontrolle vor Ort durch erfahrene Mitarbeiter, Vermittlung der passenden Veranstaltungsstätte und Unterkünfte, attraktiver Rahmen- und Incentive-Programme, Vermittlung von Transfers und qualifizierten Leistungsträgern, z. B. aus den Bereichen Catering, Künstler und Moderatoren.

2.6   Ausblick

Wie viele Kongressbüros befindet sich auch das Heidelberger Kongressbüro, der Heidelberg Business Service, auf einem permanenten Prüfstand durch ihre Gesellschafter. Die Herausforderung der nächsten Jahre wird es sein, den Veranstalter im Auge zu behalten und den Spagat zwischen Vermarktung einerseits und betriebswirtschaftlichem Umsatz für das Kongressbüro andererseits zu meistern. Heidelberg steht außerdem vor der besonderen Herausforderung, sich weiterhin mit seinen vorhandenen Kongress- und Tagungskapazitäten auf dem MICE-Markt zu positionieren. Trotz jahrzehntelanger Bemühungen ist es in Heidelberg bis heute nicht gelungen, die gerade für Kongresse und Tagungen aus dem wissenschaftlichen Bereich benötigten Kapazitäten an einem für Heidelberg spezifischen Standort zu schaffen. Nachdem auch die Erweiterung des Kongresshauses Stadthalle Heidelberg, die unter dem Motto „Ergänzen was fehlt" stand, in 2010 scheiterte, beginnt Heidelberg diesbezüglich nun wieder ganz von vorne (Schwägermann, 2009).

Kernaspekte

• Kommunen sind mit einer veränderten Nachfrage vonseiten reiseerfahrener und anspruchsvoller Gäste konfrontiert, sodass die Tourismusarbeit verstärkt aus der Verwaltung ausgegliedert und häufig von privatwirtschaftlichen GmbHs übernommen wird.

• Die MICE-Arbeit wird häufig durch ein Convention Bureau (Kongressbüro), das meistens in die Stadtmarketing- oder Tourismusmarketinggesellschaft als Abteilung integriert ist, umgesetzt.

• Die Bildung eines Kongressbüros, das als Bindeglied, Vermittlerin und Sprachrohr zugleich dient, bietet sich an, um die Bedeutung des Kongress- und Tagungsmarktes hervorzuheben und um den Veranstalter direkt und zu den richtigen Ansprechpartnern zu leiten.

• Aufgaben, Funktionen und Tätigkeiten eines Kongressbüros sind sehr komplex und nicht in der reinen Akquise erschöpft.

• Die ständige Herausforderung von Kongressbüros (so auch für den Heidelberger Business Service) besteht darin, den Spagat zwischen den volkswirtschaftlichen Zielen der Stadt einerseits und dem betriebswirtschaftlichen Umsatz für das Kongressbüro andererseits zu meistern.

3   Literatur

Burmeister, S. (2009): Ein modellhafter Strukturvergleich von deutschen „Convention Bureaus" – Integration oder Selbständigkeit, Diplomarbeit, Hochschule Kempten.

DFV – Deutscher Fremdenverkehrsverband (1994): Dokumentation der Fachtagung des Deutschen Fremdenverkehrsverbandes am 22.9.1994 in Leipzig, Heft 3 der neuen Fachreihe des Deutschen Fremdenverkehrsverbandes, Leipzig.

DZT – Deutsche Zentrale für Tourismus (2010): Geschäftsbericht 2010, online verfügbar auf: viewer.zmags.com/publication/943bc97d#/943bc97d/16, Download am 21.01.2012.

Heidelberg Marketing GmbH (Hrsg.) (2010): Selbstdarstellungsbroschüre.

Schreiber, M. T. (2002): Kongress- und Tagungstourismus, München, Wien.

Schwägermann, H.(2009): Gutachten zur Erweiterung des Kongresshauses Stadthalle Heidelberg.

Storch, V. (2011): Public Relations von Convention Bureaus – eine Situationsanalyse deutscher Kongressbüros, Bachelorarbeit, Hochschule Harz.

Verkehrsverein Heidelberg e.V. (2002): Strategiepapier.

Verkehrsverein Heidelberg e.V. (2003): Mitteilung Betriebsübergang vom 18.2.2003 an alle Mitarbeiter/-innen des Verkehrsvereins Heidelberg e.V.

Verkehrsverein Heidelberg e.V. / Heidelberger Kongress und Tourismus GmbH (2003): Personalüberleitungsvertrag zwischen dem Verkehrsverein Heidelberg e.V. und der Heidelberger Kongress und Tourismus GmbH.

Zeiner, M. / Harrer, B. / Bengsch, L., (2005): Städtetourismus in Deutschland, Grundlagenuntersuchung: Struktur, Bedeutung und Chancen, Heft 7 aus der Neuen Fachreihe desDeutschen Fremdenverkehrsverbandes e.V., Bonn.

Erfolgreiche Partnerschaft im Veranstaltungssegment: Cologne Convention Bureau

Stephanie Franke

1 Kooperatives Marketing

1.1 Definition

Kooperation kommt aus dem lateinischen „cooperatio" und bedeutet Zusammenwirkung bzw. Mitwirkung und beschreibt das Zusammenwirken von Handlungen zweier oder mehrerer Lebewesen, Personen oder Systeme. In der Betriebswirtschaftslehre ist eine Kooperation die freiwillige Zusammenarbeit von Unternehmen, die rechtlich selbstständig bleiben. Die beteiligten Unternehmen geben aber einen Teil ihrer wirtschaftlichen Souveränität ab. Dieses auf ein kooperatives Marketing umzusetzen, bedeutet, die zur Verfügung stehenden Ressourcen und Energien gemeinsam einzusetzen, um Synergien zu schaffen. Nicht immer mag ein kooperatives Marketing gemeinsam mit anderen Partnern sinnvoll sein, vor allem, wenn es sich bei den Partnern auch um Wettbewerber handelt. Situationsbedingt ist daher zu entscheiden, wann ein singuläres oder kooperatives Marketing am wirkungsvollsten scheint.

1.2 Kooperationen im Destinationsmarketing

Zuerst einmal ist es natürlich die hoheitliche Aufgabe der durch die Stadt beauftragten Organisation, für die Destination im touristischen Sinn sowie im Kongress- und Tagungssegment zu werben. In den weiteren Ausführungen wird es im Wesentlichen um das Destinationsmarketing und die damit verbundenen Kooperationen im Kongress- und Tagungsbereich gehen. Die dafür zuständige Institution innerhalb einer Stadt oder einer Region ist das Convention Bureau (CVB). Gibt es kein Convention Bureau, so werden die Aufgaben in der Regel durch die lokale Tourismusorganisation, ein städtisches Amt oder eine städtische Marketingorganisation übernommen. Die Strukturen der CVBs in Deutschland sind unterschiedlich. Oft handelt es sich um die Abteilung einer städtischen GmbH oder die Abteilung einer gemischtwirtschaftlichen GmbH. Darüber hinaus gibt es die Organisation innerhalb eines Vereines sowie noch vereinzelt das städtische Amt (siehe Kapitel Feilhauer). Weitere wichtige Akteure innerhalb einer Stadt oder Region sind natürlich die Betreiber von Kongresszentren, Veranstaltungs- und Eventlocations sowie (Tagungs-)Hotels. Ebenso dazu gehören Professional Congress Organizer (PCO), Destination Management Companies (DMC), Incoming-Agenturen, Technikanbieter, Partner aus dem Bereich der Gastronomie und des Einzelhandels sowie alle Unternehmen und Institutionen, deren Angebote und Leistungen von Touristen bzw. Geschäftsreisenden in Anspruch genommen werden.

Jeder der Akteure verfügt aber über begrenzte Ressourcen, sowohl personeller als auch finanzieller Art. Die Bündelung von Ressourcen erhöht somit die Schlagkraft und Wirkung von Marketingmaßnahmen. Gerade im Destinationsmarketing sind Kooperationen und damit in Zusammenhang stehende Marketingaktivitäten daher von besonderer Bedeutung. Eine Destination setzt sich wie oben beschrieben aus den unterschiedlichsten Akteuren zusammen, die nicht zwangsläufig immer identische Ziele und Interessen verfolgen. Ein gemeinsames Ziel wird allerdings immer verfolgt: Veranstaltungen und damit Gäste für die gemeinsame Destination zu gewinnen. In Anbetracht dieses allen voran stehenden Ziels und um gegenüber dem Wettbewerb aus anderen Städten oder sogar Ländern wettbewerbsfähig zu sein und auch zu bleiben, ist das Zusammenspiel der Beteiligten von entscheidender Bedeutung (Bieger, 2005, S. 60; Wiesner, 2008 S. 5/18).

Das Zusammenspiel der lokalen Partner einer Stadt bei bestimmten Marketingaktivitäten zur Bewerbung der Destination ist daher oft bewährte Praxis. Diese kooperativen Maßnahmen beziehen sich vor allem auf Messeauftritte, die Durchführung von Educational Trips, gemeinsame Anzeigenschaltungen bis hin zur gemeinschaftlich durchgeführten Bewerbung um einen Kongress. In vielen Bereichen sind gemeinsame Aktionen wirkungsvoller als eine Vielzahl kleiner Aktionen, die unabhängig voneinander durchgeführt werden. Natürlich ist dabei im Vorfeld immer genau zu analysieren, welche Kombination von potenziellen Partnern die besten Synergien und damit den höchst möglichen Output für alle Beteiligten ergibt.

Aber auch über die Grenzen einer Stadt hinaus gibt es vermehrt Ansätze zu Kooperationen und gemeinsamen Vermarktungsaktivitäten. So kommt es dann dazu, dass Institutionen und Firmen als Partner auftreten, die im Grunde genommen Wettbewerber sind. Auf den ersten Blick mag das manchmal merkwürdig erscheinen, doch auch als Wettbewerber kann ein auf die Zielgruppe abgestimmtes kooperatives Marketing durchaus sinnvoll sein und Synergien bieten. Das Projekt Meetropolis, die gemeinschaftliche Vermarktung der Kongressdestinationen Köln und Düsseldorf im internationalen Umfeld, welches in Punkt 3 näher erläutert wird, ist ein Beispiel dafür, wie durch den Zusammenschluss zweier Wettbewerber zu Partnern in einem klar definierten Markt Synergien genutzt und Potenziale gehoben werden können.

2   Destinationsmarketing in Köln

2.1   Die KölnTourismus GmbH

Der Bedeutung des Wirtschaftsfaktors Tourismus ist man sich in Köln bewusst und wie in vielen anderen Städten auch wurde die Vermarktung der Destination im touristischen Sinn lange durch das Fremdenverkehrsamt ausgeübt. In 2004 ging aus dem Fremdenverkehrsamt dann die KölnTourismus GmbH hervor, eine 100 %ige Tochter der Stadt Köln. Die Köln-Tourismus GmbH ist damit die offizielle Tourismusorganisation für die Stadt Köln und somit erster Ansprechpartner für Besucher aus aller Welt, sowohl für Geschäftsreisende als auch für Freizeit-Besucher. KölnTourismus wirbt weltweit – mit seinen Partnern – für die Reisedestination und den Kongress-Standort Köln. Ziel ist neben der Steigerung des Images die Positionierung Kölns und der angrenzenden Region als attraktive Tourismusdestination und als herausgehobener Kongress-Standort im nationalen und internationalen Markt und damit einhergehend die Erhöhung der Wertschöpfung aus diesen Aufgabenstellungen für die Wirtschaft in der Stadt und der Region. Die Vermarktung der Stadt erweiterte sich seit Gründung der GmbH um viele Angebote an die Touristen. Dazu gehören die Hotelreservierung, der Vertrieb von Produkten wie Stadtführungen, Packages, Tickets, etc. und auch Köln-gebrandete Produkte.

Beim Marketing fungiert KölnTourismus primär als Katalysator zwischen dem touristischen Angebot einerseits und der Nachfrage im nationalen und in den internationalen Märkten andererseits: Sie bündelt auf der lokalen und auf der regionalen Ebene die Angebotsvielfalt der touristischen Leistungsträger und macht damit die Stadt Köln und die Region national und international in den Märkten erkennbar.

2.2   Das Cologne Convention Bureau – Struktur und Aufgabe

In einer Stadt mit dem fünftgrößten Messegelände der Welt, zwei Kongresszentren innerhalb des Messegeländes sowie insgesamt mehr als 150 Locations für Kongresse und Tagungen spielt natürlich neben dem klassischen Leisure-Tourismus das Messe- und Kongresswesen und das damit verbundene Destinationsmarketing eine bedeutende Rolle. 208 Mio. Euro Gesamtausgaben der Veranstaltungsteilnehmer, 386 Mio. Euro induzierter Umsatz insgesamt, 4.097 Arbeitsplätze und 66,8 Mio. Euro Steuereinnahmen – die Zahlen des ifo Instituts aus dem Jahr 2007 sprechen eine deutliche Sprache. Dabei beziehen sich diese Zahlen allein auf die Veranstaltungen, die in den Locations der KölnKongress GmbH stattgefunden haben. Insgesamt fanden in Köln im Jahr 2010 knapp 43.000 Veranstaltungen mit 3,3 Mio. Teilnehmern statt (EITW, 2010, S. 10). Die wirtschaftliche Bedeutung von Kongressen und Tagungen ist somit nicht nur für Locations, sondern auch Hotels, das Gastgewerbe, Taxibetriebe und den Einzelhandel hoch und bedarf besonderer Aufmerksamkeit.

Doch kaum ein Kongressveranstalter entscheidet sich ausschließlich aufgrund eines Kongresszentrums oder Hotels für einen Veranstaltungsort. Die Vermarktung der Destination hat oberste Priorität, denn die Kombination aus Angebot, Erreichbarkeit und Zusammenspiel der Partner vor Ort ist entscheidend. Daher war es ein logischer Schluss, der Bearbeitung dieses Marktes auch insofern die nötige Bedeutung einzuräumen und eine explizit auf dieses Aufgabengebiet ausgerichtete Organisationseinheit in Form eines Convention Bureaus zu etablieren. Nach dem Ratsbeschluss der Stadt Köln nahm im August 2008 das Cologne Convention Bureau (CCB) als eine eigenständige Abteilung innerhalb der KölnTourismus GmbH seine Arbeit auf.

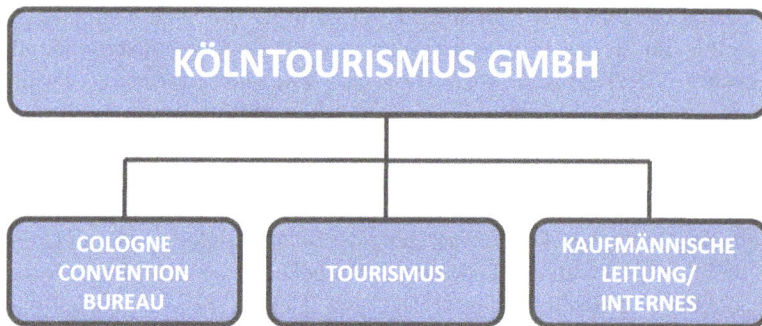

Abb. 17: Organigramm KölnTourismus GmbH in einer vereinfachten Darstellung (eigene Darstellung)

„Destination first" – mit diesem Auftrag ging das CCB mit drei Mitarbeitern ausgestattet am 01.08.2008 an den Start, um den Vermarktungsauftrag der Stadt unter Einbeziehung der Branchenpartner vor Ort umzusetzen. Durch die organisatorische Integration des CCB in die KölnTourismus GmbH ist eine Neutralität gegenüber allen Leistungsträgern gewährleistet. Ebenso können die Synergien zum touristischen Marketing, der Presse und der Werbung innerhalb des Unternehmens hervorragend genutzt werden. Die Hauptaufgaben des neu geschaffenen Cologne Convention Bureau sind im Wesentlichen wie folgt definiert:

- Vermarktung der Kongressdestination Köln im nationalen / internationalen Wettbewerb,
- Neutraler Ansprechpartner für Veranstaltungsplaner zur Beratung für Veranstaltungen in Köln sowie zur Vermittlung zu Branchenpartnern innerhalb der Stadt,
- Schnittstelle zwischen Branche und Politik,
- Aktive Mitarbeit in Branchenverbänden, wie dem German Convention Bureau (GCB) und der International Congress and Convention Association (ICCA),
- Monitoring des Marktes sowie Recherche vorhandener Kundenpotenziale,
- Erstellung einer Kongress-Statistik für Köln,
- Betreuung von Kongressveranstaltern (Informationsbereitstellung, Site-Inspections, Angebote von Rahmenprogrammen, Hotelreservierung, etc.) und
- Unterstützung von Kongressbewerbungen und Bid Book Erstellung.

2.3   Kooperatives Marketing im Kongress- und Tagungsbereich in Köln

Das Cologne Convention Bureau ist die durch die Stadt beauftragte und finanzierte Institution zur Bewerbung der Destination im Kongress- und Tagungsbereich. Die Stadt als Kongressstandort zu vermarkten, bedeutet vor allem auch, das vorhandene Angebot und Leistungsspektrum abzubilden und darzustellen. Dieses ist ohne eine enge Vernetzung mit den Branchenpartnern vor Ort nicht möglich. Daher wurde bereits direkt bei der Gründung des CCB eine Marketingstrategie festgelegt und in den darauffolgenden Jahren fest implementiert. Diese basiert darauf, dass es neben den allein durchgeführten Aktivitäten eine Vielzahl an Maßnahmen gibt, die auf eine Kooperation von CCB und Branchenpartnern setzt. Zum einen gehören Messeauftritte dazu, an denen sich Partner als Unteranschließer präsentieren können.

Ein wesentlich breiter angelegter Ansatz zum kooperativen Marketing in der Stadt ist allerdings das Partnermodell. Dieses definiert eine Reihe von Leistungen und Maßnahmen, die potentiellen Partnern gebündelt für die Dauer eines Jahres angeboten werden. Dazu gehören u. a. die Darstellung der Partner in der jährlich erscheinenden Tagungs- und Kongressbroschüre Meeting Point Cologne, der dazugehörenden CD sowie dem Online-Tagungsplaner. Partner werden regelmäßig zu Netzwerktreffen eingeladen, erhalten kostenfreie Stadtpläne für die Teilnehmer der Veranstaltungen, die in ihren Häusern stattfinden, Sonderkonditionen bei Anzeigenschaltungen in gemeinsamen Destination Reports, Unterstützung bei selbst organisierten Education Trips u.v.m. Durch diese Form der partnerschaftlichen und kooperativen Zusammenarbeit entstand seit Gründung des CCB ein enges Netzwerk zwischen den Partnern in der Stadt. Mehr als 80 Branchenpartner beteiligen sich am Partnermodell des CCB und tragen so zu einem gemeinsam betriebenen und kooperativen Destinationsmarketing bei. Damit werden eigene, durch die Partner selbstständig betriebene Marketingaktivitäten natürlich nicht ersetzt, sondern sinnvoll ergänzt. Ein Kunde benötigt bei seiner Veranstaltung oft die Dienstleistung mehrerer Leistungsträger einer Stadt (Location, Hotel, Catering, Rahmenprogramm, etc.). Durch eine gemeinsame Präsentation und Vernetzung über das Convention Bureau entsteht für ihn der positive Eindruck, dass eine Stadt gemeinsam und partnerschaftlich ihre Kunden betreut. Die Gewinnung von Kunden und deren Zufriedenheit mit der Destination ist das oberste Ziel des kooperativen Marketings zwischen Convention Bureau und Leistungsträgern in der Stadt.

3   Städteübergreifendes kooperatives Marketing in der Region Köln/Düsseldorf

3.1   Geschichte und Entwicklung

Aber auch über die Stadtgrenzen hinaus kann es sinnvoll sein, Marketingkooperationen einzugehen. Beispiele für Kooperationen zwischen Städten bzw. deren Institutionen zur Bündelung des Leistungsangebotes sowie zur Durchführung gemeinsamer Marketingaktivitäten gibt es bereits einige. Diese gibt es sowohl im touristischen Bereich als auch im Kongress- und Tagungsbereich. Zusammenschlüsse können punktuell auf besondere Aktivitäten ausgelegt oder aber auch institutionalisiert sein, wie z. B. der Zusammenschluss der „Magic Cities" im touristischen Marketing (Köln, Hamburg, Berlin, Düsseldorf, Frankfurt, Stuttgart, München, Nürnberg, Hannover, Dresden, Leipzig) oder im Kongressbereich die Marketingkooperation „Seven Centers" der sieben größten Kongresszentren Deutschlands (Köln, Hamburg, Berlin, Düsseldorf, Stuttgart, München, Frankfurt a. M.).

Auch im Rheinland haben sich die touristischen Leistungsträger bezüglich verschiedener Themen und Projekte zu kooperativen Marketingmaßnahmen zusammengefunden. Nicht immer handelt es sich um die gleichen Akteure, sondern je nach Zielgruppe und Maßnahme haben sich Partner gefunden, die in einem bestimmten Bereich gleiche Ziele verfolgen und so die vorhandenen Synergien nutzen. Bereits seit über 10 Jahren existiert z. B. die Kooperation der Städte Köln, Bonn und Düsseldorf in Bezug auf die gemeinsame Beteiligung an den touristischen Messen ITB und RDA Workshop. Ein weiteres Kooperationsprojekt zielt auf den Radtourismus ab, der vor allem die Städte und Regionen Bonn, Rhein-Erft-Kreis, Rhein-Sieg-Kreis, Köln, Leverkusen, Rhein Kreis Neuss, Rheinisch-Bergischer Kreis und Oberbergischer Kreis beschäftigt. Unter Einbeziehung weiterer Partner aus der Radbranche hat man die Kooperation „Radregion Rheinland" gegründet, um so diese Gebiete des Rheinlandes als touristisches Ausflugsziel für Radfahrer zu bewerben. Weitere Beispiele lassen sich im Golftourismus durch die Kooperation Golfnet Rheinland sowie im Gesundheitstourismus durch Health Cologne finden.

Eine gemeinsame Beteiligung an einer Messe ist eine Kooperationsform, die auch im Kongressbereich seit langem zwischen den Städten Köln, Bonn und Düsseldorf bestand. Bis 2009 präsentierten sich die drei rheinischen Städte zusammen auf der IMEX, der wichtigsten Messe der Meeting Industrie in Frankfurt a.M. Bedingt durch ein eigenes Standbaukonzept in Bonn, welches eine eigenständige Präsenz erforderte, wurde diese Kooperation ab 2010 nun als Duo Köln-Düsseldorf weiter fortgeführt. Aus dieser neuen „alten" Konstellation heraus wurde dann für die IMEX 2010 das Messekonzept „KÖLNDÜSSELDORF – The Meetropolis" entwickelt. Darauf basierend entstand im Folgenden die Idee, dass aus dieser Messekooperation wesentlich mehr herauszuholen ist. Gerade im internationalen Umfeld sind die beiden rheinischen Städte erst einmal weniger Wettbewerber, sondern vielmehr Partner, die es mit vereinten Kräften besser schaffen, das Augenmerk internationaler Veranstaltungsplaner auf das Rheinland und damit auf die beiden Kongressmetropolen Köln und

Düsseldorf zu lenken. Für über die Messe hinausgehende Aktivitäten zur gemeinsamen kooperativen Destinationswerbung bedarf es aber zusätzlicher personeller und vor allem finanzieller Ressourcen. Wettbewerbe zur Gewinnung von Fördermitteln, um gute Projektideen von regionalen Partnern zu unterstützen, sind hier ein geeignetes Instrument, um die eigenen Konzepte zu prüfen und im besten Fall zu Realisierung zu führen. So wurde auch bei der Projektidee „Meetropolis" die Möglichkeit der Beteiligung am Förderwettbewerb Erlebnis NRW aufgegriffen, um die Chance zu ergreifen, auf die bisherige Kooperation aufzubauen und die erkannten weiteren Potenziale zur Ausdehnung der Partnerschaft auszuschöpfen.

3.2   Wettbewerb Erlebnis NRW

„Wettbewerbe sind ein fester Bestandteil des NRW-EU Ziel 2-Programms, Regionale Wettbewerbsfähigkeit und Beschäftigung 2007–2013' " (EFRE). Sie sind das zentrale Instrument zur Auswahl von qualitativ hochwertigen, innovativen Fördervorhaben und zur Vergabe der Fördermittel des Programms. Mit dem zweiten Wettbewerb Erlebnis.NRW will die Landesregierung die Wettbewerbsfähigkeit der nordrhein-westfälischen Tourismusbranche nach den Vorgaben des Masterplans „Tourismus Nordrhein-Westfalen" weiter stärken und zugleich die Erschließung und Entwicklung des europäischen Naturerbes zum Zwecke der landschaftsbezogenen Erholung innerhalb der Natura 2000 Gebiete gezielt fördern." (MWEBWV, 2010).

Dieser in 2010 zum zweiten Mal durchgeführte Wettbewerb war das Sprungbrett für das nun anlaufende Projekt „KÖLNDÜSSELDORF – The Meetropolis". Er basiert auf zwei Säulen, von denen die Säule „Tourismus" auch für den MICE-Bereich relevant ist. Gefördert werden Vorhaben, die nachweislich dazu beitragen, Nordrhein-Westfalen als pulsierende Reisedestination zu profilieren und damit die touristische Wettbewerbsfähigkeit stärken. Die Projektideen müssen sich u. a. auf infrastrukturelle Vorhaben, Netzwerkgründungen und -weiterentwicklungen im Rahmen von Projekten zur Stärkung der Wertschöpfungsketten in den touristischen Zukunftsmärkten oder auf Forschungs- und Entwicklungsprojektebeziehen. Umgesetzt werden sollen diese Projekte möglichst von Partnern aus mehr als einer Stadt bzw. Region. Weiterhin muss sich das Projekt auf eine Zielgruppe beziehen, die durch den Masterplan von Tourismus NRW definiert wurden. Eine dieser Zielgruppen ist das Businesssegment, welches ebenfalls das Thema Kongress und Tagungen einschließt.

Somit bot sich mit dem Wettbewerb Erlebnis NRW und den damit verbundenen Bedingungen (städteübergreifende Kooperation, Netzwerkgründung und Bedienung einer der definierten Zielgruppen) eine hervorragende Gelegenheit, die in Ansätzen bereits vorhandenen gemeinsamen Aktivitäten weiter auszubauen und eine Strategie zu entwickeln, wie mit zusätzlichen finanziellen Mitteln aus einem Förderwettbewerb noch mehr Potenzial für die Region gehoben werden kann. Das im Folgenden beschriebene Projekt „KÖLNDÜSSELDORF – The Meetropolis" (kurz: Meetropolis) wurde als Wettbewerbsbeitrag im Wettbewerb Erlebnis NRW eingereicht und ging als einer der Sieger daraus hervor.

3.3   KÖLNDÜSSELDORF – The Meetropolis

3.3.1   Die Entwicklung einer städteübergreifenden Kooperation im Kongress- und Tagungsbereich durch ein gemeinsames Vermarktungskonzept

In Deutschland ist die angebliche „Feindschaft" der beiden Rheinmetropolen oft diskutiert, die wenigsten wissen, wo sie ihren Anfang genommen hat (1288, Schlacht um Worringen) und noch weniger ist sie heute Realität. Gerade im Kongress- und Tagungsbereich haben die beiden Städte – bis 2009 auch gemeinsam mit Bonn – immer die IMEX gemeinsam bestritten und sich als Rheinland präsentiert. Aus dieser lang bewährten gemeinsamen Messepräsenz sowie des mit dem Masterplan von Tourismus NRW verbundenem Wettbewerb Erlebnis NRW heraus ist die Idee einer größer und weiter angelegten Kooperation zwischen Köln und Düsseldorf entstanden.

Abb. 18: *Marke KÖLNDÜSSELDORF – The Meetropolis*

3.3.2   Die Projektpartner

Die beiden eigentlichen Partner und Initiatoren des Projektes, die dieses auch operativ leiten, sind die beiden CVBs der Städte – das Cologne Convention Bureau und das convention bureau DÜSSELDORF. Bei beiden CVBs handelt es sich rein organisatorisch aber um keine eigenständigen Firmen, sondern um die Organisationseinheit einer GmbH bzw. um die Kooperationen zwischen zwei GmbHs. Um am Förderwettbewerb Erlebnis NRW aber teilnehmen zu können, müssen bestimmte formale Bedingungen erfüllt sein. Wie schon in vorangehenden Punkt erläutert, wird vorausgesetzt, dass es mehrere Projektpartner gibt. Hauptantragsteller des Projektes darf aber nur eine GmbH, ein Verein oder eine städtische Einrichtung sein, die die Gewinnerzielungsabsicht im Gesellschaftervertrag ausschließt. Insofern tritt beim Projekt Meetropolis die Düsseldorf Marketing & Tourismus GmbH, zu der das convention bureau DÜSSELDORF zu 50% gehört, als erster Antragsteller auf.

Um die Beziehungen und Strukturen der beteiligten Partner zu verstehen, sollen diese nun kurz dargestellt werden.

Erster Partner: *convention bureau DÜSSELDORF*
Das convention bureau DÜSSELDORF (cbD) ist eine Kooperation, die jeweils zu 50% von der Düsseldorf Marketing & Tourismus GmbH und der DüsseldorfCongress Veranstaltungsgesellschaft mbH finanziert und zu gleichen Teilen durch Personal unterstützt wird. Daher werden auch diese beiden Gesellschaften im Folgenden kurz skizziert. Das cbD wurde 2008 gegründet und beschäftigt zwei Mitarbeiter (Stand: November 2011).

- *Düsseldorf Marketing & Tourismus GmbH (DMT)*
  Die Düsseldorf Marketing & Tourismus GmbH ist die offizielle Vermarktungsgesellschaft der Stadt Düsseldorf. 75% der Anteile an der DMT hält die Stadt Düsseldorf, die restlichen 25% teilen sich auf weitere Gesellschafter auf, wie die Messe Düsseldorf, DüsseldorfCongress, IHK Düsseldorf, Einzelhandelsverband, Dehoga, etc. Die DMT sieht sich als Partner und Ansprechpartner für die touristischen Leistungsträger in Düsseldorf und verfolgt das Ziel, die touristische Destination Düsseldorf sowohl im bundes- als auch im weltweiten Wettbewerb zu positionieren.

- *DüsseldorfCongress Veranstaltungsgesellschaft mbH (DC)*
  DüsseldorfCongress, ein Unternehmen der Stadt und der Messe Düsseldorf (jeweils 50%), ist mit zehn Veranstaltungshäusern und einer Gesamtkapazität von über 130.000 Personen einer der größten europäischen Anbieter von Veranstaltungsstätten. Zum Portfolio von DüsseldorfCongress gehört das CCD Congress Center Düsseldorf, Halle 6 / Halle 8a / Halle 8b, Museum Kunstpalast, Station Airport sowie die Mitsubishi Electric HALLE (ehemals PHILIPSHALLE), die ESPRIT arena, der ISS DOME und das CASTELLO Düsseldorf.

Zweiter Partner: *Cologne Convention Bureau (CCB)*
Das Cologne Convention Bureau wurde 2008 als eine eigenständige Abteilung der KölnTourismus GmbH gegründet. Somit hat das CCB zu 100% städtische Anteilseigner. Anders als in Düsseldorf hat der Betreiber des Congress Centrums, die KölnKongress GmbH, keine Anteile am CCB. KölnKongress gehört (analog den Strukturen in Düsseldorf) zu je 50 % der Stadt Köln und der Koelnmesse. 10 Locations – vom Kongresszentrum der Koelnmesse bis zum Tanzbrunnen – werden durch KölnKongress betrieben. Es besteht eine sehr enge Kooperation und Partnerschaft zwischen dem CCB und KölnKongress, jedoch arbeiten beide städtischen Töchter organisatorisch unabhängig voneinander.

3.3.3   Köln und Düsseldorf – Kongressmetropolen im Rheinland

Die Attraktivität einer Destination ist in der Regel das erste Bewertungskriterium von Veranstaltern bei der Auswahl des Kongressstandortes. Im deutschlandweit bevölkerungsreichsten Bundesland Nordrhein-Westfalen gelegen und nur knapp 40 km voneinander entfernt, zählen die beiden Großstädte Köln und Düsseldorf zu den wichtigsten Wirtschafts-, Wissenschafts- und Kommunikationszentren Deutschlands. Im Radius einer Pkw-Tagesreise leben rund 150 Mio. Menschen – und damit ein Drittel aller Bürger in der erweiterten EU. Sowohl Köln als auch Düsseldorf bieten ein enormes Potenzial für die Durchführung vieler Veranstaltungsarten, insbesondere für Großkongresse. Die beiden Städte verbinden neben dem besonderen rheinischen Flair und beachtlichen Facettenreichtum eine hervorragende Infrastruktur, die Basis für jede Veranstaltung ist.

Köln und Düsseldorf verfügen über eine verkehrsgünstige Lage mit sehr guter Anbindung und sind somit optimal erreichbar. Beide Flughäfen zeichnen sich durch Anbindungen an eine Vielzahl deutscher und europäischer Städte aus. Der Flughafen Köln/Bonn gilt als Hub für Low Cost Carrier, der Flughafen Düsseldorf verfügt über interkontinentale Verbindungen. Ebenso ist der Flughafen Frankfurt a.M. durch die ICE Verbindung in unter einer Stunde Fahrtzeit von Köln aus erreichbar. Beide Städte sind mit nur 20 Minuten Fahrtzeit durch zwei große ICE und Hauptbahnhöfe verbunden, die täglich mehr als 200 Expressverbindungen ins In- und Ausland bedienen.

Mit insgesamt fast 300 Veranstaltungshäusern, den beiden großen internationalen Messeplätzen (Köln weltweit Nr. 5, Düsseldorf Nr. 6) und mehr als 450 Hotels sind Köln und Düsseldorf für kleinere Tagungen, aber auch für Großkongresse gut aufgestellt. Mit einer vielfältigen Wissens- und Forschungslandschaft der beiden Hochschulstandorte und als Standort zahlreicher weltweit erfolgreicher Unternehmen (u. a. neun DAX-30-Konzernen) bieten beide Städte die inhaltlichen Voraussetzungen für die Durchführung internationaler Fachkongresse. Köln positioniert sich im Branchenmix besonders als Medienstadt, Düsseldorf als Modestadt und Lifestylestandort.

3.3.4   Ziel des Projekts „Meetropolis"

Die NRW Metropolregion ist dank der zentralen Lage im Westen Deutschlands europäische Drehscheibe für Wirtschaft, Handel und Verkehr. Ziel ist es, mit der Weiterentwicklung der neuen Marketing-Kooperation „Meetropolis" eine konzentrierte Vermarktungskampagne einzuführen. Eine unter einer Marke durchgeführte Vermarktung zweier Städte, die grundsätzlich im Wettbewerb zueinander stehen, hat es bisher so noch nicht gegeben und gilt als State-of-The-Art Exempel. Besonders hervorstechend ist hierbei noch, dass es sich bei den Kooperationspartnern um zwei Städte handelt, die im Volksmund eher als Rivalen bekannt sind. Messeauftritte wurden im Kongressbereich bereits in Teilen zusammen gemacht; eine komplette Vermarktungskampagne in definierten Zielmärkten unter einem Dach mit einer gemeinsamen Marke ist neu und bestätigt somit den Pilotcharakter dieses Projekts.

Die Kongressmetropolen Düsseldorf und Köln sind im nationalen Veranstaltungsmarkt bereits sehr gut aufgestellt: Die Region Düsseldorf/Köln belegt in der Studie „Meeting & EventBarometer 2010" (EITW, 2010, S. 33) Platz vier der beliebtesten Veranstaltungsorte für deutsche Veranstaltungsplaner. Anders als Berlin, Hamburg und München sind die Convention Bureaus Düsseldorf und Köln trotz der hervorragenden Voraussetzungen bisher im Wesentlichen im Inland bzw. im europäischen Ausland tätig. Im internationalen Ranking der ICCA (International Congress & Convention Association) befindet sich Köln derzeit auf Platz 103, Düsseldorf auf Platz 196 (ICCA, 2010, S. 22/25). Den Tagungsstandorten Düsseldorf und Köln kommt zwar eine große nationale, aber weniger eine internationale Bedeutung zu. Deutschland insgesamt genießt bei Kongressveranstaltern einen hohen Stellenwert: im ICCA Ranking steht Deutschland mit der Anzahl der dort durchgeführten Veranstaltungen als Tagungsland direkt hinter den USA. Hier steckt also noch ein erhebliches Wachstumspotenzial für die Region Köln/Düsseldorf.

Im Projekt Meetropolis geht es im Wesentlichen um eine Kräftebündelung in der Kernzielgruppe der Veranstaltungsplaner von Kongressen, um so eine Schärfung des Profils als attraktive Business Destinationen durch eine gemeinsame und damit effektivere internationale Vermarktung zu erreichen. Mit dem Projekt Meetropolis sollen insbesondere im internationalen Markt für Großveranstaltungen (ab 500 Teilnehmer) im MICE-Segment neue Kunden gewonnen werden. Gerade der Anteil von Veranstaltungen ab 500 Teilnehmern ist mit 2,5 % Steigerung selbst in Krisenzeiten besonders potenzialträchtig. Damit ist das Projekt Meetropolis ganz besonders interessant für die großen Veranstaltungszentren und die Tagungshotellerie der beiden Metropolen, da hier die geforderten infrastrukturellen Voraussetzungen optimal gegeben sind.

Bei dieser Kooperation geht es nicht in erster Linie darum, einen Kongress für die Region zu gewinnen, von dem gleichzeitig beide Städte profitieren. Das wesentliche Kernelement ist, Köln und Düsseldorf verstärkt in das Augenmerk internationaler Veranstaltungsplaner zu rücken und eine erhöhte Wahrnehmung der beiden Kongressmetropolen im Ausland zu erzielen.

3.3.5   Zielgruppen und Maßnahmen

Das Projekt Meetropolis wurde im Rahmen des Wettbewerbs Erlebnis NRW für die im Masterplan Tourismus NRW definierte Zielgruppe „Business" eingereicht. Köln und Düsseldorf sind Städte, in denen das Geschäft mit Messen und Kongressen von herausragender Bedeutung ist. Businessgäste machen in diesen Städten einen wesentlichen Teil der Übernachtungen aus und sorgen für einen wichtigen Umsatzfaktor, welcher der ganzen Stadt zugutekommt. Allein in Köln haben in 2010 insgesamt 42.750 Veranstaltungen mit 3.3 Mio. Teilnehmern stattgefunden, wobei sich diese Zahlen nur auf das Kongress- und Tagungsgeschäft beziehen (EITW, 2010, S. 10). Businessgäste durch Messen bzw. Kongresse in die Stadt zu bringen, bedingt daher die Ansprache der entsprechenden Planer. Wie bereits erläutert, sind beide Städte national bereits sehr gut aufgestellt und genießen eine entsprechende Wahrnehmung. Daher ist die Zielgruppe für dieses Projekt klar auf die Planer und Kongressveranstalter aus dem Ausland ausgelegt. Angesprochen werden sollen vor allem Entscheider aus dem

Bereich der Verbände, Corporates und Agenturen, die für große Veranstaltungen verantwortlich sind.

Die Maßnahmen, mit denen die beiden Städte unter dem Dach Meetropolis vermarktet werden sollen, beziehen alle Kommunikationsformen ein. Da der offizielle Zuwendungsbescheid erst im Herbst 2011 einging und vorher noch keine Maßnahmen ergriffen werden durften, begann das Projekt offiziell mit der Einstellung zweier halber Stellen (je eine in Köln und Düsseldorf) im Oktober 2011. Die eigentlichen Marketingaktivitäten werden aus beiden Städten gemeinsam heraus geplant und ab Ende 2011/Beginn 2012 umgesetzt. Das Projekt ist zuerst einmal auf drei Jahre ausgelegt, soll aber inhaltlich auch über den Projektförderzeitraum hinaus fortgesetzt werden.

Von besonderer Bedeutung soll in der Vermarktung und Kommunikation die gemeinsame Internetplattform www.meetropolis.de sein. Auf die wesentliche Zielgruppe der internationalen Veranstaltungsplaner ausgerichtet, wird die Hauptseite in englischer Sprache sein. Eine deutsche Version wird ebenfalls angeboten, allerdings erst auf der zweiten Ebene. Die gemeinsame Homepage soll dem potentiellen Kunden einen schnellen und einfachen Überblick über beide Städte in NRW, das vorhandene Angebot sowie die Partner bieten. Über diese Homepage sind beide Convention Bureaus miteinander vernetzt. Durch die beiden explizit für dieses Projekt eingestellten Mitarbeiter stehen dem Kunden kompetente Ansprechpartner zur Verfügung, die ganzheitlich für beide Städte kommunizieren.

Neben dem Internetauftritt und Online-Aktivitäten sind weitere klassische Marketing-Maßnahmen, wie z. B. gemeinsame internationale Messeauftritte, Print-Kampagnen in Zusammenhang mit Fachgesprächen und Destinationsreports sowie Educational Trips in internationalen Quellmärkten geplant. Erster Meilenstein wird die Beteiligung an der wichtigsten internationalen Fachmesse, der IMEX in Frankfurt a.M. sein. Weiterhin werden die EIBTM und die IMEX America Bestandteil der gemeinsamen Vermarktungskampagne sein. Um im Laufe des Projektes zu evaluieren, ob die Marketingaktivitäten greifen und auch die gewünschte Wahrnehmung stattfindet, soll eine entsprechende Marktforschung durchgeführt werden. Mindestens zwei Befragungen von Veranstaltungsplanern durch ein unabhängiges Institut in der Mitte und am Ende des offiziellen Projektzeitrahmens sollen die Möglichkeit geben, die kooperativen Marketingmaßnahmen zu bewerten und ggf. noch weiter auf die Kundenbedürfnisse anzupassen. Ziel beider Projektpartner ist es, nach Ablauf des offiziellen Förderzeitraumes eine Basis geschaffen zu haben, auf die aufbauend die gemeinsame Vermarktung weitergeführt werden kann.

Kernaspekte

- Kooperatives Marketing bedeutet, die zur Verfügung stehenden Ressourcen und Energien gemeinsam einzusetzen, um so Synergien zu schaffen.

- Institutionen und Firmen treten vermehrt als Partner auf, obwohl sie als Konkurrenten am Markt agieren.

- Vermarktung der Destination hat oberste Priorität, denn die Kombination aus Angebot, Erreichbarkeit und Zusammenspiel der Partner vor Ort ist entscheidend. Kaum ein Veranstalter entscheidet sich nur aufgrund eines Kongresszentrums oder eines Hotels für einen Veranstaltungsort.

- Die Kooperation zwischen Köln und Düsseldorf „KÖLNDÜSSELDORF – The Meetropolis" entstand aus einer gemeinsamen Messebeteiligung. Gerade im internationalen Umfeld sind beide Städte weniger Konkurrenten als Partner.

- Eine unter einer Marke durchgeführte Vermarktung zweier Städte, die grundsätzlich im Wettbewerb zueinander stehen, hat es bisher so noch nicht gegeben. Da beiden Städten jedoch international noch wenig Bedeutung zukommt, bietet die Kooperation die Chance, eine erhöhte Aufmerksamkeit auf das Rheingebiet zu lenken.

4 Literatur

Bieger, T. (2005): Management von Destinationen, 6. unwesentlich veränderte Auflage, München.

EITW – Europäisches Institut für TagungsWirtschaft GmbH (Hrsg.) (2010): TagungsBarometer Köln, nicht öffentlich zugängliche Studie.

EITW – Europäisches Institut für TagungsWirtschaft GmbH (Hrsg.) (2011): Meeting- und EventBarometer 2010/2011, online verfügbar auf: http://www.gcb.de/pdf/ManagementInfo_MEBa_2011.pdf, Download am 11.11.2011.

ICCA – International Congress & Convention Association (2010): Statistics Report 2010, für Nicht-Mitglieder online verfügbar auf: http://www.iccaworld.com/cdps/cditem.cfm?nid=4036, Zugriff am 11.11.2010.

KölnKongress GmbH (2007): ifo-Studie: Wirtschaftliche Bedeutung der Veranstaltungen der KölnKongress GmbH, http://www.koelnkongress.de/wDeutsch/presse/pressemitteilungen/2008/660301296.php, Zugriff am 25.12.2011.

MWEBWV – Ministerium für Wirtschaft, Mittelstand und Energie / Ministerium für Umwelt und Naturschutz, Landwirtschaft und Verbraucherschutz des Landes Nordrhein-Westfalen (Hrsg.) (2010): Erlebnis.NRW., Aufruf zum 2. Wettbewerb, online verfügbar auf: http://www.ziel2-nrw.de/2_Wettbewerbe_und_weitere_Foerdermoeglichkeiten/1_Wettbewerbe_2010/ErlebnisNRW_2/Erlebnis__2_Wettbewerbsaufruf.pdf, Zugriff am 06.01.2012.

Wiesner, K. A. (2008): Strategisches Destinationsmarketing, 6. überarbeitete und ergänzte Auflage, Gerlingen.

Conference meets Entertainment: Europa-Park

Isabelle Decker und Kai Decker

1 Der Europa-Park – Von der Leistungsschau zum touristischen Resort

Der Grundstein für den Europa-Park wurde im Jahr 1975 im badischen Rust, 35 km nördlich von Freiburg im Dreiländereck Deutschland-Frankreich-Schweiz gelegt. Der Park wurde ursprünglich als Leistungsschau der Firma Mack Waldkirch konzipiert, die sich seit 1780 in acht Generationen auf den Bau von Karussells und Fahrgeschäften spezialisiert hatte. Mit dieser Dauerausstellung sollten einerseits neue Käufer geworben und die Produkte gleichzeitig einer breiteren Öffentlichkeit präsentiert werden. Anfangs beschränkte sich das Angebot auf Schaustellerwagen, einige Karussells sowie eine Panoramabahn um das Gelände der Ausstellungsfläche.

Im Laufe von drei Jahrzehnten wurde aus der überschaubaren Leistungsschau der marktführende deutsche und der größte europäische Freizeitparknach Disneyland Paris. Mit einer Fläche von über 85 Hektar, mehr als 100 Attraktionen und Shows, über 3.100 Mitarbeitern und jährlich mehr als vier Mio. Besuchern, hat sich der Europa-Park, der sich nach wie vor zu 100 % in Familienbesitz befindet, zum größten saisonalen Freizeitpark der Welt entwickelt.

Charakteristisch für den Europa-Park, der im Zentrum Europas und nur ca. 50 km entfernt vom Europaparlament in Straßburg liegt, ist die Aufteilung in unterschiedliche Länder als Themenbereiche. Konsequent werden in diesen unterschiedlichen Themenbereichen lokale Spezialitäten angeboten, die landestypische Architektur des jeweiligen Landes aufgegriffen, und die unterschiedlichen Kulturen nähergebracht. Mittlerweile existieren im Park Themenbereiche zu Deutschland, Frankreich, der Schweiz und Österreich sowie neun weiteren Ländern, das jüngste von ihnen ist Island. So kann der Besucher in kürzester Zeit von Skandinavien nach Spanien oder England quer durch Europa zu „reisen".

Das organische und nachhaltige Wachstum des Parks spiegelt sich nicht nur in seiner Größe, sondern auch in der Entwicklung der Besucherzahlen und dem ständigen Ausbau seines Angebots wider. Neben den Fahrattraktionen und den Shows, die im Park angeboten werden – von einer Eisshow über unterschiedliche Musicals bis hin zu einer mittelalterlichen Ritter- show – wurde sowohl das gastronomische Angebot als auch das Einkaufsangebot für die Besucher kontinuierlich ausgebaut. Aktuell befinden sich auf dem Gelände über 65 Restau- rants, Bistros und Bars sowie mehr als 60 Shops, in denen die Besucher neben Souvenirs auch Kleidung, Schmuck und Einrichtungs-Accessoires kaufen können.

Von 1975 bis 1995 beschränkte sich das Unternehmen ausschließlich auf das Freizeitparkge- schäft für Tagesgäste. Im nächsten Erweiterungsschritt kam dann ein parkeigenes Hotelan- gebot hinzu. Dadurch konnte die Attraktivität des Parks bei einer Vielzahl neuer Zielgruppen deutlich gesteigert werden. Mehrtagesgäste, internationale Zielgruppen und Firmen konnten nun besser und gezielter erreicht werden.

Seit 2003 befindet sich im französischen Themenbereich des Parks ein Kino mit über 400 Plätzen, in welchem den Parkbesuchern tagsüber 4D-animierte Filme gezeigt werden und das abends als reguläres öffentliches Kino betrieben wird. Jedoch werden auch bei den öffentli- chen Vorführungen einige Filme mit zusätzlichen Spezialeffekten (Wasser, Nebel, Wind, wackelnde Sitze) versehen, um den Besuchern ein besonderes Erlebnis zu bieten.

Ein Meilenstein der Wachstumsstrategie und gleichzeitig der Grundstein für die Entwicklung zum Hotel-Resort war der Bau des ersten parkeigenen Hotels „El Andaluz" Mitte der 1990er Jahre. Auch in der Hotellerie wurde das europäische Themenkonzept aufgegriffen. Das Hotel im Stil einer spanischen Finca mit 680 Betten wurde 1995 eröffnet. Hintergrund dieser Ent- scheidung war die Reiseanalyse der beliebtesten Urlaubsdestinationen der Deutschen (Kern- zielgruppe) zu jener Zeit. Die Unternehmerfamilie wollte mit diesem Angebot eine Alterna- tive zum Spanien-Urlaub in Kombination mit dem Besuch des Freizeitparks bieten und somit die konstant steigende Nachfrage nach Übernachtungen im Park befriedigen.

Ein weiterer wichtiger Aspekt für die Entscheidung zum Hotelbau waren die stark ansteigen- den Besucherzahlen, die durch den kontinuierlichen Ausbau der Attraktionen hervorgerufen wurden. Das bestehende Einzugsgebiet reichte jedoch perspektivisch nicht mehr aus und so wurde nach einer Möglichkeit gesucht, auch langfristig weiter steigende Besucherzahlen zu ermöglichen. Die Schaffung von Übernachtungsmöglichkeiten stellte folglich den nächsten logischen Schritt zum kontinuierlichen Ausbau des Parks dar. Gleichzeitig wurde durch das parkeigene Hotelangebot die Grundlage geschaffen, den Europa-Park mittelfristig überregio- nal und langfristig national sowie international zu vermarkten. Das Unternehmen begrenzte sich also nicht mehr auf die Ansprache von potentiellen Tagesgästen, sondern schaffte einen Anreiz, auch deutlich längere Anreisezeiten auf sich zu nehmen, um einen mehrtägigen Auf- enthalt im Europa-Park zu verbringen. Mit dieser Erweiterung seiner Angebotspalette um ein weiteres Geschäftsfeld entwickelte sich der Park von einer reinen Tages- zu einer Urlaubs- destination und wurde so für eine Vielzahl neuer Zielgruppen attraktiv – allen voran End- kunden, also primär Familien, die nun als Ein- oder Mehrtagesgäste anreisen konnten und deren Einzugsgebiet sich schlagartig vergrößerte. Systematisch entwickelte das Unternehmen seine Vermarktungsprogramme weiter, um zielgerichtet und kontinuierlich sein Einzugsge- biet national und international zu erweitern.

Tab. 13 Zahlen, Daten, Fakten zum Europa-Park (Europa-Park, 2011)

Größe	85 Hektar
Mitarbeiter	mehr als 3.100
Besucher pro Jahr	mehr als 4 Mio.
Besucher seit Parkgründung	mehr als 86 Mio.
Hotels	vier (fünftes Hotel im Bau)
Betten	5.000
Investitionen seit Bestehen	mehr als 600 Mio. Euro
Kongress- und Tagungsräume	26
Ø-Alter der Besucher (Sommer)	28 Jahre
Ø-Aufenthaltsdauer (Sommer)	8,3 Stunden
Ø-Anreisedauer	2,5 Stunden
Anteil Mehrtagesgäste	26 %

Neben den Endkunden entdeckten auch immer mehr Firmenkunden den Europa-Park als geeignete Location für Veranstaltungen jeglicher Art. Durch den Bau der parkeigenen Hotels wurde kontinuierlich das Angebot an Räumlichkeiten im Konferenz- und Tagungsbereich ausgebaut. Zwischen 1995 und 2004 wurde die Kapazität an Hotelbetten im 4-Sterne Sektor mehr als verdoppelt. Gleichzeitig stieg die Fläche an Konferenz- und Tagungsräumlichkeiten im Hotel-Resort von 40m^2 (1995) auf 1.500m^2 (2007). Insgesamt verfügt der Freizeitpark mittlerweile über mehr als 11.000 m^2 an reinen Confertainment-Räumlichkeiten. Hinzu kommen mehr als 20 Restaurants, die ebenfalls für Confertainment-Veranstaltungen gebucht werden können, ein Angebot von insgesamt nochmals deutlich mehr als 5.000 m^2.

Tagungen, Kongresse, Seminare oder Incentivereisen gehören mittlerweile fest zum Portfolio des Europa-Parks. Neben den ebenfalls thematisierten Räumlichkeiten, die sowohl in die Hotels als auch direkt in den Park integriert sind, bietet das Tagungsangebot ein vielfältiges und individuell buchbares Angebot an Unterhaltungsprogrammen. Hierzu zählen z. B. ein mittelalterliches Rittermahl, Themenabende oder Dinnershows mit dem jeweils dazu passenden gastronomischen Arrangement.

Aktuell verfügt der Europa-Park mit vier 4-Sterne Hotels, einem Camp-Resort und 1.200 Camping-Stellplätzen über eine Gesamtkapazität von über 5.000 Gästebetten und stellt somit das größte zusammenhängende Hotellerie-Angebot in Deutschland dar. Im Jahr 2012 wird das Übernachtungsangebot um ein fünftes Hotel um ca. 1.000 Betten erweitert. Mit einer konstanten Auslastungsquote von über 90 % werden in den Hotels des Europa-Parks Maßstäbe gesetzt. Heute verbringt jeder vierte Gast einen mehrtägigen Aufenthalt im Park.

2   Confertainment – Conference meets Entertainment

2.1   Das Veranstaltungsangebot

Die Entwicklung im Freizeitparkbereich hat in den vergangenen Jahren rapide an Fahrt gewonnen. Die Saisonverlängerung durch eine speziell thematisierte Öffnung in den Wintermonaten (November bis Januar) sowie die Schaffung von Übernachtungskapazitäten mit der einhergehenden Erhöhung der Verweildauer der Gäste führte zu einem Wandel vom klassischen Ausflugsziel zur Kurzreisedestination.

Im Jahr 1998 wurde im Europa-Park die Verschmelzung des Konferenz- und Tagungsangebots mit den Entertainment-Möglichkeiten des Parks auch begrifflich vorgenommen, der Geschäftsbereich „Confertainment" wurde ins Leben gerufen. Unter dem Motto „Conference meets Entertainment" wurden die bestehenden Bausteine im Angebotsportfolio des Parks so miteinander kombiniert, dass dabei ein attraktives und einzigartiges Angebot für neue Zielgruppen entstand, welches ganzjährig angeboten werden kann. Der Begriff „Confertainment" wurde vom Europa-Park geschützt und ist eine eingetragene Marke des Unternehmens.

Durch die saisonale Öffnung des Freizeitparks waren auch die parkeigenen Hotels saisonalen Schwankungen unterworfen. Während der Parksaison war die Auslastung hoch, in den Wintermonaten, in denen der Park geschlossen war, war die Hotelauslastung entsprechend niedrig bzw. waren einzelne Häuser geschlossen. Diese Schwankungen sollten durch eine vertikale Erweiterung des Produktportfolios ausgeglichen werden.

Betrachtet man die Entwicklung auf dem Markt für Tagungen und Konferenzen, so stellt die Kreation des Confertainment-Angebots eine logische Weiterentwicklung auf die dem Trend folgende Nachfrage im Geschäftskundensegment dar. Das Angebot wächst, besonders auf dem europäischen Markt. Urlaubsdestinationen, die sich im Segment des Geschäftsreisetourismus bewegen und attraktive Komplettpakete anbieten können, sind für klassische Konferenz- und Tagungsstätten längst zu einer ernsthaften Bedrohung geworden. Der Trend zu interessanten Destinationen mit abgestimmten Rahmenprogrammen aus einer Hand sowie klaren Alleinstellungsmerkmalen, stellen für Freizeitparks mit einem eigenen Hotelangebot große Wachstumsmöglichkeiten dar.

Die Confertainment-Pakete des Europa-Parks vereinen vier mögliche Bausteine, die sowohl einzeln gebucht, als auch frei und individuell miteinander kombiniert werden können:

- Konferenz- und Tagungsräume
- Gastronomie
- Hotellerie
- Show

Die vorhandene Infrastruktur, die von thematisierten Räumlichkeiten, vielfältigen gastrono-mischen Angeboten über professionelle Showkonzepte und Veranstaltungstechnik bis hin zu den vier 4-Sterne-Erlebnishotels reicht, bietet Unternehmen für Tagungen, Konferenzen, Events, Messen, Produktpräsentationen, Seminaren oder Incentives jegliche Kombinations-möglichkeiten aus einer Hand und an einem Standort. Auch für Privatanlässe wie z. B. Hochzeiten oder Geburtstage sind diese Angebote buchbar.

Von Familienfeiern bis hin zu großen Firmenveranstaltungen bieten die 26 Locations Platz für zehn bis 2.000 Personen. Das Angebot beinhaltet neben klassischen Tagungs- und Veran-staltungsräumen eine Vielzahl von Restaurants, Bistros und Bars sowie verschiedene Loca-tions im Parkbereich und in den Erlebnishotels. Kombiniert man diese unterschiedlichen Räumlichkeiten miteinander, ergibt sich eine Gesamtkapazität von ca. 10.000 Personen. Wird eine noch größere Veranstaltungslocation benötigt, so besteht für Firmen außerhalb der regulären Saison die Möglichkeit einer exklusiven Parköffnung. Der gesamte Europa-Park wird dann zur exklusiven Veranstaltungsstätte in der die Gäste des Kunden das gesamte Angebot des Parks (Restaurants, Attraktionen, Shows etc.) nutzen können.

„In vielen Kundenbefragungen hat sich immer wieder herausgestellt, dass die Kunden sich nach dem Komplettservice aus einer Hand sehnen. Sie wünschen sich das „Rundum-Sorglos-Paket", bei dem der Kunde sicher sein kann, sowohl Show, Technik, Gastronomie als auch Location von höchster Qualität und Güte zu erhalten. Diesen Ansprüchen zu genügen und die Erwartungen unserer Kunden sogar zu übertreffen, ist unsere tägliche Motivation" (Ga-briel, 2011).

Durch die Vielzahl an Möglichkeiten und die ausgebaute Infrastruktur im Park sind der Kreativität kaum Grenzen gesetzt. Dies zeigt sich auch in der Nutzung des Europa-Parks als Location für Medienevents. Etliche Produktionen für sowohl öffentlich-rechtliche, als auch private TV-Sender werden regelmäßig im Europa-Park produziert und zum Teil von dort aus live gesendet (z. B. „Immer wieder sonntags", „Deutschland Champions", „Stars auf Eis"). Darüber hinaus werden seit über zehn Jahren in Zusammenarbeit mit einem großen Rund-funksender Musikveranstaltungen mit regelmäßig mehr als 10.000 Besuchern durchgeführt. Im Rahmen der Bambi Verleihung 2008 fand im Europa-Park die Charity-Veranstaltung „Tribute to Bambi" statt. Auch im Bereich der Medien werden die Möglichkeiten, die sich im Europa-Park bieten regelmäßig genutzt, um entweder große Publikumsveranstaltungen oder hochklassige Gala-Events durchzuführen.

Aus Sicht des Europa-Parks gehen die Chancen, die durch das Confertainment-Angebot geschaffen wurden deutlich weiter als nur eine sinnvolle Ergänzung der Produktpalette zu sein. Neben der Möglichkeit hierüber Buchungsschwankungen ausgleichen zu können und die Auslastungsquote der parkeigenen Betriebe zu erhöhen, stellt das Confertainment eine sehr wirkungsvolle Vermarktungsmöglichkeit für das Kerngeschäft – den Freizeitparkbetrieb – dar. Schließlich ist jeder Veranstaltungsteilnehmer auch ein potentieller Endkunde als privater Parkbesucher und vice versa. Freizeitpark, Hotels, Tagungsgeschäft und Gastrono-mie stehen in einer wechselseitigen Beziehung. Auch das interne Marketing kann synerge-tisch für die Platzierungen der Produkte und das Cross-Marketing bzw. Cross-Selling ver-wendet werden und so zum gesamthaften Unternehmenserfolg beitragen.

Daher wird einerseits der Park dafür genutzt, auf vielfältige Art und Weise auf das Tagungs-
und Kongress-Angebot hinzuweisen, während andererseits den Veranstaltungsteilnehmern
der Park mit all seinen Möglichkeiten und Attraktionen präsentiert wird. So bietet sich die
Chance, dass die Kunden sowohl geschäftlich als auch privat langfristig an den Europa-Park
gebunden werden.

2.2   Entwicklung des Confertainments

Von anfänglich wenigen Tagungen und Veranstaltungen finden im Europa-Park mittlerweile
über 1.300 Veranstaltungen jährlich statt. Seit Einführung des Confertainment-Angebots
konnten im MICE-Segment jährlich hohe einstellige bzw. zweistellige Wachstumsraten
erreicht werden.

Das Unternehmen entwickelt für und aufgrund der wachsenden Nachfrage regelmäßig neue
Produkte, um das Angebot permanent erweitern zu können. Deutlich wird dies an der Vielzahl von Formaten, aus denen die Kunden mittlerweile entweder Komplettpakete oder kun-
denspezifisch kombinierbare Bausteine buchen können. Im Jahr 2009 wurde im Bereich
Confertainment ein selbständiges Produktmanagement eingeführt, das nicht zentral über den
Vertrieb gesteuert wird. So kann noch unmittelbarer und besser auf die spezifischen Anforderungen der Kongress- und Tagungskunden eingegangen werden. Die Überarbeitung der
bestehenden Angebote sowie deren Neuentwicklung finden direkt in der Abteilung unter
permanenter Beobachtung und Einbindung der Kundenwünsche statt.

Das buchbare Angebot reicht von klassischen Tagungsarrangements mit Pauschalen, über
buchbare Picknick-Angebote, geschnürte Abendveranstaltungen, individuell zugeschnittene
und aus diversen Showkonzepten kombinierte Abendprogramme, bis hin zu Galadiners. Bei
den Arrangements soll den Kunden jeweils die Vielfältigkeit und die Einzigartigkeit des
Freizeitparks vor Augen geführt werden. Im Vergleich zu traditionellen Tagungs- und Kon-
gressstätten, die oftmals über eine eher kühle Atmosphäre verfügen, bieten Freizeitparks ein
aufgelockertes und positives Umfeld. Die Fahrgeschäfte und Attraktionen können als anregende „Aktivpause" unmittelbar in den Veranstaltungsablauf integriert werden. Nach dem
Tagungsprogramm kann ein individuell angepasstes Kontrastprogramm geboten werden. So
existiert beispielsweise ein asiatisches Abendprogramm in den Gastronomiebereichen einer
Indoor-Wasserbahn, oder das Format „Dinner & Movie" bei dem das Gastronomie- und
Showprogramm auf einen bestimmten Film abgestimmt wird.

Eines der Erfolgskonzepte im Confertainment-Bereich des Europa-Parks ist sicherlich die
Dinnershow. Hierbei werden gastronomische Genüsse mit einem vierstündigen Show- und
Unterhaltungsprogramm kombiniert. Dieses Angebot ist sowohl privat oder für kleinere
Gruppen in sogenannten Sammelterminen buchbar, kann aber auch exklusiv von Firmen für
Kundenveranstaltungen oder Weihnachtsfeiern gebucht werden. Die Besucherzahlen der
Dinnershow haben sich seit ihrer ersten Saison (Winter 1999/2000) bis heute mehr als ver-
sechsfacht.

Auch aufgrund der oben beschriebenen, stetig steigenden Angebotsvielfalt gelang es dem Unternehmen selbst im Jahr 2009 das Vorjahresergebnis bezogen auf die Anzahl von gebuchten Veranstaltungen leicht zu erhöhen, obwohl die Zahl der Veranstaltungen national mit –10,9 % deutlich rückläufig war (EITW, 2010, S. 17).

Ebenso wie beim Parkbetrieb spiegelt sich die geografische Lage des Europa-Parks auch in der Teilnehmerstruktur der Confertainment-Veranstaltungen wider. Mit 78 % stellt Deutschland klar den größten Quellmarkt dar, gefolgt von Frankreich (12 %) und der Schweiz (8 %). Die oben beschriebenen Cross-Selling Maßnahmen, die auf Parkbesucher ausgerichtet sind, stützen diese Ergebnisse, da Frankreich und die Schweiz auch unter den Besuchern mit jeweils knapp 20 % die wichtigsten Quellmärkte darstellen.

2.3   Trends im Confertainment

Die Wirtschaftskrise im Jahr 2009 hat gezeigt, dass externe Veranstaltungen (Tagungen, Kongresse und Seminare) weit oben auf den Einsparlisten der Unternehmen stehen. Firmen führten wieder mehr In-house-Veranstaltungen durch, um somit die externen Mittelabflüsse zu reduzieren. Innerhalb eines Jahres wurde bei den beruflich motivierten Veranstaltungen bundesweit ein Rückgang von 11 %verzeichnet (EITW, 2010, S. 17). Die Anbieter wurden von den Auswirkungen der Weltwirtschaftskrise unterschiedlich stark getroffen. So sank die Zahl der Veranstaltungen in den Veranstaltungszentren nur leicht um 1,5 %. Die Eventlocations vermeldeten einen Rückgang um 5,3 %, während die Tagungshotels einen Einbruch von 14,9 % hinnehmen mussten. Die Zurückhaltung der Veranstalter aufgrund der unsicheren wirtschaftlichen Lage hat sich besonders auf die Seminare und Tagungen ausgewirkt, welche meist in Tagungshotels stattfinden (EITW, 2010, S. 19). Der Europa-Park konnte dieser Entwicklung trotzen und auch im Jahr 2009 ein Zuwachs bei den Veranstaltungszahlen erreichen.

Resultierend aus der Wirtschaftskrise und dem damit verbundenen Sparzwang vieler Unternehmen hat sich seit 2009 das Preis-Leistungs-Verhältnis als das wichtigste Kriterium bei der Entscheidung für eine Veranstaltungsstätte herausgestellt. Bis zu diesem Zeitpunkt war die Verkehrsanbindung einer Location für die Entscheider am wichtigsten. Von übergeordneter Wichtigkeit bei der Entscheidung für eine Veranstaltungsstätte sind laut einer Studie des EITW (welche gemeinsam vom Europäischen Verband der Veranstaltungs-Centren, dem German Convention Bureau sowie der Deutschen Zentrale für Tourismus beauftragt wurde) außerdem: die Betreuung des Kunden durch einem zentralen Ansprechpartner, ein vielseitiges gastronomische Angebot vor Ort und moderne Veranstaltungstechnik in der Location (EITW, 2011, S. 15). Der Europa-Park erfüllt diese und weitere für die Buchung ausschlaggebenden Punkte.

Mit den Flughäfen Karlsruhe/Baden-Baden, Straßburg und dem EuroAirport Basel liegen drei internationale Flughäfen innerhalb einer Stunde Fahrzeit vom Europa-Park. Von den ICE-Bahnhöfen Offenburg und Freiburg aus erreicht man den Freizeitpark in ca. 30 Minuten. Seit 2002 verfügt der Europa-Park zudem über eine eigene Autobahnausfahrt von der A5. Die Deutsche Bahn und der Europa-Park bieten im Rahmen ihrer Kooperation ein Veranstal-

tungsticket für Confertainment Kunden an. Damit haben die Teilnehmer aller Confertainment-Veranstaltungen im Europa-Park die Möglichkeit, bundesweit zu einem einheitlichen
Festpreis anzureisen.

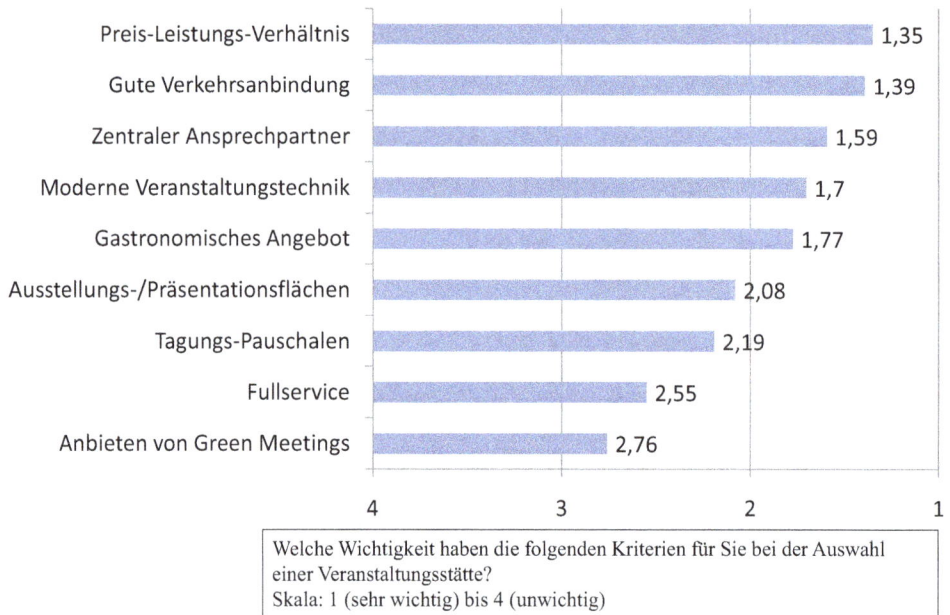

Abb. 19: *Wichtigkeit von Kriterien bei der Auswahl einer Veranstaltungsstätte (EITW, 2011, S. 15)*

Zur konsequenten Ausrichtung des Angebots an den Wünschen der Kunden gehört zudem
schon seit Beginn des Confertainment-Bereichs, dass seitens des Europa-Parks für jede Veranstaltung ein zentraler Ansprechpartner verantwortlich ist. Dieser kümmert sich um alle
Belange des jeweiligen Kunden und trifft die internen Absprachen und Abstimmungen mit
den involvierten In-house-Abteilungen. Durch diese „One-Face-To-The-Customer"-Politik,
bei der alle relevanten Informationen an einer zentralen Stelle zusammenlaufen, reduziert
sich das Risiko von Informationsverlusten. Den Kunden wird durch dieses Fullservice-
Angebot ein großer Koordinierungsaufwand sowie eine Vielzahl von Verhandlungen mit
diversen Dienstleistern abgenommen.

Dem Wunsch nach gastronomischer Vielfalt kommt der Europa-Park ab dem Jahr 2012 mehr
denn je nach. In das fünfte Themenhotel wird neben den regulären Restaurants auch ein
„Fine Dining Restaurant" integriert. Das gastronomische Angebot eröffnet dadurch auch im
Bereich Confertainment neue Möglichkeiten und reicht dann vom einfachen Snack bis zur
Haute Cuisine. Die Kombination aus Fine Dining, Freizeitpark und 4-Sterne Superior Hotel
ist einzigartig in Europa und ermöglicht dem Unternehmen künftig auch die Ansprache an-
spruchsvollster Zielgruppen.

Bezogen auf den Europa-Park ist in den letzten Jahren zu beobachten, dass die Dauer der einzelnen Veranstaltungen eher rückläufig ist, dafür jedoch häufiger gebucht wird. Der Vorlauf von der Entscheidung einer Buchung bis zur Umsetzung der Veranstaltung reduziert sich stetig und die Planungssicherheit bezogen auf die Kosten ist für die Kunden von zunehmender Relevanz.

„In den letzten Jahren hat sich immer wieder gezeigt, dass die Kunden mehr und mehr Flexibilität von uns als ihrem Fullservice-Dienstleister erwarten. Das kann sich sowohl auf den Umfang der Leistungen, als auch auf die Entscheidungsdauer für eine Veranstaltung beziehen. Wir können eine deutliche Zunahme der Bedeutung des Entertainment-Angebots feststellen. Der Event-Charakter rückt immer mehr in den Vordergrund und die Inszenierung einer Veranstaltung wird zunehmend wichtiger. Hier haben wir dank unserer buchbaren Bausteine und unserer großen Erfahrung gegenüber klassischen Tagungs- und Kongressanbietern einen deutlichen Wettbewerbsvorteil" (Gabriel, 2011).

Durch diese Verschiebung rückt das ursprüngliche Rahmenprogramm mehr und mehr in den Vordergrund und wird, bezogen auf den Europa-Park, immer mehr zum Entscheidungskriterium, da der Park sich hier deutlich differenzieren kann.

Wie bei allen großen deutschen Wirtschaftunternehmen gewinnt das Thema Nachhaltigkeit auch beim Europa-Park stetig an Bedeutung. Auch wenn das Kriterium „Anbieten von Green Meetings" im aktuellen Meeting- und Eventbarometer noch relativ neutral bewertet wird, hat das Unternehmen sein Umweltschutz-Engagement permanent erweitert. So wird z. B. die Gastronomie größtenteils mit regionalen Produkten beliefert und vor allem im Bereich Confertainment wird konsequent auf den Einsatz von Einweg-Geschirr verzichtet. Darüber hinaus erzeugt der Europa-Park schon seit vielen Jahren einen Teil seiner verbrauchten Energie selbst durch ein eigenes Wasserkraftwerk und den Einsatz von großflächigen Photovoltaikanlagen, die den Besuchern zudem als Überdachung auf dem Weg vom Parkplatz zum Haupteingang des Freizeitparks dienen.

Durch die beschriebenen Maßnahmen und Aktivitäten, die stets in das Kerngeschäft des Freizeitparks eingebettet sind, arbeitet der Europa-Park permanent daran, sein Confertainment-Angebot weiter auszubauen und zu verbessern. Somit orientiert sich der Park konsequent an den sich ändernden Wünschen und Anforderungen seiner Zielgruppen, um diesen die bestmöglichen Lösungen für ihre individuellen Bedürfnisse anzubieten.

Dass das Unternehmen hierbei auf einem erfolgreichen Weg ist, zeigen neben den Zuwächsen in den Buchungs- und Veranstaltungszahlen auch diverse Auszeichnungen und Platzierungen bei unterschiedlichen Branchenawards. Im September 2011 belegte der Europa-Park den ersten Platz in der Kategorie „Eventlocation" des Awards „Besondere Tagungs & Eventlocations", der von der Internetplattform www.toptagungslocations.de (Toptagungslocation.de, 2011) vergeben wird. Darüber hinaus platzierte sich der Freizeitpark z. B. unter den Top 10 bei der Verleihung des Branchenpreises „Conga Award" im Jahr 2010. Dieser wird von der Vereinigung deutscher Veranstaltungsorganisatoren e.V. ausgelobt und stellt ein Abstimmungsergebnis der Gesamtheit der deutschen Veranstaltungsplaner dar (Conga Award, 2010).

Die Entwicklung des Europa-Parks seit seiner Gründung 1975 zeigt, dass solche Auszeichnungen sicherlich hilfreich sein können, dass sie aber ganz bestimmt nicht persönliches Engagement, Kundenorientierung oder den Mut und den Willen, sich ständig weiter zu entwickeln ersetzen können. Durch eine kontinuierliche und organische Wachstumsstrategie ist es
gelungen, die Geschäftsfelder des Unternehmens konsequent auszubauen und zu erweitern.
Ursprüngliche Zusatzprodukte, wie das Confertainment-Angebot, haben sich mittlerweile zu
tragenden und wichtigen Säulen des Parks entwickelt und spielen heute eine wichtige Rolle
bei der Zukunftsplanung und Erfolgsorientierung des Europa-Parks.

Kernaspekte

- Im Jahr 1998 erfolgte die Verschmelzung des Konferenz- und Tagungsangebotes mit
  den Entertainment-Möglichkeiten des Parks. Der Begriff „Confertainment" wurde geschaffen und geschützt.

- Konferenzen und Tagungen ermöglichen die vertikale Erweiterung des Produktportfolios und vermindern die saisonalen Schwankungen im Europa-Park.

- Der Europa-Park erfüllt alle Anforderungen der Veranstalter, die in einer Studie des
  EITW ermittelt wurden. Dabei handelt es sich um das gute Preis-Leistungs-Verhältnis,
  günstige Verkehrsanbindung, ein zentraler Ansprechpartner, ein vielseitiges gastronomi-
  sches Angebote sowie moderne Veranstaltungstechnik.

- Die Dauer der Veranstaltungen im Europa-Park ist rückläufig, dafür wird jedoch häufiger gebucht. Es ist zu beobachten, dass die Entscheidung für die Location zeitnah zur
  Veranstaltung geschieht und die Planungssicherheit bzgl. der Kosten an Bedeutung gewinnt.

- Der Event-Charakter rückt zunehmend in den Vordergrund und die Inszenierung einer
  Veranstaltung wird immer wichtiger.

3   Literatur

Conga Award (2010): Eventlocations: Die Top 10 2010, in: http://www.conga-
award.de/modules/news/article.php?storyid=6, Zugriff am 20.12.2011.

EITW – Europäisches Institut für TagungsWirtschaft GmbH (Hrsg.) (2010): Tagungs- und
Veranstaltungsmarkt Deutschland – Das Meeting- & IncentiveBarometer 2009/10, online

verfügbar auf: http://www.gcb.de/pdf/ManagementInfo_MEBa_2010.pdf., Download am 20.12.2011.

EITW – Europäisches Institut für TagungsWirtschaft GmbH (Hrsg.) (2011): Tagungs- und Veranstaltungsmarkt Deutschland – Das Meeting- & IncentiveBarometer 2010/11, online verfügbar auf: http://www.gcb.de/pdf/ManagementInfo_MEBa_2011.pdf, Download am 20.12.2011.

Europa-Park (2011): Presseportal Daten & Fakten Europa-Park, in: http://presse.europapark.de/standardseiten/aktuelle-nachricht/datum/2011/04/07/der-europa-park-in-stichworten-1/, Zugriff am 20.12.2011.

Europa-Park (2011): PowerPoint Präsentation Unternehmensvorstellung Europa-Park.

Gabriel, E. (2011): Persönliches Interview durch Isabelle Decker geführt am 02.11.2011 mit Engelbert Gabriel, Direktor Marketing, Europa-Park.

Toptagungslocations.de (2011): Gekürt: Die besten Tagungshotels und Eventlocations 2011, in: http://www.toptagungslocations.de/news.php?id=b2bd7b5be16175d7d42cf139bb0784c4&NewsID=2064&newsart, Zugriff am 20.12.2011.

Synergien zwischen Wissenschaft und Wirtschaft: Zukunftsmodell EURAC

Pier Paolo Mariotti

"Meeting creates Networking. Networking creates Experience. Experience creates Knowledge. Knowledge creates Technology. Technology creates Convenience. Convenience creates Well-being. Well-being creates Feeling. Feeling creates Motivation. Motivation creates Participation. Participation creates Meeting."

Eine Werbung des Vienna Convention Bureau

1   Ausgangssituation

Die Südtiroler Meeting-Industrie befand sich in einer Phase des spontanen Handelns und weder organisierten noch kontrollierten Agierens und fand damit – mit Ausnahme von einigen wenigen Hotelbetreibern – keinerlei Beachtung in der Region. 1994 gelang es einer Gruppe von südtiroler Hoteliers unter der Führung des damaligen Direktors des Tourismusverbandes Hochpustertal die lokalen Entscheidungsträger auf politischer Ebene von der Bildung eines Convention Bureaus zu überzeugen. Dieses sollte als Konsortium mit limitierten Verantwortlichkeiten entstehen. Die Finanzierung sollte zu gleichen Teilen von den Mitgliedern und der Autonomen Provinz Bozen sichergestellt werden.

Die Bedingungen für einen Kongress- und Tagungstourismus in Bozen stellen sich wie folgt dar:

- Die Meeting-Industrie der Provinz Bozen beschränkt sich auf die Talgegenden und größeren Ballungsräume der Städte. Der Großteil der Hotels operiert auf dem Markt des Individualtourismus, auf dem wenig Diversifizierung zu finden ist. Nichtsdestotrotz gibt es in jeder Region mindestens ein Hotel, das Räumlichkeiten für die Veranstaltung kleiner bis mittelgroßer Meetings aufweist. Für Incentives hingegen bietet sich eine Vielzahl von Möglichkeiten.

- Die Stadt Meran, in der das größte Kongresszentrum des Landes liegt, bildet trotz der geeigneten Kongressstruktur und der zentralen Lage eine Ausnahme für die Meeting-Industrie, da Hotels weit auseinander liegen und das Kurhaus sehr oft nicht verfügbar ist. Zum anderen ist die Kurstadt ein beliebtes und bekanntes Touristenziel, weshalb die Vorteile des Meeting-Tourismus zu Gunsten der Erhaltung des Freizeittourismus häufig ungenutzt bleiben.
- Die Städte Brixen und Bozen gelten als die wichtigsten Zentren für die Meeting-Industrie, was auf eine Reihe verschiedener Faktoren zurückzuführen ist. Als wichtigste Punkte sind die ganzjährige Öffnung fast aller Beherbergungsbetriebe, die gute Anbindung durch den Bozner Flughafen sowie die Verfügbarkeit mehrerer kleinerer Kongresszentren zu nennen. Aus diesen Gründen haben Bozen und Brixen am meisten von der Arbeit des Convention Bureaus profitiert.

Das Convention Bureau Südtirol hat in Zusammenarbeit mit 13 Anbietern aus dem Tourismus- und Hotelleriebereich die ISO 9000 Zertifizierung erhalten und Marketingmaßnahmen für die Region auf europäischem Raum – jedoch verstärkt in Deutschland und Italien – gestartet. Territorial gesehen konnten so 130 Veranstaltungen mittlerer Größenordnung nach Südtirol geholt werden, von denen die größte 15.000 Übernachtungen generierte.

Leider sind Convention Bureaus sehr häufig sprichwörtliche „Riesen aus Terrakotta", die bei der kleinsten Erschütterung zerbrechen:

- Der aufgrund oben genannter Faktoren ungleiche Nutzen für die Mitgliedsunternehmen wird in Frage gestellt. Viele würden im Falle einer Quotenerhöhung aus dem gemeinsamen Projekt aussteigen.
- Die Privatisierung der sich bislang in öffentlicher Hand befindlichen Organisation steht zur Diskussion, während im Jahre 2000 beinahe zeitgleich die SMG (Südtirol Marketing Gesellschaft) gegründet wird.
- Die anfängliche Hoffnung, Teil der neu gegründeten Organisation zu werden, wird nach nur wenigen Monaten durch einen Führungswechsel zerschlagen und schlägt in Frustration um.
- Aufgrund dieser Rahmenbedingungen löste sich das Convention Bureau 2001 auf.

Im Jahr 2004 wird es dank einer öffentlichen Förderung in privater Form wiedergegründet, verkleinerte sich jedoch stetig bis zum definitiven Marktaustritt im Jahr 2007.

Nach der Annahme des „Südtirol-Paketes" ändert sich die politische Situation im Land grundlegend. Es stellt die Grundlage für das zweite Autonomiestatut dar, das 1971 in Kraft trat und heute noch Gültigkeit besitzt. Südtirol sah sich in einer Situation großer Freiheit und Internationalisierung wieder, was zu einer spürbaren Motivation im ganzen Territorium führte. Als Folge entstanden Institutionen von großer Wichtigkeit:

- 1992 wird die EURAC (Europäische Akademie Bozen) gegründet: ein privates Forschungszentrum, das annähernd zur Hälfte von öffentlicher Hand mitfinanziert wird. Die Operation auf lokalspezifischen Forschungsfeldern von regionalem Interesse wird zur Hauptaufgabe der EURAC.

- 1998 wird das TIS (Techno Innovation Südtirol) gegründet, das als Gründerzentrum und Start-Up für lokale Unternehmen mit Schwerpunkten in den Bereichen Forschung, Innovation und Unternehmensentwicklung fungiert.
- Durch die EURAC als Initiator entsteht 1997 die Freie Universität Bozen, die als einzige dreisprachige Universität auf internationaler Ebene präsent ist.

2   Die Vorgeschichte der EURAC

Das EURAC convention center (ECC) liegt nicht weit von der historischen Altstadt Bozens entfernt und ist Teil der Europäischen Akademie Bozen, dem wichtigsten Forschungszentrum Südtirols, in dem zurzeit rund 300 Forscher aus 14 verschiedenen Staaten weltweit arbeiten und verschiedene Kooperationen mit Forschungseinrichtungen und Universitäten auf europäischer Ebene aufgebaut haben.

Zur EURAC gehören ein zu einem Auditorium umgestalteter Kinosaal mit 320 Sitzplätzen sowie mehrere Multifunktionssäle mit technischer Ausstattung nach modernsten Qualitätsstandards, perfekter Akustik und Öko-Klimatisierung. Das ECC zeichnet sich durch architektonische Eleganz, Technologie, Funktionalität und Energieeffizienz aus. Es ist ein hochwertiges Kongresszentrum, das den Forschern der EURAC zur Verfügung steht, dessen Säle aber auch von privaten Klienten gemietet werden können. Aus der Erfahrung ergibt sich eine sehr wertvolle Erkenntnis: Jene Teilnehmer, die regelmäßig Kongresse und Veranstaltungen besuchen, sind die versiertesten Experten. Sie suchen und erwarten dementsprechend einen qualitativ hochwertigen Service. Gleichzeitig regt sich auch in ihnen der Wunsch danach, ein wissenschaftliches Event zu ihrem ganz spezifischen Forschungsthema zu hospitieren. Das Team, welches das Kongresszentrum verwaltet, wird somit zum ersten Ansprechpartner jener Forscher, die ihr eigenes Event organisieren möchten.

> *„Wir haben einen kleinen Ferrari und brauchen Piloten wie Schumacher, um das Rennen zu gewinnen!"*

Im Folgenden soll die Vision genauer betrachtet werden, mit der die EURAC startete:

> *„Stellt euch ein modernstes Kongresszentrum vor (Hardware), das von einem dreisprachigen und flexiblen Team geleitet wird, dessen Mitarbeiter anerkannte Zertifizierungen aufweisen und die Koordinierung des Events von der ersten Idee bis hin zur finalen Bewertung mit der Expertise eines Organisators internationalen Charakters garantieren (Software)."*

Vision und Mission werden heute mit Fokus auf kontinuierliche Verbesserung wie folgt formuliert:

Vision

„Unsere Vision ist es, für die internationale Veranstaltungsindustrie das Konferenzzentrum erster Wahl in Südtirol zu werden, das jederzeit seine herausragenden Vorteile unter Beweis stellt."

Mission

„Unsere Mission ist es, mit unserer Professionalität ein umfassendes Tagungsangebot in der Destination zu schaffen und diese in der internationalen Veranstaltungsindustrie erfolgreich zu vermarkten. Auf diese Weise wollen wir wiederum in der Region das Konferenzzentrum erster Wahl werden."

3 Die USPs der EURAC

Die Einbindung des ersten Kongresszentrums in ein Forschungszentrum sowie des zweiten Kongresszentrums in ein Technologie-Innovations-Zentrum bringt drei wesentliche Alleinstellungsmerkmale mit sich (USPs), die eine ausgeprägte Abhebung vom Wettbewerb ermöglichen:

3.1 Die hausinternen Botschafter

Das ECC Kongresszentrum wird durch die bloße Existenz des Institutes interessant, allerdings auch durch die Tatsache, dass es innerhalb ein und desselben Betriebes qualifiziertes Personal für die gesamte Organisation einer Veranstaltung gibt. Anfragen für wissenschaftliche Kongresse werden aus verschiedenen Fachbereichen eingereicht. So wurde beispielsweise aufgrund der Existenz eines Institutes für Mumienforschung der „International Mummy Congress" in die Destination geholt. Veranstalter profitieren dann von dem Zusammenschluss wissenschaftlicher Expertise der einzelnen Institute und dem organisatorischen Know-How des ECC.

Eine genauere Betrachtung des Zeitraumes 2006 bis 2010 verdeutlicht die Effekte dieser Synergie. Der Anteil der Events, die in den letzten Jahren von internen Instituten oder Bereichen des ECC ausgingen, stellt sich prozentual wie folgt dar:

Tab. 14 *Events des ECC (eigene Darstellung)*

Jahr	Prozentsatz der von internen Instituten oder Bereichen ausgehenden Events
2006	24,6%
2007	26,2%
2008	36,0%
2009	31,2%
2010	33,0%

Zu beobachten ist ein stetiger Anstieg des Anteils der intern organisierten Events. Ein weiterer gewichtiger Aspekt, der in den Zahlen quantitativ sichtbar wird, ist die Wirtschaftskrise ab dem Jahr 2009.

Generell übt der Ambassador – der hausinterne Botschafter – eine Marketingfunktion für jene Personen aus, die sonst üblicherweise Promotoren für Events sind. Diese ziehen indirekt auch die Aufmerksamkeit von Vereinigungen derselben oder ähnlicher Branchen auf sich und generieren so weitere Möglichkeiten für neue Events. Aus diesem Grund kommt es vor, dass Forscher nur nach außen die wissenschaftliche Verantwortlichkeit tragen, diese in der effektiven Arbeit allerdings vom ECC in völliger Autonomie abgedeckt wird.

3.2 Erfolgsbausteine: Software und Nachhaltigkeit

Von der rigorosen Planung über die hochwertige Software bis hin zur Sorgfalt in der Ausarbeitung von Marketing- und Geschäftsstrategien bietet diese Form der Synergie Möglichkeiten zu wissenschaftlicher und methodischer Unterstützung. Hinzu kommen der Zugang zu umfangreichen Datenquellen sowie die Möglichkeit zur genauen Erhebung von Ergebnissen.

Durch die Synergie mit wissenschaftlichen Einrichtungen wird eine effiziente Planung auf mittel- und langfristiger Basis möglich. Die zwei erfolgreichsten Resultate der Zusammenarbeit werden im Folgenden exemplarisch dargestellt:

3.2.1 Software Organisation

Die Applikation derselben Prozesse, die Verwendung desselben digitalen Archivs zur Sicherung der Daten und dieselben operativen Arbeitsweisen nach außen werden durch die Verwendung ein und derselben Software ermöglicht, die die Basis der Arbeit darstellt.

In Zusammenarbeit mit der Abteilung „Information, Communication and Technologies (IC&T)" wird nach einer geeigneten Plattform gesucht, die zwei wichtige Kriterien zwingend erfüllen muss: die gemeinsame Verwaltung der einzelnen Kongresszentren (Funktion des Venue Managements) sowie die Organisation von Events, die das Management und die Möglichkeit zur Online-Registrierung der einzelnen Teilnehmer vorsehen (Funktion des

Meeting Managements). Gewählt wurde eine Software, die durch ihren schichtenartigen Aufbau vielseitig veränderbar bleibt und die Möglichkeit zur Adaption auf andere Veranstaltungsorte des Territoriums offen lässt. Heute wird mit einer Plattform gearbeitet, die durch das „Scientific Network South Tyrol" zentral verwaltet wird, alle lokalen wissenschaftlichen Institutionen vereint und wiederum einen Knotenpunkt für wissenschaftliche Arbeit darstellt.

3.2.2   CSR, Green Economy und Green Meeting

Die EURAC hat sich der Herausforderung gestellt, die Appelle großer Institutionen (wie der Vereinten Nationen, des Europäischen Rates sowie einzelner Staaten in der Privatwirtschaft) zu implementieren und die Konzepte der CSR (Corporate Social Responsibility) sowie des Umweltschutzes in die Arbeit zu integrieren. In erster Linie handelt es sich bei den Forderungen um eine Sensibilisierungskampagne. Multinationale Firmen und große lokale Institutionen sind die ersten, die ihre CSR- und Nachhaltigkeitsgrundsätze publik machen müssen. Die Anstrengungen der EURAC bezüglich Green Meetings gliedern sich in vier Bereiche:

Green Research
Die Forschungseinrichtung EURAC führt schon seit dem Jahr 1994 Studien zu den Themen Nachhaltigkeit und erneuerbare Energien durch. Das ECC greift diese Möglichkeit auf und wendet die Philosophie der Green Meetings auf seine Events an. Die EURAC verpflichtet sich den vom Convention Industry Council auferlegten Anforderungen in Bezug auf Green Meetings.

Green Partnership
Die EURAC arbeitet mit der UNEP (United Nations Environment Programme) zusammen und gemeinsam mit den Umweltministerien vieler europäischer Länder implementiert sie als eine der ersten Institutionen das Model der Nachhaltigkeit in die internen Arbeitsprozesse.

Green Building
Der Sitz der EURAC wurde so konstruiert, dass die Umweltbelastung minimiert und die Erhaltungskosten verringert werden, gleitzeitig aber das Wohlbefinden der Mitarbeiter erhöht wird. Die doppelt verglasten Glasfronten fangen die Sonnenstrahlen ein, absorbieren und speichern deren Wärme im Winter, und leiten sie im Sommer nach oben hin aus dem Gebäude. 400 m² Sonnenkollektoren liefern das ganze Jahr über warmes Wasser und dank spezieller Technik heizen sie das Gebäude im Winter und kühlen es im Sommer. Ergonomisch geformte Stühle, hochwertige Computerbildschirme, wiederbeschreibbare Wandtafeln, oder Mülleimer zur getrennten Müllsammlung sind nur einige jener Elemente, die das Bild des gelebten Umweltschutzes an der EURAC vervollständigen.

Green Meeting Management
Die Hardware gibt es bereits, es fehlt nur noch die Software und so werden stetig alle Prozessabläufe neu durchdacht und den Konzepten der Nachhaltigkeit und der Wissenschaft entsprechend angepasst.

Es begann eine Reihe von Workshops und internen Weiterbildungen, um die Vision zu festigen. In Zeiten, in denen man erst vereinzelt von Themen des Umweltschutzes in der Meeting-Industrie hörte, wurde exakt das die USP der EURAC.

Das ECC hat sich dazu entschieden, den Prinzipien der Green Meetings entsprechend die Umwelt zu schützen. Den Kunden wird eine professionelle Unterstützung in Sachen umweltschonendes Reisen geboten. Zudem werden ausschließlich Unterkünfte angeboten, die zu Fuß erreichbar sind. Papierverbrauch wird vermieden, indem die Kommunikation mit Kunden und Teilnehmern sowie alle intern Prozesse soweit möglich in digitaler Form erfolgen. Außerdem wird bei Caterings ausschließlich Glas anstelle von Plastik verwendet. Das sind nur einige wenige Details der täglichen Arbeit, mit denen sowohl umweltfreundlich als auch kostengünstig gearbeitet wird.

3.3 Die externen Veranstalter

Der wissenschaftliche Rahmen bietet ein optimales Umfeld für sehr viele externe Klienten. Die Vielzahl an wissenschaftlichen und kulturellen Events, die im Kongresszentrum der EURAC stattfinden, tragen dazu bei, das Zentrum durch Mund-zu-Mund Werbung bekannter zu machen und seine Rolle als Veranstaltungsorte für wissenschaftliche und kulturelle Veranstaltungen auszubauen. Außerdem erkennen Betriebe, die als externe Kunden zur Abhaltung eines Kongresses in das Zentrum gekommen sind, Möglichkeiten für eine zukünftige wissenschaftliche Zusammenarbeit.

Von allen Veranstaltungen, die durch einen wissenschaftlichen Charakter geprägt sind, handelt es sich bei rund 26 % um Veranstaltungen für Schulen und Lehreinrichtungen. Dies sind z. B. die „Lange Nacht der Forschung", der Jugendwettbewerb "Junge Forscher gesucht", das Science Festival "EXPLORA", verschiedene Schoollabs, die den Schülern spezifische Forschungsthemen innerhalb der EURAC näherbringen sollen, die „Science cafès", welche Möglichkeiten für die breite Bevölkerung bieten, mit den Forschern der EURAC in Kontakt zu kommen, sowie verschiedene Veranstaltungen mit Nobelpreisträgern.

4 Die Uni als Kunde: Campus meets Convention Center

Die Universität wirkt zweifelsohne als Motor einer funktionierenden Kongressindustrie. Die steigende Anzahl an Kongressen und die damit verbundenen stetig wachsenden Anforderungen an die Universität lassen dabei nur zwei Möglichkeiten: die universitätsinterne Neustrukturierung der personellen Ressourcen oder die Zusammenarbeit mit einem professionellen Partner. Im Vergleich zwischen der universitätsinternen Organisation und der Organisation durch einen professionellen Eventplaner wurden zweifelsohne Qualitätseinbußen verzeichnet. Im Jahr 2008 begann daher ein Dialog zwischen der Freien Universität Bozen und der EURAC. Daraus resultierende wurde eine Konvention zwischen den zwei Institutionen unterzeichnet, die auf folgenden Prämissen basiert:

- Die Professoren der Universität und Mitglieder des wissenschaftlichen Beirates der Europäischen Akademie Bozen haben häufig entscheidenden Einfluss auf die Wahl eines Veranstaltungsortes und der Veranstaltungspartner. Daher wäre es von großer Bedeutung, dass Professoren zu Botschaftern der Region, der Institutionen und der wissenschaftlichen Einrichtungen werden.
- Von der Organisation von Kongressen, Tagungen und Events profitieren nicht nur Tagungseinrichtungen, sondern in noch größerem Maße die gesamte Region (z. B. Hotellerie, Transportunternehmen und weitere Zulieferer, die bei einer Tagung benötigt werden). Die Zusammenarbeit zwischen Universität und EURAC würde dafür noch bessere Resultate bringen.
- Das Team des ECC ist für das Management internationaler Veranstaltungen professionell ausgebildet. Diese Ausbildungen wurden im Rahmen des Europäischen Sozialfonds (ESF) finanziert und in Zusammenarbeit mit internationalen Vereinigungen durchgeführt.
- Im Team des ECC arbeiten die bisher einzigen zertifizierten Veranstaltungsprofis in Südtirol. Die Projektleiter haben das international anerkannte Zertifikat eines Certified Meeting Professional (CMP) erhalten. Für das Erlangen des Zertifikates sind fundierte praktische Erfahrungen und sehr gute Prüfungsergebnisse notwendig. Durch diese „Experten" erfüllt das ECC alle Voraussetzungen, um internationale Veranstaltungen jeder Art auf hohen Leistungsniveau durchzuführen: von der Konzeption und Programmgestaltung, über das Management der Teilnehmer (z. B. Einladung, Registrierung, Verpflegung), bis hin zur Organisation von Aktivitäten einer Tagung, die außerhalb des ECC stattfinden wie Transfers und Rahmenprogramme.
- Die hohe technische Ausstattung in der EURAC und in der Universität (besonders auch durch die integrierte Serviceleistung der Abteilung Information and Communication Technologies) kann den Kunden einen wichtigen Mehrwert bieten.
- Die Universität wählt die EURAC als bevorzugten Veranstaltungspartner für wissenschaftliche Tagungen, Konferenzen, Kongresse und Summits aus.

Die Konvention stellt die Basis einer Zusammenarbeit zwischen Freier Universität Bozen und der EURAC dar. Ihr Ziel ist die Kostensenkung durch die Nutzung derselben Software und derselben Strukturen, die Vereinheitlichung von Organisationsprozessen und die gemeinsame Nutzung von audiovisuellem Equipment sowie personellen Ressourcen.

Bezüglich der Dienstleistungen, für die zusätzliche Personalressourcen erforderlich sind, wurde eine einheitliche Handling Fee vereinbart, die folgende Leistungen gewährleistet:

- **Budget und Verwaltung:** Kostenaufstellung, Angebotseinholung, Zahlungsverkehr mit Lieferanten, Zahlungsverwaltung der Teilnehmergebühren, Endabrechnung
- **Sekretariatsaufgaben:** Betreuung der Referenten (Kontakte und Beratung, Hotelreservierung, Reiseplanung und -organisation, Reisekostenrückerstattung), Betreuung der

Teilnehmer (telefonischer Hilfsdienst, Online-Registrierung, Zahlungsverkehr der Teilnehmergebühren, Betreuung vor Ort), Betreuung Sponsoren (Kontaktbetreuung der von
der Universität angegebenen Sponsoren, Vorbereitung Standfläche, logistische Betreuung
bei Auf- und Abbau, Abrechnung), Koordinierung des Catering, Gestaltung und Entwicklung des Rahmenprogramms, Organisation des Transfer und Zurverfügungstellung von
Zimmerkontingenten
- **Logistik:** Die Koordinierung der gesamten Logistik gehört zu den Aufgaben der EURAC
und wird intern abgewickelt. Wo möglich, greifen EURAC und Universität auf das eigene Personal zurück, was den Hostessenservice sowie die technische Betreuung anbelangt.
Die EURAC und die Universität stellen ihre Säle einander kostenlos zur Verfügung.

Durch Konvention wird den wissenschaftlichen Gremien ein Zentrum für große wissenschaftliche Events geboten, das über ein Netzwerk zur privaten lokalen Meeting-Industrie
verfügt und nach den Prinzipien der freien Marktwirtschaft kommerzielle Ziele verfolgt.

5   Fazit

Faktoren wie Luxus und Exotik, die in den vergangenen Jahren oft ausschlaggebend für die
Wahl einer Destination waren, rücken immer mehr in den Hintergrund. An ihre Stelle treten
wissenschaftliche und kulturelle Faktoren. Den Aufgaben des Convention Bureaus begegnet
man nicht in zentralisierter Form, sondern durch die Präsenz von wissenschaftlichen Ambassadors, die maßgeblich zum Erfolg eines Projektes beitragen. Die Arbeit der Fakultäten der
Freien Universität Bozen, der wissenschaftlichen Forschungsinstitute und der verschiedensten spezialisierten Anbieter des Gebietes bilden zusammen einen umfassenden wissenschaftlichen Wissensblock, der die treibende Kraft für die Weiterentwicklung der lokalen Kongressindustrie darstellt. Die Arbeit in den einzelnen Organisationen wird zur Arbeit der lokalen Meeting-Industrie, die nicht durch einen einheitlichen operativen Apparat, sondern durch
ein ganzheitliches Element an integrierten Leistungen im Kongressbereich gelenkt wird.

Die wissenschaftlichen Träger oder Ambassadors einer Destination werden durch die richtige Unterstützung und durch ein professionelles Organisationsteam zu wichtigen Generatoren
für die lokale Meeting-Industrie und können durch ihre Arbeit einen wirtschaftlichen Beitrag
von beachtenswertem Ausmaß erbringen.

Kernaspekte

- Die Südtiroler Meeting-Industrie fand lange Zeit wenig Beachtung in der Region und war charakterisiert durch unorganisiertes und unkontrolliertes Agieren der touristischen Akteure.

- Mit dem „Südtirol-Paket" ändert sich die Lage. Im Zuge der damit einhergehenden großen Freiheit und Internationalisierung steigt die Motivation in der gesamten Region spürbar. In dieser Phase werden auch die Institutionen EURAC und TIS sowie die Freie Universität Bozen gegründet.

- Die wesentlichen Vorteile und Alleinstellungsmerkmale der EURAC bestehen in der Präsenz von hausinternen Botschaftern, in den Möglichkeiten zu wissenschaftlicher und methodischer Unterstützung bei der Planung von Veranstaltungen und in den Bestrebungen um die Nachhaltigkeit ihres Geschäfts. Das ECC ermöglicht insgesamt v.a. eine Verbindung von Wissenschaft und Kultur.

- Statt einer universitätsinternen Organisation, die häufig mit Qualitätseinbußen verbunden ist, bietet sich die Zusammenarbeit mit einem professionellen Eventplaner an. Vor diesem Hintergrund kooperieren die Freie Universität Bozen und die EURAC seit 2008.

- Die wissenschaftlichen Träger einer Destination werden durch die richtige Unterstützung und durch ein professionelles Organisationsteam zu wichtigen Generatoren für die lokale Meeting-Industrie.

6   Literatur

BMU – Bundesministerium für Umwelt, Naturschutz und Reaktorsicherheit (Hrsg.) (2006): Guidelines for the Environmentally Sound Organisation of Events during Germany´s EU Council Presidency and G8 Presidency in 2007, Berlin, online verfügbar auf: http://www.umweltdaten.de/publikationen/fpdf-l/3035.pdf, Download am 17.01.2012.

Dott.ssa ZENI A. Instituto di Management e Turismo – EURAC research (2005): Turismo Congressuale in Alto Adige. Analisi dell´indotto economico dell´industria congressuale altoatesina, Bozen.

Dott.ssa ZENI A., Dott.ssa RAICH F. Instituto di Management e Turismo – EURAC research (2004/2005), Turismo Congressuale in Alto Adige. Analisi della soddisfazione dei congressisti presso le strutture congressuali altoatesine, Bozen.

EIBTM – The Global Meetings & Events Exhibition (Hrsg.) (2003): EIBTM 5 Year Trend Reports. Social & Political Trends October 2003. Barcelona, online verfügbar auf: http://www.eibtm.com/files/socialpoliticaltrendsreport.pdf., Download am 17.01.2012.

EIBTM – The Global Meetings & Events Exhibition (Hrsg.) (2004a): EIBTM 5 Year Trend Reports. Technology e Travel Trends March 2004. Barcelona, online verfügbar auf: http://www.eibtm.com/files/techtraveltrendsreport.pdf., Download am 17.01.2012.

EIBTM – The Global Meetings & Events Exhibition (Hrsg.) (2004b): EIBTM 5 Year Trend Reports Economic Trends Report September 2004. Barcelona, online verfügbar auf: Economic Trends Report September 2004., Download am 17.01.2012.

EIBTM – The Global Meetings & Events Exhibition (Hrsg.) (2006): EIBTM 2006 Industry Trends and Market Share Report, Barcelona.

Gardini, A. / Romano, S. / Valmaggi, P. (2006a): Il Sistema congressuale nel primo settembre 2006. Universita di Bologna, Polo di Rimini. Meeting e Congressi – Ediman.

Gardini, A. / Romano, S. / Valmaggi, P. (2006b): Il ruolo dei PCD secondo l'offerta congressuale italiana. Univrsita di Bologna, Polo di Rimini. Meeting e Congressi – Ediman.

Pechlaner, H. / Mariotti, P. (2002): Mediterranean Convention Bureaux: The Case of Italy, in: Weber, K. / Chon, K. (Hrsg.): Convention tourism: international research and industry perspectives, Binghamton, S. 155–170.

Stoff-Hochreiner, M. / Vienna University of Economics and Business Administration (2006): Kongresse und Firmenveranstaltungen 2005. Wien.

Vigano G. / Mottironi C. / Corigliano F. (2003): Modello di Programmazione Organizzazione e Gestione del Sistema Turistico locale della Versilia, Provincia di Lucca.

World Tourism Organization (2006): Measuring the Economic Importance of the Meetings Industry – Developing a Tourist Satellite Account Extension, Madrid.

III   Innovationen und Trends

Green Meetings & Events: Nachhaltiges Tagen in Deutschland

Dr. Markus Große Ophoff

1 Einleitung

Green Meetings sind mittlerweile zu einem Dauerthema in der Veranstaltungsbranche geworden und werden vielfach diskutiert. Doch welche Substanz steht dahinter? Welche Ansätze werden sich künftig etablieren und durchsetzen? Und wie kann man das Konzept der Green Meetings realisieren?

1.1 Geschichtliche Entwicklung

Seit der Konferenz zur Nachhaltigen Entwicklung von Rio 1992 ist das Thema „Green Meetings" auf der politischen Agenda. Trotzdem hat die Umsetzung des Nachhaltigkeitsgedankens die Veranstaltungsbranche in den vergangenen 20 Jahren nur schleppend erreicht. Erst in den letzten Jahren kann man verstärkt und breiter angelegt die Umsetzung von Nachhaltigkeitsstrategien bei Veranstaltungen beobachten.

Vorreiter waren einige Großveranstaltungen. Dafür seien hier einige Beispiele aus Deutschland genannt:

- Ressourcenschonende Ausrichtung des Schleswig-Holstein Musik Festivals, 1995
- Nachhaltigkeit auf der Weltausstellung EXPO 2000 – Mensch Natur Technik, Hannover, 2000
- Durchführung eines modellhaften Umweltbildungsprojektes im Rahmen der Internationalen Gartenbauausstellung in Rostock 2003
- Nachhaltigkeitsstrategie für den 12. Deutschen Jugendhilfetag in Osnabrück 2004
- Evangelischer Kirchentag, Hannover, 2005
- Green Goal: Das Umweltkonzept für die FIFA Fußball-Weltmeisterschaft Deutschland 2006

- UN-Konferenz über die Biologische Vielfalt, Zertifizierung nach dem europäischen Umweltmanagementsystem EMAS, Bonn, 2008 (Jain, 2008)
- Klimaneutraler Katholikentag, Osnabrück, 2008
- Ökumenischer Kirchentag, München 2010
- Green Goal 2011: Umweltprogramm für die FIFA Frauen WM 2011

Aus diesem Bereich gibt es also – vor allem in den letzten Jahren – zahlreiche Beispiele. Bei den wirklich großen Weltereignissen, wie Olympiaden oder Fußball-Weltmeisterschaften, ist eine Veranstaltung ohne ein verbindliches Nachhaltigkeitskonzept heutzutage auch weltweit kaum noch denkbar.

Anders sah es bis vor kurzem bei den vielen kleineren und mittleren Veranstaltungen aus. In diesem Bereich ist Nachhaltigkeit erst in den letzten Jahren zu einem relevanten Thema geworden. So bildeten sich in den letzten Jahren verschiedene regionale Netzwerke, wie Berlin Green Meetings oder Grün Tagen in Osnabrück, es wurden Branchentagungen zum Thema mit großer Medienresonanz durchgeführt, die Branchenmagazine berichten regelmäßig über das Thema und die Fachverbände GCB (German Convention Bureau) und EVVC (Europäischer Verband der Veranstaltungs-Centren e.V.) behandeln das Thema in Projekten und Veranstaltungen.

1.2   Definition „Green Meetings"

Der Leitfaden für die nachhaltige Organisation von Veranstaltungen des Bundesministeriums für Umwelt, Naturschutz und Reaktorsicherheit und des Umweltbundesamtes (BMU, 2010) führt in seiner Einleitung aus:

„Nachhaltigkeit muss stets berücksichtigen, welche Folgen sich für die Zukunft ergeben. Dies gilt sowohl hinsichtlich ökologischer, ökonomischer als auch sozialer Aspekte. Nachhaltigkeit betrifft alle Betrachtungsebenen und muss daher auf der lokalen Ebene genauso verwirklicht werden, wie im überregionalen oder sogar globalen Bereich. Hierzu kann jeder auf seiner Ebene beitragen.

Dieser Leitfaden will den Organisatoren und Planern von Veranstaltungen (wie z. B. Konferenzen, Tagungen, Gipfeltreffen etc.) Hilfestellung geben, um die mit Blick auf das Thema Nachhaltigkeit notwendigen Erfordernisse zu erkennen.

Das Spektrum der zu berücksichtigenden Handlungsfelder reicht von der notwendigen Reisetätigkeit (mit ihrem Einfluss auf das Klima), über den Verbrauch von Energie, Wasser, Papier etc. bis hin zu Überlegungen für eine Minimierung des Abfallaufkommens. Auch ist die umweltfreundliche Beschaffung von Produkten und Dienstleistungen ein wesentlicher Aspekt von Nachhaltigkeit."

Green Meetings zeichnen sich daher dadurch aus, dass

- alle Aktivitäten im Vorfeld, während und nach der Veranstaltung im Hinblick auf die Umweltauswirkungen untersucht und daraus Optimierungsansätze erarbeitet und umgesetzt werden,
- die Zulieferer und Veranstaltungsdienstleister in die Konzeption und Umsetzungsstrategie im Hinblick auf die umweltgerechte Durchführung der Veranstaltung mit einbezogen werden,
- die Mitarbeiter in die Konzeptionierung mit einbezogen werden und eine zielgerichtete Information erfolgt,
- eine umfassende Information der Veranstaltungsteilnehmer über die Maßnahmen zur umweltgerechten Durchführung und zum eigenen umweltgerechten Handeln stattfindet und
- die umweltbezogenen Maßnahmen bei Folgeveranstaltungen jeweils überprüft und weiter optimiert werden.

Zusammenfassend können „Green Meetings" somit folgendermaßen definiert werden:

„Green Meetings sind ein umfassender Ansatz zur Planung, Umsetzung, Dokumentation und Weiterentwicklung von umweltgerechten Veranstaltungen, der alle für die umweltgerechte Durchführung der Veranstaltung relevanten Akteure, wie Mitarbeiter, Zulieferer, Dienstleister und Teilnehmer, einbezieht."

Durch diese Definition wird deutlich, dass sich ein Veranstalter nicht ein „Green Meeting Konzept" durch einen externen Dienstleister einkaufen kann, ohne sich selber intensiv mit dem Thema zu beschäftigen. Vielmehr erfordert der Ansatz von Green Meetings eine konsequente Auseinandersetzung der Verantwortlichen für die Veranstaltung mit der Planung, Umsetzungsstrategie und Kommunikation. Green Meetings sind insbesondere auch eine Management- und Führungsaufgabe. Diese Aufgabe kann sehr wohl durch externe Berater und Dienstleister unterstützt werden. Das Management sollte aber die inhaltliche Ausgestaltung der Konzepte immer selber in der Hand haben und vorantreiben (Baumast, 2008).

2 Handlungsfelder und Mindestanforderungen für Green Meetings

Der erste Schritt bei der Umsetzung von Maßnahmen zu Green Meetings sollte immer die Definition von spezifischen Umweltleitlinien für die Veranstaltung oder das Unternehmen sein. Hierdurch wird das Ziel und die Strategie des Green Meeting Konzeptes festgelegt. Idealerweise sollte das Ziel von den relevanten Akteuren der Veranstaltung, wie Mitarbeiter,

Zulieferer, Dienstleister und Teilnehmern, getragen werden. In der weiteren Planung bietet sich die Analyse und Planung entsprechend von Handlungsfeldern an (Spatrisano / Wilson, 2007).

Da bisher keine allgemein akzeptierte Definition von Green Meetings vorhanden war und auch keine Mindestanforderungen in den einzelnen Handlungsfeldern diskutiert wurden, kann man nicht immer sicher sein, dass bei Veranstaltungen, die sich als Green Meetings bezeichnen, auch wirklich anspruchsvolle Umweltkonzepte umgesetzt werden.

Im Folgenden werden einzelne Handlungsfelder näher betrachtet und Handlungsoptionen für diese Bereiche aufgezeigt. Zudem benennt der Autor aufgrund der eigenen umfangreichen Erfahrungen bei der Konzeption und Umsetzung von Green Meetings all die Maßnahmen, die ohne erheblichen Mehraufwand und auch ohne deutliche Mehrkosten realisierbar sind. Diese Maßnahmen sollten bei Veranstaltungen, die mit dem Anspruch eines Green Meetings antreten auf jeden Fall umgesetzt werden. Sie stellen somit Mindestanforderungen dar. Gleichzeitig eignen sich diese Kriterien, um mehr Transparenz in die Verwendung des Begriffes Green Meetings zu bringen und mit diesen Prüfkriterien Veranstalter zu identifizieren, die den Begriff missbrauchen.

2.1   Mobilität

Das Handlungsfeld Mobilität umfasst sowohl die An- und Abreise der Teilnehmer als auch die Reisetätigkeit der Veranstalter und der an der Veranstaltung beteiligten Akteure. Ziel in diesem Handlungsfeld sollte es sein, Verkehr möglichst zu vermeiden und – wenn dieser unvermeidbar ist – ihn auf möglichst umweltfreundliche Verkehrsmittel zu lenken. Geeignete Maßnahmen sind:

- Verkehrsgünstige Wahl des Veranstaltungsortes
- Expliziter Hinweis auf umweltfreundliche Verkehrsmittel, wie den öffentlichen Personennahverkehr und die Bahn, möglichst durch Kombitickets oder spezielle Veranstaltungstickets
- Unterstützung der umweltfreundlichen Anreise mit Bahn, Bus, Fahrrad und zu Fuß durch geeignete Kommunikationsmaßnahmen. Dabei sollte immer der gesamte Weg durchdacht werden. Ein häufiger Fehler ist es, dass zwar ein Veranstaltungsticket bis zum Bahnhof organisiert wird, der Weg vom Bahnhof zum Veranstaltungsort aber außer Acht gelassen wird. Zudem sollten die umweltfreundlichsten Verkehrsträger zuerst genannt und auch Serviceangebote, wie eine Reiseauskunft der Bahn, eingebunden werden.
- Wahl der Veranstaltungszeiten, so dass eine Anreise mit öffentlichen Verkehrsmitteln einfach möglich ist
- Angebote zur Kompensation der CO_2-Emissionen der Anreise

Mindestanforderungen:

- Kommunikationsmaßnahmen zur umweltfreundlichen Anreise
- Wahl der Veranstaltungszeiten

2.2   Energie und Klima

Das Handlungsfeld Energie und Klima umfasst sowohl die Klimawirkungen als auch den Energieverbrauch bei der Anreise, am Veranstaltungsort, bei den Hotels und bei der Vorbereitung und Organisation der Veranstaltung. Ziel ist es, den Energieeinsatz zu minimieren und dazu alle notwenigen Maßnahmen zu ergreifen:

- Veranstaltungsstätten und die Unterkünfte sollen nach ihrem energetischen Zustand ausgewählt werden. Dazu zählen beispielsweise die eingesetzte Energie für Heizung und Warmwasser, die durch den Gebäudeenergieausweis ersichtlich ist. Diese Daten müssen bei jedem Veranstaltungsort vorliegen.
- Es sollte eine energiesparende Beleuchtung für die Veranstaltung eingesetzt werden. Dies können beispielsweise die Tageslichtnutzung, Halogenmetalldampf-Lampen, LED-Lampen, Leuchtstoffröhren oder Energiesparlampen sein. Normale Glühbirnen sollte es nicht mehr geben. Halogenstrahler sollten nur noch in der Bühnenbeleuchtung eingesetzt werden, wo sie noch nicht immer ohne Mehrkosten durch deutlich energieeffizientere Systeme ersetzt werden können.
- Die Klimatechnik stellt in Veranstaltungsstätten und Hotels einen der großen Stromverbraucher dar. Eine Wärmerückgewinnung bei der Lüftungstechnik und moderne Klimatisierungstechnologien können diese Energieverbräuche deutlich reduzieren. Insbesondere in Hotels sind Klimaanlagen nicht oder zumindest nur zeitweise notwendig.
- Es sollten energiesparende Elektrogeräte eingesetzt und auf die Vermeidung von Standby-Verlusten geachtet werden.
- Nach der Umsetzung der o.g. Maßnahmen können verbliebene Emissionen von Klimagasen kompensiert werden.
- Die Heizung sollte nicht höher als 20°C eingestellt werden. Die Klimaanlage nicht kälter als 6°C unter der Außentemperatur.
- In den Hotels sollten alle Elektrogeräte aus sein, wenn der Gast das Zimmer betritt.

Mindestanforderungen

- Energiesparende Beleuchtung
- Energiesparende Einstellung von Heizung und Klimatisierung
- Ermittlung des Energieverbrauchs der Veranstaltungsstätten und der Hotels durch den Gebäudeenergieausweis

2.3   Ressourcen

Das Handlungsfeld Ressourcen umfasst den Ressourceneinsatz sowohl vor der Veranstaltung, beispielsweise durch den Versand von Einladungen und Programmhefte, als auch während der Veranstaltung durch verteilte Materialien, Verpackungsmaterialien, Putz- und Reinigungsmittel (auch im Hotel und bei den Zulieferern für die Veranstaltung) sowie den Materialeinsatz im Nachgang zur Veranstaltung.

- Produkte und Dienstleistungen sollten nach Umweltkriterien eingekauft werden. Kriterien können beispielsweise der „Blaue Engel" und die Internetseite www.beschaffung-info.de aufzeigen. Wichtige Handlungsfelder sind Druckerzeugnisse, Hygieneartikel und Konferenzunterlagen. Zunächst sollte geprüft werden, ob alles notwendig ist. Das verbleibende Material sollte umweltfreundlich angeschafft werden. Bei Papierprodukten sollte es sich um Recyclingpapier mit dem „Blauen Engel" handeln. Dieses gibt es mittlerweile in Qualitäten, die kaum noch von Neupapier zu unterscheiden sind.
- Übernachtungskapazitäten sollten nach Umweltkriterien ausgewählt werden. Dabei ist insbesondere auf den Umgang mit Wäsche, Papier und Verpackungen zu achten.
- Unnötiger Ressourcenverbrauch sollte vermieden und auf Kleinverpackungen verzichtet werden.
- Ausschließlich Mehrweggeschirr, -besteck und Getränkeverpackungen sollten eingesetzt werden.
- Abfälle sollten sortiert und einem spezifischen Recycling zugeführt werden.
- Mit Wasser sollte sparsam umgegangen werden.
- Dekorationsmaterialien, wie Messebaumaterialien, Teppichboden und Transparente sollten mehrfach verwendet werden.

Mindestanforderungen

- Einsatz von umweltfreundlichen Produkten
- Minimum 30% Recyclingpapier
- Keine Kleinverpackungen
- Nutzung von Mehrwegmaterialien
- Abfalltrennung und Recycling
- Wassersparmaßnahmen

2.4 Catering

Im Handlungsfeld Catering steht eine gesunde, umweltfreundliche Ernährung im Vordergrund. Ziel ist es dabei, die Umweltwirkungen durch die Lebensmittel zu minimieren und gleichzeitig ein hochwertiges Essen anzubieten:

- Regionale Produkte aus der Saison werden bevorzugt.
- Immer werden auch vegetarische Gerichte angeboten.
- Das gesamte Catering oder Teile davon sollten auch in zertifizierter Bioqualität angeboten werden.
- Fair gehandelte Produkte wie Kaffee oder Tee werden genutzt.
- Getränke von regionalen Anbietern werden genutzt.
- Lebensmittel führen teilweise zu erheblichen Klimawirkungen. Diese steigern sich von Gemüse über Fisch zu Geflügel und Schwein bis hin zu Rindfleisch. Bei der Speiseauswahl sollte dies berücksichtigt werden. Fleischmengen sollten reduziert werden.

Mindestanforderungen

- Bevorzugt regionale Produkte aus der Saison verwenden
- Zusätzlich sollten vegetarische Gerichte angeboten werden
- Zumindest einzelne Bio-Angebote integrieren

2.5   Veranstaltungsmanagement und Kommunikation

Das gezielte Veranstaltungsmanagement ist die Basis für eine gelungene umweltgerechte Veranstaltung. Um Kunden und Akteuren das Green Meeting Konzept zu vermitteln, ist eine Kommunikation der Maßnahmen erforderlich (Große Ophoff, 2009). Glaubwürdigkeit entsteht erst durch Transparenz:

- Es sollte ein öffentlich zugängliches Umweltkonzept für die Veranstaltung geben.
- Die Veranstaltungsstätte und/oder der Veranstaltungsdienstleister sollten nach Umweltkriterien ausgewählt werden. Dies kann durch entsprechende Zertifizierungen unterstützt werden.
- Verantwortliche für die Umweltaspekte der Veranstaltung sollten benannt werden.
- Die Mitarbeiter sollten entsprechend geschult werden (Kehl, 2009).
- Die Maßnahmen für Green Meetings sollten kommuniziert werden.

Mindestanforderungen

- Veröffentlichung des Umweltkonzeptes und der umweltbezogenen Maßnahmen
- Mitarbeiterschulung/-einbindung

3   Bewertung von Instrumenten

In der Veranstaltungsbranche werden verschiedene Instrumente diskutiert, die bei der Durchführung von Green Meetings hilfreich sein können (Große Ophoff, 2010a, 2011a, 2011b). Wie weiter oben ausgeführt, sind die Voraussetzungen für gute Green Meetings aber der Wille und die Kompetenz des Veranstalters. Zusätzliche Instrumente werden hier nun kurz aufgeführt und bewertet.

3.1   „Klimaneutrale" Veranstaltungen

Seit einigen Jahren gibt es immer mehr „klimaneutrale" Veranstaltungen, auch wenn diese, bezogen auf die Gesamtzahl aller Veranstaltungen, immer noch einen kleinen Anteil ausmachen.

Viele Experten schaudern, wenn sie den Begriff „klimaneutral" hören, denn es wird sugge-
riert dass man ohne Folgen für das Klima zum Beispiel fliegen oder produzieren könnte. Das
geht natürlich nicht. Leider nehmen die Negativbeispiele der „Klimaneutralität" zu: Der
Gasheizpilz im Winter als „Klimaschädling ohne schlechtes Gewissen" oder das „klimaneutrale" Tanken und die Weiterfahrt im umweltschädlichen Auto sind nur einige Beispiele
dafür. Auch fällt auf, dass man bereits im Vorfeld ahnen kann, welche Veranstaltung zur
„klimaneutralen" Vorzeigeveranstaltung wird. Wirklich glaubhaft wird ein Akteur aber nur,
wenn er konsequent umwelt- und klimafreundlich handelt, dies auch offen zeigt und nicht
nur auf den Nachhaltigkeitsbericht verweist.

Ehrlicher wäre der Begriff „klimakompensiert". Damit würde klarer, was wirklich passiert:
Nämlich, dass an anderen Stellen Maßnahmen ergriffen werden, die dafür sorgen, dass die
bei einer Veranstaltung erzeugte CO_2-Menge wieder gebunden wird. Dieses wird teilweise
auch als Ablasshandel bezeichnet. Hier verfährt man nach dem Motto: „Sorgen wir mal in
der dritten Welt dafür, dass wir hier so weiter prassen können wie bisher".

Klimakompensation kann trotzdem eine gute und sinnvolle Maßnahme sein. Ihre Glaubwürdigkeit kann aber nur erhalten werden, wenn am Anfang jeder Analyse eine konsequente und
ernsthafte Reduktion der CO_2-Emissionen vor Ort steht. Diese sollte sich an den im vorher-
gehenden Abschnitt angeführten Maßnahmen und an Leitfäden, wie dem Leitfaden für die
nachhaltige Organisation von Veranstaltungen, orientieren.

3.2   Green Globe

Das Umweltzeichen „Green Globe" (Green Globe, 2009) hat sich dank einer Kooperation
mit dem Europäischen Verband der Veranstaltungscentren (EVVC) schnell in der Veranstal-
tungs- und Hotelbranche in Deutschland etabliert. Rund ein Jahr nach dem Start in Deutschland sind bereit zahlreiche Veranstaltungszentren in Deutschland nach dem EVVC-Green
Globe zertifiziert. Der Green Globe stellt ein pragmatisches und gut anwendbares Umweltmanagementsystem dar, dass sich an internationalen Umweltmanagementstandards orientiert
und diese durch eine sinnvolle Kombination aus internetgestützter Selbstauskunft und einer
Zertifizierung vor Ort einfach umsetzbar macht. Zudem führt diese Zertifizierung zu einem
Prozess der ständigen Verbesserung des Umwelthandelns. Ebenfalls positiv ist, dass alle
Veranstaltungen in einem Veranstaltungszentrum von der Zertifizierung abgedeckt werden.

Als Wermutstropfen muss genannt werden, dass nach außen hin nicht transparent wird, wie
ein Veranstaltungszentrum die relevanten Maßnahmen wirklich umsetzt. Wie sieht zum
Beispiel der spezifische Energieverbrauch aus? Welche weiteren konkreten Maßnahmen
werden getroffen? Zu diesen wichtigen Fragen gibt das erhaltene Green Globe-Zertifikat
leider keine Auskunft. Die zertifizierten Häuser könnten aber freiwillig die Daten offenlegen
und Green Globe könnte sie dabei unterstützen. Auch hier sollten die weiter oben aufgeführten Aspekte aus dem Abschnitt Handlungsfelder und Mindestanforderungen beachtet werden.

Die Voraussetzungen für eine Green Globe-Zertifizierung sind ohne größere Anstrengungen für jeden zu erreichen. Wer sich auch nur halbwegs bemüht, wird die Auszeichnung, auch ohne einen Cent zu investieren, vorweisen können. Da (fast) jeder das Zertifikat erreichen kann, ist es natürlich nur eingeschränkt zur Differenzierung geeignet.

Trotzdem: Die EVVC-Green Globe-Zertifizierung stellt ein klares Bekenntnis zum Umweltschutz dar und führt dazu, dass interne Prozesse im Hinblick auf ihre Umweltwirkung analysiert und fortwährend optimiert werden. Durch eine Veröffentlichung der Analyse könnte zu einer breiteren Transparenz beigetragen werden.

3.3   Das österreichische Umweltzeichen

Das österreichische Umweltzeichen (Lebensministerium, 2009) geht ähnlich vor, wie der Green Globe. Die Kriterien sind öffentlich und für alle zugänglich. Es bietet eine interessante Kombination aus einer Grundzertifizierung und einer Einzelbetrachtung jeder Veranstaltung. Der ganze Prozess ist so organisiert, dass es auch kleineren Häusern möglich wird, sich und seine Veranstaltungen zertifizieren zu lassen. Das Zeichen wird aber auf Österreich beschränkt bleiben.

3.4   Green Note

Die Plattform My Green Meetings bietet mit dem „Green Note" Zertifikat einen ähnlichen Ansatz. Es gibt eine Grundzertifizierung mit der in Folge auch einzelne Veranstaltungen zertifiziert werden können. Als Besonderheit gibt es bei Green Note eine Bewertung in Form eines Benchmark, der zeigen kann, wie gut man wirklich ist. Die Plattform My Green Meetings bietet zudem eine Beratung bei der konkreten Durchführung umweltfreundlicher Veranstaltungen. Dabei sind Anbieter verschiedener Bereiche mit eingebunden. Da es in jedem Bereich derzeit im Netzwerk aber meist nur einen – in der Regel recht engagierten – Anbieter gibt, ist hier der Wettbewerb jedoch reduziert und die Eignung für öffentliche Ausschreibungen in Frage gestellt. Zudem ist durch die Konzentration auf die Einzelanbieter auch der Wettbewerb um die besten Ideen zum Umweltschutz reduziert.

3.5   BS 8901 Sustainable Event Management System, DIN und ISO

In Großbritannien hat British Standards BS eine Norm zum Thema Sustainable Event Management System veröffentlicht (British Standard Institution, 2007). Aus Anlass der Olympiade in London und der Fußballweltmeisterschaft in Brasilien werden nun entsprechende Normen bei der International Standard Organisation ISO und dem deutschen DIN beraten

(DIN, 2011). Die bisherigen Erfahrungen zeigen, dass wohl insbesondere sehr große „Vorzeigeveranstaltungen" zertifiziert werden.

Nach dem aktuellen Diskussionsstand werden diese Normen kaum für kleinere Veranstaltungen einsetzbar sein. Das Vorgehen orientiert sich deutlich an klassischen Umweltmanagementsystemen. Als internationale Normen werden sie keine „harten" Anforderungen in Form von Quoten oder Grenzwerten an die Zertifizierung stellen. Es geht vielmehr darum ein Managementsystem aufzubauen, nach dem Ziele individuell definiert und die Umweltwirkungen von Veranstaltungen analysiert werden. Ein ständiger Verbesserungsprozess spielt dabei eine wichtige Rolle.

Problematisch ist, dass sich die BS 8901 auf Einzelveranstaltungen bezieht. Es ist fraglich, ob es bei der Übertragung in die Internationale Norm gelingt, dies auf Gruppen von Veranstaltungen oder ganze Veranstaltungshäuser zu erweitern. Für Veranstaltungshäuser bietet sich bisher und wohl auch auf absehbare Zeit, eher die Zertifizierung nach Umweltmanagementsystemen wie ISO 14001 oder der EMAS-Verordnung an. Diese Instrumente sind etabliert und haben eine hohe Akzeptanz.

3.6 Leitfaden für die umweltgerechte Organisation von Veranstaltungen

Bereits seit mehreren Jahren haben Umweltbundesamt und Bundesministerium für Umwelt, Naturschutz und Reaktorsicherheit den Leitfaden für die umweltgerechte Organisation von Veranstaltungen veröffentlicht (BMU, 2010). Einen ähnlichen Leitfaden haben auch die Vereinten Nationen herausgegeben (United Nations, 2009). In diesen Leitfäden findet man alles, was für die umweltgerechte Durchführung wichtig ist. Wer diese Leitfäden ernst nimmt, der kann ohne jede Zertifizierung genauso viel für die Umwelt erreichen, wie mit jedem der oben geschilderten Instrumente.

3.7 Regionale Netzwerke

An mehreren Stellen haben sich regionale Netzwerke zum Thema Green Meetings gebildet. Einer der Vorreiter war Berlin Green Meetings. Dort sind viele Anbieter verbunden, die jeweils zu acht Kriterien offenlegen, was Sie machen. Die Schwelle zur Teilnahme liegt dabei aber sehr niedrig. Fast jeder Anbieter kann diese mit minimalem Aufwand erfüllen. Harte Fakten zur Umweltqualität werden kaum geliefert. Eine Weiterentwicklung in den letzten Jahren ist nicht zu verzeichnen. Die oben genannten Mindestanforderungen für Green Meetings werden nicht erfüllt.

Das Netzwerk „Grün Tagen Osnabrück" geht einen anderen Weg. Hier legen die Anbieter in einer Internetplattform konkret offen, was sie im Hinblick auf Green Meetings machen. Zudem wird veröffentlicht, was man sich für die nächste Zeit vorgenommen hat. Damit besteht eine hohe Transparenz für den Kunden. Zudem werden so auch zukünftige Maßnahmen sichtbar und überprüfbar.

4   Klarheit für den Kunden?

Bieten die geschilderten Ansätze nun die gewünschte Klarheit für Kunden, die umweltfreundlich Tagen wollen? Leider bleiben derzeit noch viele Fragen offen. Durch die geschilderten Instrumente wird kaum klar und vergleichbar dargestellt, wie gut der Umweltstandard einer Veranstaltung oder eines Veranstaltungshauses nun wirklich ist. Ist der Energieverbrauch niedrig, mäßig oder hoch? Wie sieht es mit dem Ressourceneinsatz aus?

Was wurde seit der letzten Veranstaltung verbessert? Für den Kunden wäre es hilfreich, wenn er schnell – beispielsweise über eine einheitlich gestaltete Internetseite – wichtige Kenngrößen eines Veranstaltungshauses abrufen könnte.

Aufgaben für die Zukunft
Verbesserungen in Richtung Green Meetings fangen mit konkreten Maßnahmen auch im Kleinen (Große Ophoff, 2010b, 2011c) an:

* Warum ist noch viel zu selten der Weg vom Bahnhof bis zum Veranstaltungsort oder Hotel mit öffentlichen Verkehrsmitteln oder zu Fuß erklärt?
* Warum gibt es Schilder für Autofahrer aber kaum für Fußgänger?

Bei vielen dieser Kleinigkeiten kann und muss die Glaubwürdigkeit eines Green Meeting Konzeptes belegt werden. Aber auch im Großen muss gehandelt werden.

* Warum sind in vielen Kommunen die Stadthallen aus den 60er und 70er Jahren noch in einem jämmerlichen energetischen Zustand?
* Sollte man nicht gerade diese Veranstaltungszentren, welche als Anlaufpunkt für viele Besucher aus Stadt und Land dienen, vorbildlich nach Klimagesichtspunkten gestalten?

Um mehr Transparenz in das Green Meetings Thema zu bringen, werden in Zusammenarbeit mit den Dachverbänden der Veranstaltungswirtschaft in Deutschland, dem GCB und dem EVVC in den nächsten Jahren Hintergrundpapiere und Richtlinien erarbeitet, die den Akteuren helfen, Green Meetings optimal zu gestalten. In solchen Papieren könnten beispielsweise allgemeine Themen, wie Anforderungen an ein gutes Umweltmanagement, aber auch Spezialthemen, wie „Energiesparende Beleuchtung" oder „umweltfreundliches Catering", behandelt werden. Durch solche über die Verbände formulierten Anforderungen kann eine Weiterentwicklung der Angebote vorangetrieben und eine bessere Vergleichbarkeit gefördert werden.

5   Das Zentrum für Umweltkommunikation

Das Zentrum für Umweltkommunikation der Deutschen Bundesstiftung Umwelt in Osnabrück setzt seit Jahren ein anspruchsvolles Green Meeting Konzept um. Hier finden ausschließlich Tagungen und Kongresse zu Umweltthemen statt. Natürlich wird hier auch ein hoher Standard für die umweltgerechte Durchführung von Veranstaltungen realisiert. Anhand dieses Veranstaltungszentrums, das im April mit dem EVVC-Award als Benchmark für den Bereich Ökologie ausgezeichnet worden ist, soll beispielhaft gezeigt werden, wie Nachhaltigkeit konsequent umgesetzt werden kann.

Das Zentrum demonstriert beispielhaft die Möglichkeiten des umweltgerechten Bauens (Jacob, 2003) und bietet damit ideale Voraussetzungen für nachhaltiges Tagen. Der Energieverbrauch von nur 28 kWh/m² im Jahr setzt Maßstäbe. Er liegt 75 % unter dem Neubaustandard und bei weniger als 12 % des Durchschnitts deutscher Gebäude. Erreicht wird dies bei dem 2001 errichteten Gebäude durch konsequente Wärmedämmung und die passive Nutzung von Sonnenenergie durch die nach Süden ausgerichteten Fensterfronten und das transparente Dach. In der Beleuchtung werden ausschließlich energiesparende Leuchtmittel eingesetzt. Dies sind Halogenmetalldampflampen (100 Lumen Lichtausbeute pro Watt (lm/W) im Vergleich zu 12 lm/W bei einer Glühbirne), Leuchtstoffröhren mit elektronischem Vorschaltgerät (70 lm/W), LED-Lampen (50–70 lm/W) und Energiesparlampen (50–60 lm/W).

Sowohl die alltägliche Arbeit als auch die Durchführung von Veranstaltungen wird umweltgerecht gestaltet. Im Vordergrund steht der konsequente Einsatz von Recyclingprodukten, die Ressourceneinsparung und eine weitgehende Wiederverwendung eingesetzter Materialien. So wird z. B. in allen Bereichen ausschließlich Recyclingpapier mit dem „Blauen Engel" verwendet. Viele Drucker sind standardmäßig auf doppelseitigen Ausdruck eingestellt. Durch online Anmeldeverfahren, ein transparentes Dateiablagesystem und die Einführung eines Dokumenten-Management-Systems wird die Notwendigkeit von Ausdrucken reduziert.

Das Zentrum für Umweltkommunikation (ZUK) besitzt eine gute Verkehrsanbindung. Zu erreichen ist es bequem mit öffentlichen Verkehrsmitteln. Durch das spezielle Veranstaltungsticket der Deutschen Bahn wird die umweltfreundliche Anreise unterstützt. Der Fußweg von und zur Innenstadt ist mit Wegweisern ausgeschildert. Im Internet sind bei den Anreisebeschreibungen die umweltfreundlichsten Verkehrsmittel zuerst aufgeführt. Ein Internettool hilft bei der Reiseplanung mit öffentlichen Verkehrsmitteln von Haustür zu Haustür.

Der hausinterne Catering-Partner sorgt mit seinen wohlschmeckenden und ernährungsbewussten Angeboten an regionalen und saisonalen Speisen in Bio-Qualität für eine ausgewogene und moderne Verpflegung der Gäste. Als einer der wenigen Caterer in Deutschland ist die Firma Food et Event nach der EG-Öko-Verordnung mit dem EU-Bio-Zeichen zertifiziert. Kaffee und Tee ist fair gehandelt. Gemüse, Beilagen und Säfte gibt es immer und ausschließlich in Bio-Qualität. Besonderer Wert wird auf saisonale und regionale Gerichte gelegt.

Kernaspekte

- Die Umsetzung des Nachhaltigkeitsgedankens hat die Veranstaltungsbranche in den vergangenen 20 Jahren nur schleppend erreicht. Erst in den letzten Jahren kann man verstärkt und breiter angelegt die Umsetzung von Nachhaltigkeitsstrategien bei Veranstaltungen beobachten.

- Green Meetings sind ein umfassender Ansatz zur Planung, Umsetzung, Dokumentation und Weiterentwicklung von umweltgerechten Veranstaltungen, der alle für die umweltgerechte Durchführung der Veranstaltung relevanten Akteure, wie Mitarbeiter, Zulieferer, Dienstleister und Teilnehmer, einbezieht.

- Bisher gab es keine allgemein akzeptierte Definition und keine Mindestanforderungen, sodass keine Sicherheit besteht, ob als Green Meetings bezeichnete Veranstaltungen wirklich anspruchsvolle Umweltkonzepte umsetzen.

- Handlungsfelder bei Green Meetings sind Mobilität, Energie und Klima, Ressourcen, Catering sowie Veranstaltungsmanagement und Kommunikation.

- In Zukunft ist die Zusammenarbeit mit den Dachverbänden der Veranstaltungswirtschaft, wie dem GCB und EVVC, unabdingbar, um die Transparenz zu erhöhen und um den Akteuren bei der optimalen Gestaltung von Green Meetings zu helfen. Dies kann in Form von Hintergrundpapieren und Richtlinien geschehen.

6   Literatur

Baumast, A. (2008): Betriebliches Umweltmanagement, Eugen Ulmar KG, Stuttgart.

BMU – Bundesministerium für Umwelt, Naturschutz und Reaktorsicherheit und Umweltbundesamt (2010): Leitfaden für die nachhaltige Organisation von Veranstaltungen, Berlin, Dessau.

Deutsches Institut für Normung (2011): DIN ISO 20121, Nachhaltiges Veranstaltungsmanagement – Norm Entwurf, 2009.

Green Globe Certification (2009): Green Globe Certification Standards, Los Angeles.

Große Ophoff, M. (2009): Erfolgsfaktoren der Kommunikation von Natur- und Umweltthemen, in: Deutsche Bundesstiftung Umwelt DBU (2009): Natur – Nebensache, Luxus oder Kapital?, Ausgabe 9/2009.

Große Ophoff, M. (2010a): Green Meetings, in: Verbändereport, Ausgabe 4/2010, S. 38–42.

Große Ophoff, M. (2010b): Grüner tagen – gewusst wie. in: meetings – made in Germany. The magazine of the GCB. Ausgabe 02/2010, S. 23.

Große Ophoff, M. (2011a): Green Meetings – wohin geht der Weg? in: Convention International, Ausgabe 2/2011, S. 103.

Große Ophoff, M. (2011b):Umweltfreundliches tagen – so geht das – Was Green Meeting Label wirklich taugen, in: Beschaffung aktuell, Ausgabe 8/2011.

Große Ophoff, M. (2011c): Wie sieht die "grüne Zukunft" in der M.I.C.E.-Branche wirklich aus?, Ratgeber für Green Meetings, mygreenmeeting.de, Schwetzingen.

Jacob, U. (2003): Deutsche Bundesstiftung Umwelt, Zentrum für Umweltkommunikation – Bauökologie am Beispiel des DBU Konferenz- und Ausstellungsgebäude; 2003, Bramsche.

Jain, G. (2008): Green COP, BMU, Berlin.

Kehl, V. (2009): Nachhaltigkeit in der Fortbildung betrieblicher Ausbilder/innen und ausbildender Fachkräfte in der Tourismuswirtschaft, München / Mering.

Lebensministerium (2010): Österreichisches Umweltzeichen für Green Meetings, ZU 62.

Spatrisano, A. / Wilson, N. J. (2007): Simple Steps to Green Meetings and Events, Meeting Strategies Worldwide, Oregon, USA.

The British Standard Institution (2007): Sustainability Management Systems for Events, London.

United Nations Environment Program (2009): Green Meeting Guide 2009, in: www.unep.org/publications/search/pub_details_s.asp?ID=4067, Zugriff am 07.01.2012.

Green Meetings am Beispiel des Congress Centrums Mainz

August Moderer, Tanja Bloth und Verena Holbach

1 Einleitung

Schlagworte wie Nachhaltigkeit, Umweltbewusstsein, Green Meetings oder CO_2-Kompensation werden seit Längerem auch in der Veranstaltungsbranche intensiv diskutiert. Doch was heißt dies konkret für die Branche? Was ist der Ursprung und welche Position nimmt die Veranstaltungsbranche und speziell das Congress Centrum Mainz (CCM) zu diesem Thema ein?

Die nachfolgenden allgemeinen Definitionen und Informationen sowie die Möglichkeiten von Green Meetings am Beispiel des Congress Centrums Mainz sollen diese Fragen näher analysieren.

1.1 Nachhaltigkeit

Der Begriff „Nachhaltigkeit" stammt ursprünglich aus der Forstwirtschaft und wurde im 19. Jahrhundert entwickelt. Die damalige Bedeutung war, dass nur so viel Holz pro Zeiteinheit geschlagen werden durfte, wie in der gleichen Zeit auch wieder nachwachsen konnte. Im Laufe der Zeit wurde dieser Gedanke auf alle Ressourcen übertragen. Die heutige Bedeutung von Nachhaltigkeit lässt sich jedoch nur schwer formulieren. Es gibt weit über 100 verschiedene Definitionen, von denen aber keine als allgemeingültig betrachtet werden kann. Die am häufigsten zitierte und wohl bekannteste, ist die Definition des Brundtland-Berichts von 1987, die lautet (Müller-Christ, 2011, S. 540):

> *„Sustainable development is development that meets the needs of the present without compromising the ability of future generations to meet their own needs."*

Übersetzt man diese Definition ins Deutsche, so ergibt sich sinngemäß der Gedanke, dass auf der einen Seite Verantwortung für die Nachwelt übernommen werden muss, auf der anderen

Seite aber auch ein menschenwürdiges Leben in der heutigen Welt gewährleistet sein muss. Denn ebenso hält der Bericht fest, dass die ökonomischen, ökologischen, politischen und sozialen Entwicklungen als eine Einheit zu betrachten sind (Holbach, 2011, S. 16 f.).

Mit der Konferenz der Vereinten Nationen für Umwelt und Entwicklung (UNCED) im Juni 1992 in Rio de Janeiro wurde das Konzept der nachhaltigen Entwicklung im Rahmen der Agenda 21 schriftlich niedergelegt und von Regierungsvertretern aus 150 Ländern unterschrieben und somit verabschiedet. Die Agenda 21 stellt ein Umweltprogramm dar, welches darauf abzielt, die ökonomischen, ökologischen und sozialen Entwicklungsfaktoren miteinander zu vernetzen (Holbach, 2011, S. 17 f.).

1.2   Nachhaltigkeit in der Veranstaltungsbranche

Der aktuelle Trend zu Umweltzertifizierungen und nachhaltig geplanten und durchgeführten Veranstaltungen wird beim Blick in die Fachpresse deutlich. So ist durchaus ein Umbruch in der Branche zu erkennen; mehr und mehr Veranstaltungsteilnehmer erwarten, dass Events umweltfreundlich und nachhaltig ausgerichtet werden und zwingen so die Unternehmen, ihr Handeln zu überdenken. Die Unternehmen wiederum fordern dies im Umkehrschluss von der jeweiligen Location, so dass auch die Veranstaltungshäuser gezwungen sind, Angebote im Sinne der Nachhaltigkeit zu erstellen. Eine Befragung, welche 2009 im Rahmen der Fachmesse imex durchgeführt wurde, zeigte, dass Green Events und Green Meetings keine Modeerscheinung sind. Drei Viertel der Befragten würden nach eigenen Angaben eine Destination meiden, wenn sie wüssten, dass diese eine schlechte Umweltbilanz hat. Ebenfalls drei Viertel gaben an, dass Umweltthemen eine Rolle bei ihren Entscheidungen spielen und mehr als 80 Prozent der befragten Unternehmen waren der Ansicht, dass Umweltaspekte zukünftig immer wichtiger werden (Angst, 2009, S. 38 ff.).

Der CO_2-Rechner, den das German Convention Bureau in Kooperation mit dem Klimaschutz-Beratungsunternehmen CO_2OL auf seiner Website installiert hat, ist ein weiterer Hinweis auf den Wandel in der Branche. Ebenso hat die Branchenstudie „Meeting- & EventBarometer" des EITW in ihrer Ausgabe 2009/2010 zum ersten Mal das Thema Green Meetings separat untersucht. In diesem Zusammenhang stellte sich zwar heraus, dass das Bewusstsein bei deutschen Veranstaltern noch nicht so ausgeprägt ist wie im europaweiten und weltweiten Vergleich; dennoch gaben rund 60 Prozent der Veranstalter an, dass die Nachfrage nach Green Meetings zukünftig steigen wird (EITW, 2010, S. 39 f).

Ein weiterer Aspekt ist das Bemühen der Branche, einen einheitlichen Standard zum Thema Umweltschutz zu schaffen. In Bezug auf die Umweltzertifizierung von Veranstaltungsstätten bietet der Branchenverband EVVC seit 2010 in Kooperation mit Green Globe Certification eine Zertifizierung an, die speziell auf die Besonderheiten der Veranstaltungsbranche zugeschnitten ist. Die Zertifizierung umfasst einen konkreten Anforderungskatalog, mit dem die Veranstaltungshäuser zum einen die drei Dimensionen der Nachhaltigkeit abdecken, zum anderen aber auch durch Optimierungsmaßnahmen Kosten einsparen können (Holbach, 2011, S. 23 f.).

Durch die Kooperation mit dem EVVC ist die Auszeichnung mit Green Globe zum wichtigsten Nachhaltigkeitsindikator in der Branche aufgestiegen. So sind aktuell in Deutschland 20 ausgewiesene Kongresszentren mit Green Globe zertifiziert (Stand: Januar 2011). International erfüllt Deutschland damit eine Vorreiterrolle in der Branche, denn die Website von Green Globe listet unter der Rubrik ‚Conference Center' neben Deutschland nur vier weitere Länder, die jeweils ein Green Globe-zertifiziertes Kongresszentrum aufweisen. Green Globe wurde 1993 als Reaktion auf die Konferenz der Vereinten Nationen für Umwelt und Entwicklung in Rio de Janeiro (1992) gegründet und ist das einzige internationale Zertifizierungs- und Benchmarkingprogramm, das auf den Leitlinien der dort verabschiedeten Agenda 21 basiert. Die Kriterien von Green Globe sind dynamisch, sie werden zweimal jährlich überarbeitet und unterstützen so das Ziel von Green Globe, einen kontinuierlichen Verbesserungs- und Optimierungsprozess in Bezug auf Nachhaltigkeit in Gang zu setzen (Holbach, 2011, S. 25 f.).

Weitere für die Branche relevante Zertifizierungen grenzt das German Convention Bureau ein auf ISO 14001, EMAS, Ökoprofit sowie Global Compact. (vgl. Kapitel „Green Meetings & Events" von Große Ophoff)

2   Nachhaltigkeit im Congress Centrum Mainz (CCM)

2.1   Die Veranstaltungshäuser des CCM

Das Portfolio an Veranstaltungsstätten des Congress Centrums Mainz (CCM) umfasst neben der Rheingoldhalle das Kurfürstliche Schloss und den Frankfurter Hof, außerdem die Bürgerhäuser in den Mainzer Stadtteilen Finthen, Hechtsheim und Lerchenberg.

Das größte Veranstaltungshaus stellt die Rheingoldhalle mit insgesamt mehr als 7.000 m² Veranstaltungsfläche in 15 Räumen dar. Die Räume sind flexibel aufteilbar und bieten so unbestuhlt Platz für 200 bis 3.500 Personen. Die Rheingoldhalle ist zudem baulich direkt mit dem Hilton Hotel verbunden. Mit dem Kurfürstlichen Schloss ist das CCM Mitglied der Historic Conference Centres of Europe (HCCE). Das Kurfürstliche Schloss bietet acht verschiedene Säle mit Platz für bis zu 2.000 Personen, die Gesamtfläche beträgt ca. 2000 m². Deutschlandweit bekannt ist es als Übertragungsort der Mainzer Fernsehfastnacht ‚Mainz bleibt Mainz, wie es singt und lacht'. Der Frankfurter Hof in der Mainzer Altstadt wird für Veranstaltungen mit bis zu 500 Personen vermietet. Er besteht aus einem Saal inklusive Foyer, die Fläche beträgt insgesamt ca. 600 m². Die Bürgerhäuser in den Mainzer Stadtteilen Finthen, Hechtsheim und Lerchenberg sind mit verschiedenen Räumen zwischen 42 m² und 495 m² ausgestattet und werden hauptsächlich von den örtlichen Vereinen und Unternehmen genutzt. Sie bieten in ihren verschiedenen Räumen Platz für zehn bis maximal 600 Personen.

2.2   Zertifizierungen und Maßnahmen

Unter dem Leitspruch ‚Global denken – lokal handeln' wurde die Agenda 21 von Regierungsebene bis hinunter in die einzelnen Kommunen als Handlungsprogramm für eine nachhaltige Entwicklung implementiert. So verfügt auch die Stadt Mainz seit Mitte der 1990er Jahre über eine lokale Agenda 21, in deren Rahmen unter anderem die Umsetzung des Projekts ÖKOPROFIT beschlossen wurde. In einem langfristig angelegten, offenen Prozess wurden und werden so in einem Dialog zwischen Stadtverwaltung, Politik, Bevölkerung, örtlichen Organisationen und der Wirtschaft konkrete Maßnahmen für eine zukunftsfähige Stadt entwickelt (Landeshauptstadt Mainz, 2011).

Das Team des Congress Centrums Mainz hat sich ebenfalls zur Aufgabe gemacht, nachhaltig – also ökonomisch, ökologisch und sozial verträglich – mit den Ressourcen und Menschen im und um das Congress Centrum Mainz umzugehen. Anfang 2011 erhielt das CCM die Zertifizierung zum Ökoprofit-Betrieb 2009/2010. Um der Bedeutung des Themas Nachhaltigkeit darüber hinaus Nachdruck zu verleihen, verlängert das CCM sein Engagement und beteiligt sich nun am sogenannten „Ökoprofit Klub". Zusätzlich war das Congress Centrum Mainz das erste Tagungszentrum im Rhein-Main-Gebiet und unter den ersten fünf in Deutschland, das darüber hinaus für seine hervorragenden Anstrengungen beim Umweltschutz Anfang 2010 auch mit dem EVVC Green Globe Zertifikat ausgezeichnet wurde.

Dem Management des Congress Centrums Mainz ist bewusst, dass durch die Vielzahl an Veranstaltungen mit einer großen Anzahl an Menschen natürlich auch eine Umweltbelastung einhergeht. Durch die Auszeichnungen mit den Umweltprogrammen ‚Ökoprofit' und ‚Green Globe' stellt sich das CCM der Verantwortung gegenüber der Umwelt und den nächsten Generationen.

Eine wesentliche Voraussetzung für eine erfolgreiche Zertifizierung und Umsetzung des Nachhaltigkeitsgedanken ist die Selbstverpflichtung durch das Management. Nur durch die dort gesetzten Ziele ist es möglich, die Mitarbeiter in diesen Prozess mit einzubeziehen und dafür zu begeistern. Im CCM wurden zur besseren Orientierung zum Thema Nachhaltigkeit Umweltleitlinien zu den Bereichen Ressourcenverbrauch, Entsorgung, Beschaffung, kontinuierliche Verbesserung, Selbstverpflichtung der Geschäftsführung und Mitarbeiter, Öffentlichkeitsarbeit, soziales Engagement und Mitarbeiterförderung erstellt. Zusätzlich wurde ein Öko-Team aus verschiedenen Abteilungen gegründet, die ihre Ideen beim Erfahrungsaustausch einbringen können.

Viele Prozesse wurden nochmalig neu geprüft und weitere Optimierungen in den Bereichen Energie, Wasser, Abfall, Einkauf und speziell im Veranstaltungsbereich vorgenommen. Bezüglich der gebäudetechnischen Optimierungsmöglichkeiten steht das CCM als Pächter der Häuser regelmäßig mit dem Eigentümer der Häuser, der Landeshauptstadt Mainz, in Kontakt, um auch hier Verbesserungen im Rahmen der finanziellen Mittel voranzutreiben.

Neben der internen Umsetzung setzt das CCM alles daran, seine Kunden und Partner in diesen Prozess mit einzubeziehen. Speziell für Veranstaltungskunden wurde das ‚greenplus'-Tagungspaket entwickelt, das sie auf dem Weg zur klimafreundlichen und ressourcenschonenden Veranstaltung unterstützt. Folgende Leistungen sind für eine einfache Umsetzung zusammengestellt worden (Stand: November 2011):

- Exklusive Bereitstellung des Elektrofahrzeuges ‚smart for two electric drive' für die Dauer der Veranstaltung
- Veranstaltungsticket der Deutschen Bahn
- Congress Card Mainz – kostenfreie Nutzung des öffentlichen Nahverkehrs sowie weitere Zusatzleistungen
- Angebot eines nachhaltigen Caterings
- Exklusiver Verkauf von Solarsparbriefen (= Anteile an der Photovoltaikanlage auf dem Dach der Rheingoldhalle)
- Einsatz von Ökostrom in allen Häusern des Congress Centrums Mainz
- Leitlinien für grünes Tagen für Kunden zu den Themen Mobilität, Veranstaltungsort und Unterbringung, Catering, Abfallmanagement, Gastgeschenke, CO_2-Reduktion und Kompensation

Das CCM setzt seine Aktivitäten auch zukünftig, wie bereits erwähnt, durch die Beteiligung im Ökoprofit-Klub fort. Hierbei steht der branchenübergreifende Austausch mit anderen Unternehmen im Vordergrund, um so nach dem Best Practice-Gedanken voneinander zu profitieren. Des Weiteren wird eine regelmäßige Überprüfung durch Green Globe angestrebt.

Die interne Motivation sowie Verpflichtung und die Beratung der Kunden bezüglich der Nachhaltigkeitsaspekte werden auch weiterhin von großer Bedeutung und Wichtigkeit im CCM sein.

2.3   Green Meetings am Beispiel der ‚greenmeetings und events' Fachkonferenz

Im März 2011 veranstalteten das GCB German Convention Bureau und der Europäische Verband der Veranstaltungs-Centren (EVVC) die ‚greenmeetings und events' Konferenz, eine Fachkonferenz zur Organisation umweltgerechter Veranstaltungen. Das Congress Centrum Mainz mit der Rheingoldhalle als Austragungsort konnte die internationale Ausschreibung für sich gewinnen. Ausschlaggebend für die Wahl von Mainz als Veranstaltungsort waren u. a. die Zertifizierung des CCM mit dem Green Globe sowie dem Ökoprofit-Zertifikat und das hohe Engagement in Bezug auf den Umweltschutz sowie die Zusammenarbeit mit zertifizierten Tagungshotels und Caterern.

Im Rahmen der Konferenz referierten 26 Experten aus Wirtschaft, Forschung und Politik zu unterschiedlichen Aspekten des nachhaltigen Tagens und verdeutlichten damit die Führungsposition Deutschlands im Bereich Nachhaltigkeit und erneuerbare Energien. Die hohe Resonanz der Tagung – bei den Teilnehmern sowie im Vorfeld und im Nachhinein bei der Presse – hat gezeigt, dass das Bewusstsein für die Notwendigkeit von Green Meetings in allen Sparten der Tagungs- und Kongressbranche angekommen ist.

Bereits beim Versand der Einladungen wurde auf die Schonung von Ressourcen geachtet. So erfolgte das gesamte Einladungs- und Ticketmanagement online, auch die Kongressunterlagen wurden lediglich digital zur Verfügung gestellt. Ein besonderer Service für alle Interessierten, die nicht an der Konferenz teilnehmen konnten, erfolgte zwei Wochen später: Ausgewählte Vorträge und Workshops wurden im Rahmen einer virtuellen Konferenz erneut präsentiert, anschließend bestand die Möglichkeit, sich mit den Experten im Live-Chat auszutauschen. Im Sinne der nachhaltigen Kommunikation sorgten während der Konferenz Info-Tafeln für Transparenz, sodass sich die Teilnehmer vor Ort über die unternommenen Umweltschutzaspekte informieren konnten.

Der größte CO_2-Ausstoß erfolgt bekanntermaßen bei der An- und Abreise der Teilnehmer. Daher wurde bei der Konferenz das Veranstaltungsticket der Deutschen Bahn mit in die Teilnehmergebühr integriert, sodass rund 75 Prozent der 400 Besucher diese Möglichkeit nutzten und mit der Bahn anreisten. Der CO_2-Ausstoß konnte durch diese Maßnahme von 45 Tonnen für eine vergleichbare Veranstaltung auf 30 Tonnen gesenkt werden. Die Restmenge wurde durch ein Aufforstungsprojekt kompensiert.

Die bewusste Entscheidung für einen Bio-Caterer trug maßgeblich dazu bei, weiteres CO_2 einzusparen. Durch die ausschließliche Verwendung saisonaler und regionaler Speisen können die CO_2-Emissionen im Vergleich zum konventionellen Catering um rund 30 Prozent gesenkt werden. Auch wurde bewusst auf biologisch abbaubares Einweggeschirr gesetzt, da die CO_2-Bilanz des Transports auf Grund des geringeren Gewichts deutlich geringer ist. Zudem wurde das Einweggeschirr entsprechend vom Caterer eingesammelt und fachgerecht entsorgt.

Auch der soziale Aspekt der Nachhaltigkeit wurde nicht außer Acht gelassen: Durch den generellen Verzicht auf Referentengeschenke konnte der so eingesparte Betrag einem Kultur- und Sozialprojekt der Stadt Mainz zur Verfügung gestellt werden.

Die Konferenz selbst wurde in Zusammenarbeit mit mygreenmeeting.de von Anfang an nach den Grundsätzen der Nachhaltigkeit geplant und durchgeführt. Die Schwerpunkte wurden hierbei auf die Bereiche Mobilität, Catering, Kommunikation, Location und Einbindung der Besucher gelegt. Der Lohn für die Mühen: Die ‚greenmeetings und events' Fachkonferenz wurde durch die konsequent nachhaltige Umsetzung mit dem von mygreenmeeting.de vergebenen Green Note-Label ausgezeichnet und erreichte dank des durchdachten Konzeptes die klimafreundlichste Kategorie A (GCB, 2011a).

3   Fazit und Ausblick

Laut dem Meeting & EventBarometer 2011 wird die Bedeutung von Green Meetings in Zukunft weiter steigen; sowohl auf Seiten der Anbieter (47,5 %) als auch auf Seiten der Veranstalter (49,8 %) ist man sich in diesem Punkt einig. Des Weiteren haben bereits mehr als ein Viertel der Veranstalter und Anbieter ein Nachhaltigkeitsmanagementsystem im Unternehmen integriert, was ebenfalls darauf schließen lässt, dass sich dieser Trend weiter fortsetzen wird (EITW, 2011, S. 41 f.).

Nicht zuletzt der Entschluss zur Durchführung der ‚greenmeeting und events' Fachkonferenz macht deutlich, dass sich die Veranstaltungsbranche dem Thema Nachhaltigkeit und dessen Herausforderungen und Aufgaben stellt, ernsthaft diskutiert und weiter vorantreibt.

Das Congress Centrum Mainz hat sich durch die Zertifizierungen, die Erfahrungen bei der Umsetzung der ‚greenmeetings und events' Fachkonferenz und durch das Engagement im Bereich der Green Meetings positioniert und muss auch den zukünftigen Entwicklungen weiter offen gegenüberstehen.

Kernaspekte

- Green Meetings sind keine Modeerscheinung. Vielmehr ist ein Wandel in der Branche zu erkennen: Die Nachfrage nach umweltgerechten und nachhaltig ausgerichteten Veranstaltungen wächst (und wird nach mehrheitlicher Meinung der Veranstalter auch zukünftig weiter steigen) und zwingt Unternehmen, ihr Handeln zu überdenken.

- Die Unternehmen fordern dies wiederum von den Veranstaltungshäusern, sodass auch diese gezwungen sind, Angebote im Sinne der Nachhaltigkeit zu erstellen.

- Um einen einheitlichen Standard zum Thema Nachhaltigkeit zu schaffen, wurden Zertifizierungen ins Leben gerufen. Einer der wichtigsten Nachhaltigkeitsindikatoren in der Veranstaltungsbrancheist die Auszeichnung mit dem EVVC Green Globe geworden.

- Erfolgsentscheidend für eine Zertifizierung und die Umsetzung des Nachhaltigkeitsgedankens sind die Selbstverpflichtung durch das Management, die interne Mitarbeitermotivation und Optimierung der Prozesse sowie die Aufklärung und Einbindung der Kunden.

- Die ‚greenmeetings und events' Fachkonferenz ist ein Beispiel dafür, wie Nachhaltigkeitsanforderungen konsequent in sämtlichen Bereichen (u. a. Mobilität, Catering, Kommunikation, Location und Einbindung der Besucher) umgesetzt werden können.

4   Literatur

Angst, Karl-Heinz (2009): Grünes Mäntelchen für ein gutes Gewissen, in: TW 6/2009, 33. Jg. (2009), S. 38–40.

EITW – Europäisches Institut für TagungsWirtschaft GmbH (Hrsg.) (2010): Tagungs- und Veranstaltungsmarkt Deutschland – Das Meeting- &EventBarometer 2009/10, online verfügbar auf: http://www.gcb.de/pdf/ManagementInfo_MEBa_2010.pdf, Download am 05.08.2011.

EITW – Europäisches Institut für TagungsWirtschaft GmbH (Hrsg.) (2011): Tagungs- und Veranstaltungsmarkt Deutschland – Das Meeting- & EventBarometer 2010/2011, online verfügbar auf: http://www.gcb.de/pdf/ManagementInfo_MEBa_2011.pdf, Download am 05.08.2011.

GCB German Convention Bureau e.V. (2011a): greenmeetings und events Konferenz erhält GreenNote für nachhaltiges Tage, Pressemitteilung 02.03.2011, in: www.greenmeetings-und-events.de/greenmeetings-aktuelle-news/greenmeetings-und-events-konferenz-erhaelt-greennote-fuer-nachhaltiges-tagen/214198378b915866783ceff5e850eb9f.html, Zugriff am 10.10.2011.

GCB German Convention Bureau e.V. (2011b): greenmeetings und events Konferenz mit 400 Teilnehmern unterstreicht deutsche Führungsposition im Bereich Nachhaltigkeit, Pressemitteilung 03.03.2011,in: http://www.greenmeetings-und-events.de/greenmeetings-aktuelle-news/greenmeetings-und-events-konferenz-mit-400-teilnehmern-unterstreicht-deutsche-fuehrungsposition-im-bereich-nachhaltigkeit/d29f908db147d98b1da8aba81b 1afc6f.html, Zugriff am 10.10.2011.

Holbach, V. (2011): Umweltengagement von Kongresszentren – Einfluss des Umweltmanagements auf die Entscheidung für eine Kongresslocation aus Veranstaltersicht, Bachelorthesis, Worms.

Landeshauptstadt Mainz (2011): Tu' heute was für morgen – Lokale AGENDA 21 Mainz, in: http://www.mainz.de/WGAPublisher/online/html/default/agenda21, Zugriff am 27.09.2011.

Müller-Christ, G. (2011): Umweltmanagement – Umweltschutz und nachhaltige Entwicklung, München.

Social Media im MICE-Segment

Daniel Amersdorffer, Jens Oellrich, Florian Bauhuber und Benjamin Gott-stein

1 Einleitung

Einleitend skizziert dieser Artikel die Grundlagen des Web 2.0 und des Social Web. Zudem werden aktuelle Zahlen zu den wichtigsten Social Media Plattformen genannt und der Kommunikationswandel, der sich aktuell im Internet abspielt, beschrieben. Anschließend wird auf die Implikationen von Social Media für die Tagungswirtschaft in verschiedenen Feldern eingegangen. Zum Abschluss werden die strategischen Konsequenzen, die sich aus Social Media für Unternehmen des MICE-Sektors ergeben, aufgezeigt. Hier wird im besonderen Maße diskutiert wie MICE-Unternehmen – in Hinblick auf die Entwicklungen im Web 2.0 – zukünftig operativ agieren und ihre strategische sowie strukturelle Ausrichtung anpassen müssen.

Die Begriffe Web 2.0 und Social Web sind seit einiger Zeit in aller Munde und die Nutzerzahlen der verschiedenen Plattformen und Dienste des Social Web steigen beachtlich. Das bekannteste Soziale Netzwerk Facebook, 2004 von Mark Zuckerberg gegründet, hat inzwischen über 800 Mio. aktive Nutzer von denen sich 50% täglich einloggen, jeder durchschnittlich 130 Kontakte hat und die durchschnittlich mit 80 Seiten, Gruppen oder Events vernetzt sind. Täglich werden über 250 Mio. Fotos auf Facebook hochgeladen, unter anderem auch zu den verschiedensten Veranstaltungen. Außerdem nutzen 350 Mio. Menschen weltweit Facebook über ein mobiles Endgerät. Auf Facebook werden innerhalb von 60 Sekunden beinahe 700.000 Statusupdates verfasst, knapp 80.000 Wall Posts veröffentlicht und über eine halbe Mio. Kommentare geschrieben (Facebook, 2011).

Aber nicht nur Facebook erfreut sich wachsender Beliebtheit: Im Mai 2011 wurden auf YouTube, gegründet 2005, 48 Stunden Videomaterial hochgeladen – pro Minute! Die Seite wird täglich 3 Mrd. Mal aufgerufen (Solis, 2011). Auch Twitter hat enorm hohe Zugriffszahlen vorzuweisen: in nur einer Minute werden fast 100.000 Tweets verfasst und 320 neue Twitteraccounts angelegt. Auch andere Netzwerke haben beeindruckende Nutzerwerte vorzuweisen (vgl. Abb. 20).

Dass Soziale Netzwerke äußerst erfolgreich sind, kann man also an diesen Zahlen ablesen. Worin liegt aber der Erfolg des Social Web? Die Autoren des YouTube-Blogs begründen den Erfolg der Videoplattform damit, dass ihr Angebot ein Spiegelbild seiner Nutzer und deren Welt ist (YouTube-Blog, 2011). Diese Aussage trifft durchaus zu, ist aber für sich betrachtet zu einfach. Zwei entscheidende Entwicklungen – technologische und soziale – haben zum Erfolg der Sozialen Netzwerke beigetragen. Im technologischen Bereich ist dies die preisliche und technische Weiterentwicklung von Computern und der zur Verfügung stehenden Bandbreite, die immer schneller und günstiger wird. Die „Henne-Ei-Frage", ob die Entwicklung zuerst im technologischen und dann im sozialen Bereich stattgefunden hat oder umgekehrt, bleibt in diesem Fall allerdings zu diskutieren.

Abb. 20: Das WWW in 60 Sekunden (Shanghai Web Designers, 2011)

Aber woher kommen eigentlich die Begriffe Web 2.0 und Social Web?

Der Begriff Web 2.0 entstand während eines Brainstormings zwischen MediaLive International und dem O'Reilly Verlag. Die Teilnehmer, allen voran der Vizepräsident von O'Reilly Dale Dougherty, stellten dabei fest, dass das World Wide Web (WWW) immer mehr an Bedeutung gewinnt. Um den Wandel des Internets, der sich unter anderem auch an den weiter oben genannten Entwicklungen feststellen lässt, an einem starken Begriff festzumachen, wurde das Schlagwort „Web 2.0" gewählt. Auf Grundlage des Brainstormings wurde 2004 eine Web-2.0-Konferenz organisiert, die großen Anklang fand. Der Begriff verbreitete sich anschließend wie ein Lauffeuer und findet seither stets Verwendung, wenn es Neuerungen im Internet festzustellen gibt (Ebersbach et al., 2008, S. 23).

Wenig später veröffentlichte Tim O'Reilly einen Artikel, der das Web 2.0 als „den Übergang von Anwendungen, die das WWW als reine Informationsquelle begreifen, zu Anwendungen, die das WWW als Ausführungsplattform nutzen und über Netzwerkeffekte mit anderen Nutzern einen steigenden Mehrwert bieten" beschreibt (Becker et al., 2007, S. 4). Folgende vier Punkte sind für das Web 2.0 also entscheidend (Amersdorffer, 2009):

- Die Möglichkeit der Partizipation,
- der Vernetzung und
- der Kommunikation für alle Internetuser sowie
- die Nutzung des Internets als Plattform zur Bereitstellung und zum Betrieb von Software.

Häufig werden die Begriffe Web 2.0 und Social Web synonym verwendet. Allerdings beinhaltet das Web 2.0 primär ökonomische, technische und rechtliche Aspekte und ist somit weitaus umfassender als das Social Web, das folglich entweder als ein Teilbereich des Web 2.0 oder gar als eigene, aus der Sozialwissenschaft stammende, Perspektive angesehen werden kann (Ebersbach et al., 2008, S. 23). Social Web beschreibt vor allen Dingen „die Unterstützung sozialer Strukturen und Interaktionen über das Netz" (Ebersbach et al, 2008, S. 29).

2 Implikationen von Social Media auf die Tagungswirtschaft

2.1 Kommunikation und Marketing

Wenn man die Tagungswirtschaft betrachtet gibt es für alle Akteure fünf entscheidende Phasen: Inspiration, Planung, Buchung, „Während der Tagung" und „Nach der Tagung" (vgl. Abb. 21). Hierbei muss allerdings noch zwischen der Sicht der Kunden beziehungsweise der Tagungsteilnehmer sowie der Sicht der Tagungshäuser und der Tagungsveranstalter unterschieden werden. Außerdem kann der Tagungsveranstalter sowohl als Kunde (beispielsweise eines Tagungshauses) als auch als Anbieter (aus Sicht des Tagungsteilnehmers) auftreten. Tab. 15 zeigt die Besonderheiten der einzelnen Phasen der Customer Journey in Bezug auf die verschiedenen Akteure auf.

Tab. 15 Kommunikation und Marketing in der Customer Journey (eigene Darstellung)

	Inspiration	Planung	Buchung	Während der Veranstaltung	Nach der Veranstaltung
Anbietersicht	Sichtbarkeit innerhalb von relevanten Themen im Internet erzielen	Vom Kunden benötigte Informationen bereitstellen und Bewertungen nutzen, um Vertrauen zu gewinnen	Optimierte Buchungsstrecke und persönliche Ansprechpartner für erhöhtes Vertrauen	Lenkung, Unterstützung, Erlebnis und Berichte der Teilnehmer fördern	Gast im Netzwerk halten und als Multiplikator instrumentalisieren
Kundensicht	Idee / Inspiration bekommen, die zum Besuch einer Veranstaltung führt	Recherchieren und Aussuchen von Leistungen / Produkten	Leistungen / Produkte reservieren oder buchen; Fragen abklären	Live Informationen bekommen und in Social Media kommunizieren	Erzählen und anderen bei der Planung helfen
Tagungsort	Sichtbarkeit im Bereich der Tagungshäuser erzielen; MICE-Planer im Sozialen Netzwerk einbetten	Produktion und Bereitstellung von Informationen zu den Leistungen; Einbezug von Kundenbewertungen in das Informationsportfolio	Buchbarkeit der Leistung herstellen; dynamic-packaging für MICE-Planer und Tagungsveranstalter anbieten	Anbieten von Social Media Paketen für die Veranstalter und damit gleichzeitig Schaffung eines erhöhten Nutzens für Tagungsgäste	Inputs zur Optimierung der Qualität aus Bewertungen umsetzen und Produkt aktiv anhand Kundenbewertungen weiterentwickeln
Tagungsveranstalter	Kunden dazu bringen, auf Tagungsangebote aufmerksam zu werden, bevor diese gezielt danach suchen	Produktion und Bereitstellung von Informationen zum Produkt; Recherche und Bewertung der Informationen für den Tagungsgast erleichtern	Buchbarkeit der Tagung und damit zusammenhängender Angebote in Echtzeit und mit leicht zu bedienender Buchungsstrecke anbieten; persönliche Ansprechpartner für Klärung von Fragen nennen	Bereitstellung von Informationen via Social Media; Schaffung der Rahmenbedingungen für eine gute Social Media Kommunikation der Tagungsgäste, Bereitstellung weiterführender Informationen in Social Media	Bewertungen durch den Tagungsgast in Bewertungsportalen inzentivieren und diese zum Qualitätsmanagement nutzen
Tagungsteilnehmer	Zufälliges Aufmerksamwerden auf eine bestimmte Tagung via Newsfeed im Social Graph	Recherche und Bewertung der Informationen; (Informationen anderer Kunden, v.a. aus dem Sozialen Netzwerk des Kunden, sind glaubwürdiger als werbliche Informationen)	Buchung von Leistungen auf Vertrauensbasis; je leichter Fragen und Unsicherheiten zu klären sind, desto eher erfolgt Buchung	Inanspruchnahme der Leistung und Abgleich mit Erwartungen; Social Media werden während der Veranstaltung zur Kommunikation mit anderen Tagungsgästen genutzt	Reflektion der Veranstaltung, Verfassen von Bewertungen oder Erfahrungsberichten in Social Media

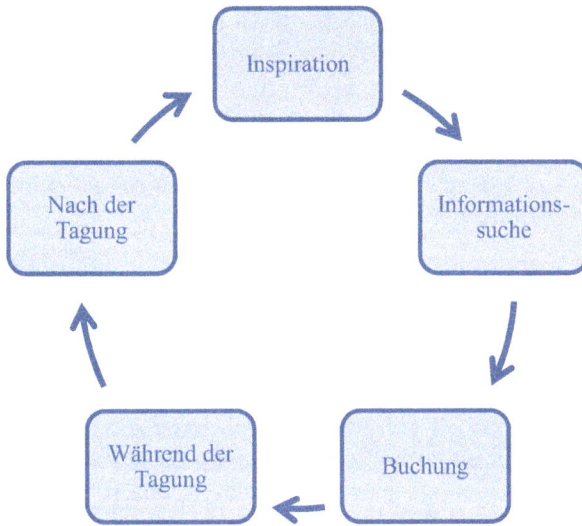

Abb. 21: *Customer Journey (eigene Darstellung)*

2.1.1   Inspiration

Es ist essentiell, für Sichtbarkeit im jeweils relevanten Thema zu sorgen, sodass Kunden, die bisher nicht an ein spezifisches Produkt, eine Tagungsstätte, eine Tagung, etc. gedacht haben, auf dieses Produkt aufmerksam werden, während sie sich über ein Thema informieren. Hierbei muss die Auffindbarkeit im Internet durch die Verwendung von relevanten thematischen Keywords sichergestellt werden. Allerdings sollte nicht nur die klassische Suchmaschinenoptimierung im Fokus der Bemühungen stehen, sondern auch die Social Media Optimierung. Dabei müssen die thematisch relevanten Keywords auch in Facebook, Flickr, Scribd und natürlich in Google+ Verwendung finden.

Um die Sichtbarkeit weiter zu erhöhen, sollte außerdem angestrebt werden, dass möglichst viele Personen in Sozialen Netzwerken über einen sprechen, da dann auch deren Online-Freunde auf das Produkt aufmerksam werden und es entsprechend wahrnehmen. Ein Facebook-Nutzer beispielsweise erreicht durchschnittlich 130 Freunde, wenn davon nur fünf das Produkt interessant finden und durch das „Liken" oder „Sharen" wiederum jeweils theoretisch 130 Facebook Freunde erreichen, liegt die Reichweite bei 650 Facebook-Nutzern.

Momentan durchläuft das Internet einen Wandel, der gerade für die Inspirationsphase gravierende Auswirkungen haben kann. Der heutige Internetnutzer sucht sich Veranstaltungen nach seinen Interessen mit Hilfe von Suchmaschinen – in Deutschland hauptsächlich Google. Allerdings kann der Nutzer dabei nur nach dem suchen, was er bereits kennt. Das Branding, beziehungsweise die Bekanntheit des Produktes und die Sichtbarkeit auf Suchmaschinen, sind also wichtig. Deshalb sind aktuell oben genannte Punkte zu beachten, um in das Bewusstsein des Kunden zu kommen. Zukünftig wird die Inspiration aber weg von der aktiven Suche hin zum assoziativen Finden vollzogen werden. Das heißt, thematisch relevante Informationen werden entweder mit Hilfe des Browsers automatisiert gesammelt und dem Nutzer beispielsweise über die Google Toolbar gebündelt angeboten oder die Interessen und Vorlieben meines Freundesnetzwerkes werden mit den eigenen abgeglichen, woraus eine Vorauswahl getroffen wird (Amersdorffer et al,. 2009). Diese Entwicklungen sind gerade aus der Sicht von Tagungskunden äußerst bedeutend, da das Vertrauen in persönlich gestaltete oder soziale Medien – und somit auch persönlich gestaltete oder soziale Werbung – höher ist als in herkömmlichen Medien beziehungsweise Werbung.

Für Tagungshäuser, Tagungshotels, etc. ist es zudem vorteilhaft in den „Social Circle" von Tagungsplanern auf Xing oder LinkedIn zu kommen, um von diesen potenziellen Zielkunden immer wieder wahrgenommen zu werden. Durch das gegenseitige Sehen von Statusupdates entsteht ein „Peripheral Vision", die auf Dauer dazu führt, dass der Tagungsplaner eine soziale Nähe zum Tagungsort hat. Ein späterer Planungsprozess beziehungsweise eine spätere Buchung wird damit wahrscheinlicher. Über die Premiumfunktion von Xing, beziehungsweise LinkedIn, kann ganz gezielt nach Tagungsplanern gesucht und sich mit diesen vernetzt werden. Dadurch dass diese Möglichkeit noch nicht so intensiv genutzt wird wie andere Werbeformen, ist die Akzeptanz aktuell noch höher.

Tagungsveranstalter sollten darauf achten, dass sie in einschlägig bekannten, thematisch passenden Blogs oder Webseiten mit ihrer Veranstaltung gelistet werden. T3N.de aktualisiert beispielsweise laufend die Liste der kostenlosen BarCamps im deutschsprachigen Raum (T3N, 2011). Hier gelistet zu werden bringt eine enorme Reichweite und Aufmerksamkeit. Natürlich ist auch der Eintrag in den Tagungsplanern von Xing oder LinkedIn äußerst wichtig, um die entsprechende Zielgruppe direkt ansprechen zu können. Eine weitere Möglichkeit eine große Reichweite zu erlangen, ist das Anlegen eines Events auf Facebook. Sobald sich ein Facebook-Nutzer dort zu der Veranstaltung anmeldet, werden wiederum durchschnittlich 130 weitere Nutzer (vgl. Punkt 1) auf die Veranstaltung aufmerksam.

2.1.2   Planen

In der Planungsphase müssen Informationen zum Produkt auffindbar gemacht werden. Hierbei spielt nicht nur die Webseite und die Suchmaschinenoptimierung für Google eine Rolle, sondern auch die Präsenz in großen Social Media Plattformen, die viele Möglichkeiten bieten das Produkt mit mehr Emotionen aufzuladen und auch erlebbarer zu machen. Das Einbinden von Bewertungen oder Statements anderer Kunden dient als glaubwürdige Quelle zur Planung.

Tagungshäusern bietet sich die Möglichkeit mit einem „Google Places"-Eintrag und entsprechenden Bewertungen, die mit für das Ranking der Places entscheidend sind, bei Suchanfragen prominent platziert zu werden. Gerade in den Mobiltelefonen von Google beziehungsweise Smartphones mit dem Google-Betriebssystem Android ist eine Integration der „Google Places"-Einträge mehr und mehr zu erwarten und somit von steigender Relevanz. Auch die Bewertungsplattformen sind sehr relevant. Im Hotelsegment nehmen Bewertungen bei 59 % der Buchungen einen sehr großen Einfluss auf die Unterkunftsentscheidung (VIR, 2011).

Der Tagungskunde sollte möglichst durch den Tagungsveranstalter in der Planungsphase unterstützt werden. Hier bietet es sich an, Bewertungen sowie Informationen zur Veranstaltung gut auf der Webseite auffindbar zu machen. Zudem sollte die Erreichbarkeit des Ansprechpartners sowohl über einen normalen als auch über einen Social Media Kontakt ermöglicht werden. Auch einen Livechat oder die Angabe des Skype-Kontaktes sind Mittel, um die Kontaktfläche für den Kunden zu maximieren und ihm somit die Planung zu vereinfachen.

2.1.3   Buchen

Die Buchbarkeit ist wohl einer der wichtigsten Punkte in der „Customer Journey", denn wenn das Produkt für den Kunden nicht bequem oder nach seinen Vorstellungen buchbar ist, wird er es nicht buchen. Um dem Kunden die Buchung nach seinen Wünschen zu ermöglichen, sollten nach dem Prinzip des Dynamic Packaging die Produktkomponenten in Echtzeit aus verschiedenen Quellen ausgewählt, gebündelt und gebucht werden können. Aus den einzelnen Komponenten, wie zum Beispiel der Teilnahme am ersten und dritten Tag einer dreitägigen Veranstaltung inklusive zweier Übernachtungen, ergibt sich nach den Vorgaben des Veranstalters ein Gesamtpreis. (Reindl / Staudinger, 2010).

Auch für den Buchungsprozess ist es essentiell, die Kontaktfläche zu maximieren, damit der Kunde jederzeit entstehende Unklarheiten auf einem Kommunikationsweg seiner Wahl klären kann. Hierzu dienen, neben dem Veröffentlichen des Telefon- und Social Media Kontakts, auch ein Livechat und die Sichtbarmachung eines persönlichen Ansprechpartners. Zudem können durch Outsourcing von Anmeldung und Inkasso an Buchungsplattformen wie Amiando Kosten gespart werden.

2.1.4   Während der Tagung

Während der Tagung können Tagungshäuser und Tagungsveranstalter zum – schon lange zum Standardangebot gehörenden – physischen Programmflyer beispielsweise auch eine Livewall anbieten. Auf dieser werden alle Inhalte aus sozialen Medien, die mit einer nur für diese Veranstaltung relevanten Markierung, einem so genannten Hashtag, versehen wurden, automatisch und live angezeigt werden. Diese Livewall kann sowohl über einen Beamer oder einen großen Flatscreen-TV auf der Veranstaltung für alle öffentlich sichtbar gemacht als auch auf der Homepage der Veranstaltung oder des Veranstaltungshauses eingebunden werden.

Außerdem sollten die Tagungsgäste auf der Veranstaltung dazu animiert werden die für sie wichtigen Inhalte über Twitter und Facebook zu verbreiten und dabei den veranstaltungsspezifischen Hashtag zu verwenden. Neben dem Mehrwert, der sich dadurch für alle Tagungsteilnehmer ergibt, werden auch Menschen, die nicht auf der Tagung sind, informiert und auf die Veranstaltung aufmerksam. Außerdem können sich die Tagungsteilnehmer mit diesen Personen austauschen und gegebenenfalls aus diesem Austausch Inputs für sich ziehen. Um dies zu unterstützen, sollte möglichst freies WLAN zur Verfügung gestellt werden oder zumindest eine gute UMTS-Verbindung sichergestellt sein.

Zudem sollten die wichtigsten Ereignisse und Statements sowie Pausen, Verzögerungen und Veränderungen im Ablauf während der Veranstaltung möglichst zeitnah über verschiedene Social Media Kanäle veröffentlicht werden. Hier bieten sich vor allem ein eigener Twitter-kanal, eine Facebook Unternehmensseite, ein Flickr-Zugang sowie ein YouTube Kanal an. Selbstverständlich sollten die veröffentlichten Inhalte immer mit dem entsprechenden Hash-tag markiert werden. Ein Hashtag setzt sich aus einer Raute (#) und der spezifischen Be-zeichnung der Veranstaltung beziehungsweise einer passenden Abkürzung (zum Beispiel #micecamp11 für das MICEcamp 2011 oder #tc12 für das Tourismuscamp 2012) zusammen. Durch die Nutzung des spezifischen Hashtags wird sichergestellt, dass die Auffindbarkeit der Veranstaltung und Informationen zu derselben deutlich vereinfacht werden.

Ein weiterer Vorteil, der sich durch die Bereitstellung und Betreuung eines Twitterkanals und einer Facebook Unternehmensseite während einer Veranstaltung ergibt, ist, dass der Tagungsgast zum einen weiß, wohin beziehungsweise an wen er aufkommende Fragen rich-ten kann und zum anderen zeitnah und für alle anderen sichtbar darauf reagiert werden kann. So werden sich wiederholende Fragen vermieden und dementsprechend Kosten für Service-personal vermindert. Auch relevante Inhalte, die von Tagungsgästen während der Veranstal-tung erstellt werden, können in diesen Kanälen weitergegeben werden.

Als weitere Marketingmaßnahme können Blogartikel mit Bezug zur Veranstaltung und Check-Ins via Facebook, Foursquare oder andere Location Based Services mit besonderen Aktionen oder Aufmerksamkeiten belohnt werden, denn jeder Check-In sorgt für Sichtbar-keit der Veranstaltung im sozialen Netzwerk des Teilnehmers. Beispielsweise könnte man unter allen Blogartikeln ein Buch mit Bezug zur Veranstaltung verlosen.

2.1.5   Nach der Tagung

Sämtliche Social Media Kanäle des Tagungshauses oder des Tagungsveranstalters müssen auch nach der Veranstaltung einen Mehrwert bieten, um dem Kunden im Gedächtnis zu bleiben und das Interesse an der Veranstaltung, beziehungsweise der Fortführung oder Wie-derholung der Veranstaltung, hoch zu halten. Hierzu dient die Nachbereitung, wie beispiels-weise das Posten von Bildern der Veranstaltung auf Facebook, dem Anfertigen eines Twit-terberichts, das Veröffentlichen von Statements der Tagungsteilnehmer oder auch die Auf-forderung an die Teilnehmer Statements, Bilder, Videos, etc. zu veröffentlichen. Auch das regelmäßige Veröffentlichen von relevanten Inhalten oder anderen Veranstaltungen, die zum Thema der Veranstaltung passen, bewirken, dass Teilnehmer die Social Media Kanäle der Veranstaltung weiter verfolgen und die Veranstaltung somit im Gedächtnis des Kunden hängen bleibt.

2.2   Veranstaltungsformen

„Die Nutzung des Internets erfolgt zunehmend produktiver und weniger rezipierend, die Bemühungen Einzelner werden durch kollaboratives Zusammenwirken ersetzt, Kontrolle entfällt zugunsten des Social Web, Kommunikation und Information werden zunehmend entgrenzt von räumlicher Verortung, außerdem sind die Internetnutzer von einem steigenden Informationsüberfluss betroffen" (Amersdorffer, 2009, S. 95). Dies wirkt sich auch auf die Form von Veranstaltungen aus. Gerade im Hinblick auf Social Media wird ein kollaborativer, selbst zur Produktion auffordernder, Arbeitsstil auch bei Veranstaltungen immer wichtiger.

In den letzten Jahren haben sich, ausgehend von diesen Veränderungen, neue kooperative Veranstaltungsformen entwickelt. Das zentrale Ergebnis dieser Entwicklungen ist die Veranstaltungsform des „BarCamps". Ein BarCamp ist ein internationales Netzwerk von Unkonferenzen, also offenen, partizipativen Veranstaltungen, deren Ablauf und Inhalte von den Teilnehmern bestimmt werden" (Tourismuscamp, 2011). Diese Veranstaltungsform kommt ursprünglich aus den Vereinigten Staaten und war lange im klassischen Themenkreis Web 2.0 und Webanwendungen verortet. Mittlerweile finden aber auch im deutschsprachigen Raum regelmäßig BarCamps zu diversen, nicht zwingend technikfokussierten Themen statt. Im Tourismus geht die Tendenz in Richtung thematisch fokussierter BarCamps wie das MICE-camp, das HotelCamp, oder das CastleCamp.

Der Ablauf von BarCamps ist eher locker organisiert. Jeden Morgen werden auf Whiteboards oder Pinnwänden die Vorträge oder Diskussionsrunden, so genannte Sessions, selbst organisiert. Wichtig hierbei ist, dass das Leitmotiv dieser Veranstaltungsform „Wissen teilen um das eigene Wissen zu vermehren" ist, es sich also keinesfalls um eine Werbeveranstaltung handelt. Sessions mit offensichtlicher Produktpräsentation sind bei erfahrenen „Bar-Campern" äußerst ungern gesehen.

Bei BarCamps gibt es, obwohl es sich um Unkonferenzen handelt, immer auch einige Regeln. Zum einen stellt sich zu Beginn der Veranstaltung jeder Teilnehmer mit drei Schlagworten zu seiner Person vor. Lange Vorträge über sich, sein Unternehmen oder ähnliches sind hier nicht angebracht. Außerdem sind alle Teilnehmer aufgefordert, selbst einen Vortrag zu halten oder zu organisieren. Es ist dabei aber nicht unbedingt nötig, dass der Sessionleiter selbst die Inputs zum Thema gibt. Lediglich die Organisation der Session steht hierbei im Fokus. Außerdem dürfen Sessions nicht länger als die vorher angesetzte Zeit dauern (Tourismuscamp, 2011).

2.3   Neue Formen der Veranstaltungsentwicklung

Tagungen werden, grob umrissen, meistens nach einem stets ähnlich ablaufenden Schema organisiert. Eine Person oder eine kleine Gruppe von Personen, möglicherweise in einem Unternehmen, hat eine Idee zu einer Tagung mit einem bestimmten Thema. Nach genauen Überlegungen zum groben Ablauf der Veranstaltung werden mögliche Veranstaltungsorte, Keynote-Speakers und weiteres abgesprochen. Anschließend wird ein Programm erstellt, Marketing betrieben – offline oder online, via Newsletter etc. – und anschließend die Veranstaltung durchgeführt. So oder so ähnlich funktioniert im Groben die Organisation einer Veranstaltung. Was ist aber, wenn man diese oder die meisten dieser Prozesse outsourct, also an Externe auslagert? Wenn man eine Masse von Menschen ein Thema, einen Veranstaltungsort, Keynote-Speakers oder ähnliches vorschlagen lässt? Diese Form des Outsourcings nennt man „Crowdsourcing".

Der Begriff Crowdsourcing wurde geprägt von Jeff Howe, der 2006 den Begriff in einem Artikel im Wired-Magazin das erste Mal verwendete. Er erkannte, dass die Masse bessere Ergebnisse liefern kann, als einzelne Personen (Howe, 2006). Einsatzmöglichkeiten und Beispiele für erfolgreiches Crowdsourcing gibt es viele. Von Designentwürfen, Finanzierung von Projekten (Crowdfunding genannt) und Content-Sammlung (z. B. Flickr, YouTube, iStockPhoto) über Ideengenerierung (z. B. Tchibo Ideas) und Wissenssammlung (z. B. Wikipedia) bis hin zur Produktentwicklung (Roskos, 2009).

Der Vorteil des Crowdsourcings liegt in der Möglichkeit durch die Masse auf bessere, neuartigere und innovativere Lösungen zu kommen. „Mit Crowdsourcing versucht man, die Anzahl der Menschen, die sich mit der eigenen Problemstellung befassen, drastisch zu vergrößern. […] Um eine geeignete Crowd zu erreichen, sollte diese […] zunächst identifiziert und anschließend geeignete Wege gefunden werden, um die Masse auch zu erreichen" (Gebauer, 2011). Die Vorbereitungen hierzu können durchaus einer Werbekampagne entsprechen. Während der Durchführung des Crowdsourcing-Projektes müssen die getroffenen Entscheidungen ständig überprüft werden, da man Gruppenprozesse nicht im Voraus planen kann (Gebauer, 2011).

Es gibt für eine Veranstaltung verschiedene Punkte, an denen man mit dem Crowdsourcing beginnen kann. Auch die Intensität des Crowdsourcings kann verschiedene Formen annehmen. So ist es beispielsweise möglich, einzig mit dem Vorhaben zu beginnen, eine Tagung zu organisieren. Hier sollte man allerdings bereits auf eine gewisse Grundmasse an Menschen, die am Crowdsourcing teilnehmen könnten, zurückgreifen. Sonst besteht die Gefahr, dass sich nur wenige für das Projekt interessiert, da die Möglichkeiten zu stark divergieren.

Idealerweise hat man also zumindest eine Idee für ein Tagungsthema, beispielsweise „Social Media im MICE-Segment". Nach der Definition eines Zeitplans für die Ideensammlung und die Abstimmungen muss die Crowd für das Projekt gewonnen werden. Hierfür gibt es viele Möglichkeiten. Wichtig ist jedoch ein Mehrwert, der sich für die Masse ergibt und sie dazu bewegt an dem Projekt teilzunehmen. Bei vielen Projekten ist dies ein finanzieller Anreiz. Bei crowdgesourcten Veranstaltungen ist meist schon der Ausblick auf eine Veranstaltung, an der man selbst mitgewirkt hat und die den eigenen Wünschen – zumindest größtenteils – gerecht wird, Anreiz genug. Denkbar sind aber auch Vergünstigungen bei den Teilnahmepreisen oder Ähnliches.

Steht das Thema fest, besteht der erste Schritt in der Sammlung und Abstimmung von Vorschlägen für einen Veranstaltungstermine. Als nächstes sollten mögliche Veranstaltungsorte vorgeschlagen werden. Je nach Tagung kann hier schon eine geographische Lage vorgegeben oder die Wahl des Ortes offen gelassen werden. Anschließend müssen die Vorschläge auf ihre Machbarkeit hin überprüft und anschließend zur Abstimmung gestellt werden. Auch eine Kombination der Schritte „Vorschlag und Wahl des Veranstaltungstermins und -ortes" ist denkbar, sodass im Voraus die Termine an den jeweiligen Orten koordiniert und reserviert werden können. Anschließend sind Vorschläge für Keynote-Speakers, Referenten, etc. einzuholen und darüber abzustimmen.

Welche Technologien oder Plattformen für das Crowdsourcing gewählt werden, muss von Fall zu Fall entschieden werden. Sowohl eine eigene Lösung in Form eigens programmierter Software oder selbst bereitgestellter Plattform ist denkbar als auch die Durchführung auf Facebook und Twitter. Crowdsourcing befindet sich im Moment noch am Anfang der Entwicklung, aber viele kleine Projekte zeugen davon, dass diese Form des Outsourcings immer wichtiger wird – auch für die Veranstaltungsbranche (Gottstein, o.J.).

2.4   Neue Vertriebsformen

Auch im Bereich Online-Ticketing gibt es zahlreiche Entwicklungen, die den Buchungsprozess, Ticketvertrieb, Inkasso, etc. sowohl für Tagungsveranstalter als auch für Tagungsteilnehmer vereinfachen. Anbieter wie MyObis oder Amiando sind hier als bekannteste Vertreter zu nennen. Sie ermöglichen es Tagungsveranstaltern beispielsweise eine Webseite für die Veranstaltung zu erstellen. Zudem übernehmen sie die Promotion, die Teilnehmerregistrierung oder die Online-Bezahlung.

Der Vorteil für Tagungsveranstalter liegt darin, dass sie für diese Arbeitsschritte keine zusätzlichen Ressourcen zu Verfügung stellen müssen und die existierenden Plattformen umfangreiche Möglichkeiten bieten. Bei einer Erstellung eines Events bei Amiando können verschiedene Kategorien festgelegt werden – für Frühbucher, Spätbucher, Studenten oder Ähnliches. Ebenso kann die Anzahl der Tickets pro Kategorie sowie der Buchungszeitraum festgelegt werden. Für Tagungen, die mit Teilnahmegebühren verbunden sind, übernimmt das Buchungsportal die gesamte Rechnungsstellung und das Inkasso. Die Gebühren werden dann von Amiando an den Veranstalter weitergeleitet. Die Preisgestaltung bleibt aber komplett in der Hand des Veranstalters. Es fallen lediglich Provisionsgebühren von 0,99 € plus 5,9 % (Stand: Dezember 2011) von der Teilnehmergebühr an. Bei kostenlosen Events fallen auch diese Kosten weg.

Die angemeldeten Teilnehmer werden zudem in einer für den Veranstalter einsehbaren Liste aufgeführt. So kann dieser ohne Probleme einsehen, wer von wo zur Veranstaltung kommt und welche Teilnehmer bereits bezahlt haben oder welche Zahlungen noch ausstehen.

Ein weiterer Vorteil, der sich gerade bei der Nutzung von Amiando ergibt, ist, dass die Teilnehmer bei der Buchung beziehungsweise im Anschluss daran direkt Werbung in ihren sozialen Netzwerken für die Veranstaltung machen können. Ermöglicht wird dies durch Amiandos verschiedene Social Media Tools. Durch die Social Plugins von Facebook können Tagungsteilnehmer alles rund um die Veranstaltung direkt auf Facebook teilen und somit die Bekanntheit der Veranstaltung steigern. Zudem können Teilnehmer die Veranstaltung auch per Twitter und per E-Mail direkt über Amiando verbreiten. Auch ein Verkauf direkt auf MySpace und eine Integration des Ticketshops im eigenen Xing-Netzwerk wird ermöglicht. So werden die Ticketkäufer zum Botschafter der Veranstaltung und, motiviert durch Rabatte auf ihren eigenen Ticketpreis, als Vertriebsmitarbeiter für die Veranstaltung instrumentalisiert (Amiando, 2011).

Durch die Einbindung des Kunden in die Vertriebskette wird dieser direkt ins Marketing der Veranstaltung eingebunden. Dadurch wird über Mund-zu-Mund-Propaganda ein Schneeball-effekt erzeugt, der dazu führt, dass weitere Teilnehmer über das Freundes-Netzwerk des Tagungsteilnehmers gewonnen und Vertriebskosten gespart werden. Hier werden die priva-ten und beruflichen Interessen vermischt.

3   Strategische Implikationen für Unternehmen

Für Unternehmen der Tagungswirtschaft ergeben sich durch Social Media viele Möglichkei-ten, um potenzielle Kunden zu erreichen und anzusprechen. Zuerst muss das Unterneh-mensmanagement aber dazu bereit sein die Veränderungen mitzutragen und zu decken. Dies bedeutet, dass den Mitarbeitern mehr Vertrauen, Verantwortung und Freiheit gegeben wer-den muss. Sie rücken somit mehr in den Mittelpunkt des Geschehens: Während sie früher nur die Webseite mit Inhalt gefüllt haben und nur in indirektem Kundenkontakt standen, ist der Kontakt zum Kunden durch Social Media heute stärker ausgeprägt.

Der engere Kontakt zum Kunden bedeutet aber auch, dass entsprechende Zeitkontingente ge-schaffen und das Personal qualifiziert werden muss, um den Umgang mit den Social Media Kanälen strategisch einzubetten. Hierzu bieten sich Schulungen zum Umgang mit den ver-schiedenen Social Media Plattformen an. Idealerweise wird die Kommunikation strategisch geplant und durch eine Social Media Guideline geregelt und geleitet. Hier sollte vor allem auch darauf geachtet werden, dass das Verhalten im Krisenfall genau definiert und die Zusammen-arbeit mit den Mitarbeitern geregelt wird, damit nicht unbedachte Nachrichten veröffentlicht werden und in Folge im Internet als dauerhaft sichtbarer Angriffspunkt vorhanden sind.

Ideal für Tagungsveranstalter ist die Nutzung innovativer Technologien wie das Erstellen eines Blogs mit Hilfe der Software Wordpress. Ein Blog kann den Tagungsgast in der gesamten Customer Journey begleiten. In der Inspirationsphase wird der Kunde auf den Blog aufmerk-sam und in der Planungsphase dient er zum Vertrauensaufbau. Hier kann der potentielle Kunde neben wissenswerten Blogartikeln zum Thema der Veranstaltung auch den Stand in den Vorbe-reitungen auf die Tagung verfolgen. Eine Verlinkung zu einem Buchungstool oder dessen Einbindung in den Blog ist möglich. Während der Tagung kann eine Twitterwall integriert und kurze Updates zur Veranstaltung veröffentlicht werden. Im Anschluss an die Tagung bindet man den Tagungsgast durch Zusammenfassungen der Veranstaltung sowie regelmäßigen Blog-artikeln zu Neuerungen, die sich im thematischen Bereich der Tagung ergeben.

Social Web Anwendungen wie Blogs, Wikis und Soziale Netzwerke werden aber nicht nur immer stärker in der außerbetrieblichen Kommunikation eingebunden, sondern auch in der innerbetrieblichen Kommunikation. Dadurch dass die im Internet aktiven Mitarbeiter als Einzelpersonen wahrgenommen werden, wird eine deutliche Abgrenzung zwischen beruflich und privat immer weniger möglich. Dadurch gehört auch die zentral kontrollierte Kommunikation, die bisher von einer PR-Abteilung übernommen wurde, der Vergangenheit an. „Somit verändern sich Aufgaben und Arbeitsfelder von Mitarbeitern, Berufsfelder und -beschreibungen sowie Prozesse und Strukturen in Unternehmen" (Amersdorffer et al., 2010). Die Folge ist eine Diskrepanz zwischen der straffen Organisationsstruktur eines Unternehmens und der offenen hierarchiearmen Architektur der Kommunikation eines Unternehmens im Social Web (Amersdorffer et al., 2010).

Je schneller ein Unternehmen lernt sich im Social Web zu Recht zu finden und sich der damit veränderten Situation anzupassen, desto erfolgreicher wird es sein. Nur konsequentes Change Management in den Bereichen Motivation der Mitarbeiter, Unternehmenskultur und Umsetzungs- und Einführungsstrategien können zum Erfolg im Social Web führen (Amersdorffer et al., 2010). Denn „das größte Innovationspotential liegt nicht in den Unternehmen selbst, sondern im Aufbau von Netzwerken und der Einbindung von externen Kompetenzen" (Amersdorffer et al., 2010). In neuen, innovativen Unternehmen kommt Beratern und Kunden eine größere Bedeutung in der interaktiven Wertschöpfungskette bei.

Die wohl größte Veränderung, die durch das Web 2.0 begründet wird, liegt in der gestiegenen Transparenz von Leistungen. Dadurch dass der Kunde öffentlich im Social Web die besuchte Veranstaltung kommentieren und bewerten kann, rückt die Qualität weiter in den Vordergrund. Andere potenzielle Kunden können somit im Voraus erkennen, wie gut Veranstaltungen eines Anbieters sind. „Vollkommene Angebotstransparenz führt unweigerlich dazu, dass qualitativ schlechte Anbieter unter Handlungsdruck kommen. Sie müssen entweder mit schlechten Buchungszahlen leben und laufen Gefahr nicht mehr überlebensfähig zu sein oder sind gezwungen die Qualität, genauer gesagt ihr Preis-Leistungsverhältnis, dem Marktumfeld anzupassen" (Amersdorffer, 2009). Im Umkehrschluss bedeutet dies: Je besser die Qualität des Produktes ist, desto erfolgreicher wird das Unternehmen sein. So zahlt sich Qualität am Ende immer aus (Amersdorffer, et al., 2010).

Kernaspekte

- Im Internet ereignet sich seit einigen Jahren ein anhaltender Wandel – das Nutzungsverhalten verschiebt sich zunehmend Richtung Interaktion, Vernetzung und Mitwirkung. Die Plattformen entwickeln sich weg von reinen Informationsangeboten hin zu virtuellen Orten der Begegnung und Vernetzung.

- Für Tagungsveranstalter, Tagungsplaner und auch Tagungsgäste hat dies deutliche Auswirkung in der Planung und Umsetzung von Veranstaltungen – besonders der Bereich Marketing muss sich dabei grundlegend verändern und neue Methodiken berücksichtigen.

- Nicht nur die Umsetzung unterliegt einer Veränderung. Auch die Unternehmensstrukturen von Tagungsveranstaltern und Tagungshäusern müssen sich anpassen – vom Management bis hin zur IT-Abteilung.

4   Literatur

Amersdorffer, D. (2009): Destinationsmarketing im Web 2.0 – eine theoretische Studie zu den Auswirkungen des virtuellen Kommunikationswandels für das Destinationsmarketing ausgeführt am Fallbeispiel Microblogging, Eichstätt.

Amersdorffer, D. / Bauhuber, F. / Fleck, T., et al. (2009): Ideacamp 2009 – 9 Thesen zur digitalen Zukunft des eTourismus, Eichstätt.

Amersdorffer, D. / Bauhuber, F. / Egger, R. / Oellrich, J. (2010): Das Social Web – Internet, Gesellschaft, Tourismus, Zukunft. In: Amersdorffer et al. Social Web im Tourismus. Heidelberg, Berlin.

Amiando (2011): Amiando. event registration & ticketing, in: http://www.amiando.de, 2011, Zugriff am 04.12.2011.

Becker, C. / Hähner, J. / Schiele, G. (2007): Web2.0 – Technologien und Trends, in: Bauer, H., Große-Leege, D, Rösger, J. (Hrsg.) (2007): Interactive Marketing im Web2.0+. Konzepte und Anwendungen für ein erfolgreiches Markenmanagement im Internet, München.

Ebersbach, A. / Glaser, M. / Heigl, R. (2008): Social Web, Konstanz.

Facebook (2011): Facebook Statistiken, in: http://www.facebook.com/press/info.php? statistics, 2011, Zugriff am 04.12.2011.

Gebauer, J. / Gebauer, S. (2011): Crowdsourcing – Wie, wann und wofür? in: http://www.gruenderszene.de/allgemein/crowdsourcing, 2011, Zugriff am 04.12.2011.

Gottstein, B. (o.J.): Produktentwicklung von Events mittels Crowdsourcing, bisher unveröffentlichte Publikation.

Howe, J. (2006): The Rise of Crowdsourcing, in: http://www.wired.com/wired/archive/ 14.06/crowds.html?pg=4&topic=crowds&topic_set,Zugriff am 04.12.2011.

Reindl, S. / Staudinger, S. (2010): Dynamic Packaging in der Tourismus- & Reisebranche, Norderstedt.

Roskos, M. (2009): 10 Mögliche Crowdsourcing-Einsatzgebiete, in: http://www.socialnetworkstrategien.de/2009/09/crowdsourcing-einsatzgebiete/, Zugriff am 04.12.2011.

Shanghai Web Designers (2011): Das WWW in 60 Sekunden, in: http://www.go-gulf.com/blog/60-seconds, Zugriff am 04.12.2011.

Solis, B. (2011): Over 48 hours of video is uploaded to YouTube every minute, in: http://briansolis.posterous.com/over-48-hours-of-video-is-uploaded-to-youtube, Zugriff am 04.12.2011.

T3N (2011): Barcamp Überblick, in: http://t3n.de/news/grosser-barcamp-uberblick-alle-un-konferenzen-255252/, Zugriff am 04.12.2011.

Tourismuscamp (2011): Was ist ein Tourismuscamp, in: http://www.tourismuscamp.de/index.php/Was_ist_ein_Tourismuscamp, 2011, Zugriff am 04.12.2011.

VIR (Verband Internet Reisevertrieb), FH Bad Honnef (2011): Studie zur Bedeutung & Glaubwürdigkeit von Bewertungen auf Internetplattformen, online verfügbar auf: www.v-i-r.de/download-mafo/Glaubw%C3%BCrdigkeit%20von%20Hotelbewertungen.pdf., Zugriff am 04.12.2011.

Website Monitoring Blog (2011): Facebook Facts and Figures 2011, in: http://www.website-monitoring.com/blog/2011/10/14/facebook-facts-and-figures-2011-infographic, Zugriff am 04.12.2011.

YouTube-Blog (2011): Thanks, YouTube community, for two BIG gifts on our sixth birth-day!, in: http://youtube-global.blogspot.com/2011/05/thanks-youtube-community-for-two-big.html, Zugriff am 04.12.2011.

Tagungsportale in Deutschland und deren Geschäftsmodelle

Kathleen Lumma

1 Einleitung

„Die Krise [die Finanzkrise, d. Verf.] hat die Travel Manager noch mehr gefordert, versteckte Einsparpotentiale aufzuspüren. [...] Eine der größten Herausforderungen für Travel Manager ist es jetzt, einen ganzheitlichen Blick auf die Kosten einer Geschäftsreise zu werfen – die Transparenz in ihrem Geschäft auszubauen und zu erhalten." (Mewis, 2010, S. 23) – Hans-Ingo Biehl (Hauptgeschäftsführer des VDR)

Die Finanzkrise 2008/09 und die damit einhergehende weltweite Rezession sowie der allgemein vorhandene Druck zu effizientem wirtschaftlichen Handeln in einer globalisierten und wettbewerbsorientierten Wirtschaftswelt führen dazu, dass Ausgabenkonsolidierung, Effizienzsteigerung und eine Verbesserung der Prozesstransparenz sowie -steuerung auch im Geschäftsreiseverkehr von Bedeutung sind (u. a. Hoffmann, 2005, o.S.; Jürs, 2011, S. 42; Mewis, 2009, S. 11 ff.; Weber/Chon, 2002, S. 204f.). Besonders im Bereich der individuellen Geschäftsreisen wurde die Optimierung der Kosten- und Prozesseffizienz in den vergangenen Jahren durch eine fortschreitende Professionalisierung des Travel Managements, u. a. mittels Business Travel Management-Systemen und dem Einsatz ausgebildeter Travel Manager, vorangetrieben (u. a. Jürs,2007a, S. 54 ff.; Jürs, 2010, S. 62.; Pracht, 2007, S. 74).

Der Bereich des Veranstaltungsmanagements blieb dahingegen weitestgehend unberührt von Veränderungen. Bisher wurden Business-Veranstaltungen i.d.R. dezentral, unstrukturiert und unkoordiniert von einzelnen Unternehmensabteilungen geplant und organisiert. Dadurch waren eine Volumenbündelung beim Einkauf von Leistungen, ein zentraler Überblick über die Veranstaltungskosten sowie eine Optimierung von Prozessabläufen nicht realisierbar (u. a. Graue, 2009, o.S; Jürs, 2011, S. 42; Pracht, 2007, S. 74 f.).

Auf Grund der Größe und wirtschaftlichen Bedeutung des Veranstaltungsverkehrs in Deutschland (u. a. EITW 2010, S. 10; VDR 2010, S. 7) könnten realisierte Einsparpotenziale in ihrem Umfang jedoch von erheblicher Bedeutung für die wirtschaftliche Effizienz von

Unternehmen sein (u. a. Graue, 2010a, o. S.; Graue/Pracht, 2008, o. S.; Jürs, 2007c, S. 52 f.; o. V. 2009, S. 88; Pracht, 2007, S. 74f.). Daher werden nach der Optimierung des individuellen Geschäftsreiseverkehrs die Konsolidierung und Effizienzsteigerung im Bereich des Veranstaltungsgeschäfts immer stärker in den Fokus der Unternehmenstätigkeit gerückt.

Neben der Zentralisierung des MICE-Segments im Unternehmen stehen dabei Internet-Tagungsportale als ein Instrument zur Prozess- und Kostenoptimierung im Blickpunkt der Unternehmen. Diese Internet-Technologie soll dazu beitragen, die Prozesse und entstehenden Kosten des Veranstaltungsgeschäfts im Sinne des Lean Managements zu verschlanken und gleichzeitig eine professionelle Veranstaltungsorganisation zu ermöglichen. Dabei schlagen die Tagungsportale unterschiedlichste Wege ein, diese Anforderungen zu erfüllen. Eine Darstellung und Systematisierung dieser Geschäftsmodelle ist folglich für die Beurteilung und Auswahl von geeigneten Online-Tools im Tagungsmanagement hilfreich.

2   Tagungsportal – Eine Begriffsbestimmung

Wie der Begriff des Tagungsportals jedoch zu definieren und abzugrenzen ist, bleibt derzeit von der wissenschaftlichen Literatur und Fachpresse unbeantwortet. Eine allgemeingültige Definition des Begriffs existiert auf Grund der bisher mangelnden wissenschaftstheoretischen Behandlung des Themas nicht. Die Betrachtung des branchenüblichen Begriffsverständnisses sowie der im Geschäftsreiseverkehr vorhandenen Reiseformen und Akteure trägt jedoch dazu bei, Tagungsportale in das Gefüge des Business Travel einzuordnen und entsprechende Aufgaben der Internet-Plattformen zu definieren.

Tagungsportale, die dem allgemeinen Branchenverständnis nach die Organisation von geschäftlichen Veranstaltungen unterstützen, indem sie Tagungsstätten online darstellen und buchbar machen (u. a. Baltes, 2011, S. 12; Jürs, 2007b, S. 46), sind im Geschäftsreiseverkehr entsprechend dieser Aufgabenstellung im Bereich des Veranstaltungsreiseverkehrs anzusiedeln (vgl. Abb. 22). Dabei finden sie entsprechend ihrer wörtlichen Bedeutung v.a. im Bereich des Tagungs-, Kongress- und Seminartourismus Anwendung, da hier ein großes Standardisierungspotenzial vorhanden ist. Incentives und Events bzw. Messen und Ausstellungen hingegen sind stärker durch Individualität und Originalität bzw. durch höheren Koordinationsaufwand gekennzeichnet und daher in ihrer Organisation aufwendiger und weniger standardisierbar, wodurch sie i.d.R. (noch) nicht über Internet-Portale organisiert werden.

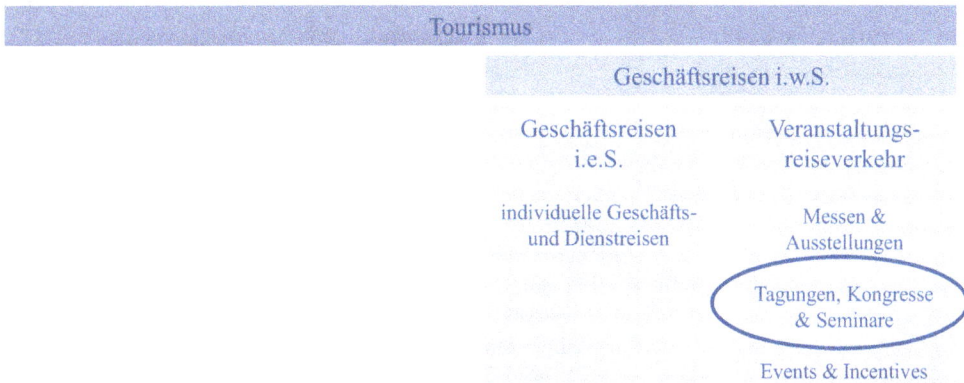

Abb. 22: Einordnung von Tagungsportalen in den Geschäftsreiseverkehr (eigene Darstellung, in Anlehnung an: Freyer, 2006, S. 4 f.)

Neben dieser generellen Einordnung von Tagungsportalen im Rahmen des Geschäftsreiseverkehrs liefert die Betrachtung der im Business Travel beteiligten Akteure zusätzliche Hinweise zu den Aufgaben von Tagungsportalen im Geschäftsreisetourismus und damit Anhaltspunkte für die Definition und Abgrenzung des Begriffs „Tagungsportal".

Zu den Anbietern im Business Tourism gehören zum einen die typischen touristischen Leistungsträger wie Transport- und Beherbergungsunternehmen sowie Veranstaltungsstätten und -orte, die die Kernleistungen einer beruflich motivierten Reise erbringen. Darüber hinaus existieren auch im Geschäftsreisetourismus Reisemittler in Form von Reisebüros und Veranstaltungsagenturen, die die Dienstleistungen der Leistungsträger an den Endkunden vermitteln. Ergänzt und zum Teil ersetzt werden diese klassischen Mittler durch elektronische Intermediaries, die die Vermittlung der Kernleistungen effizienter gestalten sollen, indem sie externe Reisemittler umgehen und das unternehmensinterne Geschäftsreisemanagement durch elektronische Medien vereinfachen (vgl. Abb. 23) (Drechsler/Schröder, 2006, S. 89 ff.; Swarbrooke/Horner, 2001, S. 7).

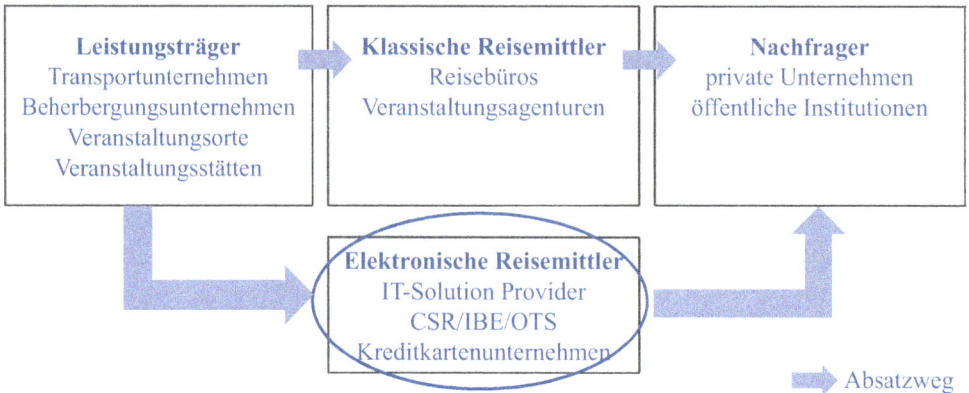

Abb. 23: *Akteure des Geschäftsreiseverkehrs (Drechsler/Schröder, 2006, S. 91)*

Da Tagungsportale die Organisation von Veranstaltungen unterstützen, indem sie das Angebot von Veranstaltungsstätten darstellen und an veranstaltende Unternehmen weitervermitteln, können diese Plattformen eindeutig als Vermittler im Geschäftsreisemarkt identifiziert werden. Auf Grund der Tatsache, dass es sich zudem um internetbasierte Plattformen handelt, sind Tagungsportale eindeutig den elektronischen Reisemittlern des Geschäftsreiseverkehrs zuzuordnen. Sie stellen damit das geschäftstouristische Pendant zum Hotelbuchungsportal im privat motivierten Reiseverkehr dar.

Tagungsportale sind dabei den Online Travel-Systemen (OTS) zuzuordnen, wobei es sich um Anwendungen des World Wide Web (WWW) handelt. Im Unterschied zu IBEs (Internet Booking Engines) und CRS (Computerreservierungssysteme) ist es bei Tagungsportalen nicht zwingend notwendig, eine Software zur Nutzung der Portale zu erwerben. Folglich ist der Zugang zu Tagungsportalen grundsätzlich unbeschränkt gegeben. Der Umfang des Leistungsspektrums von Tagungsportalen hinsichtlich der Abbildung von Geschäftsreiseprozessen und Echtzeitbuchungen variiert von Portal zu Portal. Allerdings haben alle Tagungsportale gemeinsam, dass die Darstellung und Buchung verschiedener Einzelleistungen einer Geschäftsveranstaltung (z. B. Übernachtung, Tagungspauschale, Veranstaltungsraum etc.) als Hauptaufgaben der Internet-Tools verstanden werden. Dabei kann eine Buchung sowohl direkt und in Echtzeit erfolgen oder das Tool bietet lediglich die Möglichkeit der Buchungsanfrage, welche dann vom gewählten Hotel weiterbearbeitet wird.

Entsprechend dieser Einordnung im Geschäftsreiseverkehr und dem allgemeinen Verständnis des Begriffs können Tagungsportale wie folgt definiert werden:

Tagungsportale sind internetbasierte Reisemittler im beruflich motivierten Veranstaltungsverkehr – insbesondere im Tagungs-, Kongress- und Seminartourismus, die zwischen veranstaltendem Unternehmen und Leistungsträgern ohne Einschalten klassischer Mittler der Reisebranche bei der Organisation von Geschäftsveranstaltungen tätig werden. Sie präsentieren eine Auswahl an Leistungsträgern und bieten die Möglichkeit, mehrere Leistungen einer Geschäftsveranstaltung aus einer Hand im Internet zu planen und zu buchen. Das Leistungsangebot beinhaltet neben der Auswahl und Buchung von Veranstaltungspaketen zum Teil weiterführende Aufgaben des Veranstaltungsmanagements, wie z. B. Reportings und Statistiken. Als Anwendungen des World Wide Web sind sie grundsätzlich allen Anwendern zugänglich und dienen der Verbesserung der Kosten- und Prozesseffizienz.

3   Der deutsche Tagungsportal-Markt

3.1   Allgemeiner Marktüberblick

Der oben genannten Definition folgend lassen sich derzeit[1] über 20 verschiedene Tagungsportale am deutschen Markt[2] finden. Zahlreiche dieser Tagungsportale entstanden erst in den letzten zehn Jahren, sodass sich innerhalb kürzester Zeit aus einem Markt, der zunächst nur von Spezialisten bearbeitet wurde[3], ein Marktgefüge mit zahlreichen Anbietern entwickelte, das auch aktuell durch einen stetigen Zuwachs an Portalen gekennzeichnet ist (Baltes, 2011, S. 12 ff.).

Einen ersten Überblick über die existierenden Portale sowie deren Betreiber und wichtige Geschäftskennzahlen liefert Tab. 16. Die Auswahl enthält lediglich Internet-Portale, die der oben beschriebenen Definition entsprechen und folglich, als Pendant zum Hotelbuchungsportal, verschiedene Veranstaltungsstätten darstellen und Tagungsleistungen buchbar machen. Dabei wurden Tagungsportale, die die gleichen Betreiber aufweisen, für den Endkunden jedoch aufgrund verschiedener Domain-Namen und unterschiedlicher Homepage-Gestaltung als eigenständiges Portal verstanden werden, jeweils als einzelnes Tagungsportal in die Betrachtung einbezogen.

---

[1]   Stand. September 2011
[2]   Als deutscher Tagungsportal-Markt wird der Markt verstanden, in dem Anbieter Veranstaltungsstätten in Deutschland präsentieren und buchbar machen und ihren Unternehmenssitz oder mindestens ein Service Center in Deutschland haben.
[3]   In der Vergangenheit standen wenige Anbieter (z. B. Intergerma, Tagungsplaner, UVT) einer großen Anzahl von Nachfragern gegenüber (Baltes, 2011, S. 12).

Tab. 16 Tagungsportale im Überblick (Quelle: Unternehmensangaben)

Portal	Betreiber	online seit	Veranstal-tungsstätten	Benutzer/Firmen-kunden	Veranstaltungen (pro Jahr)	Veranstaltungs-volumen
aloom.de	aloom GmbH & Co. KG	2008	>15.000	650 Firmenkunden	>5.000	k. A.
bayern.by/tagen-in-bayern-tagungsplaner	Bayern Tourismus Marketing GmbH	2004	>50	k. A.	k. A.	k. A.
buchungsservice24.de	Buchungsservice24 GmbH	k. A.	>10.000	k. A.	k. A.	k. A.
ehotel.de	ehotel AG	2007	>17.000	k. A.	k. A.	k. A.
hotel.de	hotel.de AG	2007	>5.000	410 Vertragskunden	k. A.	0,5 Mio. € (2010)
hotelreservierung.de	Unister GmbH	k. A.	>8.000	k. A.	k. A.	k. A.
hrs.de	Robert Ragge GmbH	2006	>32.000	k. A.	k. A.	k. A.
hyattmeetings.com	Hyatt Hotels Corporation	2010	>400	k. A.	k. A.	k. A.
intergerma.de	intergerma Marketing GmbH &Co. KG	2008	>1.000	ca. 200 Firmenkunden	k. A.	k. A.
meeting-and-more.com	Intercontinental Hotels Group	2011	>70	monatl. 5 Benutzer	bisher keine	bisher 0
meetingmasters.de	meetingmaster.de	2004	>14.000	jährl. 380.000 Visits	k. A.	k. A.
meetingpoint.de	smart and more GmbH	2010	>15.000	150 Nutzer im Monat	ca. 2.000	3–5 Mio. €
meetingportal24.com	MICE AG	2006	>17.000	>300 Firmenkunden	k. A.	k. A.
meetings.accorhotels.com	Accor SA	2004	>600	k. A.	k. A.	k. A.
micecloud.com	VEVENTION GmbH	2011	k. A.	monatl. 5.000 Nutzer	bisher 250	bisher 10 Mio. €
miceportal.de	hotel & eventbs GmbH	2005	>40.000	täglich 700 User	>12.000	40 Mio. € (2010)
my-tagungshotel.com	MICE access GmbH	2009	>15.000	k. A.	k. A.	k. A.
plan2plan.de	plan2plan.de	2010	k. A.	k. A.	k. A.	k. A.
proconvention.de	MICE access GmbH	k. A.	>15.000	k. A.	k. A.	k. A.
tagungshotel.com	Sirius projectmanagement GmbH	2002	>17.000	10.000 Firmenkunden	k. A.	k. A.
tagungshotels.de	Busche Verlagsgesellschaft mbH	k. A.	>10.000	k. A.	k. A.	k. A.
tagungshotels-online.de	TAGUNGSHOTELS online	1997	>4.000	k. A.	k. A.	k. A.
tagungsplaner.de	MICE AG	2000	>17.000	tägl. 500 Besucher	k. A.	k. A.

3.2   Geschäftsmodelle der Tagungsportale – Diversität der Unternehmensstrategien

Die Vielzahl der Portale sowie unterschiedlichste Anforderungen bzw. Zielsetzungen des Travel Managements erfordern eine detaillierte Analyse des Tagungsportal-Angebots. Erst eine übersichtliche Darstellung der Leistungsumfänge der Online-Portale sowie die Kategorisierung der Tools erleichtern das Finden des geeigneten Tagungsportals aus Sicht von Veranstaltungsorganisatoren.

Eine Geschäftsmodell-Analyse[4] bietet dabei die Möglichkeit, das Leistungsportfolio der einzelnen Tagungsportale darzustellen und die Online-Tools im Anschluss daran anhand von Gemeinsamkeiten in Kategorien zusammenzufassen. Um die Geschäftsmodelle der Tagungsportale hinreichend zu beschreiben, müssen verschiedenste Elemente des Geschäftserfolgs aufgezeigt werden. Dazu zählt nicht allein die Darstellung der Leistungserbringung und Erlöserzielung, sondern auch die Beschreibung des Umfelds bzw. Netzwerks, in dem sich ein Unternehmen befindet und die Art und Weise wie sich ein Unternehmen darin behauptet. Folglich können die Geschäftsmodelle von Tagungsportalen mit folgenden Kernpunkten hinreichend beschrieben werden:

- Leistungserstellungsmodell: Welche Services/Produkte werden angeboten? Welche Ressourcen werden dafür verwendet?
- Erlösmodell: Wie werden Umsätze und Gewinne generiert?
- Netzwerkmodell: Wer ist im Unternehmensnetzwerk integriert? Welche Kunden werden angesprochen? Welche Kooperationspartner existieren?
- Organisationsmodell: Wie ist das Unternehmen organisiert?
- Kommunikationsmodell: Wie wird die Leistung/das Produkt beworben und am Markt platziert?
- Differenzierungsmodell: Welcher Mehrwert wird geboten? Wie werden Wettbewerbsvorteile geschaffen?

Unter Anwendung dieser Kernelemente kann im Folgenden die Diversität der Tagungsportalstrategien bzw. Leistungsbandbreite der Tools aufgezeigt werden.[5] Damit wird ein Einblick in die derzeitigen Möglichkeiten von Tagungsportalen gegeben, womit Veranstaltungsorganisatoren deutlich wird, welche Leistungsmerkmale für Ihre Zwecke dienlich wären.

---

[4]   Der Begriff des Geschäftsmodells wird in der Literatur nicht mit einer fest definierten Wortbedeutung verwendet. Vielmehr wird das Business Model im Allgemeinen als betriebliche Grundstruktur für unternehmerischen Erfolg verstanden. Es handelt sich demnach um die konzeptionelle und organisatorische Basis für das ökonomisch sinnvolle Handeln eines Unternehmens, eines Branchenzweiges oder einer Branche. Entsprechend dem Fehlen einer einheitlichen Definition ist auch der Umfang bzw. Inhalt einer Geschäftsmodell-Analyse nicht exakt festgelegt, sondern richtet sich nach dem Verständnis des Geschäftsmodell-Begriffs.

[5]   Die Informationen zu den einzelnen Tagungsportalen wurden mit Hilfe einer Befragung der Tagungsportalbetreiber bzw. durch Sekundärforschung ermittelt.

3.2.1   Erlösquellen der Tagungsportale

Erlöse aus Sicht der Tagungsportale bzw. Kosten aus Sicht der Nachfrager (Veranstaltungs-organisatoren) und Leistungsträger (Veranstaltungsstätten) sind ein wesentliches Element eines Business Models und damit des Erfolges eines Geschäfts, denn der Preis einer Leistung ist ein wesentliches Entscheidungskriterium beim Kauf von Leistungen. Demnach wird auch bei Tagungsportalen dem Finden der richtigen Preisstrategie ein hoher Stellenwert zugemes-sen. Die Frage nach den Erlösquellen beantwortet dabei jedes Tagungsportal individuell. Grundsätzlich ist jedoch aufgrund der Mittlertätigkeit der Tagungsportale zwischen Kosten für die Nachfrager bzw. die Leistungsträger zu unterscheiden.

Für Veranstaltungsorganisatoren ist die Nutzung der Portale i.d.R. weitestgehend gebühren-frei. Allerdings existieren feine Unterschiede in der Preispolitik. Während die Standardnut-zung kostenfrei angeboten wird, können die Buchung von Nettoraten, die Integration des Tools in Intranet oder andere Zusatzleistungen wie Beratungsleistungen gebührenpflichtig sein. Hier unterscheiden sich demnach aus Sicht der Veranstaltungsorganisatoren die voll-kommen kostenfreien Portale (z. B. hrs.de; intergema.de; micecloud.com) von jenen Tools, die bestimmte Leistungen mit Gebühren belegen. Aufgrund dieser weitestgehend kostenfrei-en Nutzung finanzieren sich alle Portale mittels Einnahmen aus dem Verkauf von Werbeflä-chen auf den Homepages oder in Newslettern, dem Verkauf von Einträgen in ihren Daten-banken und v.a. durch Provisionen für die Vermittlung von Veranstaltungen.

3.2.2   Netzwerk der Tagungsportale

Neben der Suche nach der optimalen Preisstrategie ist auch die Frage nach der bestmögli-chen Leistung für Tagungsportale von Bedeutung. Dabei bezieht jedes Tagungsportal andere Partner für die optimale Leistungserstellung ein. Grundsätzlich bedürfen Tagungsportale einem Netzwerk aus Veranstaltungsstätten, um ihrem Zweck der Darstellung und Buchbar-machung von Veranstaltungsstätten nachkommen zu können. So ist das Einbeziehen von Partner in Form von Veranstaltungsstätten für alle Portale unabdingbare Voraussetzung.

Neben den in den Veranstaltungsstätten-Datenbanken einbezogenen Dienstleistern werden zudem je nach Angebotsbreite weitere Zulieferer eingebunden. Zu diesen können Verkehrs-unternehmen, Destinationsmanagement-Organisationen, Internet-Kartendienste, Finanz-dienstleister für das Zahlungsmanagement aber auch IT-Provider (z. B. für die Integration von Buchungstools) gehören. Die Integration dieser Partner ermöglicht den Portalen das Anbieten zusätzlicher Leistungen, wie z. B. Informationen zur Anreise, die Übernahme der Veranstaltungsabrechnung oder das Angebot von Rahmenprogrammen. Dabei richten sich die Anzahl der einbezogenen Partner und die Art der Partner vorrangig nach dem angestreb-ten Leistungsangebot eines Portals. Portale mit einem breiten Leistungsangebot binden i.d.R. mehrere Partner verschiedenster Branchen ein.

Darüber hinaus unterscheiden sich die Portale auch in der Reichweite ihrer Datenbanken. Neben Verzeichnissen mit weltweit verfügbaren Veranstaltungsstätten, existieren auch re-gional und lokal spezialisierte Portale (z. B. auf Deutschland, Europa oder den deutschspra-chigen Raum).

3.2.3 Organisationsform der Tagungsportale

Eng mit dem Netzwerk eines Tagungsportals verbunden ist seine Organisationsstruktur. Die Auswahl der eingebundenen Partner richtet sich nämlich nicht nur nach dem beabsichtigten Leistungsumfang, sondern auch nach der eigenen Leistungsfähigkeit, welche wiederum von der Organisationsstruktur bzw. dem Betreiber des Portals abhängt. Betreiber der Tagungsportale sind u. a. Event- und Veranstaltungsagenturen, Hotelketten und Hotelbuchungsportale. Aber auch Verlage, die Printerzeugnisse wie Hotelführer anbieten, betreiben Tagungsportale, um ihre Datenbank auch online verfügbar zu machen.

Die Unternehmensverbindung lässt jedoch nicht nur Rückschlüsse auf mögliche Lücken in der Leistungserstellung zu, sondern ermöglicht auch, die Leistungsschwerpunkte herauszustellen. Die Tagungsportale der Hotelketten und Eventagenturen bieten Kunden meist eine langjährige Erfahrung in der Organisation von Veranstaltungen. Hotelbuchungsportale hingegen ermöglichen ihren Tagungsportalen den Zugriff auf eine erprobte Buchungssoftware. Die verlagseigenen Portale andererseits können auf eine große Datenbank mit Veranstaltungsstätten zurückgreifen.

Etwa ein Drittel aller Portale ist eigenständig und damit unabhängig von jeglichen Konzernvorgaben (z. B. aloom.de; meetingmasters.de; micecloud.com), sodass die Online-Vermittlung von Veranstaltungsstätten im Unternehmensfokus steht. Sie können jedoch in ihrer Leistungserstellung auch nicht auf konzerneigene Services zurückgreifen und müssen dies durch Partner ausgleichen.

3.2.4 Kommunikationspolitik der Tagungsportale

Die Kommunikationspolitik der Tagungsportale stellt einen weiteren Kernpunkt des Business Models dar, da sie aufzeigt, wie Kunden und Partner angesprochen und im Markt gewonnen werden sollen.

Die Kommunikationsstrategien der einzelnen Portale können jedoch unterschiedlicher kaum sein. Allen Online-Tagungsportalen ist lediglich gemein, dass sie entsprechend ihrer Natur Online-Marketing-Maßnahmen ergreifen. Die Art dieser Maßnahmen reicht jedoch von der Banner- und Keyword-Werbung über Newsletter bis hinzu Web 2.0-Anwendungen (z. B. RSS-Feeds). Die Kombination der Maßnahmen als auch die Auswahl weiterer Werbemittel lässt sich jedoch nicht in einen anderen logischen Zusammenhang bringen, als dass jedes Tagungsportal die Kommunikation betreibt, die es für effizient hält.

3.2.5 Differenzierungsstrategien der Tagungsportale

Bei der Differenzierungsstrategie – also der Frage nach der Position im Wettbewerb – lässt sich generell erkennen, dass alle Portale auf Leistungsvorteile, statt auf Kostenvorteile setzen.[6]

---

[6]   Dem Modell der Wettbewerbsmatrix von Porter folgend werden allgemein drei Wettbewerbsstrategien unterschieden: Kostenführerschaft, Differenzierungsstrategie und Nischenstrategie (Fokussierung) (Kußmaul, 2008, S. 83)

Eine Vielzahl der Tagungs-Tools begründet seine Wettbewerbsfähigkeit dabei mit der Konzentration auf Kernkompetenzen (Nischenstrategie). Sowohl der Service (z. B. das Erstellen von maßgeschneiderten Veranstaltungslösungen) als auch die Hardware der Tagungsportale (z. B. umfangreiche Datenbank) werden dabei als Kernkompetenzen betrachtet.

Neben dieser Fokussierung auf bestimmte Kompetenzen werden auch Differenzierungsstrategien verfolgt, bei denen die Portale sich durch bestimmte Merkmale vom Wettbewerb abheben. Dabei setzen beispielsweise eventerfahrene Portale auch auf ihr vorhandenes Netzwerk in der Veranstaltungsbranche und ihre Erfahrung bei der Veranstaltungsorganisation. Auch Marketingvorteile (Image) durch die Zugehörigkeit zu Hotelketten oder Hotelbuchungsportalen beispielsweise werden als Wettbewerbsvorteil gesehen und genutzt.

3.2.6   Leistungserstellung der Tagungsportale

Entsprechend der oben genannten Fokussierung auf Leistungsvorteile im Wettbewerb ergibt sich hinsichtlich des eigentlichen Leistungsprozesses von Tagungsportalen die größte Differenziertheit der Strategien. Das Leistungsportfolio der Tagungsportale weist eine große Bandbreite auf, deren gemeinsamer Nenner in der Bereitstellung einer Online-Datenbank über Veranstaltungsstätten liegt.

Aber selbst die Ausgestaltung dieser Datenbank ist sehr verschieden. Während die meisten Online-Portale grundsätzlich allen Veranstaltungsstätten offen stehen, beschränken andere Tools ihre Angebotsbreite durch die Selektion von Anbietern nach diversen Kriterien. Der Veranstaltungsplaner der Bayern Tourismus Marketing GmbH enthält beispielsweise lediglich solche Veranstaltungsstätten, die die Anforderungskriterien der Markenpartnerschaft „Gipfeltreffen" erfüllen und folglich einem definierten Qualitätsanspruch entsprechen. Die Tagungstools der Hotelketten Accor, InterContinental und Hyatt beschränken das Angebot auf Häuser der eigenen Kette. Die übrigen Portale lassen grundsätzlich Einträge von diversen Veranstaltungsstätten zu.

Darüber hinaus unterscheidet sich der Inhalt der Datenbanken hinsichtlich der enthaltenen Arten von Veranstaltungsstätten. Grundsätzlich enthalten alle Datenbanken Tagungs- und Seminarhotels. Special Locations oder gar Kongresshallen werden hingegen nur von etwa der Hälfte aller Tagungsportale angeboten (z. B. aloom.de; ehotel.de; meetingportal24.com; micecloud.com; tagungshotel.com; tagungsplaner.de).

Zudem ist die angewandte Technik, die zur Darstellung der Veranstaltungsstätten genutzt wird, zu unterscheiden. Während nahezu alle Portale klassische Datenbanken als Basis für ihre Arbeit nutzen, ist micecloud.com das erste soziale Netzwerk für den MICE-Bereich.[7] Diese Technologie ermöglicht Convention Bureaus durch Integration auf ihrer Homepage, MICE-Marktplätze für ihre Region zu erstellen, an denen sich alle interessierten Anbieter beteiligen können.

---

[7]   2012 wird auch die MICE AG eine Cloud-Lösung für das Veranstaltungsmanagement auf den Markt bringen (MICE AG, 2011)

Neben diesen Unterschieden in der Darstellung von Veranstaltungsstätten differieren die Tools auch im zweiten wesentlichen Element von Tagungsportalen – der Buchbarmachung von Leistungen. Die Mehrzahl der Portale vermittelt lediglich den Kontakt zu den Veranstaltungsstätten, sodass eine Buchung direkt zwischen Veranstalter und Veranstaltungsstätte erfolgt. Einige wenige hingegen ermöglichen es auch, die Buchung direkt über das Portal vorzunehmen (z. B. hotel.de), zum Teil sogar in Echtzeit (bei hrs.de für Veranstaltungen mit bis zu 20 Zimmern).

Weitaus größere Unterschiede bestehen darüber hinaus im Angebot zusätzlicher Leistungen, die über die Darstellung und Buchbarmachung von Veranstaltungsstätten hinausgehen. Während Leistungen wie die Aufbereitung der Veranstaltungsangebote für einen schnellen und leichteren Vergleich der Offerten sowie die Erstellung von Reports und Statistiken bei vielen Portalen zum Angebotsportfolio gehört, werden das Teilnehmer-Management, Zahlungsmanagement sowie Online-Verträge und das Verhandeln von Veranstaltungsraten nur von wenigen Online-Portalen angeboten. Auch eine zusätzliche Datenbank mit Veranstaltungsdienstleistern (z. B. Catering, Technik, Rahmenprogramm) wird kaum angeboten. Dafür wird bei der Mehrzahl der Online-Tagungsportale auch der persönlich Kontakt für die Veranstaltungsorganisation nicht vernachlässigt und ein Service Center zur Unterstützung der Kunden bereitgehalten.

Darüber hinaus lässt sich die Palette der zusätzlichen Leistungen beliebig erweitern. Neben Spezialangeboten für „Gesund Tagen" und „Green Meetings" werden beispielsweise auch Bewertungsmöglichkeiten für Veranstaltungsstätten, individualisierte Accounts zum Speichern von Firmen- und Veranstaltungsdaten sowie Intranet-Lösungen für die Integration der Tools in das Firmennetzwerk gewährt.

3.3   Systematisierung der Geschäftsmodelle

Die Bandbreite der oben aufgeführten Unternehmensstrategien zeigt die Differenziertheit des Tagungsportal-Angebots, welche die Suche nach einem geeigneten Internet-Tool für das Veranstaltungsmanagement erschwert. Daher ist eine Zusammenfassung von Tagungsportalen in Gruppen bzw. Clustern sinnvoll und hilfreich.

Dabei eignet sich jedes einzelne Kernelement einer Geschäftsmodell-Analyse dazu, den Markt der Tagungsportale zu systematisieren.[8] Dazu werden für jedes Geschäftsmodell-Element (z. B. Erlösmodell) Cluster gebildet, die sich aus signifikanten Gemeinsamkeiten in der Ausgestaltung der Tagungsportalstrategien ergeben.

So ergibt sich aus der Betrachtung der Erlösmodelle der Tagungsportale die Möglichkeit, Portale aus Sicht von Veranstaltungsorganisatoren in kostenfreie und gebührenpflichtige Portale zu differenzieren. Die gebührenpflichtigen Portale können dabei wiederum in solche Tools untergliedert werden, bei denen die Vermittlungsleistung kostenfrei und lediglich

---

[8]   Lediglich das Kommunikationsmodell kann aufgrund mangelnder erkennbarer Strukturen und Ähnlichkeiten in den Strategien nicht als Basis zur Systematisierung genutzt werden.

Zusatzleistungen kostenpflichtig sind, und den Portalen, die auch die Vermittlung mit Service Fees belegen.

Hinsichtlich des Tagungsportalnetzwerkes unterscheiden sich die Online-Tools zum einen aufgrund ihres geographischen Aktionsradius. Zum anderen variieren die Portale im Hinblick auf die Struktur ihrer Netzwerkpartner. Damit können sowohl globale, regionale und lokale Tagungsportale als auch Veranstaltungsstätten-Netzwerke und Branchennetzwerke unterschieden werden.

Die Organisationsform, die wie oben beschrieben Einfluss auf den Leistungsfokus und die Leistungsfähigkeit eines Portals hat, kann ebenfalls zur Systematisierung herangezogen werden. Generell werden hierbei selbständige und integrierte Tagungsportale unterschieden, wobei die integrierten Portale wiederum in die oben genannten Kategorien von Betreibern gegliedert werden können.

Im Hinblick auf die Wettbewerbs- bzw. Differenzierungsstrategie lassen sich aufgrund der oben festgestellten Strukturen bei Tagungsportalen folgende Kategorien unterscheiden: Neben der Differenzierungsstrategie wird auch die Nischenstrategie verfolgt. Abgerundet wird diese Systematisierung von Wettbewerbsstrategien durch die Strategie der Kostenführerschaft, die jedoch am Markt der Tagungsportale derzeit nicht verfolgt wird bzw. nicht eindeutig besetzt ist.

Der Ansatzpunkt der Leistungserstellung liefert wie oben beschrieben die meisten Ansätze zur Differenzierung und Zusammenfassung. Entsprechend differenzierter fällt die Kategorisierung im Bereich Leistungsangebot aus. Generell lassen sich fünf Kategorien von Tagungsportalen hinsichtlich der Leistungserstellung bzw. des Leistungsangebots unterscheiden. Zum einen existieren Datenbanken für Veranstaltungsstätten und Buchungsportale. Während die Datenbanken lediglich als Branchenverzeichnis agieren, deren Hauptaugenmerk in der Darstellung von Veranstaltungsstätten, dem Herausfiltern geeigneter Locations sowie der Vermittlung von Kontakten zu den eigentlichen Leistungsträgern besteht, bieten Buchungsportale zudem die Möglichkeit, die passenden Locations und Unterkünfte auch über das Online-Portal zu buchen. Daneben lassen sich Full Service-Portale ausmachen. Diese bieten ihren Kunden nicht nur eine Veranstaltungsstätten-Datenbank mit ihren entsprechenden Vorzügen, sondern unterstützen zudem den gesamten Prozess der Veranstaltungsorganisation. Darüber hinaus können sog. Veranstaltungsstätten-spezifische Tagungsportale benannt werden. Kennzeichen dieser Tagungsportalgruppe ist die Fokussierung des Angebots auf bestimmte Arten von Veranstaltungsstätten. Diese Limitierung des Zugangs kann dabei nach individuell zu benennenden Charakteristika erfolgen (z. B. Qualitätsmerkmale, Zugehörigkeit zu bestimmter Hotelkette/-kooperation, regionale Aspekte). Schließlich existieren zudem Social Network-Tagungsportale, die sich in der Nutzung der zugrundeliegenden Technik (Social Network-Strukturen statt Datenbanken) und den damit verbundenen Vorteilen des Web 2.0 ergeben.

Zusammenfassend liefert Abb. 24 einen Überblick über sämtliche Arten von Tagungsportalen. Mit Hilfe dieses morphologischen Kastens können zudem entsprechend den Zielsetzungen und Erwartungen des Veranstaltungsmanagements geeignete Tagungsportale eruiert werden.

Ausprägung / Merkmale

Merkmale	Ausprägung
Kosten für Veranstaltungsorganisatoren	**Kostenfreie Portale** (z. B. hrs.de; intergerma.de; meetingportal24.com; micecloud.com; tagungshotel.com; tagungshotels-online.de) — **gebührenpflichtige Portale**: **Kostenfreie Basisleistung** (z. B. aloom.de); **Kostenpflichtige Vermittlungsleistung** (z. B. hotelreservierung.de)
Unternehmensnetzwerk	**Globale Portale** (z. B. aloom.de; buchungsservice24.de; ehotel.de; hotel.de; miceportal.de) — **Regionale Portale** (z. B. intergerma.de; tagungshotels-online.de; meetingpoint.de) — **Lokale Portale** (z. B. Tagungsplaner der Bayern Tourismus Marketing GmbH) — **Veranstaltungsstätten-Netzwerk** (z. B. hotel.de; intergerma.de; meetingmasters.de; meetingpoint.de; my-tagungshotel.com; tagungshotels.de) — **Branchen-Netzwerk** (z. B. micecloud.com; Tagungsplaner der Bayern Tourismus Marketing GmbH)
Unternehmensorganisation	**Selbständige Portale** (z. B. aloom.de; ehotel.de; meetingmasters.de; micecloud.com; my-tagungshotel.com; tagungshotel.com; tagungshotels-online.de) — **Integrierte Portale**: **Hotelkette** (z. B. meetings-and-more.com); **Eventagentur** (z. B. meetingpoint.de); **Hotelbuchungsportal** (z. B. hrs.de); **Sonstige** (z. B. tagungshotels.de)
Wettbewerbsstrategie	**Kostenführerschaft** (z. B. micecloud.com; Tagungsplaner der Bayern Tourismus Marketing GmbH) — **Differenzierung** (z. B. micecloud.com; Tagungsplaner der Bayern Tourismus Marketing GmbH) — **Fokussierung** (z. B. aloom.de; meetingmasters.de; miceportal.de)
Leistungsumfang	**Veranstaltungsstätten-Datenbanken** (z. B. intergerma.de; tagungshotels.de; tagungshotels-online.de) — **Buchungsportale** (z. B. hotel.de, hrs.de) — **Full Service-Portale** (z. B. aloom.de; meetingmasters.de; meetingpoint.de; miceportal.de) — **Veranstaltungsstätten-spezifische Portale** (z. B. meetings.accorhotels.com; Tagungsplaner Bayern Tourismus Marketing) — **Social Network-Portale** (z. B. micecloud.com)

Abb. 24: Cluster von Tagungsportalen (eigene Darstellung)

4   Fazit

Die Vielzahl der zur Verfügung stehenden Tagungsportale macht es Veranstaltungsorganisa-toren schwer, das richtige Tool für ihre Zwecke und Zielsetzungen zu finden. Andererseits liegt in der Vielzahl der existierenden Portale auch die Chance der Diversifizierung des An-gebots, sodass je nach Anforderungen des Travel Managements das passende Portal gefun-den werden kann.

Eine Betrachtung der Tagungsportal-Geschäftsmodelle zeigt die Bandbreite des vorhandenen Angebots. Die Ausgestaltung des Tagungsportal-Geschäfts variiert sowohl hinsichtlich der Art und Weise des Leistungserstellungsprozesses als auch im Hinblick auf Erlöserzielung, Unternehmensnetzwerk und Wettbewerbspolitik. Allerdings zeichnen sich trotz aller Diffe-renzen bestimmte Ähnlichkeiten und Strukturen ab, sodass das Tagungsportal-Angebot durch Bildung von Portal-Kategorien systematisiert werden kann. Dies trägt zur besseren Überschaubarkeit des Angebots bei und bietet Veranstaltungsorganisatoren Anhaltspunkte für die Auswahl geeigneter Tools.

Die Nutzung eines geeigneten Tagungsportals ist unabdingbar für die angestrebte Effizienz-steigerung im Veranstaltungsmanagement. Nur unter der Voraussetzung, die Zielsetzungen und Anforderung des Veranstaltungsmanagements zu erfüllen, kann ein Tagungsportal den übergeordneten Ansprüchen der Ausgabenkonsolidierung, Effizienzsteigerung und Verbesse-rung der Prozesstransparenz und -steuerung gerecht werden. Folglich kommt der Auswahl des optimalen Portals im Veranstaltungsmanagement eine hohe Bedeutung zu.

Ob die beschriebenen Portale mit ihrem unterschiedlichen Angebotsportfolio jedoch den Zielsetzungen des Veranstaltungsmanagements entsprechen, ist bisher ungeklärt und lässt sich zukünftig nur mittels Primärforschung zu den Ansprüchen von Veranstaltungsorganisa-toren eruieren. Bislang lässt sich lediglich feststellen, dass das Angebot an Tagungsportalen sehr stark variiert und damit die Möglichkeit bietet, unterschiedlichen Ansprüchen gerecht zu werden.

Kernaspekte

• Die Zahl der Anbieter am deutschen Tagungsportal-Markt ist im letzten Jahrzehnt stark angestiegen und nimmt weiterhin zu.

• Für Veranstaltungsplaner ist daher ein informativer Überblick über Tagungsportale sowie die Auswahl eines geeigneten Portals immer schwieriger.

• Trotz der Vielzahl an Tagungsportalen ähneln sich die Portale hinsichtlich ihrer angebotenen Leistungen, der Kosten, ihrer Organisationsform und ihrem Netzwerk sowie im Hinblick auf ihre Wettbewerbsstrategie, sodass sich Gruppen von Online-Portalen zusammenfassen lassen.

• Anhand der Tagungsportal-Cluster können Veranstaltungsorganisatoren einen Überblick über den Tagungsportal-Markt gewinnen und entsprechend den Zielsetzungen des Travel Managements geeignete Portale auswählen.

5   Literatur

Baltes, J. (2011): Meetings richtig managen und sparen, in: dmm – Der Mobilitätsmanager, Nr. 01/2011, S. 12–14.

Drechsler, A. W./Schröder, A. (2006): Business Travel Management, in: Freyer, W./Naumann, M./Schröder, A.: Geschäftsreise-Tourismus – Geschäftsreisemarkt und Business Travel Management, 2. Aufl., Dresden, S. 85–140.

EITW – Europäisches Institut für TagungsWirtschaft GmbH (Hrsg.) (2010): Tagungs- und Veranstaltungsmarkt Deutschland – Das Meeting- & EventBarometer 2009/10, online verfügbar auf::http://www.gcb.de/pdf/ManagementInfo_MEBa_2010.pdf., Download am 21.01.2012.

Freyer, W. (2006): Geschäftsreisen – Eine erste Annäherung, in: Freyer, W./Naumann, M./Schröder, A.: Geschäftsreise-Tourismus – Geschäftsreisemarkt und Business Travel Management, 2. Aufl., Dresden, S. 1–10.

Graue, B. (2009): Erste Regel: Regeln schaffen, in: BizTravel, 2009, o. S., online verfügbar auf: http://biztravel.fvw.de/index.cfm?event=print.article&cid=4085&pk=3837, Download am 21.01.2012.

Graue, O. (2010a): Applaus für den Einkauf, in: BizTravel, 2010, o. S., online verfügbar auf: http://biztravel.fvw.de/index.cfm?event=print.article&cid=4085&pk=8057, Download am 21.01.2012.

Graue, O. (2010b): Besser gemeinsam, in: BizTravel, 2010, o. S., online verfügbar auf: http://biztravel.fvw.de/index.cfm?event=print.article&cid=4085&pk=16294, Download am 21.01.2012.

Graue, O./Pracht, S. (2008): Der richtige Weg, in BizTravel, 2008, o. S., online verfügbar auf: http://biztravel.fvw.de/index.cfm?event=print.article&cid=4079&pk=3974, Download am 21.01.2012.

Hoffmann, K. (2005): Wohin geht die Reise? in: CIM – Conference and Incentive Management, Nr. 05/2005, o. S., online verfügbar auf: www.cimunity.com/display_single.html? tx_zeitschriften_pil, Download am 21.01.2012.

Jürs, M. (2007a): Siegeszug der Online-Buchung, in: fvw – Fremdenverkehrswirtschaft, Nr. 16/2007, S. 54–56.

Jürs, M. (2007b): Per Mausklick zum Meeting, in: fvw – Fremdenverkehrswirtschaft, Nr. 26/2007, S. 46–48.

Jürs, M. (2007c): Meetings mit System, in: fvw – Fremdenverkehrswirtschaft, Nr. 18/2007, S. 52–53.

Jürs, M. (2010): Günstiger geht nicht, in: fvw – Fremdenverkehrswirtschaft, Nr. 13/2010, S. 62.

Jürs, M. (2011): Auf der Suche nach Synergien, in: fvw – Fremdenverkehrswirtschaft, Nr. 01/2011, S. 42–43.

Kußmaul, H. (2008): Betriebswirtschaftslehre für Existenzgründer – Grundlagen mit Fallbeispielen und Fragen der Existenzgründungspraxis, 6. Aufl., München.

Mewis, D. (2009): Schrumpfende Budgets, in: TW – Tagungswirtschaft, Nr. 05/2009, S. 11–13.

Mewis, D. (2010): „Ganzheitlichen Blick auf die Kosten", in: TW – Tagungswirtschaft, Nr.02/2010, S. 22–23.

MICE AG (2011): Cloud-Lösung im Veranstaltungsmanagement, online verfügbar auf: http://pdf.mice.ag/de/press/miceag_entwickelt_cloud_loesung.pdf, Download am 21.01.2012.

o. V. (2009): MICE Einkauf: Kosten runter – Effizienz rauf; in: TW – Tagungswirtschaft, Nr. 04/2009, S. 88–89.

Pracht, S. (2007): Reist du noch, oder tagst du schon? In: fvw – Fremdenverkehrswirtschaft, Nr. 27/2007, S. 74–75.

Swarbrooke, J./Horner, S. (2001): Business Travel and Tourism, Oxford u. a.

Teggatz, T./Jürs, M. (2007): Tagungen fest im Blick, in: fvw – Fremdenverkehrswirtschaft, Nr. 05/2007, S. 110.

VDR – Verband Deutsches Reisemanagement (Hrsg.) (2010): VDR Geschäftsreiseanalyse 2010, online verfügbar auf: http://www.vdr-service.de/fileadmin/fachthemen/geschaeftsreiseanalyse/vdr_gra2010.pdf, Download am 21.01.2012.

Weber, K./Chon, K.-S. (2002): Trends and Key Issues for the Convention Industry in the Twenty-First Century, in: Weber, K./Chon K.-S. (Hrsg.), Convention Tourism – International Research and Industry Perspectives, New York u. a., S. 203–212.

Vom SocialProgram zum MeetCentive

Prof. Dr. Michael-Thaddäus Schreiber und Alexandra Jung

1   Einleitung

Bei der Planung, Organisation und Durchführung eines Kongresses gilt es, eine Vielzahl von Programmpunkten zu koordinieren und gleichzeitig verschiedene Bedürfnisse „unter einen Hut" zu bringen. Die Veranstalter und die Organisatoren wünschen sich einen reibungslosen Ablauf der Veranstaltung, Erfolg und Prestige. Die Teilnehmer dagegen möchten neben Fachwissen, Spaß und Genuss konsumieren und Networking betreiben. Der Austausch von Wissen auf einem Kongress bzw. einer Tagung gerät immer weiter in den Hintergrund, da dieser durch neue Kommunikationstechnologien leichter und schneller möglich ist. Vielmehr gewinnen das Knüpfen neuer sowie das Pflegen alter Kontakte an Bedeutung (Depner, 2008, S. 29). Genau hier setzt das Phänomen „Rahmenprogramm" an.

Die Teilnehmer erwarten von einem Kongress neben einem professionellen Service vor allem Atmosphäre, Ambiente und Abwechslung. Dies führt zu einem neuen Trend – den sogenannten „MeetCentives", einer Kombination von Meeting und Incentive innerhalb einer Veranstaltung. Damit ein Kongress oder eine Tagung zu einer „MeetCentive-Veranstaltung" wird, ist eine qualitative und quantitative Erweiterung der Inhalte im Kommunikations- und Eventbereich erforderlich. Demzufolge kann sich das Rahmenprogramm zum Zentral-Event jeder Veranstaltung entwickeln. Der gesamte Kongress wird zu einer interaktiven Kommunikationsebene, wobei der Grundgedanke des persönlichen Erlebnisses eine zentrale Rolle spielt.

Rahmenprogramme sind gesellschaftliche und fachliche Veranstaltungen, die das Gesamtprogramm abrunden, wobei zwischen „SocialProgram" und Beiprogramm unterschieden wird (Nussbaumer, 1981, S. 48f.). Im Gegensatz zu den gesellschaftlichen Anlässen (Social-Program) wie „Get-Together" oder „Bankett", die zeitlich außerhalb der fachbezogenen Tagesordnungspunkte liegen und offizielle Teile des Kongresses darstellen, laufen die Veranstaltungen des Beiprogramms parallel zu den Kongresssitzungen und sind damit in erster Linie für Begleitpersonen der Teilnehmer gedacht und als Angebot zur Freizeitgestaltung konzipiert (vgl. Tab. 17).

Tab. 17 Rahmenprogramme (eigene Darstellung)

SocialProgram	Beiprogramm
Offizieller Teil des Kongresses	Parallel zu Fachveranstaltungen
Primär für Teilnehmer	Primär für begleitende Personen
• Begrüßungsabend	• Ausstellungen
• Bankett	• Konzerte
• Kongressparty	• Museen
• Fachbesichtigung	• Stadtrundfahrten
	• Shoppingtouren

Vor allem das offizielle Rahmenprogramm rückt im Zuge der zunehmenden Technisierung immer mehr in den Mittelpunkt. Die Teilnehmer haben heute bei einer Vielzahl von Kongressen und Tagungen die Möglichkeit, bereits vor Veranstaltungsbeginn sich die wissenschaftlichen Abhandlungen über die neuen Medien, insbesondere über das Internet, zu besorgen, so dass das Bedürfnis nach persönlichem Informationsaustausch in veranstaltungsfreien Phasen ständig anwächst.

Auch bei der Form der Freizeitgestaltung ist ein Wandel festzustellen. Gefragt ist „die Harmonie zwischen Spannung und Entspannung". Eine der zentralen Aufgaben der Kongressplaner ist es, dem Zeitmangel oder Desinteresse der Kongressteilnehmer entgegenzuwirken, um den Erlebnis- und Erinnerungswert von Kongressen zu wahren bzw. zu steigern (Beckmann/ Krabbe et al., 1996, S. 230). Kongresse können in der Zukunft immer mehr *Eventcharakter* annehmen, wobei die Kreativität bei der Rahmenprogrammgestaltung eine ganz zentrale Rolle spielt.

2   Angebotsmöglichkeiten zur Rahmenprogrammgestaltung

Für den Kongressveranstalter gibt es viele Möglichkeiten zur Gestaltung des Rahmenprogrammes, die die Kongressatmosphäre auflockern und den zwischenmenschlichen Kontakt und Informationsaustausch fördern. Die Gestaltungsmöglichkeiten von kongressbegleitenden Programmen lassen sich den drei Hauptbereichen Touristik, Sport, Show- und Unterhaltung zuordnen.

2.1   Touristikbereich

Den Veranstaltungsteilnehmern und deren Begleitpersonen soll in der veranstaltungsfreien Zeit die Möglichkeit gegeben werden, etwas von dem touristischen Angebot der Kongressdestination kennenzulernen. Hierbei können als Einzelleistungen oder auch in Kombination gebucht bzw. besucht werden:

- Sightseeing-Touren,
- Besichtigung von Kultur- und Naturgütern,
- Museen und Ausstellungen,
- Shoppingtouren.

Neben den traditionellen Programmpunkten sollte der Kongressorganisator bei der Auswahl der touristischen Veranstaltungen aber nicht auf *außergewöhnliche Leistungen* (z. B. „Fahrt ins Blaue") verzichten. Solche Veranstaltungen erfreuen sich besonders bei ausländischen Teilnehmern größter Beliebtheit, da allein die Unkenntnis zur Teilnahme verleitet (Neuhoff, 1995). Darüber hinaus ist es sehr empfehlenswert, für den speziellen Personenkreis der Begleitpersonen auch Besichtigungen sozialer Einrichtungen, Modenschauen und Wellness-Behandlungen in das Programm mit aufzunehmen. Insbesondere für das Beiprogramm erweisen sich Halbtagsfahrten als sehr positiv, da somit den Teilnehmern des Veranstaltungsprogrammes auch ein paar Stunden zur freien Verfügung verbleiben (Gierten, 1994, S. 8 f.).

2.2   Sportbereich

Zunehmendes Interesse besteht auch an sportlichen Rahmenprogrammen, die sowohl aktiv als auch passiv gestaltet sein können.

- Bewegungs- und Entspannungsprogramme,
- Wettbewerbe in verschiedenen Sportarten,
- Trendsportarten (z. B. Rafting)
- Besuch von Sportveranstaltungen.

So kann ein leichtes Bewegungsprogramm (z. B. Boden- oder Wassergymnastik) dazu beitragen, den Kreislauf der Teilnehmer vor dem Frühstück langsam anzuregen, um bei Veranstaltungsbeginn körperlich „voll da" zu sein. Mittags werden entsprechend der verminderten Leistungsfähigkeit Entspannungsübungen sowie kleine Bewegungsspiele angeboten. Am Abend wird der Körper mit anspruchsvolleren Bewegungsaufgaben konfrontiert. Bietet der Veranstalter kein gesondertes sportliches Programm an, hat es sich als günstig erwiesen, dass die Mehrzahl der Seminar- und Tagungshotels über Schwimmbad, Sauna, Gymnastik- bzw. Fitnessraum verfügen. Auch wenn die Kongress- und Tagungsgäste hier vorwiegend sich selbst überlassen sind, wird den Teilnehmern indirekt ein Wellnessprogramm angeboten (Beckmann/Krabbe et al., 1996, S. 233).

Ein ganz besonderer Reiz kommt auch der aktiven Durchführung von Mannschaftssportarten zu. Hierzu zählen vor allem Fußball-, Basketball- und Volleyballspiele, die im „Out- und Indoorbereich" nicht nur für körperliche Bewegung, sondern auch für interaktives Gruppenverhalten sorgen. Während die Realisierung solcher Wettbewerbe meistens an eine relativ kleine Gruppengröße (max. 25–30 Teilnehmer) gebunden ist, lässt der Besuch von Großveranstaltungen im Sportbereich nahezu jede Möglichkeit offen. Auf Vorbestellung organisieren die Veranstalter beispielsweise Eintrittskarten für internationale Reit- und Tennisturniere genauso wie für große Leichtathletikmeetings oder spektakuläre Autorennen. Auch hier steht immer mehr das besondere Erlebnis und Adrenalin im Vordergrund, weshalb immer öfter zu außergewöhnlichen Sportaktivitäten (z. B. Tandemfliegen) gegriffen wird.

2.3   Show- und Unterhaltungsbereich

In den letzten zehn Jahren haben die *kulturorientierten Veranstaltungen*, insbesondere aus dem Event- und Entertainmentbereich, bei der Gestaltung von Rahmenprogrammen maßgeblich an Bedeutung gewonnen. Das Kernangebot umfasst:

- Musicals,
- Varieté- und Komödienveranstaltungen,
- Kleinkunst und Theater,
- Opern- und Konzertbesuche, aber auch
- Casinobesuche.

3   Kombinationsmöglichkeiten

Neben dem Besuch von touristischen, kulturellen und sportlichen Veranstaltungen besteht seitens der Kongressteilnehmer häufig auch der Wunsch *Fachexkursionen*, wie Betriebsbesichtigungen oder Ausstellungsbesuche, durchzuführen. Auch sie sind Teil des Rahmenprogrammes und dienen der Ergänzung von Fachsitzungen und Vorträgen.

Dem Veranstalter bieten diese Fachexkursionen die Gelegenheit zur Kombination von Social- und Beiprogrammen. So werden vor oder im Anschluss an das wissenschaftliche Rahmenprogramm häufig Beiprogramme angeboten. Sightseeing-Touren stellen einen guten Einstieg bzw. Ausklang für Fachexkursionen dar. Damit ist der Kongresstag sowohl für die Kongressteilnehmer als auch für die Begleitpersonen, die meist an den Exkursionen teilnehmen, ausgefüllt.

Meist werden während einer Tagung oder eines Kongress sowohl den Teilnehmern als auch den Begleitpersonen umfangreiche Möglichkeiten an sogenannten Social Events angeboten, an denen diese getrennt oder gemeinsam teilnehmen können. Dazu gehören Rahmenprogramme, Abendveranstaltungen und sonstige Events, die Kongresse und Tagungen begleiten (vgl. Tab. 18).

Tab. 18 *Social Events (DGT, 2011, S. 2 / 5)*

Deutsche Gesellschaft für Tourismuswissenschaft (e.V.) – DGT 15. Kolloquium – tourismus 2020+ interdisziplinär. Innsbruck, Österreich, 01.–03. Dezember 2011	
Donnerstag, 01. Dezember 2011	
Zeit	20.00 Uhr
	Zusammenkommen zu einer Plauderei für Teilnehmer und Begleitpersonen
Ort	The Penz – The 5th Floor
Freitag, 02. Dezember 2011	
Zeit	Vormittags
	Innsbruck unschaugn – Stadtführung für Begleitpersonen
Ort	Innsbruck
Zeit	14.00–15.10 Uhr
	Führung durch das Tirol Panorama für Teilnehmer
Ort	Tirol Panorama
Zeit	19.00–23.00 Uhr
	Aperitif-Empfang und Hüttengschnocht`s (Abendessen am Berg) für Teilnehmer (frei) und Begleitpersonen (kostenpflichtig)
Ort	Alpenlounge Seegrube

In die Kombination von Social- und Beiprogramm lässt sich ebenfalls das Angebot von *Pre- und Post-Convention Tours* einordnen. Neben dem touristischen Gedanken bietet sich hier die Gelegenheit, die Fachexkursionen auch während dieser Reisen durchzuführen (Gierten, 1994, S. 12).

Unter diesen Pre- und Post-Convention Tours, sind Reisen zu verstehen, die vor bzw. im Anschluss an den Kongresstermin stattfinden. Im Zusammenhang mit größeren Kongressen, insbesondere internationalen Veranstaltungen, soll somit den Teilnehmern und deren Begleitpersonen die Möglichkeit gegeben werden, das Gastgeberland und eventuell auch angrenzende Regionen besser kennenzulernen (vgl. Tab. 19).

Der Kongressorganisator, häufig auch eine mit der Durchführung beauftragte Reiseagentur, erstellt die Angebote, die von eintägigen Städtereisen bis hin zu mehrtägigen Rundreisen reichen.

Tab. 19 Post Convention Tour (DGT, 2011, S. 5)

Deutsche Gesellschaft für Tourismuswissenschaft (e.V.) – DGT 15. Kolloquium – tourismus 2020+ interdisziplinär. Innsbruck, Österreich, 01.–03. Dezember 2011	
Samstag, 03. Dezember 2011	
Zeit	Ca. 14.00–18.00 Uhr
	Faszination Kristallwelten – Besichtigung der Swarowski Kristallwelten
Kosten	Zusatzkosten ja (mind. 10 Teilnehmer)
Ort	Swarowski Kristallwelten
Sonntag, 04. Dezember 2011	
Zeit	Vormittags–15:30 Uhr
	Das ewige Eis – Bergstation Schaufeljoch, Wanderung zum Top of Tirol, Einkehr ins Restaurant „Jochdohle" und in die Grawa-Alm
Ort	Stubaier Gletscher

4   Abhängigkeitsfaktoren bei der Rahmenprogrammauswahl

Welche der vielen Möglichkeiten eines Rahmenprogrammes letztlich genutzt werden, ist nicht nur abhängig von der Größe der Gruppe, sondern von weiteren Faktoren (Schreiber, 2002, S. 267 f.):

- **Zusammensetzung der Gruppe**
Hier spielen sämtliche soziodemographischen Merkmale (Geschlecht, Alter, Ausbildungsgrad, Berufsgruppenzugehörigkeit, Herkunft etc.) eine ganz entscheidende Rolle. Je homogener die Gruppe ist, umso einfacher ist die Auswahl des Rahmenprogrammes; umgekehrt aber auch, je unterschiedlicher der Kreis der zu betreuenden Gäste ist, umso vielfältiger werden die Möglichkeiten.

- **Verfügbare Zeit**
Kongresse und Tagungen werden immer kürzer, so dass für das Rahmenprogramm nur noch wenig Zeit bleibt. Demzufolge werden Rahmenveranstaltungen mit dem Kongressprogramm zeitlich eng verknüpft (z. B. das Eröffnungskonzert wird mit der Teilnehmerehrung verbunden). Zum anderen werden Veranstaltungen direkt in der Kongressdestination oder in der Region angeboten; das gilt für Fachbesichtigungen, aber auch für Besichtigungen kultureller Art.

- **Art des Kongresses**

Bei einem Fachkongress ist das Verlangen nach Fachexkursionen wesentlich ausgeprägter als bei einem Kongress mit weniger spezifischen Inhalten, wo das gesellschaftliche Erlebnis eher im Vordergrund steht. Bei solchen Veranstaltungen wird ein Rahmenprogramm aus dem Touristik- oder Unterhaltungsbereich favorisiert.

- **Finanzierung**

Bei der Gestaltung eines Rahmenprogrammes entstehen besonders hohe Kosten für die einzelnen Programmaktivitäten, Transportmittel, Essen und künstlerischen Darbietungen. Aus diesem Grund ist es dringend notwendig, dass der Organisator rechtzeitig erfährt, mit wie vielen Buchungen er rechnen kann. Folglich müssen die Teilnahmen an Rahmenprogramm-Veranstaltungen häufig mit der Kongressanmeldung fest bestellt und vorausbezahlt werden.

- **Kongress- und Veranstaltungsort**

Die Rahmenprogrammauswahl ist ganz entscheidend auch vom Veranstaltungsort abhängig.

Beispiel

Ein ausgefallenes Essen mit Fischspezialitäten findet mit Sicherheit in Küstenregionen die größte Akzeptanz; genauso wie bei Veranstaltungen in Bayern der „Bayerische Abend" mit Maßkrugstemmen und bayrischer Folklore noch immer zu den beliebtesten Programmpunkten zählt.

5 Bedeutung des Rahmenprogrammes

5.1 Für den Kongressort

Nicht nur die Auswahlmöglichkeiten, auch der Erfolg des Rahmenprogrammes ist in großem Maße abhängig von der Wahl des Standortes. Bei der Bestimmung des Kongressortes sind die primären und sekundären Standortfaktoren des Tagungsortes zu berücksichtigen. Hierzu zählen neben der Verkehrsanbindung, den Hotel- und Gaststättenbetrieben vor allem aber auch das Kultur- und Naturangebot. Ist die Wahl des Kongressortes getroffen, so ist die Durchführung eines Rahmenprogrammes für diesen Ort oder bei internationalen Veranstaltungen sogar für das ganze Land von großer Bedeutung.

- **Möglichkeit der Präsentation**

Durch die Schaffung attraktiver Angebote haben die Teilnehmer die Gelegenheit, etwas von der Region bzw. der Kultur des Gastlandes kennenzulernen und sich mit den Sitten des Volkes vertraut zu machen. Insbesondere von den Vor- und Nachkongressreisen kann eine hohe Werbewirksamkeit für die Kongressdestination ausgehen. Ein gelungenes Programm kann dazu beitragen, dass die Teilnehmer den Tagungsort positiv in Erinnerung behalten und ihn möglicherweise in der Zukunft als persönliches Reiseziel wieder aufsuchen.

- **Einnahmen für Destinationen**

Der Stellenwert des Tagungsortes ist auch ein bestimmender Faktor für die Höhe der Ausgaben der Veranstaltungsteilnehmer. In verschiedenen Veranstaltungsstädten ist je nach regionalem Bedeutungsgrad mit unterschiedlich hohen Tagesausgaben zu rechnen (Piorkowsky, 1984, S. 83). Insgesamt betrugen 2008 die Gesamtausgaben in- und ausländischer Kongress- und Veranstaltungsbesucher 67 Mio. Euro. Der durchschnittliche Ausgabenbetrag der Kongressteilnehmer belief sich auf 298 Euro (ifo Institut, 2009, S. 3).

Die gesamtwirtschaftliche Bedeutung einer Veranstaltung ist primär von der Größe, der Dauer und dem regionalen Einzugsbereich der Veranstaltung abhängig: „Eine Tagung ist für eine Destination umso einträglicher, je mehr sie den Charakter eines mehrtägigen internationalen Kongresses hat, sie ist umso weniger einträglich, je mehr sie den Charakter einer regionalen Konferenz hat" (Schreiber, 2002, S. 269).

- **Imagewerbung durch Pressemitteilungen**

Eine Art indirekte Standortwerbung geht von Presseberichten aus, die über Großveranstaltungen in Printmedien, Rundfunk- und Fernsehsendungen verbreitet werden. Die Presseaktivitäten müssen natürlich über entsprechende Medienkontakte (z. B. durch Pressekonferenzen und Pressemitteilungen) seitens der Kongressorganisatoren professionell vorbereitet werden.

5.2   Für den Kongressteilnehmer

Bei der Bedeutung des Rahmenprogrammes für den Kongressteilnehmer gehen die Einschätzungen sehr auseinander. Während die hoch motivierten Fachbesucher schon bei einer kurzen Kaffeepause von ausreichendem Rahmenprogramm sprechen, ist die Wertigkeit der Events für die „Exkursionisten" Hauptentscheidungskriterium für die Teilnahme an einer Veranstaltung. In der Regel jedoch stehen Entspannungsmöglichkeiten und gesellschaftliche Aspekte im Vordergrund.

- **Form der Entspannung**

Mit dem Rahmenprogramm soll den Kongressteilnehmern ein Ausgleichsprogramm zur Entspannung angeboten werden. Die Stimmung, die durch das Rahmenprogramm bei den Teilnehmern ausgelöst wird, kann sich auf das wissenschaftliche Programm übertragen und somit entscheidend zu einer harmonischen Kongressatmosphäre beitragen. Sie kann aber auch das Gegenteil bewirken, wenn das Programm zu anstrengend oder zu umfangreich ist (Neuhoff, 1995).

Die Organisationsverantwortlichen sollten deshalb bei der Veranstaltungsplanung auch auf die Integration von kleinen Pausen achten. Die richtige Platzierung von Kaffeepausen nach einem überschaubaren Vortragsblock animiert die Teilnehmer zur Diskussion über das bisher Gehörte, was ebenfalls zur Belebung des Kongressablaufes beitragen kann.

- **Gesellschaftlicher Rahmen**

Das tiefere Ziel des Rahmenprogrammes ist die Darstellung eines „auflockernden Bausteines" für den Kongress. So bietet das Rahmenprogramm den Teilnehmern neben der Möglichkeit der Entspannung auch gesellige Atmosphäre. Durch den gesellschaftlichen Rahmen werden Berührungsängste abgebaut, und es kommt zu persönlichen Gesprächen und Kontakten (Zach, 1994, S. 38f.).

- **Förderung des Erlebnis- und Erinnerungswertes**

Die enge Kopplung von Erinnerung und Erlebnis haben auch Forscher am Max-Planck-Institut experimentell nachgewiesen: „Sie gaben einer Testgruppe einen Auftrag in Form von nur per Sprache übermittelten Informationen. Eine andere Testgruppe bekam einen Auftrag, der aber jetzt mit einem „Ereignis" gekoppelt wurde. Die Auswertung ergab eindeutig, dass in der zweiten Gruppe weit weniger Teilnehmer den Auftrag vergessen hatten, ihn unkorrekt oder unvollständig ausführten" (Zach, 1994, S. 37).

Daher ist es die Aufgabe der Veranstalter ein Rahmenprogramm zu konzipieren, das den Erlebniswert und den Erinnerungswert von Kongressen wahrt. Positive Erlebnisse werden als bildhafte Vorstellungen gespeichert und mit dem Kongress in Verbindung gebracht.

6 Anbieter von Rahmenprogrammen

6.1 PCO – „der professionelle Kongressorganisator"

Der „PCO" agiert als Berater des Kongressveranstalters und führt dessen Entscheidungen aus. Er bringt seine jahrelange Erfahrung in die Planung und Durchführung des Kongresses ein und weiß um die Notwendigkeiten, die zum Erfolg der Veranstaltung führen. Die Berufsbezeichnung entstand mit der Gründung der Internationalen Association of Professional Congress Organizers (IAPCO) 1968 in Spanien. Mittlerweile hat sich jedoch das Berufsbild von der ausführenden Verwalterfunktion zur kreativen *Koordinatorenrolle* entwickelt.

Die Organisation und Durchführung von Rahmenprogrammen zählt somit auch zu den Aufgaben des PCO's. Er nimmt gemeinsam mit dem Kongressveranstalter die vorläufige Programmplanung vor, woraufhin die einzelnen Leistungen der verschiedenen Leistungsträger von dem professionellen Kongressorganisator zu einem Produkt kombiniert werden. Bei der Projektabwicklung übernimmt der PCO die *Position des Vermittlers* zwischen dem Veranstalter, den touristischen Leistungspartnern und den Kongressteilnehmern. Erfahrungen im Bereich der Hotellerie und Gastronomie sowie der Freizeiteinrichtungen sind daher von großem Vorteil (Gierten, 1994, S. 13 f.).

6.2   Reisebüros als Eigenveranstalter

Mit der Übernahme von zeitraubenden, administrativen Arbeiten geben Reisebüros dem Kongressveranstalter die Möglichkeit, sich stärker dem wissenschaftlichen Bereich zu widmen. Die klassischen Reisemittler können sowohl für die Hotelbeschaffung als auch für die gesamte Rahmenprogrammgestaltung in Anspruch genommen werden.

In der Sparte Eigenveranstaltungen nimmt gerade bei größeren Reisebüros das Kongress- und Tagungsgeschäft eine immer wichtigere Rolle ein. Verschiedene Reisebüros haben für diesen Marktbereich eigene Abteilungen aufgebaut und wickeln den gesamten Reiseverlauf – mit integriertem Rahmenprogramm – zu einem Kongress ab; sie treten also als Eigenveranstalter für Kongressreisen auf (Buchholz, 1995, S. 7 ff.).

Das „DERCONGRESS" beispielsweise, eine Spezialabteilung des Deutschen Reisebüros, bietet eine Gesamtabwicklung der Reisen zu den einzelnen Veranstaltungen (von der Einladung über die Kongressregistrierung bis zur Betreuung vor Ort) an; bestehend aus:

- Flugreisen mit Linien- und Chartermaschinen,
- Abholung vom Flughafen und Transfer zum Hotel,
- Unterkunft in ausgesuchten Hotels,
- *Rahmenprogramm,*
- Betreuung am Kongressort,
- Vor- und Nachkongressreisen,
- Begleitung durch erfahrene, deutschsprachige Reiseleiter.

Im Rahmen von „DER Corporate Services" existiert DERCONGRESS als eine selbständige Reiseagentur, die eigenständig für das Reiseprogramm der Teilnehmer zuständig ist.

6.3   Hotels als Anbieter

Zu den Anbietern von Rahmenprogrammen gehören auch die Kongress- und Tagungshotels, die neben der Unterbringung der Teilnehmer auch ihre Dienstleistungen zur Organisation und Durchführung der kongressbegleitenden Veranstaltungen anbieten.

Mitarbeiter aus dem Veranstaltungsbereich kontaktieren die Kongressverantwortlichen, um die Gästestruktur und Zielsetzung des Kongresses zu erfassen und somit das Programm festzulegen. Unendlich kreativ sind die Mottos der Buffets, der Gala-Dinners und der immer wieder neuen Arrangements, die offeriert und angepriesen werden.

Beispiel

Kongressteilnehmer werden vor den Hotels der *Mövenpick-Kette* von einer „Kneipen-Straßenbahn" erwartet. Unterwegs werden Getränke ausgeschenkt, und für die Stimmung sorgt ein Ziehharmonikaspieler. Die Fahrt endet in einem Straßenbahndepot, wo bereits Schlemmereien und eine Jazz-Combo auf die Gäste warten. Der Höhepunkt des Depot-Events ist ein Tischfeuerwerk hinter dem sich das Eisbuffet versteckt.

Ein solches Programm garantiert Geselligkeit und Unterhaltsamkeit. Diese entstehen durch das „anders sein als anderswo" (Schreiber, 2002, S. 272).

6.4   Tourismuszentralen als Dienstleister

Die kommunalen Tourismusinstitutionen (in Form von Tourismus- und Kongresszentralen) haben auch erkannt, dass über ein Vorortangebot an (kongress-)touristischen Dienstleistungen zusätzliche Einnahmequellen zur Refinanzierung der Außenmarketingaktivitäten erschlossen werden können. So bieten die „Tourist-Büros" neben den klassischen Package- und Souvenirangeboten für privat motivierte Gäste verstärkt auch Serviceleistungen für das Segment der Kongress- und Tagungsreisenden an.

In größeren Destinationen mit entsprechender kongresstouristischer Infrastruktur werden spezielle „Kongressbüros" als Hauptabteilungen in die Tourismuszentralen integriert, oder es entstehen sogar übergreifende Werbegemeinschaften, in denen sämtliche Anbieter eines Bundeslandes bzw. einer Region ihre veranstaltungsrelevanten Leistungen bündeln.

Beispiele
Eine überregionale Kooperation stellt der Harz Tagungspool (2006 gegründet) dar; hier haben 43 Partner ihre Kräfte gebündelt, um den Harz als bekannteste Mittelgebirgsregion für Tagungen und Incentives in Deutschland zu positionieren. Auch der Thüringer Tagungspool ist eine Marketinggemeinschaft mit über 40 qualitätsgeprüften Leistungsträgern aus den Bereichen Tagungsstädte, Kongresszentren, Tagungshotels, Eventagenturen und Special Lokation. Im Jahr 2012 startet der Tagungspool Thüringen bereits in die vierte Staffel – die Laufzeit beträgt wieder zwei Jahre.

Vor allem auf Großstadtebene gibt es noch eine Reihe anderer Modelle; in den Magic Cities (wie Berlin, Hamburg, Hannover, Köln, Düsseldorf, Dresden, Frankfurt am Main, Stuttgart, Nürnberg und München) werden über die Tourismuszentralen bzw. deren Convention Bureaus koordinative Tätigkeiten bis hin zu Full-Service-Programmen angeboten.

6.5   GCB – Deutsches Kongressbüro

Das 1973 gegründete GCB (German Convention Bureau) erarbeitet neutral und kundenorientiert Vorschläge zur Vorbereitung und Durchführung von Tagungen und Kongressen. Es fungiert informierend und beratend über Orte, Hotels, Cateringanbieter, PCO's aber auch über Rahmenprogramme (vgl. Kapitel „Die Bausteine der Veranstaltungswirtschaft" von Schreiber).

Das Deutsche Kongressbüro selbst erstellt keine Rahmenprogramme. Zu seinen Aufgaben gehört das Einholen von Angeboten zur Gestaltung einer Veranstaltung. Diese Dienstleistungen werden dem Kongressveranstalter gebührenfrei, unverbindlich und unparteiisch zur Verfügung gestellt.

7 Erstellung eines Rahmenprogrammes

Die Social- oder Beiprogramme werden auf die individuellen Wünsche und Vorstellungen des Veranstalters bzw. der jeweiligen Teilnehmer abgestimmt, so dass die inhaltliche Gestaltung der einzelnen Rahmenprogramme nicht vergleichbar ist. Bei der organisatorischen Erstellung eines Rahmenprogrammes müssen jedoch auch grundsätzliche Arbeitsschritte berücksichtigt werden, die auf eine Vielzahl von Veranstaltungen übertragbar sind (Beckmann /Krabbe et al, 1996, S. 234).

- Festlegung des gewünschten Rahmenprogrammes in Absprache mit dem Veranstalter,
- Abstimmung des Zeitrasters des Rahmenprogrammes mit dem des Kongresses,
- Einholung von Angeboten der zur Rahmenprogrammgestaltung notwendigen Leistungen,
- Festlegung der konkreten Programmpunkte und Bestellung der einzelnen Leistungen, wie beispielsweise:
    - Bus (mit Fahrer) bzw. Schiff (mit Besatzung zum Pauschalpreis),
    - Reiseleiter (bei internationalen Kongressen mehrsprachig),
    - Tickets für Sehenswürdigkeiten und Museen (Gruppe anmelden),
    - Treffpunkte (Zeit und Ort festlegen),
    - Pausen (nicht vergessen!),
    - gastronomische Versorgung (für tagsüber),
    - Abendveranstaltung (Räume, Dekoration, Catering, Showprogramm).

Beachte: Einplanung von „Zeitpuffern" für nicht einplanbare Ereignisse!

8 Realitäten und Visionen

Während die Teilnahme am „SocialProgram" als offizieller Bestandteil des Kongresses von fast allen Teilnehmern gesehen und somit auch angenommen wird, bleibt die Beteiligung am Beiprogramm in der Regel deutlich hinter den Erwartungen zurück. Auch in der Zukunft werden die Beiprogramme und Anschlussreisen ihre Marktstellung kaum verbessern können. Hier spielen zeitliche und persönliche Gründe eine Rolle, wobei der Wunsch nach räumlicher Trennung zwischen beruflich motivierten Aktivitäten und privaten Urlaubsreisen nicht zu unterschätzen ist.

Das klassische Rahmenprogramm für die Kongressteilnehmer wird dagegen eine völlig neue Wertigkeit erfahren. Dies bestätigt auch das Meeting- & EventBarometer des EITW, welches aus diesem Grund im Jahr 2009/2010 die Social Events als eigenständige Kategorie in die Veranstaltungsarten aufgenommen hat. Im ersten Jahr wurden insgesamt 11 % aller Veranstaltungen von den Anbietern dieser Veranstaltungsart zugerechnet. Dass der Anteil von Social Events vor allem in den Special Event Locations besonders groß ist, überrascht nicht. Er lag hier bei 32,5 %, während in den Veranstaltungszentren und Tagungshotels diese Kategorie noch eine untergeordnete Rolle spielt. Erstmals gesondert wurden im Meeting- & EventBarometer 2009/2010 auch die Abendveranstaltungen erhoben. Sie hatten insgesamt einen Anteil von knapp 26 %, wobei ihre Bedeutung erwartungsgemäß in den Eventlocations am höchsten (43,3 %) und den Tagungshotels am niedrigsten (15,4 %) ist. Die Veranstaltungszentren liegen mit 33 % in der Mitte (EITW, 2010, S. 19 ff.).

Die fortgeschrittene Informations- und Kommunikationstechnologien erlauben generell einen wesentlich unkomplizierteren und intensiveren Wissensaustausch, so dass in der Zukunft „bei Anlass", d. h. während des Kongresses, die primären Erwartungen der Tagungsteilnehmer an eine Veranstaltung unter neuen Vorzeichen zu sehen sind. Neben dem permanent ansteigenden Bedürfnis nach aktuellen Informationen werden vor allem die sozio-kulturellen Aspekte – wie „persönliche Anerkennung für die geleistete Arbeit", „persönliche Kontakte zu anderen Teilnehmern" und „etwas erleben zu wollen" – entscheidend an Bedeutung gewinnen.

Kernaspekte

- Die Teilnehmer erwarten von einem Kongress neben einem professionellen Service vor allem Atmosphäre, Ambiente und Abwechslung. Demzufolge kann sich das Rahmenprogramm zum „Zentral-Event" jeder Veranstaltung entwickeln. Der gesamte Kongress wird zu einer interaktiven Kommunikationsebene, wobei der Grundgedanke des persönlichen Erlebnisses eine zentrale Rolle spielt.

- Neben den klassischen Rahmenprogrammen in den Bereichen Touristik, Sport und Show bzw. Unterhaltung werden auch Fachexkursionen organisiert. Diese werden mit Social Events kombiniert und sind somit für die Teilnehmer und ihre Begleitpersonen interessant. Darüber hinaus finden meist Pre- oder Post-Convention Tours statt.

- Die Möglichkeiten der Rahmenprogrammgestaltung sind schier unendlich. Sie hängen jedoch von Faktoren wie der Gruppenzusammensetzung, der Zeit oder der Art des Kongresses ab. Rahmenprogramme mit für den Veranstaltungsort typischen Aktivitäten finden immer besonderen Anklang.

- Social Events sind für die Destination genau wie für den Kongressteilnehmer von großer Bedeutung. Sie helfen dabei, Atmosphäre und Entspannung zu schaffen und positive Erinnerungen mit dem Kongress und dem Veranstaltungsort in Verbindung zu bringen: Der Teilnehmer profitiert von den Erfahrungen und die Destination vom Imagegewinn.

9   Literatur

Beckmann, K. / Krabbe D. (1996): Textband begleitend zum Fortbildungs-Studiengang: Fachwirt für die Tagungs-, Kongress und Messewirtschaft, Internationale Congress Akademie, Karlsruhe.

Buchholz, N. (1995): Die Rolle des Reisebüros im Kongress- und Tagungsgeschäft – am Beispiel DER-Congress, FH Rheinland-Pfalz, Worms.

Depner, J. (2008): Vermarktung des Trierer Tagungs- und Kongressstandortes, online verfügbar auf: http://www.meetingpoint-trier.de/Diplomarbeit_Jasmin_Depner.PDF, Download am 10.01.2012 (Diplomarbeit).

DGT – Deutsche Gesellschaft für Tourismuswissenschaft e.V. (Hrsg.) (2011): tourismus 2020+ interdisziplinär., online verfügbar auf: http://www.dgt2011.at/assets/programm.pdf, Download am 12.01.2012.

EITW – Europäisches Institut für TagungsWirtschaft GmbH (Hrsg.) (2010): Tagungs- und Veranstaltungsmarkt Deutschland, Das Meeting- & EventBarometer 2009/2010, online verfügbar auf: http://dl.dropbox.com/u/11298347/EITW_oeffentliche_downloads/Management Info_MeetingEventBarometerD_2010.pdf, Download am 09.01.2012.

EITW – Europäisches Institut für TagungsWirtschaft GmbH (Hrsg.) (2011): Tagungs- und Veranstaltungsmarkt Deutschland, Das Meeting- & EventBarometer 2010/2011, online verfügbar auf: www.eitw.de/sites/default/files/Dateien/ManagementInfo_MEBa_2011.pdf, Download am 01.11.2011.

Gierten, S. (1994): Rahmenprogramme: Warum? Wann? Was? Wer? Wie? Wo?, FH Rheinland-Pfalz, Worms.

Ifo Institut (Hrsg.) (2009): Messen und Veranstaltungen der Messe Essen führten 2008 zu einer Beschäftigung von knapp 7500 Personen, online verfügbar auf: http://www.ifo.de/portal/pls/portal/docs/1/1194016.PDF, Download am 09.01.2012.

Neuhoff, V. (1995): Der Kongress, Vorbereitung und Durchführung wissenschaftlicher Tagungen, Weinheim.

Nussbaumer, G. (1981): Kongresse, Tagungen, Symposien, ein Leitfaden zur Planung, Organisation und Durchführung, Zürich.

Piorkowsky, M.-B. (1984): Die wirtschaftlichen Wirkungen von Kongressen – Ansätze, Methodenprobleme und Ergebnisse regionalwirtschaftlicher Untersuchungen des Kongresstourismus, in: Jahrbuch für Fremdenverkehr, Jg. 32., S. 76–113,München.

Schreiber, M.-T. (2002): Rahmenprogramm als „nicht-technische" Komponente, in: Schreiber, M. (Hrsg.): Kongress- und Tagungsmanagement, S. 261–275, München.

Zach, C. (1994): „Erlebnisse, die mitten ins Schwarze treffen", in: management & seminar, H. 3, S. 37–40.

Wiegen, messen und für gut befunden? Ein Beitrag zum Event-Controlling

Prof. Helmut Schwägermann und Marion Cornelius

1 Einleitung

Um die Lebensleistung eines Menschen nach seinem Tod zu bewerten, haben die alten Ägypter unter anderem sein Herz gewogen. Schon damals suchten sie nach Methoden, das scheinbar Nichtmessbare zu messen und zu bewerten, um weiteres Handeln daraus abzuleiten. Ein heute allerdings weniger alltagstaugliches Messverfahren.

Aber ist es nicht heute die Aufgabe von Event-Controlling, sämtliche Aspekte einer Veranstaltung, auch die scheinbar nichtmessbaren, wie Gefühle oder Meinungen, in ihrer Wirkung zu erfassen und wenn möglich sogar in wirtschaftlichen Kennzahlen darzustellen? Das macht die Sache so schwierig und ruft mittlerweile etliche Wissenschaftsdisziplinen mit immer mehr Methoden auf den Plan.

Und selbst wenn in der Literatur und in Fachzeitschriften meist nur dieser besondere Aspekt zum Thema gemacht wird: Event-Controlling ist mehr als nur Wirkungsforschung für Marketing-Events. Der Umgang mit komplexen Systemen erfordert einen ganzheitlichen Ansatz.

Im Kapitel 2 wird erläutert, dass Event-Controlling als integrales Element des Eventmanagements auch die Überwachung und Steuerung sämtlicher Eventprozesse einschließt. Erst dann kann es wirkungsvoll dazu beitragen, die gesteckten Ziele und die gewünschte Wirkung zu erreichen. Events sind nie Selbstzweck. Sie entstehen aus Kommunikations-Bedürfnissen von Unternehmen und Organisationen und müssen daher die Ziele der veranstaltenden Unternehmen und Organisationen unterstützen. Im Kapitel 3 wird die Rolle von Events im System der Unternehmenszielsetzungen erläutert. Um ein Event in allen seinen Phasen und Erfolgsdimensionen planen, steuern und bewerten zu können, bedarf es geeigneter Messmethoden, um die diversen qualitativen und quantitativen Ziele abzubilden. Die wichtigsten Methoden werden im Kapitel 4 vorgestellt. Der Einsatz von Methoden des Projektmanagements führt konsequenterweise zu einer Planung und Organisation von Veranstaltungen in Phasen gegliedert, für die Meilensteine und Zwischenzeile gesetzt werden. Kapitel 5 stellt die Aufgaben des Event-Controllings in den verschiedenen Phasen vor. Das Kapitel 6 befasst sich überwiegend mit einem Modell aus der Erwachsenenbildung, das in den letzten Jahren unter dem Namen Event-ROI-Modell auch in Deutschland bekannt wurde. Das Modell zeigt beispielhaft auf, wie sich die Wirkungen von Weiterbildung systematisch auf verschiedenen Stufen innerhalb eines Unternehmens verfolgen und messen lassen. Während für Unternehmensveranstaltungen Wirkungsmodelle und Messmethoden verschiedenster Art entwickelt wurden, hat sich Event-Controlling für Tagungen und Kongresse bei Verbänden und anderen Non-Profit-Organisationen noch nicht wirklich durchgesetzt. Im Kapitel 7 werden einige Erkenntnisse aus den vorangegangenen Kapiteln auf dieses Thema übertragen. Gleichzeitig wird hier das Konstrukt der Bildungsrendite für Teilnehmer eingeführt. Es lässt sich wiederum auf alle Veranstaltungsarten übertragen.

In diesem Sinne soll dieser Beitrag vor Augen führen, dass Event-Controlling ein ganzheitliches und höchst komplexes System mit vielen Facetten ist. Die konsequente Anwendung von Event-Controlling trägt dazu bei, den Nutzen für die Event-Stakeholder und den Wert von Veranstaltungen systematisch zu steigern. Dieser Beitrag will zu einem kreativen und kenntnisreichen Einsatz von Methoden und Tools des Event-Controllings anregen.

Das folgende *Phasenmodell Event-Controlling,* orientiert sich an den typischen Lebenszyklus-Phasen von Events. Die Inhalte des Modells werden in den einzelnen Abschnitten näher erläutert. Es zeigt wie ein Baukastensystem, welche Aufgaben das Event-Controlling in den jeweiligen Veranstaltungsphasen übernehmen kann und welche Untersuchungs- bzw. Messmethoden zur Verfügung stehen. Doch auch die Grenzen des Machbaren und Sinnvollen zu akzeptieren, gehört zu einem kundigen Umgang mit diesem Thema.

PHASENMODELL **EVENTCONTROLLING**

1. Phase Strategische Planung	2. Phase Organisation	3. Phase Durchführung	4. Phase Nachbereitung
Konzeptionsüberprüfung Eventziele und -zielgruppen gemäß Unternehmenszielsetzungen? Event-Fit: werden die Eventziele durch das Konzept erreicht?	Projektcontrolling Qualitätsmanagement Kommunikation mit Teilnehmern, reibungslosen Ablauf sichern, Überprüfung/Steuerung von Terminen, Ressourceneinsatz, Projektfortschritt	Projektcontrolling Qualitätsmanagement reibungslosen Ablauf des Programms sichern, bei Abweichungen kurzfristiges Gegensteuern	Projektcontrolling Qualitätsmanagement Effizienzanalyse (Kosten-Nutzen-Analyse) Zufriedenheitsanalyse Dokumentation
Planung Wirkungskontrolle Entwicklung von Methoden und Kennziffern (KPI) für ein ganzheitliches Eventcontrolling	Wirkungskontrolle Wirkungspotential des Events sicherstellen	Kontrolle kurzfristiger Wirkungen während des Events, wie Interaktion, Emotion, Networking, Motivation, Lernen	Kontrolle langfristiger Wirkungen auf Teilnehmer: Änderung von Einstellungen und Verhalten auf Organisationen: Bewertung vom KPIs gemäß BSC Kunden- oder Lernperspektive
Untersuchungs-Methoden Marktanalyse, Benchmarkingstudie, Feasibility Study, Befragung, Gruppendiskussion, Expertengespräch, Ex-Ante-Test mit Test- und Kontrollgruppen	Untersuchungs-Methoden teilnehmende und verdeckte Beobachtung (Mystery Visitors), Critical Incident Technique, Beschwerdemanagement, FRAP	Untersuchungs-Methoden Einzelgespräch, teilnehmende und verdeckte Beobachtung Selbst- und Fremdeinschätzung, Beschwerdemanagement, Critical Incident Technique, FRAP	Untersuchungs-Methoden Messung KPIs, Stakeholder-Befragung, Gruppendiskussion, Beobachtung, Mystery Shopping, Beschwerdemanagement, Ex-Post-Test mit Test- und Kontrollgruppen

Abb. 25: *Phasenmodell Event-Controlling (eigene Darstellung)*

2 Event-Controlling: integrales Element des Eventmanagements

Einem ganzheitlichen Verständnis folgend, ist Event-Controlling ein integrales Element des Eventmanagements. Wie die Abbildung 26 andeutet, bedient sich Event-Controlling aus den unterschiedlichsten Quellen und Erkenntnissen und nutzt Elemente aus dem Projektmanagement gleichermaßen wie aus dem Qualitätsmanagement, dem Controlling oder Bausteine aus der Verhaltens-, Konsumenten- und Kommunikationsforschung. Event-Controlling ist dabei nicht einfach linear prozesshaft ausgerichtet, sondern versucht, der Vielschichtigkeit und Mehrdimensionalität von Zielsetzungen und Interessenslagen aller Stakeholder von Events gerecht zu werden.

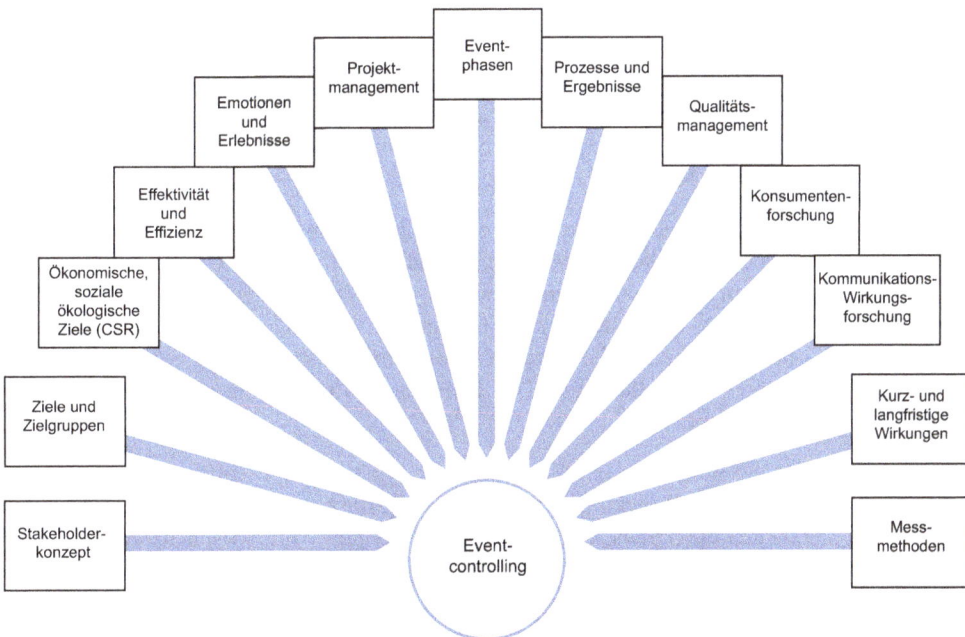

Abb. 26: *Das komplexe System Event-Controlling im ganzheitlichen Ansatz(eigene Darstellung)*

Kaum eine andere Diskussion ist in der Eventwirtschaft derart von Missverständnissen geprägt, wie die Diskussion um das Thema Event-Controlling. Daher wird zunächst auf einige Annahmen und Begriffe eingegangen, die diesem Beitrag zugrunde liegen.

Als Events werden Veranstaltungen aller Art bezeichnet. Ein Event ist, der internationalen Verwendung dieses Ausdrucks folgend, der generische Begriff für Veranstaltung. Im Fokus dieses Beitrags stehen Business-Events. Das sind Veranstaltungen, die von Fachleuten im Rahmen ihrer beruflichen Tätigkeit besucht werden. Messen, die den Business-Events zuzurechnen sind, werden entsprechend des Schwerpunktes in diesem Handbuch nicht behandelt. Events oder Veranstaltungen haben grundsätzlich multisensuellen Charakter. Das ist eine Kernkompetenz von Begegnungs-Kommunikation. Je nach Zielsetzung und Zielgruppe dominieren informative oder emotionale Elemente eine Veranstaltung. Events als Instrumente der Live-Kommunikation werden von Veranstaltern als Investition aufgefasst, die gewünschte Wirkungen erzielen sollen. Konsequent ist daher nur, dass Veranstalter eine wie auch immer geartete Rendite oder Kommunikationserfolge erwarten. Events werden als Projekte verstanden. Daher lassen sich die besonderen Merkmale des Projektmanagements sowie des Projektcontrollings ohne weiteres auf das Eventmanagement bzw. das Event-Controlling übertragen.

> Eventmanagement ist die Planung, Organisation, Inszenierung und Kontrolle von Veranstaltungen aller Art mit dem Ziel, bei ausgewählten Zielgruppen (den Teilnehmern) eine zuvor definierte und angestrebte Wirkung zu erreichen.

Wer kein klares Ziel bei der Planung vor Augen hat, kann weder Erfolg noch Projektfortschritt messen. Wer nicht messen kann, vermag nicht zu prüfen oder gegenzusteuern. Klare Ziele, die sowohl weiche wie auch harte Aspekte eines Events berücksichtigen, sind die Basis für das Eventmanagement und -controlling. Unverzichtbar ist die Anwendung der SMART-Regel (**S**pecific, **M**easurable, **A**ttainable, **R**elevant, **T**ime-Based).

Das Event-Controlling hat auch engste Bezüge zum Qualitätsmanagement. Die Aufgabe von Qualitätsmanagement ist es, das Dienstleistungsbündel interner und externer Leistungen in Kenntnis der Teilnehmererwartungen zu definieren und sicherzustellen, dass diese Leistungen auf dem festgelegten Qualitätsniveau (Standard) angeboten werden. Fazit: Hier übernimmt Event-Controlling spezifische Aufgaben aus dem Qualitätsmanagement und setzt sie in allen Phasen einer Veranstaltung um. Die Teilnehmerzufriedenheit zu erfassen, ist dabei nur einer von etlichen Aspekten.

Die Grundlage für ein wirksames Event-Controlling bildet der konsequente Einsatz sämtlicher Instrumente aus dem Projektmanagement. Der Einsatz von Projektmanagement stellt sicher, dass Veranstaltungen phasenweise mit der Festlegung von Zwischenzielen auf allen Projektebenen geplant und durchgeführt werden. Zwischenziele oder Eventziele sind trotz bester Planung oftmals nicht vollständig zu erreichen. Mit Hilfe von Event-Controlling lassen sich jedoch Abweichungen jeglicher Art frühzeitig erkennen, mit der Möglichkeit, beizeiten und mit relativ geringem Aufwand gegensteuern zu können. Aus dieser Herleitung ist Event-Controlling wie folgt definiert:

> Event-Controlling ist die *Überwachung, Steuerung und Kontrolle* von Veranstaltungen in allen Projektphasen unter den Aspekten von Effektivität und Effizienz.
> Auf der Basis der Projektplanung stellt Event-Controlling sicher, dass die Events einen Beitrag im Zielsystem des Veranstalters leisten und nutzt adäquate Messmethoden und Kennziffern zur Prozess-, Wirkungs- und Ergebniskontrolle.

Überwachung (oder Monitoring) bedeutet eine kontinuierliche Beobachtung, Analyse und Dokumentation

- des Projektfortschritts in allen Phasen,
- der Termine, insbesondere kritische Termine,
- der Kosten und der Einnahmen sowie
- der eingesetzten Ressourcen.

Besondere Bedeutung bei der Eventsteuerung kommt der Reaktion auf Planabweichungen zu. Das können zeitliche Verzögerungen sein, Schlechtleistungen in der Vorbereitungsphase, Kostenüberschreitungen oder Personalprobleme. Dazu sind immer wieder rasche und zielgerichtete Entscheidungen erforderlich, um weitere Beeinträchtigungen zu beheben.

Neben der Überwachung von Planabweichungen und einem etwaigen Gegensteuern ist die *Wirkungs- und Ergebniskontrolle* das dritte Element des Event-Controllings. Diese sind von den jeweiligen konkret festgelegten Zielsetzungen einer Veranstaltung abhängig.

Oftmals wird anstelle von Event-Controlling auch der Begriff Event-Evaluation genutzt, der mit Bewertung übersetzt werden kann. Evaluation wird im Allgemeinen mehr als pädagogisch/didaktischer Ansatz gebraucht, während das Wort Controlling mehr die ökonomischen Aspekte hinterfragt (Reischmann, 2006, S. 18 ff.). In der Eventpraxis beschränkt sich eine Event-Evaluation oft auf eine Zufriedenheitsanalyse der Teilnehmer.

Wie ist Event-Controlling nun in die Organisation eingebunden?

Für Event-Controlling als eine Führungsfunktion ist der Projekt- bzw. Eventmanager eines Unternehmens verantwortlich. Bei größeren Organisationen wird es eine Controllingabteilung geben, die zusammen mit den verantwortlichen Eventmanagern die Vorgehensweise, die Key-Performance-Indicators und die Messmethoden im Sinne eines internen Benchmarks festlegt. Natürlich lassen sich auch Teilaufgaben an das Team oder an externe Spezialisten delegieren.

3   Events im Zielsystem von Unternehmen und Organisationen

Dieses Kapitel zeigt, wie Events in das Zielsystem von Unternehmen und Organisationen verankert sind. Events sind dabei nie Selbstzweck. Sie entstehen aus Kommunikations-Bedürfnissen von Unternehmen und Organisationen und unterstützen deren Ziele.

3.1   Eventziele in der Ursache-Wirkungskette einer Balanced Scorecard (BSC)

In Abb. 27 wird am Beispiel eines Marketing-Events deutlich, wie Ziele auf unterschiedlichen Ebenen im Sinne einer Ursache-Wirkungskette verbunden sind.

Dahinter steht die Grundüberlegung einer Balanced Scorecard (BSC), in der die Treiber für einen Unternehmenserfolg identifiziert werden. Die Balanced Scorecard dient als Führungsinstrument zur Ausrichtung der Organisation an strategische Ziele in vier sogenannten Perspektiven: Finanzen, Kunden, Prozesse, Lernen bzw. Potenzial. Durch Ursache-Wirkungs-Zusammenhänge wird die Unternehmensstrategie mit der Kundensicht, mit Prozessen sowie mit der Mitarbeiterebene verbunden (u. a. Horváth & Partner, 2000, S. 9 ff.; Schwägermann, 2004, S.111 f.).

Wirkung auf Unternehmensziele

Wirkung auf Marketingziele
Langfristige Wirkungen,
wie Änderung von Einstellungen
Verhalten der Teilnehmer

Eventziele
Teilnehmer-Resonanz, Teilnehmerverhalten,
kurzfristige Wirkungen, andere Projektziele

Erstellen des Event-Wirkungspotentials
Planung und Organisation von Terminen, Kosten, Abläufen, Qualität

Abb. 27: Wirkungskette von Marketing-Events auf den Unternehmenserfolg (eigene Darstellung)

- Auf der *Planungs- und Organisationsebene* eines Events lassen sich Abläufe, Kommunikation und Interaktion vor und während einer Veranstaltung mit Teilnehmern und Dienstleistern steuern und bewerten. Ein zielführendes Event-Konzept mit qualitätsorientierter Organisation sorgt für einen reibungslosen Ablauf der Veranstaltung und schafft ein attraktives Begegnungsumfeld für die Teilnehmer. Auf dieser Ebene wird das Wirkungspotenzial für eine Veranstaltung (Event-Potenzial) erarbeitet.
- Auf der *Event-Ergebnisebene* ist zu prüfen, ob und in welchem Ausmaß Projektziele wie Budgeteinhaltung, Teilnehmerresonanz, aber auch kurzfristige Wirkungsziele bei den Teilnehmern erreicht werden konnten. Nur bei wenigen, meist verkaufsorientierten Events, sind harte ökonomische Fakten wie Umsatz, Anzahl und Höhe von Aufträgen als

direkte Event-Zielgrößen sinnvoll. Oftmals stehen weiche Ziele wie Teambuilding und Gemeinschaftsgefühl, Erfahrungen, Verstehen, Motivation und Lernen im Fokus.

- Marketing-Events sollen die strategischen *Marketing-und Kommunikationsziele* eines Unternehmens unterstützen und beispielsweise Einstellungswerte, Kundenloyalität, Kaufverhalten etc. verbessern.
- Schließlich sind auch Marketingziele Unterziele im System von *Unternehmenszielen*. Somit ist sicherzustellen, dass jedes Event einen positiven Beitrag für das Unternehmen zu leisten imstande ist. Viele Unternehmen haben ihr Zielsystem auf der Grundlage einer Corporate Social Responsibility (CSR) um das Thema Nachhaltigkeit für Umwelt und Gesellschaft erweitert.

Im Sinne von Ursache-Wirkungsmuster einer Balanced Scorecard sollten Events als Werttreiber für den Unternehmenserfolg verstanden werden. Sie sind in der sogenannten Kundenperspektive von Unternehmen anzusiedeln. Bei Weiterbildungsveranstaltungen hingegen ist vor allem die Potenzial- bzw. Lernperspektiveder BSC angesprochen. Mithilfe von Key-Performance-Indicators (KPI) wird ein Kennzahlensystem (Scorecard) für die kritischen Erfolgsfaktoren entwickelt, die den jeweiligen Erfüllungsgrad der Zielerreichung abbilden. Diese Bottom-Up Betrachtung weist durch das Ursache-Wirkungsmuster auf die Verantwortung des durchführenden Eventmanagers hin, alles zu unternehmen, um mit seinem Event zum Erfolg seines Unternehmens beizutragen.

Andererseits kann dieses Schema auch als Top-Down Muster für die Planung von Events angewandt werden: Alle strategischen, organisatorischen und dramaturgischen Entscheidungen müssen an der Frage gemessen werden, ob sie die Ziele des Unternehmens unterstützen. So fordern Aussagen zur Nachhaltigkeit in der Unternehmensstrategie den Eventmanager selbstverständlich dazu auf, Veranstaltungen ebenfalls nachhaltig (Stichwort Green Meetings & Events) zu organisieren.

Wie bei allen Modellen, die sich mit messbaren Wirkungen von Kommunikationsinstrumenten beschäftigen, gilt es zu berücksichtigen, ob das Event als Teil einer crossmedialen Kampagne oder als Einzel-Event realisiert wurde. Es stellt sich hier, ebenso wie beim ROI-Modell (siehe Punkt 6), die Frage nach der Isolierungs- und Zurechnungsproblematik der Effekte.

3.2 Effektivität und Effizienz von Events

Nach der Einordnung von Zielen im Unternehmenszielsystem sollen die Begriffe Effektivität und Effizienz geklärt werden.

Veranstaltungen sollen bei Teilnehmern gewünschte Wirkungen verschiedenster Art auslösen, die bei der Planung als Ziele festgelegt sind. Eine Veranstaltung wird dann als effektiv oder wirksam bezeichnet, wenn die gewünschte Zielsetzung tatsächlich erreicht wird. Die Teilnehmer sollten nachprüfbar Verhalten und Einstellungen ändern oder bessere Kenntnisse und Fähigkeiten aufweisen. Mithilfe einer Effektivitätsanalyse wird der Zielerreichungsgrad von zuvor festgelegten Zieldimensionen überprüft (Kirchgeorg et al., 2006, S. 243).

Neben den Wirkungszielen überwacht das Event-Controlling jedoch außerdem eine Vielzahl von anderen Projektzielen, beispielsweise den Einsatz von Ressourcen. Die Effizienzanalyse untersucht bei einer Veranstaltung das Verhältnis von Ressourceneinsatz zu den tatsächlich erzielten Ergebnissen: Hat sich der Aufwand (Geld, Zeit, Personal) für das erzielte Ergebnis gelohnt, oder gibt es besser geeignete Kommunikationsinstrumente oder Veranstaltungsformen zur Erreichung der gewünschten Ziele? Bei einer Effizienzanalyse werden Event-Kennziffern ermittelt und für das interne Benchmarking verwendet. (Kirchgeorg et al., 2006, S. 243).

4   Messmethoden des Event-Controllings

Wirksames Event-Controlling bedingt das methodische Verständnis der Markt- und Sozialforschung, gepaart mit ausreichend Phantasie und Kreativität, um geeignete Werkzeuge für unterschiedliche Problemstellungen einsetzen zu können. Verbands-Meetings oder interne Weiterbildungsveranstaltungen besitzen andere Ziele, andere Teilnehmer, andere Formate und Abläufe als eine Produkteinführung vor Medienvertretern und Händlern. Der einseitige und ausschließliche Gebrauch von Fragebögen zur Zufriedenheitskontrolle ist ebenso wenig hilfreich wie eine isolierte Ermittlung von Erregungszuständen bei Teilnehmern.

Das Event-Controlling benötigt eine Vielzahl methodischer Werkzeuge, die sich jeweils aus der Festlegung des Untersuchungsziels ergeben: So lassen sich mit explorativen Untersuchungen mögliche Ursachen für Probleme oder Zusammenhänge zwischen Variablen entdecken, mit deskriptiven Untersuchungen eine Zielgruppe hinsichtlich bestimmter Merkmale beschreiben und mit Kausal-Untersuchungen die Ursache-Wirkungs-Beziehungen begründen (Kuß / Eisend, 2010, S.15).

Dass der zusätzliche Erkenntnisgewinn von Marktforschung oder Event-Controlling den Aufwand nicht übersteigen sollte, versteht sich von selbst. Für einfache Fragestellungen stehen auch einfache und kostengünstige Messmethoden zur Verfügung. Der Aufwand wächst mit der Komplexität der Fragestellungen. Daher sollten aufwändige Methoden (z. B. aus der Neuroökonomie, bildgebende und psychophysiologische Messverfahren) auch nur stichprobenhaft und bei wichtigen Veranstaltungen zum Einsatz kommen. Nicht alles, was gemessen werden kann, führt auch zu sinnvollen Ergebnissen.

Bei der Beschreibung von gewünschten Wirkungsaspekten wird im Allgemeinen Bezug auf das SOR-Modell genommen, welches der Konsumentenforschung entstammt. Es wird davon ausgegangen, dass ein Marketing-Stimulus (**S**timulus) – in diesem Falle ein Event – bei der Teilnehmerzielgruppe (**O**rganism) eine gewünschte Reaktion (**R**eaktion) bewirkt (u. a. Kroeber-Riel / Weinberg, 1999, S.318 ff.; Meffert et al., 2008, S. 91 ff).

Die Einstellungsforschung fragt nach den Zusammenhängen von Einstellungen, Verhalten und Handeln und untersucht die Bedingungen ihres Entstehens. Der Psychologe Stark weist daher zu Recht darauf hin, dass die Messung von Kennzahlen, die der klassischen Kommunikationsforschung entstammen nicht auf Events angewendet werden sollten. Er stellt drei wirkungspsychologische Spezifikationen der Live-Kommunikation heraus: unmittelbare Nähe, soziale Synchronisation und archetypische Selbstinszenierung, die durch ein neues Monitoring Tool abgebildet werden sollten (Stark, 2010, S.52).

Hier werden nun die wichtigsten Messmethoden des Event-Controllings skizziert.

4.1   Befragungen

Befragungen – vor allem bekannt aus Zufriedenheitsermittlung bei Teilnehmern – können äußerlich nicht sichtbare Sachverhalte offenlegen. Sie spielen ihre Stärke aus, wenn es sich um Meinungen, Einstellungen und Motive handelt, oder um Verhaltensweisen und Sachverhalte, die in der Vergangenheit oder Zukunft liegen und die sich nicht beobachten lassen.

Diese Methode ist also weit mehr zu leisten imstande, als es derzeit geübte Event-Praxis ist. Der Kreis der Befragten resultiert aus dem Event. Neben den Teilnehmern lassen sich ergänzend weitere Event-Stakeholder zur Befragung oder zu einem Expertengespräch heranziehen. Das sind beispielsweise Nicht-Teilnehmer, Mitarbeiter, Dienstleister oder auch Aussteller. Eine Befragung kann zu jeder Zeit geschehen: vor, während oder nach einem Event. Auch die Art der Kontaktaufnahme kann unterschiedlich sein: mündlich persönlich, schriftlich oder webbasiert. Schnell einsichtig ist, dass eine Befragung während der Veranstaltung als störend empfunden werden kann. Auch daher sind zusätzliche Methoden für das Event-Controlling einzusetzen.

4.2   Beobachtung

Unter einer Beobachtung ist „die Feststellung eines unmittelbar am Objekt bzw. an einer Person erkennbaren Merkmales oder Verhaltens" (Rogge, 1992, S. 70) zu verstehen. Im weiteren Sinn werden daher auch Zählungen unter den Begriff Beobachtung gefasst. Mit einer Beobachtung können sowohl quantitative als auch qualitative Merkmale eines Events respektive der Teilnehmer erfasst werden. Grundsätzlich lassen sich Eigenschaften und Verhaltensweisen von Personen und Gruppen beobachten.

Unterschieden wird zwischen einer teilnehmenden Beobachtung – hier sind die Beobachter für die weiteren Teilnehmer sichtbar und agieren unter Umständen auch mit ihnen gemeinsam – und einer nicht-teilnehmenden Beobachtung. Diese bleibt verdeckt. In einem Befragungs-Labor lassen sich Gruppendiskussionen mit einem einseitig durchsichtigen Spiegel beobachten und auswerten. Mystery Visitors können bei Veranstaltungen als registrierte Teilnehmer auftreten. Sie geben sich nicht als Tester zu erkennen und beurteilen im Anschluss an eine Veranstaltung nach einem zuvor strukturierten Bewertungssystem bestimmte Sachverhalte.

Jeder Eventspezialist weiß, dass es auf einer Veranstaltung eine Unmenge von Details zu beobachten gibt. Ein systematischer Beobachtungsplan könnte folgende Elemente umfassen:

- Das räumliche Verhalten, d. h. wie und in welchem Maße Teilnehmer ein Veranstaltungszentrum nutzen. Bewegungsprofile und Wegeverlaufsanalysen werten Besucherströme aus.
- Das verbale Verhalten von Teilnehmern, Kommentare während der Registrierung oder beim Buffet, Diskussionsbeiträge, Zwischenrufe, Unmutsäußerungen und weiteres mehr.
- Non-verbale Ausdrucksformen, also Gesichtsausdruck, Stimmfrequenz oder Körpersprache (Mimik und Gestik).
- Abläufe einer Veranstaltung wie Wartezeiten, Registrierungsdauer.
- Analyse der Nutzung von technischen Utensilien aller Art (z. B. welche Technikmarken und Modelle bei Eventteilnehmern zu beobachten sind).
- Verbale und bildliche Inhalte wie persönliche Aufzeichnungen, Protokoll und Bilddokumentation bei Events.
- Spuren von Verhalten (Welche Spuren der Nutzung hinterlassen Teilnehmer beim Verlassen der Cateringzone?).
- Alle Zählungen und Berechnungen gehören im weitesten Sinne zur Beobachtung und sind zu erfassen, wie die Erfassung und Registrierung von Besuchern, die Erfassung von Webklicks vor, während und nach einer Veranstaltung etc.

4.3   Exploration, Gruppendiskussion, Expertengespräche

Ein freies oder qualitativ geführtes Interview wird auch Exploration oder exploratives Interview (Schub von Bossiazky, 1992, S. 93) genannt. Im Gegensatz zu einer standardisierten Befragung sind bei dieser Form der persönlichen mündlichen Befragung weder Abläufe noch Fragen festgelegt oder vorformuliert. Tiefeninterviews eignen sich insbesondere für Motiv- und Einstellungsstudien, Expertengespräche werden zur inhaltlichen Vorbereitung standardisierter Befragungen eingesetzt.

Gruppendiskussionen dienen dazu, die Bandbreite von Meinungen zu einem bestimmten Thema zu sammeln. Man spürt Hinweise auf, die helfen sollen, ein bestimmtes Problem zu strukturieren. Sie dienen daher ebenfalls als Pilot-Studie für weitere Befragungen. Die Diskussion wird in der Regel über offene Fragen gesteuert. Die Zusammensetzung der Gruppe und die Gruppendynamik ist hier das besondere Element. Sowohl bei der Exploration als auch bei der Gruppendiskussion sind zusätzlich systematische Beobachtungen möglich.

4.4 Tests

Experimente beziehungsweise Tests ermitteln Aussagen darüber, ob und in welchem Ausmaß Veranstaltungen eine Veränderung bei Teilnehmern bewirken. Dazu sind Ausgangsmessungen, sogenannte Null-Messungen oder auch Ex-Ante-Messungen (vor dem Event) notwendig. Diese sind mit einer zweiten Messung im Anschluss an das Event (Ex-Post-Messung) zu vergleichen, um Änderungen festzustellen.

Zusätzlich vergleicht man die Messergebnisse der Eventteilnehmer-Testgruppe mit den Messergebnissen einer Kontrollgruppe, um die Wirkungen isolieren zu können. Denn durch Cross-Marketing und integrierte Kommunikation ist die eindeutige Wirkungszuordnung zu einzelnen Kommunikationsinstrumenten innerhalb einer Kampagne nur schwer nachzuweisen. Dieser vergleichsweise hohe methodische und finanzielle Aufwand schreckt viele Event-Veranstalter ab. Hier teilt die Event-Wirkungsforschung alle bekannten Probleme mit der Werbewirkungsforschung. Als Konsequenz bleibt bisher bei vielen Events als Erfolgsmessung leider oftmals nur das Bauchgefühl.

Psychologische und psychobiologische Testverfahren können u. a. die Veränderung von Erregungszuständen bei Testpersonen auf einen gezeigten Reiz darstellen. Dass diese wohl nur in Ausnahmefällen während eines Events einzusetzen sind, ist einleuchtend. Für einen Vorabtest von bestimmten Bild- oder Soundalternativen während der Konzeptionsphase eines Events eignen sie sich jedoch bestens.

Zusammenfassend kann festgestellt werden, dass es eine Vielzahl erprobter Methoden der Markt- und Meinungsforschung gibt, von denen in der Eventpraxis jedoch bisher nur ein Bruchteil eingesetzt wird.

5 Phasenorientiertes Event-Controlling am Beispiel eines Marketing Events

Der Lebenszyklus einer Veranstaltung wird zur besseren Steuerung in Phasen eingeteilt. Für diese Betrachtung hat sich das folgende Vier-Phasen-Modell bewährt (siehe auch Abb. 25). In jeder dieser Phasen übernimmt das Event-Controlling spezifische Aufgaben.

1. Strategische Planung
2. Organisation
3. Durchführung
4. Nachbereitung

5.1   Strategische Planung

In der ersten Phase der strategischen Eventplanung und Konzeptionsentwicklung werden grundsätzliche Fragestellungen geklärt. Wird die Frage nach der geeigneten Kommunikationsform (bei Erstveranstaltungen) zur Erreichung der angestrebten Ziele mit „Ja" beantwortet, folgt der weitere Schritt: die Prüfung der Rahmenbedingungen auf Vollständigkeit, Aktualität und Angemessenheit. Diese Bedingungen können sein: Ort, Zeit, Zielgruppenauswahl, Thema, Konkurrenzveranstaltungen, Positionierung von Marken und Unternehmen, Bei Erstveranstaltungen mit erhöhtem Risiko klärt man mit Hilfe einer Feasibility Study (Machbarkeitsstudie) die Erfolgswahrscheinlichkeit. Bei Wiederholungsveranstaltungen werden im Rahmen einer Konzeptionskontrolle evtl. Anpassungen ermittelt. Diese Passgenauigkeit zwischen Zielen und Eventkonzeption kann man als *Event-Fit* bezeichnen.

In dieser Planungsphase kommen Methoden zum Einsatz, die dem grundsätzlichen Charakter der Aufgabenstellungen entsprechen: Markt- und Wettbewerbsanalysen, Gruppendiskussionen, Expertengespräche, Ergebnisse von Teilnehmerbefragungen ähnlicher Veranstaltungen, Benchmarking-Studien, Befragung potentieller Teilnehmer, Blog Monitoring etc. Bei Wirkungskontrollen muss ein exante-Test bzw. eine Nullerhebung durchgeführt werden (u. a. Zanger / Drenger, 1999, S. 32 ff.; Erber, 2005, S. 114 ff.).

5.2   Organisation

Bei Projekten mit einer langen Vorlaufzeit wird die Organisationsphase in mehrere Teilphasen mit Zwischenzielen unterteilt. In dieser Phase werden die Aufgaben aus der strategischen Planung zielgerecht umgesetzt getreu dem Motto: *First plan the work, then work the plan.* In dieser Phase sind Prozessüberwachung und -steuerung Schwerpunkte für das Event-Controlling. Das Prozesscontrolling hilft Fehlplanungen und Fehlentscheidungen frühzeitig zu erkennen und erspart zeitliche und finanzielle Verluste durch rechtzeitiges Gegensteuern.

Folglich stehen Kriterien wie Projektfortschritt und Termintreue, Kosten, Einnahmen und Cash Flow sowie Besuchermanagement und die Abläufe vor Ort im Mittelpunkt der Untersuchungen. Eine durchgehende Qualitätskontrolle sämtlicher Leistungen, auch die der Subunternehmer, stellt eine Konstanz des intern festgeschriebenen Leistungsniveaus sicher und erhöht die Chancen für die Teilnehmerzufriedenheit bereits in dieser Phase. Die Teilnehmer werden in dieser Vor-Event-Phase bereits auf Leitidee des Events eingestimmt. Hinsichtlich der Event-Zielsetzungen stehen somit Aufbau und Kontrolle des *Event-Wirkungspotenzials* im Fokus.

In der Organisationsphase ist der Einsatz diverser Methoden möglich: Beobachtung, Zählung, Gruppendiskussion, Expertenbefragung, Teilnehmerbefragung oder auch Methoden des Qualitätsmanagements wie sequentielle Ereignismethode, Critical-Incident-Technique, FRAP (Frequenz-Relevanz-Analyse für Probleme) und weitere mehr (Meffert / Bruhn, 2003, S. 310 ff.).

5.3 Durchführung

Die Durchführungsphase selbst eintägiger Events lässt sich in Teilphasen gliedern wie Anreise, Einlass, Registrierung, Programm, Pausen, Catering, Programmende und Abreise.

Zwar ist es eine wesentliche Aufgabe von Event-Controlling einen reibungslosen Ablauf sicherzustellen. Das allein bildet jedoch noch kein Differenzierungsmerkmal für einen Veranstaltungserfolg, sondern ist für die Teilnehmer eine Selbstverständlichkeit. In dieser Phase erweist sich, ob es dem Veranstalter gelungen ist, das Eventpotenzial passgerecht zu erstellen, sodass die gewünschten Wirkungen erfolgen können.

Den eigentlichen Anlass für ein Zusammentreffen bildet das inhaltliches Angebot einer Veranstaltung: das Programm, die Referenten, die Produkte, der persönliche Austausch mit Gleichgesinnten, das gemeinsames Erlebnis, der Erkenntnisgewinn, die Stimmung, das gute Gefühl und das Networking.

In der Durchführungsphase vermischen sich die Elemente von Ablauf- oder Prozesskontrolle mit den ersten Elementen der Kontrolle kurzfristiger Wirkungen auf die Eventteilnehmer. Für diese Event-Phase steht eine Reihe von Methoden zur Verfügung: Bewegungsanalysen, teilnehmende oder verdeckte Beobachtungen, Videoaufzeichnungen und spontane Einzelbefragungen, die sich durch systematische Interviews ergänzen lassen. Verbale und nonverbale Ausdrucksformen können stichprobenartig erfasst werden. Die Anwendung der Critical-Incident-Technique führt zu einer Bewertung besonders wichtiger Einzelelemente eines Events. Bei virtuellen Erweiterungen sind Blogs oder auch ergänzende, systematische Kurzbefragungen geeignet, um spontane Reaktionen der Teilnehmer zu dokumentieren.

5.4 Nachbereitung

Im Anschluss an eine Veranstaltung werden sowohl am Veranstaltungsort als auch im Büro des Veranstalters mithilfe von Event-Controlling technisch-organisatorische Dinge geregelt, Abschlussrechnungen gelegt, und die Frage nach dem Gesamt-Erfolg beantwortet. Hier gilt es, einen sinnvollen Zeitraum für die langfristige Effektmessung zu bestimmen. So hat man sich beispielsweise im Messewesen darauf verständigt, Messekontakte, die zu einem Abschluss innerhalb von drei Monaten geführt haben, dem sogenannten Nachmessegeschäft der Messe zuzuordnen.

Entsprechend den unterschiedlichen Aufgabenstellungen stehen einige Instrumente zur Verfügung: Methoden aus dem Finanzcontrolling, Kennziffern für Effektivität und Effizienz, Medienresonanzanalyse, Befragungen, Beschwerdemanagement, ex post-Tests, Messung von Lernerfolg und Lerntransfer, Imageanalysen, Expertengespräche, Gruppendiskussionen, Mitarbeitergespräche, Zufriedenheitsanalyse aller Stakeholder oder Blog Monitoring.

Der nächste Abschnitt thematisiert Event-Controlling für Weiterbildungsveranstaltungen. Daraus ergibt sich ein spezifischer Ansatz für das Event-Controlling aus der Erwachsenenbildung.

6   Event-Controlling
bei Weiterbildungsveranstaltungen

6.1   Event-Controlling und Bildungscontrolling

Weiterbildungsveranstaltungen, wie Seminare, Workshops oder Trainings, können von Unternehmen, von Bildungsträgern sowie von Fachverbänden realisiert werden. Besonders größere Unternehmen investieren Mio.beträge zur Qualifikation ihrer Mitarbeiter und stellen die Frage nach Rendite und Nutzen dieser Investitionen. Bei Unternehmen und Bildungsträgern haben sich Evaluation und Controlling unter dem Begriff „Bildungscontrolling" seit Jahren etabliert.

Bildungscontrolling wird von Beicht / Kreikel dabei als „Instrument zur Optimierung, Planung, Steuerung und Durchführung der betrieblichen Weiterbildung" definiert. Dieses bezieht sich auf alle Phasen des gesamten Bildungsprozesses: Ermittlung des Weiterbildungsbedarfs, Zielbestimmung, Konzeption, Planung, Durchführung, Erfolgskontrolle und Sicherung des Transfers ins Arbeitsfeld (Beicht / Krekel, 2001, S. 1).

Bildungscontrolling und Event-Controlling sind ähnliche Konstrukte. Während Event-Controlling bei Marketing-Events Einstellungs- und Verhaltensänderungen von Kunden sicherstellen und messen soll, stehen beim Bildungscontrolling Mitarbeiter und die Frage nach dem Transfer des Gelernten in die Anwendung am Arbeitsplatz mit den gewünschten Folgen für das Unternehmen im Mittelpunkt. Dafür gibt es erprobte Modelle, die im Folgenden diskutiert werden.

6.2   Erfolg durch Weiterbildung:
Vier-Ebenen-Modell von Kirkpatrick

Bei Weiterbildungs-Experten ist vor allem das Vier-Ebenen-Modell des US-amerikanischen Bildungsforschers Kirkpatrick bekannt, welches schon im Jahr 1959 in den ersten Grundzügen vorgelegt und in den 1990er Jahren einer breiteren Öffentlichkeit bekannt wurde. Es stellt Wirkungszusammenhänge zwischen Weiterbildung und dem Unternehmenserfolg auf vier Ebenen dar, die es zu messen und zu bewerten gelte (u. a. Hölbling et.al., 2010):

- erste Ebene: Reaktion, Zufriedenheit der Teilnehmer
- zweite Ebene: Learning, Lernerfolg
- dritte Ebene: Behavior, Lerntransfer
- vierte Ebene: Results, Unternehmenserfolg

Die deutschsprachige Veranstaltungswirtschafthat sich aber mit diesen Zusammenhängen erst ernsthaft befasst, nachdem Phillips 2007 in seinem Buch „Proving the Value of Meetings: How and Why to Measure ROI" das ROI-Modell (Return on Investment) vorstellte.

Das ROI-Modell, manchmal auch als Event-ROI Modell bezeichnet (Hamsö, o.J.), das sich ausdrücklich auf das Vier-Stufen-Modell von Kirkpatrick beruft, nimmt für sich allerdings in Anspruch, die Wirkungen von Weiterbildung selbst in finanziellen Messgrößen bewerten zu können sowie den Beitrag zur Wertschöpfung eines Unternehmens abzubilden. Laut Phillips (2011, S.1) nutzen derzeit mehr als 5000 Unternehmen weltweit dieses Modell.

6.3 Weiterbildung messbar machen: die fünf Stufen des ROI-Modells

Das ROI-Modell erweitert das Vier-Ebenen-Modell um eine zusätzliche, fünfte Ebene und um eine Vielzahl gut nachvollziehbarer methodischer Regeln und Grundsätze.[1]

1. Stufe: Messung von Reaktion und Teilnehmerzufriedenheit
Die Messung von Teilnehmer-Zufriedenheit ist mit geringem Aufwand durchzuführen und sollte grundsätzlich bei allen Veranstaltungen zum Einsatz kommen. Zufriedenheit der Teilnehmer ist zwar Bedingung für den Erfolg einer Veranstaltung, jedoch ist sie kein Garant für einen Wissenszuwachs oder eine Verhaltenskorrektur. Oft werden bei Abschlussbesprechungen auch Pläne zur Umsetzung des Gelernten besprochen.

2. Stufe: Messung des Lernerfolgs
So ist es unverzichtbar neben der Zufriedenheit auch den Lernerfolg bei den Teilnehmern einer Veranstaltung zu messen. Ebenso wie in der Schule oder der Universität kann dies durch schriftliche Tests bei wissensorientierten Schulungen oder durch Rollenspiele beim verhaltensorientierten Training erfolgen. Die Messung des Lernerfolges ist auf der zweiten Stufe des ROI-Modells angesiedelt.

3. Stufe: Messung des Transfererfolgs
Noch elementarer ist für Unternehmen allerdings, ob das Gelernte am Arbeitsplatz tatsächlich angewandt wird. Dies ist die dritte Stufe des ROI-Modells. Auch hier stellen die Autoren verschiedene Messmethoden zur Verfügung: Rollenspiele, in denen typische Situationen simuliert werden und Vorgesetzte und/oder Kollegen durch offene Beobachtungen verändertes Verhalten feststellen und rückmelden. Eine Alternative dazu sind verdeckte Beobachtungen wie Mystery Shopping bei Weiterbildung von Mitarbeitern im Kundendienst. Lernerfolge lassen sich aber auch durch klassische Kennziffern des Qualitätsmanagements messen wie die Erhöhung des Zufriedenheitsgrades von Kunden, die Reduktion von Beschwerden oder die Reduktion der Fehlerquote vor und nach dem Training.

4. Stufe: Auswirkungen auf den Unternehmenserfolg
In einer vierten Stufe werden nun die Auswirkungen dieser Wissens- oder Verhaltensänderungen am Arbeitsplatz auf den Unternehmenserfolg analysiert. Je nach Branche und Tätig-

---

[1] Eine deutschsprachige Darstellung dieses komplexen Modells findet sich in: Return on Investment in der Personalentwicklung von Phillips und Schirmer, 2008.

keitsfeld kann dies eine Steigerung der Verkaufszahlen, der Wiederbuchungsrate, der Produktivität oder auch Reduktion der Stückkosten bedeuten.

5. Stufe: Auswirkung auf finanzielle Ergebnisse (ROI)

Phillips trennt in seinem 5-Stufen-Modell nun die Ermittlung des Return On Investment (ROI) von den anderen Ergebnissen des Unternehmenserfolges der vierten Ebene, hebt ihn in eine neue, fünfte Ebene und schlägt vor, ROI als Relation zwischen dem finanziell bewerteten Netto-Programmnutzen und den Programmkosten der Weiterbildung zu berechnen (Phillips / Schirmer, 2008, S. 160). Da ungefähr 85 % der durch Weiterbildungsmaßnahmen erzielten Gewinnsteigerungen aus Kosteneinsparungen resultieren, die auf einer Verbesserung von Produktivität, Qualität, Effizienz und Kostensenkung beruht (Phillips / Schirmer, 2008, S. 155), lässt sich das ROI-Modell auch auf Weiterbildungsveranstaltungen von Non-Profit-Organisationen anwenden.

Abb. 28: Die Event-ROI Pyramide nach Phillips (eigene Darstellung nach Hamsö, o.J., S. 2)

6.4   Das ROI-Modell: souverän und doch nicht für alle

Wie bei allen Modellen zur Wirkungskontrolle gilt es auch bei diesem Ansatz, die tatsächlichen Effekte aus der Weiterbildung zu isolieren. Neben dem Einsatz von Test- und Kontrollgruppen spielen beim ROI-Modell explorative Methoden, wie Fokusgruppen, Rollenspiele und Expertengespräche, eine besondere Rolle. Insgesamt werden neun verschiedene Methoden zur Isolierung der Effekte vorgeschlagen (Phillips / Schirmer, 2008, S. 79 ff.).

Da Weiterbildung die Mitarbeiter ganzheitlich und somit auch ihre sogenannten Soft-Skills entwickeln hilft, stellen Phillips/Schirmer insgesamt zehn Methoden zur Konvertierung von Daten in monetäre Werte vor und unterteilen diese in harte und weiche Evaluationsdaten. Harte Daten in arbeitsbezogenen Prozessen (z. B. Produktivität, Qualität, Kosten und Zeit) lassen sich leicht in monetäre Werte umwandeln. Aber auch bestimmte weiche Daten, d. h. Faktoren wie Arbeitsgewohnheiten, Arbeitsklima, Einstellung zur Arbeit, Kundenzufriedenheit sowie Entwicklung/Förderung und Initiative der Mitarbeiter, lassen sich in einem Fünf-Stufen-Prozess in monetäre Daten konvertieren (Phillips / Schirmer, 2008, S. 105 ff.). Erweist sich eine Konvertierung dieser Daten als subjektiv oder zu ungenau, sodass die Resultate innerhalb eines Unternehmens umstritten sind, empfehlen die Autoren, diese immateriellen Daten zusätzlich zu den monetären Werten als Nutzen der Weiterbildung darzustellen (Phillips / Schirmer, 2008, S. 123 ff.).

Da beim ROI-Modell eine Kosten-Nutzen-Analyse der Weiterbildung erfolgt, führt dieser Ansatz zu einer Zunahme an Transparenz des Weiterbildungsprozesses. So sind die Kosten der Weiterbildungsmaßnahme als Vollkosten zu berechnen. Nicht nur die (direkten) Kosten für Agentur, Location, Catering oder Reisekosten der Teilnehmer werden erfasst, auch die Planungskosten in der Personalabteilung sowie die Opportunitätskosten (Zeitkosten) der Teilnehmer.

Die Anwendung des gesamten ROI-Modells bindet allerdings Ressourcen in einem nicht unerheblichen Maße. Die Autoren des ROI-Modells empfehlen daher, Stufe 1 (Zufriedenheit und Reaktion der Teilnehmer) bei jeder Veranstaltung, also 100 % zu erfassen. Die fünfte Stufe sollte man lediglich bei einer zweiprozentigen Stichprobe aus den Veranstaltungen des Weiterbildungsportfolios berechnen (Phillips / Schirmer, 2008, S. 32), da auch beim ROI-Modell gilt, dass der Aufwand nicht ihren Erkenntnis-Nutzen übersteigen sollte.

Als Weiterentwicklung des bewährten Kirkpatrick-Modells ist das ROI-Modell für Weiterbildungsveranstaltungen eines der durchdachtesten Modelle in der internationalen Eventwirtschaft. Dabei ist die fünfte Stufe, die diesem Modell seinen Namen gab, aus unserer Sicht weitaus weniger relevant, als die Vielzahl von Anregungen und Messmethoden, die es Veranstaltern ermöglicht, systematisch und gezielt den Wert von Veranstaltungen für Teilnehmer und Unternehmen zu steigern.

Das ROI-Modell und die Balanced Scorecard (BSC) erweisen sich als Modelle mit einer ähnlichen Kausalkettenlogik. Dies wird auch von Phillips so gesehen (Phillips, 2011, S. 1 f.). Während die BSC jedoch die Ursache-Wirkungsketten im gesamten Unternehmen in seinen vier Perspektiven (Finanz-, Kunden-, Prozess- und Potenzialperspektive) (Horváth & Partner, 2000, S. 23 ff.) abbildet, kann das ROI-Modell als Untermodell in der Potenzialperspektive verstanden werden, die oft auch als Lernperspektive bezeichnet wird.

Insofern ist es inadäquat, das ROI-Modell als ein quantitatives Modell darzustellen. Es umfasst vielmehr eine Vielzahl qualitativer Aspekte der Weiterbildung in ihrer Wirkungskette. Daher lassen sich auch Ergänzungen, wie ökologische und gesellschaftliche Zielsetzungen im Sinne einer Corporate Social Responsibility (CSR) in das ROI-Modell integrieren.

Ist das ROI-Modell nun für die gesamte Veranstaltungsbrancherelevant? Das lässt sich mit Einschränkungen bejahen: Das ROI-Modell ist ein souveränes Modell mit Ecken und Kanten. Vieles gilt es weiterzudenken, einiges kann man getrost beiseitelassen. Es wäre beispielsweise töricht zu versuchen, die emotionalen Wirkungen eines Marketing-Events mit der ROI-Methode abzubilden. Dafür sind – wie dargestellt – andere Methoden vorgesehen. Andererseits wird schnell deutlich, dass das ROI-Modell eine Vielzahl von Methoden und Anregungen bereitstellt, die zum Beispiel von Kongressen und Tagungen genutzt werden können, wie im folgenden Kapitel gezeigt wird.

7   Event-Controlling bei Kongressen und Tagungen

7.1   Kongresse als Orte des Lernens und des Wissenstransfers

Obgleich sich die Tagungsbranche als Ort des lebenslangen Lernens und des Wissenstransfers darstellt, um nicht mehr nur als Teil des Geschäftstourismus betrachtet zu werden, sucht man vergebens nach kritischen Auseinandersetzungen, die diese Positionierung untermauern.

Während im Weiterbildungssektor schon seit Jahrzehnten der Transfer von Lerninhalten zum Arbeitsplatz thematisiert und der Beitrag zum Unternehmenserfolg gemessen wird und während bei Marketing-Events die Diskussion um ein geeignetes Event-Controlling mindestens seit der Jahrtausendwende geführt wird, beschränken sich Veranstalter von Kongressen, Tagungen und Seminaren erstaunlicherweise weitgehend auf das Projektmanagement sowie auf die Messung von Teilnehmer-Zufriedenheit.

Ermittlungen von Teilnehmererwartungen im Sinne einer Konzeptionsoptimierung sind ebenso die Ausnahme, wie eine systematische Analyse von Lernerfolg oder gar des Transfers vom Gelernten in die Anwendung. Doch auch Verbände als Veranstalter von Kongressen sollten die Gelegenheit nutzen, im Sinne von ganzheitlichem Event-Controlling bereits im Vorfeld durch Befragungen, Gruppendiskussion und webbasierte Foren die Veranstaltungskonzeption mit Bezug auf den Teilnehmernutzen zu optimieren. Insbesondere Verbände und andere Non-Profit-Organisationen haben natürlich ein beträchtliches Interesse an der Zufriedenheit ihrer Mitglieder mit einer Veranstaltung. Gerade Events gehören zu den Kernleistungen eines Verbandes, wenn es um Wissensaustausch und Networking geht. Daher ist es auch für sie bedeutsam, während oder nach einer Veranstaltung unmittelbare Reaktionen der Teilnehmer und ihre Zufriedenheit zu ermitteln (ROI-Modell, 1. Stufe).

Bei einer Fachtagung lässt sich eine Messung des Lernerfolges (ROI-Modell, 2. Stufe) nur in Ausnahmefällen durch einen Test realisieren. Hier bieten sich andere Methoden an, wie eine

Inhaltsanalyse, die Intensität und Qualität der Diskussionen vor Ort oder später im Netz dokumentieren und bewerten kann. Denkbar sind auch explorative Methoden wie Gruppendiskussionen und Tiefeninterviews.

Die Messung eines Transfererfolges (ROI-Modell, 3. Stufe), zu verstehen als spätere Anwendung gewonnener Erkenntnisse im eigenen Berufsalltag der Teilnehmer, wird bislang nur in Einzelfällen dokumentiert.

So wurden beispielsweise beim AIDS-Kongress 2010 die direkten Auswirkungen des Kongresses auf einzelne Teilnehmer und die beteiligten Organisationen durch eine Befragung im Anschluss an den Kongress ermittelt. Mittels geschlossener und offener Fragen, ergänzt durch eine Vielzahl anekdotischer Aussagen, ließen sich Wirkungen und daraus folgender Nutzen deutlich nachvollziehen. Zudem konnten die Veranstalter den AIDS-Kongress als einen „Must-go-Kongress" positionieren. Dieses Beispiel zeigt, dass eine Bewertung des Nutzens einer Kongressteilnahme nicht nur notwendig, vielmehr auch möglich ist und bereits von Pionieren erfolgreich praktiziert wird (International AIDS Society, 2010).

Ohne Zweifel ist es daher zumindest in Einzelfällen machbar, kongressinduzierte Auswirkungen auf den Erfolg der beteiligten Organisationen zu bewerten oder zu messen (ROI-Modell, Stufe 4). Wirkungs-Untersuchungen dieser Art könnten Erhebliches für den Nachweis von Wert und Wirkungen von Kongressen beitragen und diese tatsächlich als Orte des Lernens und des Wissenstransfers positionieren. Dies wäre ein Gewinn für die gesamte Kongresswirtschaft.

7.2   Mehrwert durch Bildungsrendite

Für Teilnehmer einer Veranstaltung lässt sich der Mehrwert unter dem Gesichtspunkt der Bildungsrendite sehen, denn auch Teilnahmeentscheidungen sind Investitionsentscheidungen. Die finanziellen, zeitlichen, physischen und psychischen Belastungen für die Beteiligten sind oft erheblich. Ein interner Kosten-Nutzen-Vergleich bringt Klarheit. Mal geht es dabei eher rational zu, manches Mal sind es die berühmten Bauchentscheidungen. Fällt die Teilnahme-Bilanz insgesamt positiv aus, steigt die Chance für einen Wiederholungsbesuch.

Während sich die Kosten auch in diesem Denkmodell relativ einfach mit direkten Teilnahmekosten und Opportunitätskosten darstellen lassen, verhält es sich anders mit dem Nutzen. Für den erwarteten finanziellen Nutzen sind hier die Messgrößen deutlich andere: Mehrwert durch Wissensgewinn, verbesserte Aufstiegschancen und weitere nicht monetäre Vorteile, wie zum Beispiel die Erweiterung und Vertiefung des persönlichen Netzwerkes, der Konsum- und Erlebniswert des Kongresses (anregende Key-Note-Speech, das Rahmenprogramm und das Catering), denn diese Faktoren werden ebenfalls intern bewertet und mit den Kosten verrechnet (u. a. Bauer / Spraul, 2007, S. 9 f.). Veranstalter versetzt dieses Denkmodell in die Lage, ihr Angebot zielgruppengerecht zu platzieren und hilft ihren Aktionsradius zu vergrößern.

Begrüßenswert ist ebenso der Ansatz des Weltverband der Kongresswirtschaft, International Congress and Convention Association (ICCA) seit dem Jahr 2007, den Teilnehmern ein

Personal ROI Handbook vor der Veranstaltung an die Hand zu geben: Die Teilnehmer sollen bei ihren Bemühungen unterstützt und bestärkt werden, sich optimal auf den Kongress vorzubereiten, die dort angebotenen Chancen systematisch zu nutzen und ihren individuellen Teilnahmewert zu erhöhen. Derzeit laufen weiterentwickelte Programme online.

8   Lösungen mit Blick auf das Ganze

Dieser Beitrag zeigt, dass Event-Controlling ein ganzheitliches und komplexes System mit mannigfaltigen Facetten ist.

Die alten Ägypter haben einst das Unmessbare gewichtet. Mag sein, dass ihr Geheimnis in ihrem ganzheitlichen Ansatz zu suchen ist. Wiegen, messen und für gut befunden: Ein kreativer Umgang mit dem Baukasten der Messmethoden ist heute wieder gefragt und führt manches Mal zu erstaunlichen Erkenntnissen. Aber einige Jahrtausende später gilt auch: Nicht alles, was gemessen werden kann, führt zu sinnvollen Ergebnissen. Die Grenzen des Machbaren und Sinnvollen zu akzeptieren, gehört ebenfalls zu einem kundigen Umgang mit dem Thema Event-Controlling.

Leichten Herzens gingen die Auserwählten im alten Ägypten an ihre neue Aufgaben, nachdem ihr Herz gewogen und für das nächste Leben für gut befunden war.

Kernaspekte

- Event-Controlling ist integrales Element des Eventmanagements und hat eine wichtige Überwachungs-, Steuerung- und Kontrollfunktion. Es unterstützt Veranstalter auf der Konzeptions-, Prozess- und Wirkungsebene über den gesamten Lebenszyklus einer Veranstaltung und hilft, den Wert von Veranstaltungen systematisch zu steigern.

- Das reine Überstülpen von Messmethoden aus anderen Bereichen führt zu keinen validen Ergebnissen. Kennziffern der klassischen Kommunikationsforschung werden Marketing Events nicht gerecht.

- Bildungscontrolling und Event-Controlling sind ähnliche Konstrukte. Bildungscontrolling sorgt bei Weiterbildungsveranstaltungen für erhöhten Nutzen bei Teilnehmern und Unternehmen. Modelle, wie das von Kirkpatrick und von Phillips bilden gute methodische Grundlagen. Auch bei Kongressen und Tagungen ist die Bewertung des Transfererfolges in die Arbeitswelt der Teilnehmer machbar. Nur so lässt sich die Rolle von Kongressen als Orte des Lernens und des Wissenstransfers tatsächlich belegen.

9   Literatur

Bauer, H. H. / Spraul, K., (2007): Die Bildungsrendite von Kongressen, m:convisions 04/2007, Mannheim, S. 8–12, in: http://issuu.com/mcon/docs/mcon_visions_04, Zugriff am 17.02.2012.

Beicht, U. / Krekel, E. (2001): Bildungscontrolling in kleineren und mittleren Unternehmen, Bundesinstitut für Berufsbildung (BIBB), Bonn.

Berekoven, L. / Eckert, W. / Ellenrieder, P. (2001): Marktforschung, 9. Auflage, Wiesbaden.

Bruhn, M. (1997): Kommunikationspolitik, München.

Erber, S. (2005): Eventmarketing, 2. Auflage, Landsberg.

Hamsö, E. (o.J.): ROI-Methodology-White-Paper, in: www.eventroi.org/methodology/, Zugriff am 26.09.2011.

Hölbling, G. / Stößel, D. / Bohlander, H. (2010): Bildungscontrolling, Erfolge messbar machen, Bielefeld.

Horváth & Partner, (Hrsg.) (2000): Das Controllingkonzept, 4. Auflage, München.

Horváth & Partner (Hrsg.) (2001); Balanced Scorecard umsetzen, Stuttgart.

IAS – International AIDS Society (2010): AIDS 2010 Follow up survey report, online verfügbar auf: http://www.iasociety.org/Web/WebContent/File/AIDS2010_follow-up_survey_report.pdf, Download am 17.01.2012.

ICCA – International Congress and Convention Association (2009), Personal ROI Handbook, How to extract maximum value from ICCA events, online verfügbar auf: http://www.iccaworld.com/cnt/docs/ROI-Handbook-48th-ICCA-Congress.pdf, Download am 17.02.2012.

Kirchgeorg, M. / Brühe, C. / Springer, C. (2009): Live Communication Management, Wiesbaden.

Kirkpatrick, D. L. / Kirkpatrick, J. D. (2006): Evaluating Training Programs: The four levels, 3. Auflage, San Francisco.

Kroeber-Riel, W. / Weinberg, P. (1999): Konsumentenverhalten, München.

Kuß, A. / Eisend, M. (2010): Marktforschung, 3. Auflage, Wiesbaden.

Meffert, H. / Bruhn, M. (2003): Dienstleistungsmarketing, Wiesbaden.

Meffert, H. / Burmann, C. / Kirchgeorg, M. (2008): Marketing, 10. Auflage, Wiesbaden.

Phillips, J. J. / Myhill, M. / McDounough, J. B (2007): Proving the Value of Meetings: How and Why to Measure ROI, Birmingham.

Phillips, J. J. / Schirmer, F. C. (2008): Return on Investment in der Personalentwicklung, 2. Auflage, Berlin.

Phillips, J. J. (2011): Balanced Scorecard and Measuring ROI. An Unbeatable Couple, unveröffentlichtes Manuskript.

Reischmann, J. (2006): Weiterbildungsevaluation, 2. Auflage, Augsburg.

Rogge, H.-J. (1992): Marktforschung, 2. Auflage, München.

Schub von Bossiazky, G. (1992): Psychologische Marketingforschung, München.

Schwägermann, H. (2004): Event-Controlling: Erlebnisse und Ergebnisse, in: Events, 5/2004, S. 110–112.

Schwägermann, H. (2010a): Das ROI-Modell: Königsdisziplin der Tagungsevaluation? in: Events, 1/2010, S. 19–21.

Schwägermann, H. (2010b): Meeting Architecture, ROI und Bildungscontrolling – Neue Wege für effiziente Meetings?", in: Zanger, C. (Hrsg.) (2010): Stand und Perspektiven der Eventforschung, S.119–132, Wiesbaden.

Stark, G. (2010): Plädoyer für eine neue Form der Wirkungsmessung, in. Events, 3/2010, S. 51–54.

Wünsch, U. (2007): Möglichkeiten und Grenzen der Event Evaluation: eine Übersicht und ein Vorschlag, in: Wünsch, U. / Thuy, P. (Hrsg.) (2007): Handbuch Event-Kommunikation, Berlin, S. 71–91.

Zanger, C. / Drenger, J. (1999): Erfolgskontrolle im Event-Marketing, in: planung&analyse, 26. Jg. 1999, Nr. 6, S. 32–37.

Ein Blick in die Zukunft der Veranstaltungswirtschaft

Michel Maugé

1 Die Kongress- und Tagungswirtschaft – Tourismus ?

Die Antwort könnte einfach sein und weltweit sieht man die Branche als ein Bestandteil der Tourismuswirtschaft. Diese traditionelle Zuordnung liegt in der strikten Trennung zwischen den Anbietern bzw. Dienstleistern der Branche und jenen, die tatsächlich für die Durchführung von Veranstaltungen, Tagungen und Kongressen verantwortlich sind, begründet. Die Anbieter sehen die Auslastung ihrer Location, der Technik, der Hotelbetten und Cateringkapazitäten als Hauptaufgabe. Bezeichnet man diese Dienstleister als DIE Kongress- und Tagungswirtschaft, so verwechselt man Ursache und Wirkung. Diese „Wirtschaftsbranche" hat sich mit der strikten Trennung in eine Sackgasse manövriert; sie definiert sich als Teil der Tourismuswirtschaft. In diesem Fall muss siebegreifen, dass sie hier aus politischer und gesellschaftlicher Sicht immer das fünfte Rad am Wagen bleibt. Für die Politik und die strategischen Entscheider erschließt sich nur ein Teil der Gesamtbedeutung der Branche. Als Teil der Tourismuswirtschaft erhält sie nicht das gewünschte politische Gewicht wie zum Beispiel der AUMA im Bereich des Ausstellungs- und Messewesen. Das Ausstellungs- und Messewesen ist vielmehr Teil der Wirtschaftsförderung und definiert sich nicht als touristischer „Bettenfüller".

Die eingeschränkte Sicht des Anbieters und Dienstleisters, der Versuch über die sogenannte „Umwegrentabilität" (d. h. die zu erzielende Kaufkraft durch Tagungs- und Kongressteilnehmer) Bedeutung zu erzielen, reicht nicht aus, das Gewicht der Branche als Ganzes zu definieren. Die Umsätze dieser Dienstleistungsbranche sind nur ein Bruchteil dessen, was tatsächlich im gesamten Markt ausgegeben wird.

Kein Kongress- und Tagungsveranstalter denkt in erster Linie an die Auslastung von Kongressfaszilitäten, Hotelbetten oder Passagierplätzen – genauso wenig wie ein Aussteller auf einer Messe. Sein Anliegen ist, der von ihm angesprochenen Zielgruppe eine Ware, eine

Dienstleistung oder neues Wissen anzubieten. Kongresse und Tagungen sind der Marktplatz für neues Wissen, sie sind der Marktplatz des Wissensaustausches und sie sind Ausbildungs- und Fortbildungsort.

Wissensverbreitung, Wissenstransfer und Wissensmanagement werden in den kommenden Jahrzehnten die entscheidenden Säulen unserer modernen Gesellschaft sein.

> *„Die Halbwertzeit von Wissen wird immer kürzer. Daher wird es immer mehr zum strategischen Erfolgsfaktor, Wissensmanagement auf die Geschäftsprozesse eines Unternehmens zu fokussieren. Eine besondere Herausforderung ist dabei die Einbindung von Wissenserwerb, Wissensverbreitung und Wissensschutz in die alltägliche Arbeit der Mitarbeiter."(Bayerischer Unternehmensverband Metall und Elektro e. V., o.J.)*

Wissen wird zum Produktions- und Wettbewerbsfaktor. Die Vermittlung von Wissen ist der eigentliche Kern der Kongress- und Tagungsbranche. Es ist das Ziel der Veranstalter und daran hat sich in Zukunft die gesamte Branche zu orientieren. Sie wird im Orchester aller Kommunikationsinstrumente auch in Zukunft die entscheidende Rolle spielen. Kongress und Tagung heißt, mit Hilfe von pädagogischen, dramaturgischen und visuellen Methoden den Dialog, den Disput (wissenschaftliche Auseinandersetzung mit Thesen) und die Aus- und Fortbildung direkt und von Angesicht zu Angesicht umzusetzen. Hierzu müssen neue Dialogkonzepte, die passenden Räume und die entsprechende technikbasierte Visualisierung sowie Orte gefunden werden. Ziel ist es, den höchsten Lerneffekt und besten Erinnerungswert zu erreichen.

Das Umschwenken von der Angebotsideologie auf die Ziele, Sinn und Inhalte der Nachfrage wird der Branche das politische Gewicht und damit die notwendige Förderung der Infrastruktur und die gesellschaftliche Anerkennung geben, die durch die bisherige Anlehnung an die Tourismuswirtschaft verständlicherweise ausgeblieben ist.

2   Rollenverteilung auf der Angebotsseite

Die Vielfalt der verschiedenen pädagogischen und dramaturgischen Konzepte der Wissensvermittlung, die jeweilige dadurch definierte Größe und Art der Zielgruppe bzw. Ansprechpersonen bedingen verschiedene Angebote. Bereits in den vergangenen 20 Jahren hat der Markt von sich aus die verschiedensten Angebotsformen entwickelt. Diese Spezialisierung in Bezug auf das adäquate Raumangebot wird sich auch in Zukunft verstärken.

Der Typus Seminarhotel und/oder Seminarzentrum – in der entsprechenden abgeschiedenen Verkehrs- und Landschaftslage – unterstützt erfolgreich die Konzentration auf das gewollte Ziel des Veranstalters. Intensive Lernatmosphäre zu schaffen, bedingt allerdings nicht nur Abgeschiedenheit und Ruhe, sondern auch die Größe und Ausstattung sowie das Design, Licht und Tageslicht der einzelnen Seminarräume. Größe ist deshalb von Bedeutung, damit man die verschiedenen Formen des Miteinanders, wie Kreisbestuhlung, Roundtable, Meta-Plantechnik, Gruppendiskussionen u.v.m, optimal durchführen kann. Das entsprechende komfortable aber nicht luxuriöse Hotelangebot und das auf gesunde Ernährung abgestellte Catering sind weitere Bestandteile eines spezialisierten Seminarhotels. Entsprechende Außenbereiche für teambildende, sportliche oder kreative Aktionen runden das Angebot ab.

64 % aller Tagungen und Kongresse finden in Deutschland in Hotels statt. (EITW, 2011, S. 19). Die Statistiken zeigen deutlich, dass es sich hier im überwiegenden Fall um Eintages-max. Zweitages-Veranstaltungen mit einer Gruppenstärke von bis zu 50 Personen (52 %) handelt. Hauptprofiteur dieser Entwicklung ist die Stadthotellerie. Was als „Vereinszimmer" vor über 50 Jahren begann, wird heute zum wichtigsten Angebotstool der Stadthotellerie. 73,7 % der Raumvermietungen in der Hotellerie entfallen auf Tagungen und Meetings. Wenn das so stimmt – und davon kann man ausgehen – dann hat die Stadthotellerie aller-dings noch einen weiten Weg hin zu einem anforderungsgerechten Raum- und Serviceange-bot. Räume mit 3,50 m Deckenhöhe, schlechter Klimatisierung und Belichtung bzw. Be-leuchtung, schlechter bzw. keiner technischen Ausstattung, schlechte IT- und W-Lan-Ausstattung sowie der Mangel an technisch ausgebildetem Personal prägen leider noch im-mer das überwiegende Angebotsbild. Der Wandel vom Bankett- zum gut ausgestatteten Meeting- und Konferenzraum und dem dafür notwendigen Service verstärkt sich aber spür-bar.

Die Hotels aus den 70er Jahren werden ohne notwendige Renovierungen, Sanierungen und Raumveränderungen keine größere Zukunft haben. Auch ein Vierstunden-Meeting setzt heute die entsprechende sachliche, modern gestylte und vor allem technische Ausstattung bis hin zur Videoconference voraus. Die bis heute vorherrschende Meinung, Konferenztechnik outsourcen zu können, wird in Zukunft nicht mehr gültig sein. Festeingebaute Technik und immer einfacher zu bedienende elektronische Steuerungen und schnelle Funktionalität ohne große Rüstzeiten sind hier der angesagte Trend.

Kongresszentrum, Stadthalle oder Arena! Das Zeitalter der „eierlegenden Wollmilchsau" ist endgültig vorbei. Die Anforderungen der Kongress- und Tagungsveranstalter an diese Zen-tren sind in einem Maße gestiegen, dass die Stadthallen alter Prägung am Tagungsmarkt keine Existenzberechtigung mehr haben. Die Spezialisierung im Raumangebot und Technik ist Grundvoraussetzung; d. h., dass das Raumkonzept in Größe und Variabilität vielfältig sein muss. Der Markt für moderne Kongresszentren liegt bei einer Teilnehmerzahl von mehr als 300. Geht man alleine von dieser Teilnehmerzahl aus, so bedeutet dies für ein marktfähiges Produkt, dass das Haus über rund 8 bis 12 Räume verschiedenster Größe verfügen muss – selbstverständlich alle mit Tageslicht und einer Mindestdeckenhöhe von 4 Meter besser noch 6 Meter. Nicht zu vergessen sind hier die Makrofaktoren eines Standortes. Ohne das entspre-chende Hotelangebot (wenn möglich mit direkter Anbindung) ohne das entsprechende Park-platzangebot und die Anbindung an den öffentlichen Nahverkehr kann ein erfolgreiches Zentrum nicht auskommen.

Die Stadthalle und Arena haben andere Aufgaben, auch wenn ihre Entstehungsgeschichte vor allem in den 70er Jahren dem typisch deutschen Rationalismus unterworfen war. In Frankreich zum Beispiel wusste man schon immer zwischen dem Palais de Congrès und dem Palais de Culture zu unterscheiden. Die Arena wurde vor allem für die Sportnutzung und

Großkonzerte gebaut. Wobei hier der Sport die Spezialisierung vorgibt, obwohl die meisten Arenen heute ohne ein entsprechendes Konzertangebot nicht überleben könnten. Diese einseitige Spezialisierung stellt man an ganz einfachen, aber oft entscheidenden, Servicebereichen fest, nimmt man z. B. nur das Verhältnis Anzahl Herrentoiletten zu Damentoiletten. Beim Sport sind die Architekten bis jetzt davon ausgegangen, dass er männerdominiert ist. Bei Konzerten wird dieser Denkfehler zum Problem, spätestens in der Konzertpause.

Kurz: Die Qualitätsanforderungen in Bezug auf Räume, Kombinationsmöglichkeiten, Belichtung, Technik und Service nehmen immer stärker zu. Jeder einzelne Nutzer (ob Kongress- und Tagungsveranstalter, Messeveranstalter oder Sport- und Konzertveranstalter) wird zukünftig nur jene Locations aussuchen, die seinen technischen, dramaturgischen und serviceorientierten Anforderungen für seine jeweilige Zielgruppe entsprechen. Ob es das Thema Anbindung an den öffentlichen Nah- und Fernverkehr, das Parken, die Eingangskontrollsysteme, Sitz-, Raum-, Klima-, Akustik- und Designkomfort, Catering, Toiletten, Vielfalt der Raumanzahl und Größe, technische Ausstattung bis hin zur Statik von Decken und Böden sind – die besonderen Anforderungen der einzelnen Veranstaltungsart bestimmen immer mehr den Erfolg einer Location. Der Veranstalter ist aufgrund des Kostendrucks und des vom Teilnehmer und Besucher verlangten Komforts gezwungen, selektiv vorzugehen.

3   Service und Lösungsorientierung

In den meisten Fällen wird von Service gesprochen, ohne zu wissen was dies bedeutet. Service wird in der Kongress- und Meetingbranche fast ausschließlich aus der Brille des Anbieters betrachtet. Es scheint immer auszureichen, dass die Raumanbieter (seien es Hotels, Kongresszentren oder auch Universitäten oder andere Locationbetreiber) sich ihr Angebot ausschließlich nach den eigenen internen betrieblichen Strukturen ausrichten. Arbeitszeit des Personals, Mangel an Flexibilität bedingt durch strukturelles Outsourcen von Dienstleistungen, Unkenntnis der rechtlichen Vorgaben (wie z. B. Versammlungsstättenverordnung, Gewerbeordnung u. a.) werden existenzgefährdend. Solange ein leitender Mitarbeiter einer Location nicht die präzisen und organisatorischen Abläufe der Durchführung einer Tagung oder eines Kongresses kennen gelernt hat, solange wird der Mangel an Servicequalität gegenüber dem Veranstalter, aber im Besonderen auch gegenüber den Teilnehmer, offensichtlich bleiben.

Eine Veranstaltung kann sich nicht nach den Vorgaben des Arbeitszeitgesetzes, den internen Vorgaben eines Betriebsrates und dem Wollen und der Bereitschaft des „berühmten Hausmeisters" ausrichten. Beim Hotelanbieter, wie auch beim Catering eines Zentrums, spielt zwar die pünktliche Abwicklung einer Kaffeepause und des Mittagimbisses eine wichtige Rolle – nur die Art wie die Parkabfertigung, die Begrüßung am Eingang, die Hinweisbeschilderung und die Freundlichkeit des Personals, die Hilfsbereitschaft und die Information des Teilnehmers erfolgt, ist ebenso wichtig und entscheidend. Nur dies muss alles als Ziel des Managements festgeschrieben, umgesetzt und geschult werden. Für den Veranstalter ist der ständige und kompetente sowie entscheidungsbefugte Ansprechpartner – der sich bitte nicht um 16.00 Uhr verabschiedet und dem wieder mal „berühmten Hausmeister" den Rest der Veranstaltung überlässt – von großer Wichtigkeit. Dieser Service, der bei jeder Befragung von Veranstaltern oberste Priorität hat, ist, wie die Erfahrung zeigt, nur bedingt anzutreffen.

Erfolgreiches Vermarkten und Managen einer Location ist nur dann möglich, wenn innerbetrieblich nach Servicemöglichkeiten gesucht wird und diese auch umgesetzt werden. Dieser Denkprozess muss sich aber immer an den Abläufen und Organisationswünschen des Kunden und dessen Teilnehmern orientieren. Innerbetriebliche Hemmnisse (wie Arbeitszeit, technische Hürden, Sicherheitsprobleme u.v.m.) sind zu erkennen und abzuschaffen. Der Kunde hat hierfür kein Verständnis.

4   Lernen – Kommunizieren – Networken

Diese drei Urbegriffe stehen für das eigentliche Ziel und Tun eines Meetings, Kongresses oder ganz allgemein für jeden Typ einer Veranstaltung.

Selbstverständlich kann man jetzt behaupten, dass die virtuellen, uns heute zur Verfügung stehenden, Mittel des Internets und Web 2.0 diese Aufgaben genauso übernehmen und erfüllen können. Dies ist nur bedingt richtig und verkennt die genetisch bedingte Sozialisierung des Menschen. Die Geschichte von Robinson Crusoe macht diesen Wunsch nach Kommunikation überdeutlich. Es liegt im Menschen selbst, dass er ohne Lernen, Kommunikation und die Beziehungspflege zu anderen Menschen keine Überlebenschance besitzt.

Bei Tagungen und Kongressen geht es darum, diesen drei Grundbedürfnissen einen organisatorischen und strukturellen Rahmen zu geben – und zwar einen Rahmen, der allen drei Faktoren genügend Raum lässt. Es werden – genau um dieses zu erreichen – in Zukunft und schon heute Modelle entwickelt, die die bisherige Überbetonung des Lernens (meistens im klassischen Stil des frontalen Vortrags) verändern. Aber nicht nur die pädagogischen Konzepte werden und müssen sich verändern. Die Anforderungen an die Raumgestaltung bedingen gravierende bauliche Neukonzeptionen. Lernen bedeutet, Räume, die die Lernkonzentration unterstützen, zu gestalten. Faktoren, die dabei eine wichtige Rolle spielen, sind z. B.:

- Raumakustik und Schalldämmung,
- Licht- und Farbgestaltung,
- Klimatisierung und Belüftung,
- variable Bestuhlung und sonstige Möblierung,

- technische Grundausstattungen wie
  - Mehrfachprojektion,
  - W-Lan (für die Nutzung von elektronischen Geräten),
  - Abstimmanlagen,
- Raumgrößen und Zuschnitte.

Kommunikation während und außerhalb des Lernprozesses kann in der Hauptsache durch entsprechende inhaltliche, dramaturgische Konzepte gefördert werden. Kommunikation in großen Räumen und mit einer entsprechend großen Teilnehmerzahl ist nur bedingt möglich. Hier ist die Aufteilung in kleine Gruppengrößen (bis zu 100 Teilnehmern) notwendig. Dem Raumanforderungsprofil wird in Zukunft mehr Bedeutung zukommen. So werden zukünftig folgende Gestaltungsmöglichkeiten wichtiger:

- veränderbare Räume durch variable verschiebbare Wände,
- versenkbare, kleinteilige Bühnen- und Podestelemente,
- verschiedene Licht- und Beleuchtungskonzepte (Atmosphären- und Stimmungsverände-rung),
- zusammenhängende Raumanordnungen und
- variable, für jede Kommunikationsform notwendige, richtige Möblierungssysteme bzw. Möblierungsanordnungen.

Auch dem Networking unter den Teilnehmern wird als „neu" hinzu gekommenes Instrument eine ganz besondere Bedeutung zukommen. Es wird immer mehr von „Face to Face" ge-sprochen und dies ist richtig. Dieses „Face to Face" wird immer mehr als Begründung für die Teilnahme an einem Kongress oder Tagung angegeben. Beim Networking geht es allerdings nicht nur allein um „Face to Face", sondern darum, so viel Kontakte und Erfahrungsaus-tausch wie möglich auf einer Tagung zu erzielen (Die Frage: Wie macht es der Andere?) Der Erfahrungsaustausch verstärkt den Lernprozess und damit steigert es den Erinnerungsquo-tienten.

Dieses Networking wird sich zur „Unique Selling Proposition" (USP) eines Kongresses oder Tagung entwickeln. Damit dies möglich wird, sind verschiedene technische, bauliche und konzeptionelle Konzepte zu entwickeln.

Wo früher am Abend die Bar im Hotel ausreichte, ist heute und in Zukunft die ausreichende Zeit für Networking im Rahmen des Kongressprogramms einzuplanen. Was früher der steife Gala-Abend im Smoking mit serviertem Menü und stundenlangem Bühnenprogramm war, ist heute die Party mit Chillout-Room, Disko und Bar. Aber auch die Kaffeepausen, das Mittagessen und spezielle Lounges, einfache aber Komfort und Gemütlichkeit ausstrahlende Sitzecken, Coffee- und Wasserbars sind in Zukunft die baulichen und dramaturgischen Vo-raussetzungen für ein erfolgreiches Networking unter den Teilnehmern.

Zu Beginn dieses Kapitels wurde der Gegensatz zur virtuellen Welt betont. Richtig verstan-den, kann aber genau diese heute zur Verfügung stehende Technik die Lern-, Kommunikati-ons- und Networking-Ziele eines Kongresses in einem bedeutenden Maße unterstützen. Dies bedingt aber, dass bereits im Vorfeld (bei der Erstellung der Inhalte einer Tagung) die Teilnehmer aktiv eingebunden werden: Abfragetools, Blogs, Diskussionsforen, Podcasts, aktive Facebook-, Xing- und Twittergruppen, Abstract-Veröffentlichungen im Vorfeld, Links zu den Referenten und Abstractverfassern, Newsletter mit entsprechender visueller Unterstützung durch Podcasts, Audiocasts und entsprechender Verlinkung zu den Autoren oder Literaturauswahl sind einige Bestandteile moderner Nutzung von Web 2.0. (vgl. Kapitel „Social Media im MICE-Segment von Ammersdorfer, Oellrich, Bauhuber und Gottstein) Dies alles bedingt allerdings die Beschäftigung von geschulten und ausgebildeten PR Fachleuten und damit eines entsprechenden finanziellen Aufwands, der sich aber bei konsequenter Anwendung einmal in der Teilnehmerzahl und Teilnehmerzufriedenheit auszahlen wird.

Auch bei der Tagung selbst werden nicht nur reine Informationsinstrumente (wie Kongressguides – Navigatoren für das Kongressprogramm oder für die Industrieausstellung) eingesetzt. Mit Hilfe der neuen Smartphones oder Tablets werden auch weitergehende Nutzungen entwickelt.

So wird zum Beispiel das „Dating" (Terminverabredung) zwischen den Teilnehmern besonders bei Großtagungen ein wichtiges Instrument in der Verständigung der Teilnehmer untereinander. Erkennungsmodule wie sie heute schon „Spotme" oder auch Google anbieten, ergänzen diese Funktion. Das Twittern aus der Tagung heraus findet immer mehr Gebrauch und dient zur Wirkungsverstärkung.

In mehreren Studien und Versuchsanordnungen werden zusätzliche Nutzungen für Smartphones oder Tabletrechner entwickelt. Es wird in Zukunft keinen modernen Hörsaal mehr geben, der nicht an jedem Platz über eine Tabletnutzung oder selbst über einen Tabletarbeitsplatz verfügt. Bildübertragungen, Abfragen und Abstimmungen, Fragestellungen oder Diskussionsbeiträge über „SMS-Funktionen" an den Referenten, zwischenzeitliches Umschalten in andere Säle, um dort den Stand des Vortrages zu erfahren, Internetzugriff, Twittern sowie Evaluierungen werden oder sind bereits heute schon existierende technische Möglichkeiten.

Durch die heute möglichen preiswerten Übertragungstechniken wird der Kongress eine weitere Dimension erlangen. Schon heute werden z. B. bei Tagungen der Firma SAP AG mehrere parallel verlaufende Tagungen virtuell miteinander verwoben. Dies erspart nicht nur Reisekosten, sondern hilft bessere und profundere Inhalte gleichzeitig einer größeren Teilnehmergruppe zu vermitteln.

Livestreaming – die Direktübertragung eines Kongresses für Dritte, die nicht am Kongress direkt teilnehmen können – setzt sich in den letzten Jahren immer mehr durch. Es gibt bereits Tagungen, die aus mehr als zehn Tagungsräumen zur gleichen Zeit übertragen. Chart, Video und Redner-Livebild werden in einem Bild zusammengefasst. Hinzu kommt noch die Möglichkeit, dass der externe Teilnehmer per E-Mail- oder Skype-Funktionen an den Diskussionen teilnehmen kann. Der Vorteil liegt auf der Hand: Der Kreis der Teilnehmer wird erweitert und damit werden die pro Teilnehmer anfallenden Kosten entsprechend gesenkt. Die Befürchtung, dass sich der Kongress damit selbst „austrocknet", wird nicht geteilt, wenn es dem Kongressveranstalter gelingt, die drei Grundnutzen Lernen – Kommunizieren – Networking optimal zu verbinden.

„Congress on Demand" – der nachträglich virtuell aufbereitete Kongress ist ein weiteres wichtiges Instrument, um vor allem für den Teilnehmer selbst, eine Nachbereitung des Kongresses vorzunehmen. Gleichzeitig können aber darüber hinaus weitere, zusätzlich zahlende Interessenten gefunden werden. Dieses Archiv der Vorträge wird in der Regel den aktiven Teilnehmern kostenlos zur Nachbereitung zur Verfügung gestellt. Die gewollte Aufsplittung der Themen in einer Reihe von parallelen und zeitgleichen Arbeitsgruppen hat neben dem pädagogischen Effekt der besseren Einbindung des Teilnehmers einen großen Nachteil. Der Teilnehmer muss im Vorfeld eine für ihn oft schwierige Entscheidung fällen, an welcher Arbeitsgruppe er teilnehmen will. „Congress on Demand" gibt ihm im Nachhinein die Möglichkeit, die von ihm verpassten anderen Workshops oder Arbeitsgruppen zumindest virtuell, aber auch zu einem Zeitpunkt seiner Wahl, anschauen zu können. Verlinkt man diese Übertragung noch mit dem Referenten oder einem Tutor wird das Ganze noch effektiver für den Einzelnen. Selbstverständlich kann auch ein Dritter, nicht aktiver Kongressteilnehmer im Nachhinein, zu der von ihm gewählten Zeit, die Inhalte des Kongresses nachvollziehen.

„Congress on Demand", hier die vorhandenen Dateien, werden aber immer mehr auch für die E-Learning-Programme der sich etablierenden Akademien, der Verbände oder aber auch Firmen eingesetzt. Hierfür müssen die aus dem Kongress mitgeschnittenen Vorträge redaktionell überarbeitet und mit Fragetools angereichert werden. Bei medizinisch wissenschaftlichen Verbänden werden für den Abruf der E-Learning-Tools und der Beantwortung der gestellten Fragen entsprechende CME – Punkte (Continious medical educationpoints) vergeben.

5   Emotion – Infotainment – Faktenwissen

Emotion bedeutet „Aufregung" oder „Gemütsbewegung" und fand Eingang in den deutschen Sprachgebrauch um 1700 (in Anlehnung an das gleichbedeutende französische *émotion*, also „Bewegung" und „Erregung"). Bis ins 19. Jahrhundert bedeutete es auch „Volksbewegung" oder „Empörung" und wird daher im Deutschen ebenfalls gelegentlich in diesem Sinne verwendet (Brockhaus, 1968, S. 469).

Zum Thema „Infotainment" schreibt Die Zeit:

> *„Für die nächsten zehn Tage heißt unsere Aufgabe also: Besuchern zwischen 12 und 29 Jahren unterhaltsam etwas über Ernährung beizubringen. Allen war klar: Das geht nur mit Infotainment. Deshalb haben wir ein Bühnenprogramm mit prominenten Gästen gestrickt und erzielen den Lerneffekt über Umwege, zum Beispiel bei der Vitamin-Rallye: Du gewinnst diesen Motorroller, wenn du die Rallye gewinnst."* (Zeit Online, 2002)

> *„Die Ästhetisierung, Personalisierung und Trivialisierung der Information – das eigentliche Gebiet der angelsächsischen Thriller-Autoren –, scheinen den Printme-*

dien indes nicht höhere Auflagen zu bescheren. Im Gegenteil: Der sicherste Weg, ein etabliertes Blatt zu ruinieren, ist der des Infotainments und des Designjournalismus, dessen Akteure aus ihrem Bauch heraus dekretieren, was der Leser angeblich lesen will. Stagniert das Produkt, liege es daran, dass das Peppige zu wenig peppig, die Geschichten keine echten Storys seien – also weiter geschraubt am bewährten, in Wirklichkeit aber katastrophalen Konzept."(Zeit Online, 2000)

Über die Bedeutung von Faktenwissen wird geschrieben:

"Zeit: Aber das Anhäufen von Wissen kann doch nicht die Alternative sein? Stern: Mir geht es um intelligentes Wissen, das sich breit und flexibel einsetzen lässt, nicht einfach nur um Faktenwissen. Die Schüler sollen Konzepte verstehen, nicht isolierte Informationen sammeln." (Zeit Online, 2003)

Emotion, Infotainment, Faktenwissen – drei Schlagworte unserer Branche. Wenn davon gesprochen wird, dass die Inhalte einer Veranstaltung, eines Kongresses oder einer Tagung zukünftig die entscheidende Rolle spielen werden, dann kommt es darauf an, wie diese drei Kommunikationsformen in der entsprechenden Dosierung miteinander verbunden werden. Es geht darum, dass die Konzepte, die Inhaltsverkettungen und die in sich übergreifende Strukturen bewusst gemacht werden.

Alle drei Begriffe haben verschiedene Entstehungsgeschichten und die Notwendigkeit der Verknüpfung zeigt ihre jeweiligen Schwächen auf.

Emotion wurde und wird besonders in der Event- und Showbranche großgeschrieben. Kein Event ohne Emotion. Emotion ist, glaubt man den Begriffsdefinitionen des „Event", der zentrale Bestandteil. Freude bereiten, aufrütteln und damit Erinnerungspotenziale wecken. Jahrzehnte hat die Eventbranche nach dem Motto „immer größer, immer höher und noch mehr Stars" versucht, dem Fernsehen nachzueifern oder wenn möglich durch den Liveeffekt besser zu sein. Events waren Emotion pur – vorausgesetzt sie waren gut gemacht. In dem Augenblick als das Marketing- und Kommunikationsinstrument „Event" ins Konkurrenzverhältnis zu den anderen Instrumenten gestellt wurde und die Controller von Effizienzmessung, von ROI (Return on Investment) und der Wirkungsweise auf den Teilnehmer sprachen, wurde der Spielraum der klassischen Events immer enger.

Das Event wird sich heute und in Zukunft als Marketinginstrument messen lassen und sich den Marketingzielen eines Veranstalters zu unterwerfen haben. Das oberste Ziel der Veranstaltungsbranche heißt nichts anderes, als eine *Botschaft* verständlich, begreifbar und erinnerungsfähig im persönlichen, direkten Kontakt mit der Zielperson(en), dreidimensional und von Angesicht zu Angesicht zu vermitteln. Hierfür müssen Bewegung, Gestik, Mimik, Sprache, Sprachduktus, Geruch, Augenkontakt u.v.m. eingesetzt werden. Die innere Emotion und nicht die äußerliche, künstliche Emotion, nicht das reine „Aufregen", sind der entscheidende und erinnerungswürdige Teil der Handlung.

Infotainment wurde als erstes, wie so oft, im Fernsehen eingesetzt. Die Absicht mit Faktenwissen durch Vereinfachung und Vermischung von emotionalen Elementen einer größeren Zahl von Zuschauern zu erreichen, hat zur heutigen Überreizung geführt. Klassisches Beispiel sind die fast gegensätzlichen Formate von „Deutschland sucht den Superstar" mit Dieter Bohlen und der Show „Voice of Germany" – auf der einen Seite die hochemotionale Ausrichtung durch die bis ins brutale und zerstörende gehende Moderation von Dieter Bohlen, auf der anderen Seite werden durch Fakten und Qualität der Kandidaten Emotionen geschaffen. Hier bei SAT. 1/ProSieben hat man begriffen, dass es um die Inhalte und nicht um die oberflächige, auf Krawall ausgerichtete, Sendung geht.

Ein weiterer Aspekt wird und hat bereits sehr schnell die Eventbranche verändert. Jede noch so geschlossene Veranstaltung, ein noch so als intern betrachtetes Event wird durch die neuen, für alle zugänglichen, Medien von Web 2.0 sekundenschnell an die Öffentlichkeit gebracht. Die Öffentlichkeit und die Medien diskutieren nicht über die Notwendigkeit und Sinnhaftigkeit der Veranstaltung, sondern betrachten die missverstandene Beschränkung auf eine bestimmte Zielgruppe (z. B. Management oder Vertrieb oder auch nur eine Abteilung) aus der Neidperspektive der Nichteinbezogenen. Damit werden nicht nur Exzesse mit hübschen Damen in einem Budapester Thermalbad, sondern auch Mitarbeiter-Weihnachtsfeiern – um ein einfaches Beispiel zu wählen – und deren Budget zu einer öffentlichen Nachricht.

Man kann diese Entwicklung, die im Besonderen die Individualisierung und damit dem Marketingziel entsprechende persönliche Ansprache einschränkt, bedauern. Doch gibt sie der Tagungsbranche und deren Gestalter die Chance, sich auf das Eigentliche – nämlich die Botschaftsvermittlung – zu konzentrieren und die seit Jahrhunderten gemachten pädagogischen Erfahrungen was Lernprozesse betrifft, neu zu entdecken und umzusetzen. Emotion und Faktenvermittlung müssen zusammen und entsprechend dosiert vermittelt werden. Infotainment war der falsche Weg.

„Es mag sein, dass wir durch das Wissen anderer gelehrter werden. Weiser werden wir nur durch uns selbst."(Montaigne)

6   PCO – Eventagentur – Marketingagentur

Die klassische Aufgabe eines PCOs (Professional Congress Organizer) war bis zum eigentlichen IT-Zeitalter mit Beginn der 90er Jahre die logistische Durchführung eines Kongresses. Genauso wenig wie es die Locationbetreiber interessierte, welche Inhalte und Ziele der Kongress verfolgt, so ging es hier ausschließlich um Ticketing, Hotelzimmervermittlung und Teilnehmerregistrierung. Die Gründungsväter der ICCA (International Congress and Convention Association) waren Reisebüromanager.

Der Aufstieg der Eventagentur und deren Abgrenzung zur klassischen Werbe- und Marketingagentur begannen Anfang der 90er Jahre. Die Industrie wurde globaler, die Mitarbeiterzahlen stiegen (hier besonders die Zahl der Vertriebsmitarbeiter) und die Vorläufer der Eventagenturen – die Incentivagenturen – brauchten logistischen und organisatorischen Input, wie sie mit den größeren Teilnehmerzahlen umgehen konnten. Doch wurden bei den Incentive- und Eventagenturen die Ziele einer Veranstaltung und deren Inhalte, wie auch die tatsächlich inhaltliche Umsetzung, im Gegensatz zum PCO von Anfang an berücksichtigt. Da aber auch hier die meisten Gründer und Initiatoren zum größten Teil logistisch orientiert waren, wurde es einem der größten Eventagenturen „VOK DAMS" bewusst, wie wichtig vor allem die marketingorientierte Umsetzung eines Events ist und er gründete seine Akademie. Das Spezifikum „Event", die Dreidimensionalität, der Livecharakter, die Direktheit der Vermittlung der Botschaft, kurz die Anforderungen ein „Face to Face" erfolgreich zu bewältigen, setzt eine ganze Reihe von speziell ausgebildeten Mitarbeitern voraus. Nur diese gab und gibt es bis zum heutigen Tag nicht ausreichend. Dieser Mangel an spezieller Ausbildung macht sich nicht nur bei Dienstleistern negativ bemerkbar, sondern auch bei den Kunden selbst.

Die klassischen Marketinginstrumente, wie Werbung, PR, Verkauf u. a., haben ihre ausgebildeten und auf die Anwendung des jeweiligen Instrumentes spezialisierten Auftraggeber. Das Event als ernsthaftes Instrument ist noch zu jung, um sichere und in der Anwendung des Instrumentes geübte Auftraggeber und Auftragnehmer zu besitzen. Diese derzeit existierende Übergangssituation wird zu lösen sein. Alleine die wachsende Zahl an Hoch- und Fachhochschulen, die Eventmanagement als Lehrfach aufnehmen, zeigt hier deutlich einen Trend zum Besseren. Allerdings stehen dort immer noch logistische und organisatorische Themen im Vordergrund.

Es muss in Zukunft gelingen, betriebswirtschaftliches Wissen und Marketingwissen mit der Kreativität der Umsetzung eines Events zu verbinden. Die Grundbegriffe von Dramaturgie, Inszenierung, Multimediaeinsatz, Licht, Ton, Musik, Bühnenbau, Kunst und Kultur sind für die Ausbildung eines zukünftigen Eventmanagers ein absolutes Muss. Er muss in die Lage versetzt werden, die präsentierten Konzepte vom Inhalt her zu hinterfragen, die Sicherheit der richtigen Vermittlung der Botschaft zu gewinnen und die Effizienz abschätzen zu können. Denn eines unterscheidet das Instrument Event von allen anderen: Es ist live und kann nicht im Vorfeld getestet werden.

Das komplette Handeln von Marketingagenturen verfolgt nur eines: Mit Hilfe aller Marketinginstrumenten das gesetzte Ziel zu erreichen. Es hilft nichts, wenn jedes einzelne Instrument für sich existiert und separat unabhängig von der Wirkungsweise der anderen umgesetzt wird. An dieser Stelle muss nicht mehr betont werden, wie die neuen Instrumente des Internets, wie Werbebotschaften eindimensional, zweidimensional oder dreidimensional ausgerichtet und umgesetzt werden. Es ist unabdinglich, dass die Veranstaltungsbranche in der Gesamtheit (seien es Corporate, Social- und sonstige Events, Kongresse und Tagungen), wenn sie Erfolg haben wollen, im Orchester der Marketinginstrumente mitspielen, denn nur so kann die größte Wirkung erzielt werden. Dieses miteinander Spielen und die Stärken jedes einzelnen Instruments für das Gesamtziel der Botschaftsvermittlung auszureizen, wird für die Branche die größte Aufgabe der Zukunft darstellen. Es geht um die fachlich fundierte Koordination der großen Vielfalt der Spezialisten.

7   Zusammenfassung

Wie ein roter Faden zieht sich die Forderung, das Tun und die Zukunft der Veranstaltungsbranche als ein soziales, allumfassendes Phänomen zu begreifen, durch die zukünftigen Anforderungen. Eine Veranstaltung bedeutet nichts anderes, als mit der (dem Menschen in
seinen Genen) angelegten Einstellung (attitude)[1] das Ziel, einen anderen zu überzeugen, zu
erreichen. Adam und Eva mit dem Apfel!

Alles Handeln, die entsprechende Atmosphäre, Stimmung, Architektur, rationale Raumgestaltung, die Anwendung der uns zur Verfügung stehenden technischen und sonstigen Hilfs-
mittel, die Anwendung, das Gelernte in Szene zu setzen, die Sprache und Rhetorik oder die
Nutzung von Mode und Kunst dient unserer Branche, die Zukunft zu sichern.

Wenn dieses Tun auf den „Teilnehmer" – falsch, den „Rezipienten" – ausgerichtet ist, der
richtige Rahmen geschaffen wird und die auf sein Verständnis, seinen Bildungsstand und
seine emotionale Lage ausgerichtete Botschaft entsprechend kommuniziert wird, dann wird
die Effizienzprüfung mit weitem Abstand dem Instrument der Zukunft recht geben.

Kernaspekte

- Die Vermittlung von Wissen ist der Kern der Kongress- und Tagungsbranche und wird
  somit zum Produktions- und Wettbewerbsvorteil. Das Ziel der Veranstalter ist es, den
  höchsten Lerneffekt und größten Erinnerungswert zu schaffen

- Die Begriffe „Lernen, Kommunizieren und Networking" stehen im Mittelpunkt jeder
  Veranstaltung. Diesen Grundbedürfnissen muss ein organisatorischer und struktureller
  Rahmen gegeben werden.

- Die Zeit, in der Veranstaltungsräume universell einsetzbar waren, ist vorbei. Die Anforderungen der Kongress- und Tagungsveranstalter an die Veranstaltungszentren sind in
  enormem Maße gestiegen. Die Spezialisierung im Raumangebot und der Technik ist
  Grundvoraussetzung.

- Auch bei „face-to-face"-Veranstaltungen spielen virtuelle Medien und Technik eine
  immer größere Rolle. Sowohl bei der Vorbereitung, als auch bei der Durchführung und
  Nachbearbeitung werden diese Funktionen mehr und mehr genutzt, z. B. in Form von
  Facebook, Smartphones, Life-Übertragungen usw.

- Bei einem Kongress oder einer Tagung müssen die drei Kommunikationsformen „Emotion, Infotainment und Fachwissen" in der entsprechenden Dosierung miteinander verbunden werden, um erfolgreich agieren zu können.

---

[1]   Attitude / Einstellung bezeichnet in der Psychologie die summarische Gesamtbewertung einer Person, einer
        sozialen Gruppe, eines Objektes, einer Situation oder einer Idee. Beispiele für Einstellungen sind Vorurteile,
        Sympathie und Antipathie oder der Selbstwert. Einstellungen haben affektive, kognitive oder Verhaltensursa-
        chen, und sie äußern sich affektiv, kognitiv und im Verhalten.

8   Literatur

Ajzen, I. (2001): Nature and operation of attitudes. Annual Review of Psychology, 52, S. 27–58.

bayme – Bayerischer Unternehmensverband Metall und Elektro e. V. (o.J.): Wissenserwerb, Wissensverbreitung und Wissensschutz im Unternehmen, in: http://www.baymevbm.de/agv/bayme-ServiceCenter-Informationstechnologie-Kosten_und_Prozessoptimierung-Wissen-Wissenserwerb._Wissensverbreitung_und_Wissensschutz_im_Unternehmen--43936,ArticleID__17901.htm, Zugriff am 09.01.2012.

EITW – Europäisches Institut für TagungsWirtschaft GmbH (Hrsg.) (2011): Tagungs- und Veranstaltungsmarkt Deutschland – Das Meeting- &EventBarometer 2010/2011, online verfügbar auf: www.eitw.de/sites/default/files/Dateien/ManagementInfo_MEBa_2011.pdf.

Smith, E. R. / Mackie, D. M. (2000): Social Psychology, 2. Auflage, Philadelphia.

Triandis, H. C. / Six, B. / Steffens, K.-H. (1985): Einstellungen und Einstellungsänderungen. Weinheim und Basel.

Zeit Online (Hrsg.) (2000): Die Zukunft der Fakten, Artikel vom 15.06.2000, in: http://www.zeit.de/2000/25/200025.franzetti_.xml, Zugriff am 09.01.2012.

Zeit Online (Hrsg.) (2002): 7 Tage mit Mola Adebisi, Artikel vom 10.01.2002, in: http://www.zeit.de/2002/03/7_Tage_mit_Mola_Adebisi, Zugriff am 09.01.2012.

Zeit Online (Hrsg.) (2003): Wissen schlägt Intelligenz – Gespräch mit Prof. Elsbeth Stern, Artikel vom 26.06.2003, in: http://www.zeit.de/2003/27/C-InterviewStern, Zugriff am 09.01.2012.

Autorenverzeichnis

Prof. Dr. Michael-Thaddäus Schreiber

Prof. Dr. Michael-Thaddäus Schreiber lehrt seit 1998 Destinations- und Kongressmanagement an der Hochschule Harz in Wernigerode. Gleichzeitig leitet er seit 2006 als Geschäftsführer das Europäische Institut für TagungsWirtschaft. Das Institut erstellt u. a. das Meeting- & EventBarometer für Deutschland und führt Forschungsarbeiten zu innovativen Themen in der Veranstaltungswirtschaft durch. Vor seiner Zeit als Hochschulprofessor war Dr. Schreiber in Frankfurt am Main und in der Hansestadt Lübeck als Tourismus- und Kongressdirektor tätig. Er hat über Marketing im Großstadttourismus promoviert und in den letzten Jahren zahlreiche Publikationen zum MICE-Markt in Fachbüchern und Zeitschriften veröffentlicht. Der Autor ist Mitglied in zahlreichen Fachverbänden (z. B. AIEST, DGT, MPI) und Fachbeiräten (z. B. Green Meetings Deutschland).

Dipl.-Kfm. Ralf Kunze, B.A.

Nach seinem Studium „International Tourism Studies" machte sich Ralf Kunze im Bereich der Tourismusanalysen selbständig. Seit der Gründung des EITW Europäischen Instituts für TagungsWirtschaft GmbH an der Hochschule Harz im Jahr 2006 ist er mitarbeitender Gesellschafter. In diesem Rahmen war er in ca. 50 Projekten leitend tätig, wie bei verschiedenen regionalen Studien sowie der Deutschlandstudie „Meeting- & EventBarometer" seit 2007. Seit diesem Jahr ist er zudem Gastdozent an der Hochschule Harz in Wernigerode. Seit 2011 ist er Doktorand mit dem Thema „Wirtschaftlichkeitsberechnungen auf dem Tagungsmarkt" sowie Wissenschaftlicher Mitarbeiter an der Hochschule Harz mit Lehrauftrag.

Christian Woronka, M.A.

Christian Woronka studierte Geographie mit Schwerpunkt Tourismus an der RWTH Aachen. Im Rahmen dessen verfasste er seine Magisterarbeit mit dem Titel „Die Stadt Köln als Kongressdestination – aktuelle Strukturen und Potentiale für die Zukunft". Seit 2005 ist Woronka im Marketing der KölnTourismus GmbH tätig und war maßgeblich an dem Konzept zur Neuausrichtung der Kongresswirtschaft in Köln beteiligt. Damit einhergehend wechselte er im August 2008 in das neue „Cologne Convention Bureau" und ist dort für das Key Account Management sowie die Projektleitung der Kongressstatistik „TagungsBarometer Köln" zuständig. Weiterhin ist er als Ausbildungsvertreter für KölnTourismus mit Sitz im Prüfungsausschuss der IHK Köln aktiv.

Norbert Tödter

Norbert Tödter ist Leiter der strategischen Unternehmensplanung und Marktforschung der Deutschen Zentrale für Tourismus (DZT), die im Auftrag des Bundesministeriums für Wirt-

schaft und Technologie Deutschland als Reiseland im Ausland vermarktet. Als Gründungs-
mitglied der Deutschen Gesellschaft für Tourismuswissenschaft beschäftigt er sich seit rund
20 Jahren mit den verschiedenen Formen des Tourismus.

Joachim König

Nach dem Studium für das Lehramt in Mainz und Johannesburg begann König seinen beruflichen Werdegang als Abteilungsleiter im Kur- und Veranstaltungsbereich mit Schwerpunkten im touristischen Marketing in Bad Kreuznach. 1989 übernahm er als Geschäftsführer das
Stadthallen- und Fremdenverkehrsamt mit dem Verkehrsvereines Aschaffenburg und war
fast drei Jahre baubegleitend für die neue „Stadthalle am Schloss" tätig. Nach der Eröffnung
1991 und der Umstrukturierung in einen Eigenbetrieb übernahm er die Geschäftsführerfunk-
tion. Von 1994 bis 2006 war er geschäftsführender Direktor der CONGRESS UNION CEL-
LE mit ebenfalls einjähriger baubegleitender Tätigkeit.1999 war König zusätzlich nebenamt-
licher alleinvertretungsberechtigter Geschäftsführer des Jugendzentrums CD- Kaserne Celle
und nebenamtlich Geschäftsführer der gGmbH „Heilen im Dialog" von 2001 bis 2006. Von
2000 bis 2009 fungiert König als Vizepräsident und seit 2009 als Präsident des EVVC
(Europäischer Verband der Veranstaltungs-Centren e.V.). Zudem ist er seit 2007 als Direktor
und Werkleiter des Hannover Congress Centrums (HCC) tätig.

Matthias Schultze

Matthias Schultze ist seit Mai 2010 Geschäftsführer des GCB German Convention Bureau
e.V. Nach seiner Ausbildung zum Hotelfachmann im Brenner's Park Hotel in Baden-Baden
folgten Anstellungen im Hotel Le Bristol in Paris und dem Bayerischen Hof in München
sowie ein betriebswirtschaftliches Studium an der Hotelfachschule in Heidelberg. Darauf
aufbauend startete Herr Schultze seine Laufbahn im nationalen und internationalen Hotel-
und Kongressmanagement u. a. für Hilton International, mit den Schwerpunkten Business
Development, Sales & Marketing, Finance und Operations. Von 2003 bis 2006 leitete der
Betriebswirt als Direktor das Internationale Kongresszentrum Bundeshaus Bonn (heute:
World Conference Center Bonn). Seit 2007 war Schultze Mitglied der Geschäftsleitung der
Betreibergesellschaft des World Conference Center Bonn – dem Kongresszentrum rund um
den ehemaligen Plenarsaal des Deutschen Bundestages.

Anke Pruust

Anke Pruust ist seit 1992 im internationalen Marketing des GCB German Convention Bureau e.V. tätig und seit 1996 stellvertretende Geschäftsführerin. Darüber hinaus engagiert sie
sich in den wichtigsten branchenrelevanten internationalen Verbände, wie der Society of
Incentive Travel Executives (SITE) und Meeting Professionals International (MPI).

Nach dem Studium der Betriebswirtschaft an der Fachhochschule Worms mit dem Schwerpunkt Verkehrswesen/ Touristik, erhielt Anke Pruust ein Fulbright Stipendium und schloss
ihr Postgraduierten-Studium mit dem Master of Business (MBA) an Washington State University, Washington, USA erfolgreich ab.

Ute Stegmann

Ute Stegmann ist für das Partnermanagement und die Pressearbeit im GCB German Convention Bureau e.V. verantwortlich. Ihre berufliche Karriere im GCB startete 1992 zunächst in der Kundenberatung. Anschließend war sie mit der Organisation von Messen in Europa und dem allgemeinen Marketing betraut. Vor ihrem Wechsel zum GCB war Stegmann bei einer renommierten Kongressagentur in Frankfurt beschäftigt und studierte an der FH Worms Betriebswirtschaftslehre mit Schwerpunkt Tourismus.

Dieter Hütte

Nach seinem Geographiestudium an der Rheinischen-Friedrich-Wilhelms-Universität in Bonn und einer berufsbegleitenden Ausbildung als Dozent für Weiterbildung im Tourismus am Deutschen Seminar für Tourismus Berlin arbeitete Herr Hütte u. a. als Geschäftsführer beim Kur- und Verkehrsverein Homburger Land e.V., Nümbrecht/Wiehl (Oberbergischer Kreis) sowie als Kurdirektor und Betriebsleiter des kommunalen Eigenbetriebes Kurverwaltung Baiersbronn.

Zurzeit ist Dieter Hütte als Geschäftsführer folgender Organisationen tätig: die TMB Tourismus-Marketing Brandenburg GmbH (seit 1998), der Potsdam Tourism Service (seit 2003) sowie der Berlin Brandenburg WelcomeCenter GmbH (seit 2011). Daneben arbeitet Hütte in zahlreichen beruflichen Gremien mit; u. a. im Städte- und Kulturforum des Deutschen Tourismusverbandes e.V., im Kuratorium der Ersten Brandenburgischen Landesausstellung oder im Aufsichtsrat der Berlin Tourismus & Kongress GmbH.

Stefan Thaufelder

Seit Mai 2008 ist Stefan Thaufelder als Netzwerkmanager für das Netzwerk Tagung / MICE in der Tourismus-Marketing Brandenburg GmbH (TMB) tätig. Zuvor war er zwei Jahre Vertriebsleiter für Berlin und Brandenburg bei MSC Kreuzfahrten. Seine touristische Karriere begann Thaufelder mit einer Ausbildung zum Reiseverkehrskaufmann mit einem Abschluss vor der IHK Berlin im Jahr 1984.

Irene Feilhauer

Irene Feilhauer absolvierte zunächst Ausbildungen zur Reiseverkehrskauffrau und Fremdsprachenkorrespondentin. Anschließend arbeitete sie in San Francisco in der Hotellerie über ein Programm der Carl Duisberg Gesellschaft Köln/NewYork. Vor dem Studium der Betriebswirtschaftslehre mit der Fachrichtung Touristik/Verkehrswesen an der FH Worms, war sie zudem in London bei einem Reiseveranstalter tätig. Nach Beendigung des Studiums, wurde sie Geschäftsführerin im regionalen Destinationsmarketing. Im Anschluss daran und bis heute ist sie die Leiterin des Business Service/Marketing bei der Heidelberg Marketing GmbH.

Stephanie Franke

Stephanie Franke schloss ihr Studium European Business Studies an der Hochschule Osnabrück sowie der École Supérieure de Commerce de Lille als Diplom-Kauffrau 1999 ab. Ihre berufliche Laufbahn begann sie im Anschluss an ihr Studium bei der Koelnmesse GmbH. Dort arbeitete sie zunächst als Vertriebsmanagerin für die Anuga, später als Produktmanagerin für Messen wie die Eu'Vend, Entsorga-Enteco sowie die Kongressmesse CARBON EX-PO. Im Juli 2008 wechselte sie zur KölnTourismus GmbH, um dort das Cologne Convention Bureau aufzubauen, welches sie seitdem leitet. In dieser Funktion ist sie Mitglied in Branchenverbänden wie dem German Convention Bureau (GCB), der International Congress and Convention Association (ICCA) und Meeting Professional International (MPI).

Isabelle Decker
Nach dem Tourismusstudium an der Angell Akademie Freiburg ist Isabelle Decker für den marktführenden Freizeitpark in Deutschland, den Europa-Park tätig. Nach diversen Stationen in Marketing und Verkauf innerhalb des Unternehmens fungiert sie seit 2005 als Abteilungsleiterin für den nationalen und internationalen Verkauf. Ergänzend ist sie für die Koordination und strategische Führung der ausländischen Repräsentanzen verantwortlich. Seit Herbst 2005 ist Decker zusätzlich Leiterin der Abteilung Kooperationen. Ihr Schwerpunkt liegt dabei auf der Konzeptentwicklung im Bereich Marketing und Verkauf, in der Sponsoringakquise sowie in der Betreuung von Partnern aus nahezu allen Branchen (u. a. Tourismus, Handel, Industrie). Seit 2011 ist sie stellvertretende Direktorin der Marketingabteilung. Berufsbegleitend absolviert sie seit 2010 ein Studium zum Master of Tourism-Management an der University of Brighton (UK).

Kai Decker
Nach dem Studium der „Internationalen Tourismuswirtschaft" an der Hochschule Harz und der Southern Oregon University (USA) war Kai Decker mehr als fünf Jahre im Marketing des öffentlich-rechtlichen Radiosenders SWR3 tätig. Sein Schwerpunkt lag dabei auf der Konzeptentwicklung und Planung sowie Steuerung von Veranstaltungen und Events. Danach wechselte der in die Marketingabteilung des SWR Fernsehens mit dem Ziel der Neuausrichtung der Abteilung. Seit 2010 ist Decker in der Unternehmenskommunikation eines großen Energieversorgers tätig. Als Gastdozent lehrt er regelmäßig an der Europäischen Medien- und Eventakademie Baden-Baden und an der Hochschule Harz in Wernigerode zu den Themen Marketing, Projektmanagement, Medienevents und Event-Marketing.

Pier Paolo Mariotti
Pier Paolo Mariotti studierte Wirtschaftswissenschaften an der Universität Verona. Seit 1994 ist er in Bozen ansässig und in der Tagungswirtschaft tätig. Unter anderem war er 1999 bei der Gründung des Convention Bureaus Turin beteiligt und arbeitete bis 2001 beim Convention Bureau Südtirol. Seit 2003 ist er als Meeting Manager der Europäischen Akademie Bozen tätig. Zudem leitet Mariotti das Convention Center der EURAC und des TIS.

Dr. Markus Große Ophoff
Dr. Markus Große Ophoff studierte und promovierte im Fachbereich Chemie in Aachen und Bristol von 1980 bis 1993. Im Anschluss daran war er vier Jahre im Umweltbundesamt tätig und im Zuge dessen u. a. an verschiedenen Messen beteiligt. Von 1997 bis 2001 leitete Große Ophoff in der Deutschen Bundesstiftung Umwelt (DBU) den Bereich Öffentlichkeitsarbeit. Seit 1997 ist er zudem an der Organisation des jährlichen Deutschen Umweltpreises mit dem Bundespräsidenten, rund 1.000 bis 1.500 Gästen sowie einer Live-Übertragung im Fernsehen beteiligt. Seit 2001 fungiert er als fachlicher Leiter und Prokurist des Zentrums für

Umweltkommunikation der DBU und ist damit für mehr als 200 Veranstaltungen und etwa 20.000 Besucher im Jahr verantwortlich. Zudem ist er seit 2003 Lehrbeauftragter für Veranstaltungsmanagement an der Hochschule Osnabrück. In nunmehr vier Jahren war Große Ophoff außerdem an Organisation der „Woche der Umwelt" im Park des Bundespräsidenten (einer Fachausstellung mit 150 bis 200 Ausstellern und rund 80 Diskussionsveranstaltungen) beteiligt.

August Moderer
August Moderer wurde 1957 in Graz geboren und ist seit dem 01.01.2012 Geschäftsführer der mainz**plus** CITYMARKETING GmbH. Seit 1996 war er Geschäftsführer der Congress Centrum Mainz GmbH, die seit 2012 neben dem Kulturprogramm Frankfurter Hof, der Touristik Centrale und dem Stadtmarketing der Stadt Mainz unter der Dachmarke mainz**plus** CITYMARKETING GmbH firmiert. Ebenfalls seit 1996 obliegt ihm die Geschäftsführung der Frankfurter Hof Verwaltungsgesellschaft mbH. Die mainz**plus** CITYMARKETING GmbH verantwortet die Vermarktung von Veranstaltungen in der Mainzer Rheingoldhalle, dem Kurfürstlichen Schloss, dem Frankfurter Hof Mainz und in den Bürgerhäusern der Stadt. Moderer begann seine Karriere nach dem Besuch der Hotelfachschule auf dem Kreuzfahrtschiff M/S Vistafjord, es folgten Auslandsaufenthalte in London und in verschiedenen Hotels in Österreich. Ab 1982 war er in verschiedenen Positionen für Hilton International tätig. Als General Manager kam er nach Stationen in Wien, Abuja/ Nigeria, Jakarta, München und Dresden nach Mainz, wo er das Mainz City Hilton leitete.

Tanja Bloth
Tanja Bloth leitet seit September 2011 den Bereich Marketing im Congress Centrum Mainz (CCM). Nach ihrer Ausbildung zur Veranstaltungskauffrau im CCM sammelte sie bereits umfangreiche Branchenerfahrungen beim EVVC – Europäischer Verband der Veranstaltungs-Centren e.V. und bei einem Kongress- und Tagungsanbieter, bevor sie im Jahr 2010 ins Congress Centrum Mainz zurückkehrte.

Verena Holbach
Verena Holbach steht dem Marketing- und Verkaufsteam vom Congress Centrum Mainz seit August 2011 zur Seite. Neben einer Ausbildung zur Medienkauffrau bringt sie ein Studium der Tourismus- und Verkehrswirtschaft mit. Ihre Abschlussarbeit zum Thema „Umweltengagement von Kongresszentren" verfasste Verena Holbach im Rahmen eines Praktikums im Congress Centrum Mainz.

Daniel Amersdorffer, Jens Oellrich und Florian Bauhuber
Daniel Amersdorffer, Jens Oellrich und Florian Bauhuber haben gemeinsam an der Katholischen Universität Eichstätt Ingolstadt den Diplomstudiengang Geographie mit Schwerpunkt Freizeit, Tourismus und Umwelt mit BWL und Pädagogik absolviert. Nach ersten beruflichen Erfahrungen in verschiedenen Feldern des eTourismus gründeten sie gemeinsam die Firma Tourismuszukunft. Tourismuszukunft ist Herausgeber des größten, gleichnamigen Internetjournals in deutscher Sprache zum Thema eTourismus. Auf dem Gebiet eTourismus sieht sich Tourismuszukunft als führender ThinkTank, welcher sein Wissen in Form von Vorträgen, Workshops und Seminaren an die Branche weitergibt. Darüber hinaus betreibt

Tourismuszukunft Forschung zu diesem Thema und arbeitet mit dem Lehrstuhl für Kultur-
geographie an der Katholischen Universität Eichstätt-Ingolstadt zusammen. Unter dem Dach
Tourismuszukunft bieten drei Unternehmen Leistungen für die Tourismusbranche an: Das
Institut forscht und berät strategisch, die Akademie schult und organisiert Konferenzen, die
Servicestelle betreut Kunden operativ.

Benjamin Gottstein

Benjamin Gottstein studierte den Bachelor of Science Geographie mit Schwerpunkt Freizeit,
Tourismus und Umwelt an der Katholischen Universität Eichstätt-Ingolstadt. Er ist seit 2011
Account Manager bei Tourismuszukunft und im Institut für eTourismus im Bereich Market
Research angestellt. Seine Schwerpunkte liegen in den Bereichen Crowdsourcing, Events,
Markenbildung, Markenentwicklung, Markenwerte und Film.

Dipl.-Kffr. (FH) Kathleen Lumma

Kathleen Lumma studierte Tourismuswirtschaft an der Hochschule Harz in Wernigerode und
spezialisierte sich dabei auf die Gebiete Business Travel, Dienstleistungsmarketing und Verkehrsträgermanagement. Während des Studiums vertiefte sie ihre theoretischen Kenntnisse
im Bereich Marketing und Event Management bei CenterParcs Meeting und Events sowie
bei der Kreuzfahrtreederei NCL (Bahamas) Ltd. Nach dem Abschluss als Diplom-Kauffrau
(FH) war sie bis März 2011 als Projektmitarbeitern im Kompetenzzentrum der Hochschule
Harz im Arbeitsbereich Tourismus tätig. Seit Ende 2009 ist sie zudem Studentin des Master-
studiengangs „Tourism and Destination Development" an der Hochschule Harz.

Alexandra Jung

Alexandra Jung studierte Tourismusmanagement an der Hochschule Harz in Wernigerode.
Während des Studiums spezialisierte sie sich auf die Berufsfelder Business Travel Management, Verkehrsträgermanagement sowie Hotelmanagement und absolvierte zusätzlich ein
weiteres Fachsemester an der „Universidad de Valladolid" in Spanien. Praktische Erfahrungen sammelte sie bei der Leipziger Messe GmbH. Seit September 2010 ist Alexandra Jung
im Masterstudiengang „Tourism and Destination Development" an der Hochschule Harz
immatrikuliert.

Prof. Helmut Schwägermann

Prof. Helmut Schwägermann ist seit 2000 Professor für Allgemeine Betriebswirtschaft, insbesondere Veranstaltungsmanagement, und leitet den Studienschwerpunkt „Veranstaltungsmanagement und Business Events" an der Hochschule Osnabrück. Darüber hinaus leitet
Schwägermann seit 2003 das Bachelor-Studienprogramm „International Event Management
Shanghai" (IEMS), ein Joint Venture mit dem Shanghai Institute of Foreign Trade (SIFT).

Nach seinem Berufseinstieg als Markt- und Sozialforscher war der studierte Diplom-
Volkswirtin verschiedenen Funktionen der Veranstaltungswirtschaft tätig: als Marketing
Manager der Messe Berlin, als Direktor des Internationalen Congress Center Berlin (ICC
Berlin) als Prokurist der Messe Berlin und als Geschäftsführer von ConEcon Management,
strategische Beratung für die internationale Veranstaltungswirtschaft, Berlin.

Marion Cornelius

Marion Cornelius – Marketing- und Kommunikationsberaterin, Ausstellungsmacherin, Ho-
telfachfrau, Konzert-Veranstalterin und Journalistin – ist seit 1985 im Bereich der internatio-
nalen und interkulturellen Kommunikation tätig. Sie ist dabei spezialisiert auf Messen und
Ausstellungen, Kongresse, Stadtmarketing sowie Kulturprojekte und -Ausstellungen. Marion
Cornelius lebt nach ihrem Leitmotiv: 'Scheine, was du bist, und sei, was du scheinst' (Lewis
Carroll).

Michel Maugé

Michel Maugé absolvierte zunächst ein Studium der Betriebswirtschaftslehre mit den
Schwerpunkten Marketing und Tourismus an der Hochschule für Welthandel in Wien. Seit
1973 war er in führenden Positionen im Fremdenverkehr in Baden-Baden, Aachen und Bad
Zwischenahn tätig. Von 1989 bis heute ist Maugé Geschäftsführer der m:con – mann-
heim:congress GmbH (Umsatzvolumen 20 Mio. €; 110 Mitarbeiter). Zudem lehrt er als Dozent an der FH Worms, FH Heilbronn Kongress- und Eventmanagement und ist darüber
hinaus Honorarkonsul der Republik Frankreich.

Stichwortverzeichnis

Stadthotels 111
Stadtmarketing 123
Standortfaktoren 9, 12, 13, 19, 51, 95, 235
Standortmarketing 50
Standortvorteil 60, 61
strategische Neuausrichtung 77, 81, 83
Suchmaschinenoptimierung 199, 200
Synergieeffekte 102, 116
Tageslicht 19, 266, 267
Tagungs- und Kongressbesucher 45
Tagungs- und Kongressdestination 77, 78, 85,
   94
Tagungsarrangements 152
Tagungseinrichtung 17, 18, 19, 29, 166
Tagungskapazitäten 129
Tagungsmarkt 5, 26, 28, 33, 36, 39, 45, 110,
   115, 127, 267
Tagungsmarkt-Monitoring 32
Tagungspauschale 95, 214
Tagungsportal 213, 215, 218, 219, 224
Tagungsportalstrategien 217, 221
Tagungsstätte 10, 199
Tagungstechnik 17
technische Ausstattung 18, 20, 78, 101, 166,
   267, 268
Teilnehmerprofil 100, 104
Teilnehmerzahl 45, 267, 270, 271
Testverfahren 253
Themenkreise 82, 83
Tourismusdefinition 3
Tourismusförderung 122, 126
Tourismusorganisation 36, 122, 124, 134, 135
touristische Leistungsträger 213
touristische Wertschöpfungskette 4
Transparenz 26, 176, 179, 181, 183, 192, 207,
   211, 259
Typisierung 15
Übernachtungskapazitäten 150, 178
Umweltleitlinien 175, 190
Umweltmanagementsystem 103, 174, 180,
   182

Umwelttechnologie 77, 96
Universität 37, 126, 128, 161, 165, 166, 167,
   168, 257
Veranstaltungsanbieter 29
Veranstaltungsarten 40, 142, 241, 244
Veranstaltungsbetrieb 10, 19
Veranstaltungsbudget 100
Veranstaltungsdauer 7, 43
Veranstaltungsdestination 4, 10, 14, 22
Veranstaltungskosten 102, 211
Veranstaltungsmanagement 22, 100, 104,
   128, 179, 185, 221, 224
Veranstaltungsmarkt 6, 14, 25, 42, 59, 143
Veranstaltungsplaner 47, 65, 101, 103, 114,
   138, 143, 144, 220, 225
Veranstaltungsstätte 18, 19, 21, 38, 42, 129,
   151, 153, 179, 221
Veranstaltungsteilnehmer 4, 18, 135, 151,
   175, 188
veranstaltungswirksame Infrastruktur 12
Veranstaltungswirtschaft 3, 4, 6, 68, 71, 93,
   123, 183, 185, 256
Veranstaltungszentren 14, 22, 31, 36, 42, 43,
   45, 65, 70, 71, 143, 153, 241
Verkehrsanbindung 5, 10, 11, 44, 56, 153,
   235
Verkehrsknotenpunkt 94
Vorlaufzeit 254
Wachstumsstrategie 148, 156
Web 2.0 77, 195, 196, 197, 219, 222, 269,
   271, 274
Weiterbildung 22, 66, 68, 69, 73, 101, 244,
   256, 257, 258, 259
Wettbewerbsvorteil 97, 114, 155, 217, 220,
   276
Wirkungspotenzial 248
Wirtschaftliche Events 8
Wissenstransfer 69, 97, 99, 266
Zertifizierung 160, 180, 182, 188, 190, 191
Zukunftsperspektive 94